개정판

구약통독

이 승 현

하나님의 은혜로 대전신학대학에서 구약을 가르친 지 어느 새 16년째가 되었다. 임시강사 시절이던 1995년 8월말에 처음으로 가르친 과목이 '구약통독'이었다. 우리가 배울 때에는 없던 과목이어서 동료들에게 물으니, 요즈음 신학생들이 성경을 잘 몰라서, 모든 신학대학에서 성경에 어떤 내용이 있는가부터 가르치게 되었다고 하였다. 처음엔 아무 것도 모르고 그런 싱거운 과목이 다 있을까 했다. 그런데 가르치고 시험을 치러 보니 학생들에게는 그것이 '구통'이라는 약자로 일컬어질 만큼 어려운 고통이라는 것을 알게 되었다. 그렇다고 문제를 쉽게 하고, 점수를 올려 주어 다 통과시킬 수는 없는 노릇이어서 필자는 학교와 많이 싸웠다. 이 책은 그 다툼의 해결책 중의 하나로 고안되었다. 즉 필자가 가르치려는 내용을 간단하게나마 소개하고, 문제 유형들도 알려주어 학생들이 시험에 대비하기 쉽게 하려는 것이다.

이화

〈개정판〉
구약통독

2010년 3월 2일 초판 발행
2013년 3월 4일 개정 발행

저 자 **이 승 현**

발 행 자 **성 정 화**
발 행 처 **도서출판 이 화**
대전광역시 중구 선화동 229-2번지
장현빌딩 2층
Tel. (042)255-9707, 8 · Fax. (042)255-9709

ISBN 978-89-6439-063-4 93230

정가 25,000원

구약통독

책을 내면서

하나님의 은혜로 대전신학대학에서 구약을 가르친 지 어느 새 16년째가 되었다. 임시강사 시절이던 1995년 8월말에 처음으로 가르친 과목이 '구약통독'이었다. 우리가 배울 때에는 없던 과목이어서 동료들에게 물으니, 요즈음 신학생들이 성경을 잘 몰라서, 모든 신학대학에서 성경에 어떤 내용이 있는가부터 가르치게 되었다고 하였다. 처음엔 아무 것도 모르고 그런 싱거운 과목이 다 있을까 했다. 그런데 가르치고 시험을 치러 보니 학생들에게는 그것이 '구통'이라는 약자로 일컬어질 만큼 어려운 고통이라는 것을 알게 되었다. 그렇다고 문제를 쉽게 하고, 점수를 올려 주어 다 통과시킬 수는 없는 노릇이어서 필자는 학교와 많이 싸웠다. 이 책은 그 다툼의 해결책 중의 하나로 고안되었다. 즉 필자가 가르치려는 내용을 간단하게나마 소개하고, 문제유형들도 알려주어 학생들이 시험에 대비하기 쉽게 하려는 것이다.

물론 성경지식은 해설집이나 문제집으로 익혀서는 안 된다고 생각한다. 성경을 소리 내어 정성껏 읽는 가운데 하나님의 영이 우리 영과 마음과 생각을 지배하시고 주관하시고 변화시키시고 강하게 하신다고 믿기 때문이다. 그러나 성경종합고사에 떨어져 우는 사람을 보는 일도 이제 힘들다. 그들이 이 책을 통하여 조금 도움을 받기를 바란다. 모든 시험이 여기에 있는 문제들 가운데서만 출제된다고 약속할 수는 없지만,

여기서 크게 벗어나지는 않을 것이다. 이런 문제들은 앞으로 상급학교로 진학하거나 목사고시를 칠 때에도 도움이 되리라 생각한다. 실로 미안한 것은 해설부분도 그렇지만, 문제부분에서도 급히 문제들을 모으다 보니 제대로 짜임새가 갖추어지지 못했다는 점이다. 그러나 일단 부실한 모양새라도 이런 책이 구약 시험을 치러야 하는 사람들에게 도움이 되리라 생각하고 만용을 부렸다. 늘 하는 말이지만, 다음번에는 잘 다듬어 보리라!

자료를 모으고 타자를 치고 수정하면서 도와준 한준용, 박순원 학생에게 감사드린다. 또한 갑자기 개학을 며칠 앞두고 부탁하였지만 흔쾌히 맡아주신 이화출판사의 성정화사장님께 감사드린다. 늘 못난 아들을 아껴주신 부모님께, 언제나 함께 해 준 아내와 아이들, 늘 영적인 가르침과 사랑을 주시는 명성교회 김삼환목사님께 이 지면을 통해서 다시 한 번 감사드린다. 그러나 역시 누구보다 우리를 사랑하셔서 독생자를 내주신 하나님께 영광을 돌리고 싶다. "하나님! 감사합니다!"

2010년 2월

이 승 현

개정판에 부쳐

초판을 낸지 벌써 3년이 되었다. 당시는 늦어도 2년 이내에 개정판을 내리라 생각했지만 뜻대로 하지 못했다. 지난번에는 너무 성급하게 내어서 본문과 문제집에 오류가 많았다. 학생들에게는 엄격하게 하면서 나는 정작 이 모양으로 책을 내는가 하는 생각에 많이 부끄러웠다. 이것도 완전하지는 않다. 그러나 처음 판보다는 확실히 나아졌으리라 생각한다.

본문은 좀더 보기 쉽게 하려고 했고, 최근의 책들을 참고했다. 문제집에는 기존의 문제집들을 전혀 참고하지 않고 독자적으로 문제를 출제했다. 문제의 분량은 시편과 소예언서 등이 많이 늘어서 전보다 배 가까이 늘어난 것 같다. 다음에는 좀더 여유를 갖고 써봐야겠다. 그동안 책의 오류들을 지적해 준 학생들에게 감사드린다. 그들이 계속해서 이 책의 오류도 지적해 주길 바란다.

나는 이 개정작업을 스위스 베른(Bern)에 있는 딸의 집에서 마쳤다. 딸이 아이를 낳아 애 봐 주러 간 틈틈이 작업을 했다. 베른의 도서관을 소개해 준 사위와 좋은 방, 좋은 책상을 제공해 준 딸, 심심하지 않게 울어준 손자 덕분에 이 작업을 어렵지 않게 할 수 있었다. 늘 옆에서 독려해 준 내자의 공도 컸다. 한국에 있었으면 못 했을 거라는 게 내자의 평가다. 또한 부족한 자식을 위해 늘 기도하시는 부모님께 감사드린다.

못난 동생을 내치지 않고 늘 챙겨주시는 김삼환 목사님께 감사드리고, 재고가 남았음에도 불구하고 이 책을 다시 출판하기로 결정해 주 이화출판사의 성정화사장님께 감사드린다. 무엇보다 이 모든 분들과 환경을 통해 나를 사랑해 주시고 격려해 주시는 하나님께 감사드린다. 그분의 말씀을 사랑하는 모든 이들에게 하나님의 은총이 풍성하기를 빈다.

2013년 1월에 베른에서

이 승 현

Contents

구약통독

구 약 통 독

구약 서론

1) **구약 :** 구약은 오경과 예언서와 성문서로 나누어진다. 유대인은 구약성경을 토라(가르침 תּוֹרָה)와 느비임(예언자들 נְבִיאִים)과 크투빔(성문서들 כְּתֻבִים)이라 부르면서, 그 세 이름의 첫 자를 따서 타나크(תְּנַךְ)라 부른다. 오경은 창세기부터 신명기까지를, 예언서는 전기예언서인 여호수아, 사사기, 사무엘, 열왕기와 후기예언서인 이사야, 예레미야, 에스겔(이 셋을 대예언서라 부른다)과 호세아, 요엘, 아모스, 오바댜, 요나, 미가, 나훔, 하박국, 스바냐, 학개, 스가랴, 말라기의 열두 소신지서가 포함된다. 나머지는 다 성문서에 해당되는데, 다섯 개의 축제 두루마리들은 명절 때에 낭독하던 것으로서, 에스더는 부림절(12월 14-15일)에, 아가는 유월절(1월 14일, 혹은 무교절<1월 14-21일>)에, 룻기는 오순절에, 애가는 성전파괴기념일(5월 9일)에, 전도서는 초막절(7월 15일)에 낭독되었다. 이 두루마리들 외에, 욥, 시편, 잠언과 다니엘, 역대기, 에스라, 느헤미야가 모두 성문서에 포함된다. 구약성경을 신약에선 '율법과 예언자들'(마 5:17; 롬 3:21), '모세와 예언자들'(눅 16:29, 31; 24:27), 혹은 '모세의 율법과 선지자의 글과 시편'(눅 24:44)이라 불렀다.

2) **사본 :** 히브리어판은 원본이 없다. 현재 세계에서 널리 사용되고 있는 히브리어 성경인 BHS(Biblia Hebraica Stuttgartentia)는 레닌그라드(Petersburg) 사본으로서 지금까지 발견된 것 중에 구약성경을 다 수록하고 있는 가장 오래 된 필사본이다. 이는 895년에 모셰 벤 아셰르(Moshe ben Ascher)에 의해 필사된 카이로사본(Cairo Kodex 전기, 후기 예언서 포함)의 전통에 서 있다. 이스라엘에서 펴내는 히브리어대학성경(Hebrew University Bible)은 925년에 씌어진 알렙포(Aleppo)사본을 대본으로 하지만 그 사본은 1947년

에 불이 나서 491쪽 중에 약 196쪽이 타버렸다. 그러나 HUB 편찬진은 사진판으로 소화된 부분을 복원하고 있다.

3) 신명사문자 : 하나님의 이름은 여호와로 알려졌지만, 실제로 이 이름은 주후 800년경에 마소라 학자들이 모음을 만들어서 자음본문에 붙일 때에 그 발음을 잊어버려서 합성한 것이었다. 즉 YHWH(יהוה)란 자음에다 주님(아도나이 **אדני**)이란 말의 모음을 집어넣어 합성한 결과가 '여호바'(Jehowah)였다. 그것을 미국식으로 읽은 것이 여호와가 되었다. 그러나 본디 독일 학자들이 [w]로 표시한 바브(ו) 발음은 영어로 따지면 [v] 발음이었다. 그런데 근래에 학자들은 하나님의 이름을 헬라어로 표기한 부분을 발견하여 그것을 히브리어 자음에 집어넣은 결과, 독일어로 '야흐베'(Jahweh)라는 것을 발견하였다. 그런데 이것을 미국 사람들은 또 자기들 식으로 읽어서 야웨라 하였고, 그것이 우리나라에서 '야웨'나 '야훼'로 통용되게 되었다. 그러나 히브리어에서 가운데 오는 [h] 발음은 묵음되지 않고, [w]발음은 [v]로 읽어야 하므로 '야흐베'가 옳은 발음이다. 표준새번역에서는 하나님의 이름을 다 '주님'이라 하였으나 그것은 신명을 인간이 부를 수 없다는 이스라엘식 관행을 좇은 것일 뿐이다. 하나님이 부르라고 가르쳐 주신 이름을 우리가 왜 포기해야 하는가? 그러므로 본서에선 개역개정판을 인용하는 경우 외에는 신명을 '야흐베'라 표기한다.

4) 성격 : 성경을 과학 서적이나 역사책으로 보려는 것은 올바른 자세가 아니다. 우리는 성경을 가능한 대로 문자 그대로 믿어야 하지만, 성경에서 우주기원론에 대한 해답을 찾으려 해서는 안 된다. 물론 필자는 진화론이 잘못되었다고 생각하고, 창조론을 따르지만, 창조의 과정이나 역사가 성경에서 말하는 그대로 되었다고 과학에 강요해서는 안 되고, 성경의 내용이 맞다는 것을 주장하기 위하여 과학의 증빙을 얻으려고 노력할 필요도 없다고 생각한다. 창세기 1장과 2장에서도 서로 기사가 다른 판국에 일관된 우주기원론을 얻기는 어렵지 않겠는가? 하나님이 창세기와 성경에서 말씀하신 것은 우리가 하나님을 믿고 의지하라는 뜻에서 하신 말씀이지, 성경이 씌어지던 시대에 알지도 못하던 모든 과학적인 지식을 일깨워주려던 의도는 없었을 것이다. 역사 기록도 일반역사학이나 고고학과 견주어 볼 때에 다

정확하다고 볼 수는 없다. 그것은 성경 기자의 한정된 역사적 지식에 성령의 영감이 임하여 씌어졌기 때문에 인간의 불완전한 역사적 지식에 의해 제한되기도 하였을 것이다. 성경은 믿음의 책이고, 믿음을 일깨워주는 책이지, 과학과 역사를 제공하거나 그들을 한정하는 책은 아니다.

모세오경 서론

1) 오경(Pentateuch)이란 '다섯 개의 항아리'라는 말인데, 본래 하나의 줄거리였던 이야기를 양피지에 기록하다가 부피가 너무 많아 다섯 개의 항아리에 나누었던 데서 비롯되었다. 본래 다섯 권이 아니고 한 권이었다는 말이다. 그러나 땅에 대한 약속을 믿고 하란을 출발했던 아브라함의 후손이 땅을 차지하는 이야기는 오경 안에 나오지 않고, 오경을 넘어서 여호수아서에 이르러서야 비로소 나타난다. 그러므로 벨하우젠(Wellhausen), 퀴넨(Kuenen), 스멘트(Smend), 아이스펠트(Eissfeldt), 폰 라트(von Rad) 등의 학자들은 오경이 아니라 육경(Hexateuch)이어야 한다고 주장한다. 그리고 노트(Noth) 같은 사람은 신명기가 창세기부터 민수기까지 이르는 스토리의 연속이 아니라 하나의 설교집이고 신명기부터 열왕기하까지 이르는 신명기사의 시작이라며, 신명기를 빼고 사경(Tetrateuch)을 하나의 책으로 생각해야 한다고 주장하기도 한다. 그리고 횔셔(Hölscher), 슐테(Schulte), 프리드맨(Freedman) 같은 소수의 신학자들은 모세오경이 열왕기까지 이어진다고 주장하기도 한다(Enneatuch). 그러나 포러(Fohrer), 렌토르프(Rendtorff) 등과 같이 오경이 옳다는 학자들이 제일 많고, 그 수가 늘어나고 있다.

2) '모세오경'이란 주후 1세기 이후로 유대인들이 창세기부터 신명기까지를 모세가 썼다고 생각하여 붙여진 이름이다. 실제로 오경 곳곳에 모세가 기록했다는 부분이 나오지만(출 17:14; 24:4; 34:27; 민 3:40; 33:2; 신 27:3, 8; 28:58; 29:20, 21, 27; 30:9), 그 문맥을 살펴보면 그것이 창세기부터 신명기까지의 모든 내용을 뜻하진 않는다. 또한 모세가 어떻게 자기의 죽음까지 예고하고 죽었을 수가 있을까를 두고 사람들이 의문을 제기하였고, 특히

창세기 1장과 2장의 창조기사가 서로 다른 것을 두고 토론이 많이 일어났다. 지금까지 연구된 바로는, 창세기 1장 1절에서 2장 4a절까지와 2장 4b절에서 25절까지의 창조기사는 대체로 다음과 같은 차이점을 지니고 있다.

(1) 1장에서 이미 지음을 받은 사람, 초목, 채소가 2장에 다시 창조된다.
(2) 1장의 창조는 우주적인 데 비해 2장의 창조는 작은 정원의 창조에 그친다.
(3) 1장에선 하나님(엘로힘 Elohim)이 창조주로, 2장에선 일관되게 야흐베 하나님(야흐베 엘로힘 Jahwe Elohim)이 조물주로 등장한다.
(4) 1장은 우주, 땅, 식물, 동물을 거쳐서 사람에까지 이르는 피라미드식이라 하면, 2장은 에덴 정원을 중심으로 차츰 그 세계가 넓어지는 동심원적인 구조다.

그래서 사람들은 창세기를 각각의 문서에 나타난 하나님의 이름을 따라 엘로힘문서(E)와 야흐베문서(J)로 나누게 되었는데, 이 가설은 차츰 창세기뿐 아니라 오경 전체에 적용되게 되고, 엘로힘문서는 엘로힘문서와 제사장문서(Priester/ P)로 다시 나누어지게 되었다. 그리고 신명기는 신명기문서(Deuteronomie/D)라고 일컫게 되었고, 벨하우젠(Wellhausen)에 이르러서는 그들의 연대순이 J-E-D-P라고 하는 가설이 학계에 확정되었다. 이것이 소위 문서설 혹은 자료설이라 불리는 가설이다.

J(Jahwist): 대략 주전 950년(솔로몬 시대, 926년의 분단 이전)
E(Elohist): 주전 800년경(소위 문서예언자, 특히 호세아 이전)
D(Deuteronomium): 대략 주전 700년경(시작은 622년의 요시야 종교개혁 이전, 나중에 많이 확대됨)
P(Priesterschrift): 주전 550년경(포로기, 첨가분은 포로 이후에)

남쪽 유다의 농촌에서 나온 것으로 보이는 J문서는 창세기 2:4b에서 시작하여 창조기사와 원역사(낙원이야기, 가인과 아벨 이야기, 홍수 이야기,

바벨탑 이야기)에 이어 족장사(아브라함, 이삭, 야곱, 요셉)와 민족사(출애굽, 시내산, 가나안으로 가기 위한 광야생활)로 이어지지만, 땅 정복을 다루었을 끝부분은 P문서나 오경문서와 합하는 과정에서 없어진 듯하다. J문서는 네 자료 중에서 가장 신학적인 문서로서, 한편으로는 인간의 죄에 대한 과격한 통찰(창 6:5; 8:21)을 보이는가 하면, 다른 한편으로는 땅 위의 모든 혈족들에 대한 약속을 담고 있다(12:3). 또한 이 문서는 고대근동에서 원역사와 역사를 잇는 최고대의 역사서였다. 그 가운데서 야흐베는 이스라엘과 그 주변 민족들의 역사를 만들어 가시는 유일하고도 강력한 하나님이었다.

E문서는 하나님을 엘로힘으로 부르는 문서로서, 하나님은 보이지 않는 초월적인 분이고, 음성으로나, 꿈이나 사자를 통해서만 자신을 계시하는 하나님으로 나타난다. 이 문서에는 원역사가 없었고, 아브라함 이야기로 시작하여 발람 이야기로 끝난다. J와 E를 합쳤던 편집자가 E를 J에 대한 보충으로만 사용하였기에 E는 단편으로만 존재한다. 그러나 본디 E는 독립적인 문서였고, 호세아에게 영향을 주었던 것 같다. 이 문서에서 하나님은 사람을 시험하시고(창 22:1; 출 20:20), 하나님을 두려워할 것을 강조하고 있다. 또한 여기서 이스라엘은 처음부터 본질적으로 다른 민족과 구별되는 민족이었다는 것이 강조되고 있다(민 23:9).

신명기는 주전 622년의 요시야 종교개혁과 연관된 것으로 간주되었으나 요즘은 논란이 되고 있는 책으로서, 신명기사 편집자가 그 테두리를 만들고, 그 뒤로 적어도 세 번이나 포로시대와 포로 이후에 편집을 거친 책으로 보인다. 출처도 논란이 있지만, 유다의 궁전이나 궁전에 속해 있던 사람의 후손에 의해서 씌어졌을 것으로 보인다. 유일신관을 강조하는 이 책은 이스라엘의 종교를 이전의 제사종교에서 책의 종교로 바꾸는 역할을 하였다. 여기에 수록된 법들은 50%가 언약법전에서 빌어온 것이고, 나머지는 신명기자가 전승 받은 고대법에서 가져온 것 같다. '너는 악을 제거하라'는 규정(13:2-6, 7-12), '가증한 것'(17:1; 18:10-12), 재판 규정(16:19), 종교적 규정(16:21-17:1), 금령(22:9-11), 회중에 포함되는 자격(23:2-4, 8) 등이 있고, 무엇보다 십계명이 있는데, 이는 출애굽기 20장에 들어가기 전에 이 그룹에서 가지고 있던 독자적인 전승을 바탕으로 한 것 같다.

P문서는 창세기 1장 1절부터 민수기 10장 9절까지를 포함하는데, 6세기 후반의 포로생활 때에 예루살렘 출신 제사장 그룹에 의해서 씌어진 것 같다. 신명기 34장은 5세기 말쯤에 씌어진 것 같다. 이 문서는 전승들을 족보나 연대기로 축약하고 추상화하는 특징을 지니고 있으며, 제사장의 의식에 관심을 많이 보이고 있다. 학자들 사이에선 독자적인 P가 있었느냐, 아니면 J/E의 편집자가 있었을 뿐이냐 하는 논쟁이 있다. 홍수이야기는 P편집자(R^P)가 J와 P를 묶은 것이며, P는 시내산계약을 모르고 있어서 이스라엘과 하나님의 관계는 창세기 17장에 근거를 두고 있다. 레위기 1-7, 11-15장(제사-정결 토라), 레위기 16장(대속죄일 규정), 레위기 17-26장(성결법전)은 다 후대에 추가된 것이다. 이 문서에 의하면 창조에서 출애굽까지의 기한은 2666년(마소라)이다.[1] 제사장문서는 역사를 신정정치적으로 이해했다. 즉, 하나님이 회막 가운데 계시고, 거기서 지시를 내리시고, 거기에 계시는 것이 제사장들의 제사가 효력을 지니는 진제조건이 되었다.

그러나 그 뒤로 최근까지 야흐베문서를 다시 둘로 나누는 학자도 나오게 되고, 엘로힘문서에 대해서는 존재 자체에 대한 의문이 생겼으며, 각 문서들의 연대나 연대순에 대한 이의가 속출되었으며, 아무 문서에도 속하지 않은 문서에 대한 문제, 같은 텍스트를 두고 어느 문서에 속하는지 논란하는 문제 등이 쏟아져 나왔다. 그리하여 지금은 문서설에 대해서 오경이 여러 문서로 만들어진 것이라는 것은 대체로 공감되고 있지만, 그 가설이 그 과정을 세밀히 보여 주기는 어렵다는 것이 거의 확실해졌다.

3) 오경을 흔히 율법서라 부른다. 그러나 이는 '토라'를 잘못 번역한 것이다. 토라는 부모나 스승의 가르침을 일컫는 말인데, 율법이라 하면 처벌부터 생각나는 말 아닌가! 하나님은 우리에게 잘 살아갈 수 있는 방법들을 가르

1) 사마리아 오경에 의하면 2867년이고, 칠십인역에 의하면 3346년이다. 마소라의 계산대로라면 4000년이 되는 해는 마카베오 혁명으로 성전을 재봉헌한 주전 164년이 되고, 칠십인역의 계산대로라면 주전 722년이 4000년이 되는 해였다.

쳐 주셨는데, 그것을 법이라 하면 본디의 취지와 너무 멀어진다. 부모의 가르침이 법이 아니듯이 하나님의 가르침도 법이 아닌 은혜로운 가르침이다. 이 잘못된 번역 때문에 하나님의 말씀 자체를 잘못 이해하고 무섭고 딱딱한 것으로 생각하게 된 것이다. 그러므로 이 책에서는 인용부분을 제외한 모든 곳에서 될 수 있는 대로 '율법'이란 말 대신에 '토라'를 쓸 것이다.

4) 오경의 구분

A. 원역사(창 1-11)

1-3	세계와 인간의 창조, 죄의 침입
4	가인
5; 11	족보
6-9	홍수
10	민족들의 계보
11	바벨탑과 족보

B. 족장사(창 12-50)

12-25	아브라함(롯)
26	이삭
27-36	야곱
37-50	요셉과 그의 형제들

C. 애굽에서 나오다(출 1-15)

1; 5	이스라엘의 부역
2	모세의 어린 시절
3-4; 6	소명
7-13	재앙과 유월절
14-15	바다에서의 구출

D. 광야편력(출 16-18, 민 1-9)

출 16-18	애굽에서 시내산까지
16	만나와 메추라기

17 반석의 샘(민 20), 아말렉 전쟁
18 이드로와의 만남
민 1-4 백성의 계수
5-9 의심의 법, 나실인의 법, 제사장의 축복, 지파 대표들의 헌물, 레위인을 바침, 두 번째 유월절

E. 시내산에서의 계시(출 19-민 10:10; 핵심은 출 19-24; 32-34)

창 19 신의 현현
20 십계명
21-23 언약책
24 언약체결
25-31 성막 건축의 지시
시행은 35-40
32 금송아지
34 소위 제사십계명
레 1-7 제사법
8-9 제사장 안수(8)와 첫 제사(9)
10 나답과 아비후의 범죄
11-15 정결법
16 대속죄일 규정
17-26 성결법전
27 하나님께 바친 사람과 물건을 무르는 규정

F. 민 10-36(신 31-34) 시내산에서 모압까지

12 아론과 미리암의 반역
13-14 정탐꾼
16-17 고라, 다단, 아비람의 반역
18-19 제의 규정(제사장과 레위인, 부정을 깨끗하게 하는 물)
20 므리바, 미리암과 아론의 죽음
21 요단 동부 지역 정복(아랏, 불뱀, 아모리, 바산)
22-24 발람
25-36 모압들판에서(25 브올의 사건,; 26 두 번째 인구조사; 27

딸들의 상속권, 여호수아가 후계자로 지명되다; 28-30 제의와 서원에 대한 규정; 31 미디안전쟁; 32 요단강 동편 땅의 분할; 33 출애굽 노정 목록; 34 가나안 땅의 경계선; 35 레위인 성읍과 도피성; 36 딸 상속법)

G. 신명기

신 1-4	첫 번째 서론
5-11	두 번째 서론
12-26	신명기법전
27-28	첫 번째 결론
29-30	두 번째 결론
31-34	오경의 종결. 부록

창 세 기(בְּרֵאשִׁית '브레쉬트' 처음에)

Ⅰ. 개 관

בְּרֵאשִׁית(브레쉬트: 처음에): '처음에'라는 뜻이지, '태초에'라는 뜻은 아니다. 즉 천지를 창조할 때에만 사용되는 말은 아니다. 유대인들은 책의 이름을 그 책의 첫 단어를 따서 붙였다. 논어에서 '학이'편이라는 이름이 '學而時習之 不亦說乎'(학이시습지 불역열호: 배우고 때로 익히니 어찌 즐겁지 아니하냐)라는 말로 시작되는 책의 첫 두 단어를 딴 것과 같다.

창세기에서 1-11장을 원역사라 하고, 12-50장을 족장사라 하고, 37-50장을 '요셉과 그 형제들의 이야기'라 한다.

Ⅱ. 내 용

A. 원역사(1-11장). 창조와 타락, 심판과 용서의 이야기: 아담-가인-홍수-바벨탑-아브라함의 등장.

✥ 1-3 세계와 인간의 창조, 죄의 침입

1 우주적인 창조.

1) 빛	4) 등불들
2) 궁창(넓적한 판)	5) 새, 물고기
3) 육지, 바다, 식물	6) 짐승, 사람

첫 삼 일에는 자료가, 후의 삼 일에는 그것을 사용하는 주체가 창조되었다.

즉 빛이 첫 날에 만들어지고 난 후에 빛을 발하는 등불들이 넷째 날에 만들어졌고, 둘째 날에 궁창이 먼저 만들어지고 난 후에 다섯째 날에 그 아래에서 사는 새와 물고기들이 만들어졌다. 또한 셋째 날에 육지가 만들어지고 식물이 난 후에, 여섯째 날에 육지에 살면서 식물을 먹는 동물과 인간이 만들어졌다. 해, 달, 별을 등불들이라 한 것은 일종의 비신화화라 할 수 있다. 다른 나라에서 모두들 신이라 칭한 것을 사람을 섬기는 등불로 규정한 것이다. 사람을 지으실 때에는 결의가 먼저 나오고(26), 뒤이어 실행 장면(27)이 나온다. 남자와 여자는 여기서 같이 만들어졌다고 되어 있고, 2장에서는 남자를 먼저 짓고 그 갈빗대로 여자를 만들었다고 하였다. 사람에게는 생육하고(열매를 맺어서), 번성하여(많아져서), 땅에 충만하고, 땅을 정복하고(광야와 사막을 생각하라), 바다의 물고기와 하늘의 새와 땅의 모든 동물을 다스리게 하셨다(28). 이는 시 8편(5-8절)에서도 확인된다. 그러나 본디 인간에게 주어진 양식은 채식이었다(29). 모든 동물들에게도 채식만 허용되었다(30).

2 안식일에 복 주심(3). 톨르도트(2:4a)란 소위 제사장 문서의 특징으로서 '족보, 계보, 내력, 이야기, 대략'이라 번역할 수 있다. 1장의 창조이야기는 2장 4절 상반절에서 '이상이 천지가 만들어진 내력(톨르도트)'이라고 하는 말로 끝난다. 두 번째 창조이야기는 2장 4절 하반부부터 시작된다. 2장의 창조 이야기는 1장의 이야기를 보완하는 기능을 갖고 있다. 이는 에덴 동산(정원)의 창조를 담고 있는데, 6절의 안개는 지하수라 번역해야 옳다. 물이 나옴으로써 정원의 창조가 이루어졌다는 뜻이다. 7절의 '생령'은 '생명, 인간'이란 뜻이다('네페쉬'의 원래 뜻은 목구멍). 지하수로 말미암아 생긴 네 개의 강(비손, 기혼, 힛데겔, 유브라데) 중에서 앞의 둘은 지금 어디에 있는지 알 수 없다. 예루살렘의 샘 이름이 기혼인 것은 흥미로운 사실이다. 하나님은 아담에게 관리하며('아바드': 일하다) 지키게 하셨다(15). '돕는 배필'(18)은 '맞은편에서 돕는 자'란 뜻이다. 여자는 남자를 돕기 위하여 만들어졌다. 갈빗대(21)가 배부분의 뼈였다고 보는 해석도 있다(폰라트). '아내와 합하여'(24)란 '아내에 달라붙어서'란 뜻이다.

3 뱀의 유혹에 넘어가서, 하와와 아담은 하나님을 배반하여 타락하게 된다.

아담은 잘못을 아내에게, 하와는 뱀에게 전가한다: "하나님이 주셔서 나와 함께 하게 한 여자 그가 그 나무 실과를 내게 주므로 내가 먹었나이다."(12); "뱀이 나를 꾀므로 내가 먹었나이다." 이 배반은 우리 모든 인류에게 유전되었다고 하여 원죄라 부른다. 그러나 하나님은 무화과나무 치마 대신에 가죽옷(튜닉: 아래 위가 붙었고, 소매가 없는 옷)을 만들어 주신다. "네가 어디 있느냐"는 하나님의 질문은 인류를 향한 영원한 질문으로 이해된다. 이는 4장의 "네 아우 아벨이 어디 있느냐"라는 질문과 함께 짝을 이루고 있다. 두 사람은 에덴에서 쫓겨난다.

4 **[가인]** 가인이 아벨을 죽이다. 하나님은 가인의 죄 때문에 제사를 받지 않으셨다. 아벨을 죽인 가인의 대답은 우리 죄인들의 현주소를 가르쳐 준다: "내가 내 아우를 지키는 자니이까?" 아벨의 피는 죽지 않아서 땅에서 하나님께 호소할 수 있었다(10). 또한 아벨의 피를 받아먹은 땅은 가인을 저주하게 된다(11). 아담은 죄로 말미암아 코에 땀을 흘려야 먹을 수 있었는데, 가인은 그것마저도 기대할 수 없게 되었다(12). 다만 가인은 자기의 이마에 표를 받아 죽음을 면한다. 가인은 자기가 지은 성의 이름을 아들의 이름을 따라 에녹이라 했는데, 그것이 도시의 시작이었다. 도시란 살인자가 자기의 죽음을 막기 위해 지은 자위 수단이었다. 유발은 수금과 퉁소를 잡는 자가 되고, 두발가인은 구리와 쇠로 여러 가지 기구를 만들었다. 음악 하는 자와 수공업자들이 비판을 받고 있다. 라멕은 가인보다 더 악하여 어린 아이를 죽이고, 스스로 사면권을 행사한다. 아담의 세 번째 아들 셋이 태어나고, 셋은 아들의 이름을 에노스(אֱנוֹשׁ 에노쉬: 죽을 수밖에 없는 허무한 존재)라 한다.

5 **[족보]** 아담은 930세에 사망하고, 라멕의 아들 노아가 500세에 셈, 함, 야벳을 낳는다.

✤ 홍수 이야기: 6-9장

6 네피림의 유래(1-4): 하나님이 짓지 아니한 종(種)이 태어나 하나님의 창조 질서를 어지럽히다. "사람의 마음의 생각의 모든 계획이 악할 뿐"(5)임을

보시고 하나님이 한탄하고 근심하시다. 네피림의 출현과 사람의 계획이 악할 뿐임을 보신 것이 홍수의 원인이었다. 노아는 은혜를 입어 방주(상자)를 짓게 된다: 300/50/30규빗(46-52cm)의 크기.

7 홍수: 노아가 600세 되던 해 2월 17일에 비가 내리다. 물이 150일 동안 있음.

8 7월 17일에 방주가 아라랏 산에 도착하다. 까마귀와 비둘기(올리브)가 땅에 식물이 있는지를 알아보는 역할을 하다. 601세 되던 해 1월 1일에 땅에 물이 걷혔고, 2월 27일에 물이 말랐다. 홍수 후에는 이전과 같은 현상을 두고 하나님의 판단과 결심이 달라지셨다: "내가 다시는 사람으로 인하여 땅을 저주하지 아니하리니 이는 사람의 마음이 계획하는 바가 어려서부터 악함이라."(21) 하나님은 이 땅에 복을 주시고 지키신다는 사상이 홍수 이야기의 주제였다.

9 노아의 후손들에게 주신 복: '생육하고 번성하여 땅에 충만하라'(1). 1:28의 복이 반복된다. 육식은 허용하나(3), 피째 먹는 것은 금지하셨다(4). 무지개가 물로 세상을 심판하지 않으시겠다는 하나님의 언약의 증거가 되다. 소위 '농부 노아 이야기'(20-27절)에서 가나안은 형제들의 종이 되고, 야벳은 셈의 장막에 머물게 된다: 이는 이스라엘(셈), 블레셋(야벳), 가나안 원주민(함)의 운명을 예시한 것이다.

✥ 족보와 바벨탑 이야기(10-11장)

10 **[민족들의 계보]** 셈, 함, 야벳의 후손. 구스의 아들 니므롯은 바벨을 건설하다.

11 **[바벨탑 사건과 족보]** 사람들이 시날 평지에서 바벨탑을 건설하다. 바벨은 본디 '하늘의 문'이란 뜻이었으나, 성경의 기자는 혼란하게 한다는 뜻으로 해석한다. 구속사의 암시로 데라, 아브람, 나홀, 하란의 등장한다. 이들은 우르에서 하란으로 이동하였고, 데라는 거기서 죽는다. 아브람을 통한 구속사를 암시하면서 원역사는 끝난다.

B. 족장사(12-50): 구속사의 시작

✤ 12-25 아브람. 방황하며 성장하는 신앙인(12-25장).

아브람은 조카 롯을 데리고 떠났고, 가나안을 버리고 애굽으로 갔으며, 아내를 여동생이라 하였고, 아들을 주신다는 약속을 못 믿고 하갈을 취하는 등으로 불완전한 부분이 많았으나, 조카 롯을 위하여 목숨을 걸었고, 소돔과 고모라를 위하여 기도하였으며, 아들을 바치라는 하나님의 명에 순종하였고, 며느리를 믿는 자 중에서 구하는 행동들에서 완숙한 신앙인의 모습을 보여 준다.

12 "너는 너의 고향과 친척과 아버지의 집을 떠나 내가 네게 보여 줄 땅으로 가라"(1): 큰 민족을 이루어 주고, 이름을 크게 하는 복을 주며, 복이 되게 하겠다는 약속을 받다. 그러나 아브람(75세)은 하나님의 명대로 순종하지 못하여, 롯을 데려가고, 기근을 못 이겨서 애굽으로 갔고, 거기서 아내를 누이라 하여 바로에게 빼앗기는 등으로 온전하지 못한 모습을 보인다. 하나님의 간섭으로 바로는 재앙을 만나고, 아브라함은 바로에게서 아내를 돌려받는다.

13 가나안 지방으로 돌아온 이후에, 아브라함의 종과 롯의 종들 사이에 목초 때문에 갈등이 생기자, 아브라함은 벧엘과 아이 사이에서 롯에게 선택권을 준다. 롯은 양보할 줄 모르고 큰아버지의 관용을 이용하여 좋은 곳(소돔)을 찾아나간다. 그는 하나님이 주신 땅을 버리고 제 눈에 좋은 땅을 찾아간 것이다. 롯이 떠난 후에 하나님은 아브라함에게 나타나셔서 눈에 보이는 동서남북의 모든 땅을 아브라함과 그 자손에게 주시겠다고 약속하시고, 그의 자손은 땅의 티끌같이 많을 것이라 하신다. 아브람은 헤브론에 있는 마므레 상수리 나무로 거처를 옮긴다.

14 용사 아브람: 네 왕(시날<바벨론지역>, 엘람<페르시아 지역>, 엘라살, 고임)이 소돔, 고모라, 아드마, 스보임, 소알왕을 쳐서 사로잡아 끌고 가자, 아브람은 동맹군들(마므레, 에스골, 아넬)과 함께 네 왕을 추격하여, 단에서 롯을 되찾는다. 돌아오는 길에 지극히 높으신 하나님의 제사장인 살렘왕 멜기세덱이 나와 축복하였을 때에 아브람은 그에게 십일조를 바친다.

15 다메섹 사람 엘리에셀이 상속자가 될 것을 두고 아브람이 하나님께 불평하자, 하나님은 그를 장막 밖으로 끌어내어 자손이 하늘의 별같이 많을 것이

라 알려 주신다.

*"아브람이 여호와를 믿으니 여호와께서 이를 그의 의로 여기시고"(6): 합 2:4; 롬 1:17로 이어지는 이신칭의의 원칙이 되다.

*하나님이 아브람과 계약을 맺으려고 쪼개진 고기들 사이를 불로 지나시고, 장래 일(애굽 종살이 400년<사 대>, 출애굽)을 예언하시다.

16 아브람이 85세 때에 하갈과 동침하다.

*하갈이 사래의 핍박을 피하여 도망가다가 감찰하시는(보시는) 하나님을 만나다. 브엘라해로이('브엘라헤로이'가 맞다: 보시는 분의 우물).

*86세에 아브라함이 맏아들 '이스마엘'(하나님이 들으신다)을 얻다.

17 99세에 아브라함이 할례를 받다. 아브람(높은 아버지, 아버지는 높다)에서 아브라함(많은 사람의 아버지)으로 개명하다. 사래는 사라(둘 다 '여주인', '여왕'의 뜻)가 된다.

*아브라함이 웃으니 아들의 "이름을 이삭이라 하라."고 하시다. '이츠하크'는 '그가 웃었다'는 뜻이다.

18 아브라함이 부지중에 천사들을 대접하다(고운 가루 세 스아로 빵을 굽고, 우유, 버터, 송아지 고기 대접). 하나님은 사라에게 내년 이맘때에 아들이 있을 것이라 하시나 사라는 웃었다. 소돔을 위해 여섯 번 기도하다.

19 지도자가 되어 성문에 앉은 의인 롯은 천사를 영접하여(무교병을 대접함) 구원을 받다. 소돔 사람들은 동성애를 즐기려다 망한다. 그러나 롯의 아내는 소금기둥이 된다. 소알성은 롯 덕분에 망하지 않았다. 롯은 모압(메압: 아버지로부터), 암몬(벤암미: 내 친척의 아들)의 조상이 되다. 근친상간으로 태어났기 때문에 모압과 암몬의 후손은 영원히 이스라엘인이 될 수 없다. 에돔과 애굽 사람이 삼 대만에 이스라엘인이 될 수 있는 것과 대조된다.

20 아브라함은 아내 사라를 그랄왕에게 빼앗기지만 하나님이 개입하셔서 지켜주신다: 하나님은 아비멜렉에게 아브라함을 선지자라 소개하신다(7). 아브라함은 그녀가 '정말로 나의 이복누이'라 한다.

21 이삭을 얻다. 맏아들을 바침: 하나님의 말씀을 믿고 떡과 물 한 부대만 주어 이스마엘을 쫓아내다. 하갈 모자는 브엘세바들에서 방황하다가 하나님과 샘을 발견하였고, 이스마엘은 애굽여인과 결혼한다.

아브라함은 그랄 왕 아비멜렉(군대사령관 비골)과 언약을 맺어 브엘세바(맹세의 우물<26:33>; 일곱 개의 우물<21:29>)라 하다. 브엘세바에 에셀나무를 심은 것은 손님들이 머물 시원한 장소를 제공하려는 의도였다.

22 시험을 받다: 둘째 아들을 바치는 이야기. 헤브론에서 모리아산은 삼일 길이었다. 아브라함은 바랄 수 없는 중에 믿었다: '우리가 돌아오리라'(5). 아브라함의 칼은 '마아칼레트'라는 작은 칼로서, 뼈를 발라내기에 좋았다. '여호와이레'(이르에: 그가 보신다): 숫양이 대신하다.

*장차 이삭의 아내가 될 리브가(23)가 언급되어 상을 암시함.

23 묘지를 사서 사라(127세)를 장사 지내다. 유대인의 전승에서는 이삭이 37세 때에 모리아산 사건이 생겼고, 그 충격으로 사라가 죽었다 함. 아브라함은 헷 사람 에브론에게서 은 400세겔을 주고 마므레(헤브론)에 있는 막벨라의 밭과 수목과 굴을 사다: 약속을 믿고 출발한 결과는 평생에 무덤 터 하나 얻은 것이었다. 지금도 그 관은 헤브론에 있는 헤롯이 지은 큰 집 속에 보존되어 있다.

24 며느리를 구하다: 메소포타미아의 나홀의 성에 늙은 종(엘리에셀)을 보내다. 친절한 리브가는 한 번에 40리터씩 먹는 낙타 10마리를 먹였다. 종은 리브가에게 반 세겔 무게의 금고리 하나와 열 세겔 무게의 금손목고리 한 쌍을 주며 누구냐고 물었다. 브두엘의 딸, 라반의 여동생 리브가는 어머니가 적어도 열흘은 있다가 가라고 했지만 그 이튿날에 종과 함께 떠나는 결단을 내린다. 이삭은 40세에 결혼하였으니, 사라가 죽은 지 3년 뒤였다.

25 아브라함의 두 번째 결혼: 그두라와의 사이에 여섯 아들(시므란, 욕산, 므단, 미디안, 이스박, 수아)을 두다. 아브라함은 그들을 동방으로 떠나보내고 175세에 죽다.

이삭 60세에 에서와 야곱이 태어나다. 에서는 팥(콩)죽 사건을 통하여 장자의 명분을 경홀히 여긴 것이 드러난다. 야곱은 성실한(조용한) 사람이어서 집안일을 열심히 하였고, 에서는 밖으로 돌아다니기(놀러다니기) 좋아하는 사람이었다.

✤ 이삭은 주어진 여건에 순종하는 사람(26장)

22 아버지의 제물이 되다

24 아버지가 마련해 준 아내를 얻다

26 아브라함과 같은 실수를 하다(아내를 빼앗길 뻔하다). 그러나 애굽으로 내려가지는 않았다. 우물을 아버지가 불렀던 대로 불렀으며, 에섹(다툼), 싯나(대적), 르호봇(넓다)의 승리자가 되다.

*에서는 헷 족속 유딧과 바스맛을 아내로 얻어 부모를 근심하게 한다.

✤ 야곱은 죄인의 대명사, 의지의 신앙인, 현대적인 신앙인(27-36장)

야곱이란 '남의 발뒤꿈치를 잡는다'(속인다)는 뜻으로 나타나 있지만, 본디는 '하나님께서 지키시기를' 이란 뜻이었던 것 같다. 그는 실제로 경쟁하고 싸우고 출세하려는 죄 많은 인간상을 보여준다. 그는 믿음의 조상들 중 누구보다 더 '험악한 세월'(47:9)을 보낸다. 라헬을 사랑하여 14년 동안의 머슴살이를 수일로 여겼던 그였지만, 에브랏길에서 아내를 잃었고, 아들 르우벤이 자신의 첩 빌하와 간통하는 일도 있었고, 일시적이나마 요셉과 시므온을 잃는 고통도 겪었다. 그러나 말년에 그는 애굽의 바로에게 축복하며, 에브라임과 므낫세를 양자로 들이고, 열두 아들을 축복하는 제사장의 모습을 보여준다.

25 팥(콩)죽 사건을 일으키다. 두 사람의 장난 가운데 속마음이 나타난다.

27 리브가의 지시로 야곱이 변장하고 염소고기로 에서의 축복을 가로채다. 형제 살인의 재발을 막기 위하여 리브가는 야곱을 하란으로 보낸다. 리브가가 내세운 명분은 하나님을 믿는 며느리를 구해야 한다는 것이었다.

28 에서는 이스마엘의 딸 마할랏(사촌)을 세 번째 아내로 얻음.

야곱은 벧엘에서 하나님을 뵙는다: 돌기둥(맛체바)은 가나안 사람들의 우상이었는데, 그것을 베고 자다가 피라미드 모양의 천국의 계단을 발견한다. 야곱은 하나님이 자신을 지키고 먹을 것, 입을 것을 주시고 무사히 아비 집으로 돌아오게 하시면, 세 가지 서약(하나님이 내 하나님이 되고, 여기에 성전을 짓고, 십일조를 바치겠음)을 지키기로 하다.

29 (얼굴이)곱고 (몸매가) 아리따운 라헬을 보고 사랑에 빠진 야곱은 라헬을 위하여 14년을 일하다. '속이던 자'(야곱)가 라반(희다)에게 속다.

*레아가 아들을 낳다. 르우벤(보라 아들이다), 시므온(샤마: 듣다), 레위(라

바: 연합하다), 유다(여후다: 찬양하다)의 넷이었다.

30 여종이 낳는 아들은 여주인의 아들이 되는 관습을 따라 라헬은 여종 빌하를 남편에게 들여보내어 단('딘'<판단하다>에서 나옴), 납달리('나프탈티'<내가 씨름했다>, '나프툴림'<씨름, 레슬링>과 유사함)를 얻었다. 레아도 여종 실바를 통해서 갓(행운), 아셀('오세르'는 행복)을 낳는다. 레아는 잇사갈('사카르'는 삯이라는 뜻; 합환채와 연관), 스불론('자바르'는 '베풀다', '선물하다'의 뜻)을 낳았고, 라헬은 요셉('그가 더하시기를')을 낳는다.

* 야곱은 라반의 속임수와 핍박에도 불구하고 하나님의 은혜로 6년 만에 큰 부자가 된다.

31 하나님의 지시를 받은 야곱은 아내들의 동의를 얻고 외삼촌의 집을 탈출한다. 야곱의 탈출 후 삼 일만에 라반이 알고 추격하여, 칠일 만에 따라잡았고, 드라빔을 찾았으나 찾지 못한다. 야곱은 돌들을 쌓아서 라반과 언약을 맺는다: 그 장소를 갈르엣(증거의 무더기)/여갈사하두다(증거의 무더기)/미스바(전망대, 초소)라 부르다.

32 야곱이 거기서 하나님의 사자들을 보았다고 하여 마하나임(군대의 진 두 개)이라 하다.

* 에서가 400명을 거느리고 오고 있다는 소식을 들은 야곱은 두려워하여 여덟 번에 걸쳐서 선물들을 보내고, 얍복강가에서 모든 소유와 가족을 다 건너게 하고 자신만 남아 있다가 천사와 씨름을 한다: 브니엘('프니엘': 하나님의 얼굴)이란 지명이 생기고, 야곱은 새 이름을 받는다. 이스라엘(28)이란 '하나님이 다스리시기를'이란 뜻이지만, 천사는 '하나님과 사람과 더불어 이겼다'는 뜻이라고 함.

33 야곱이 에서와 화해하고 그의 손아귀에서 벗어났고, 숙곳(우릿간들)을 건설한다. 그러나 벧엘에서의 언약을 야곱은 잊은 것 같다.

34 세겜에서 디나가 히위 족속 하몰의 아들 추장 세겜에게 추행 당하는 사건이 일어나다. 세겜, 하몰은 결혼을 청하였으나, 야곱의 아들들은 속여서 그들에게 할례를 행하게 하고, 시므온과 레위가 중심이 되어 세겜을 다 멸하고 약탈한다.

35 하나님이 벧엘로 올라갈 것을 지시하셔서, 벧엘에 제단을 쌓고 엘벧엘이라

칭하다.

*리브가의 유모 드보라가 죽어서 장사 지내고 알론바굿('통곡의 상수리': '드보라의 나무' 삿 4:5)이라 부르다.

*라헬이 아들을 낳다가 죽었는데(에브랏길), 베노니(슬픔의 아들) 대신에 베냐민(오른손의 아들)이라 칭하다.

*르우벤이 라헬의 여종 빌하와 간통하였고, 야곱은 그것을 알았다.

*야곱이 헤브론에 도달했고, 이삭은 죽는다(180세).

36 에서(에돔)의 족보: 하나님은 에서의 하나님도 되신다(이스마엘의 하나님 16; 21장).

✤ 요셉과 그 형제들의 이야기(37-50)

요셉은 한 마디로 지혜로운 신앙인(37-50)이라 할 수 있다. 유다는 냉정하나 곧은 인간상, 르우벤은 마음이 약하나 유혹에도 약한 상을 보여 준다면, 요셉은 착하면서도 지혜롭고 냉정하여 맺고 끊는 것이 분명하며, 남을 포용하고 용서할 줄 아는 인간상을 보인다.

37 요셉이 꿈을 꾸었는데, 형제들의 단이 자기 단에 절하고, 해와 달과 열 한 별이 절하는 것이었다.

*심부름(세겜에서 25킬로미터 떨어진 도단)을 갔다가 형들에게 잡힘: 르우벤은 요셉을 살려서 돌려보내려 하고, 형제들은 죽이려 할 때에, 유다의 중재로 애굽에 팔려가게 되다(은 20개; 17세).

38 유다는 아둘람 사람 히라와 친분을 맺어, 거기서 가나안 사람 수아의 딸을 통하여 엘, 오난, 셀라를 낳는다. 엘의 아내가 된 다말(대추 야자)은 엘이 악하여 하나님께 죽임을 당하자, 수혼(형사취수)의 법을 따라 그 동생 오난과 결혼하지만, 오난은 땅에 설정하여 가족의 의무를 저버린다. 하나님이 오난도 죽이시니, 두 아들이 죽는 것을 본 유다는 다말을 친정으로 돌려보내고, 셀라가 자라도 결혼시켜 주지 않았다. 결국 다말은 창녀로 변장하여 양털 깎으러 가던 홀아비 유다를 딤나 길 곁 에나임문에서 유혹하여, 베레스와 세라를 낳는다. 유다는 다말이 옳다고 인정하고 다시는 관계를 맺지 않는다. 법적으로는 셀라 다음의 남편감은 시아버지였다.

39 보디발의 집. 주인은 하나님과 요셉의 관계를 알았다. 간통은 하나님께 대한 득죄였다(9). 속옷을 입지 않는 노예의 겉옷을 벗긴 여자. 시위대장은 요셉의 결백을 알면서도 감옥에 넣었다.

40 술과 빵 담당 관원장의 꿈을 해석하였으나, 술 담당자는 요셉의 은혜를 잊었다.

41 만 2년 후에 요셉이 총리가 되었고(사브낫바네아: 하나님이 말씀하시니 그가 살리라), 온(헬리오폴리스)의 제사장 보디베라의 딸 아스낫과 혼인하였다. 흉년이 시작되었다.

42 열 형이 곡식을 사러 와 요셉에게 절하니 꿈대로 되었다. 다음엔 베냐민을 데려오라고 하여 형들을 시험하다. 시므온을 잡아두다.

43 야곱은 '자식을 잃으면 잃으리'(14) 하며 베냐민을 보냈다.

44 요셉이 형들이 동생을 사랑하는지 시험하다. 유다가 시험에 통과하다.

45 형제들에게 요셉이 자신을 드러내다(반성하는 형들). 아직 흉년이 5년 남았으니 애굽으로 오라고 하였고, 형들은 아버지에게 보고하였다.

46 야곱이 70명의 가족과 함께 헤브론에서 출발하여 브엘세바를 거쳐 애굽으로 가서 요셉을 만나다. 하나님이 브엘세바에서 야곱에게 큰 민족을 이룰 것과 다시 출애굽할 것을 약속하시다.

47 야곱이 바로를 축복하다. 야곱이 130세에 애굽에 갔고, 그 때에 요셉의 나이가 39세였으니(총리 된 것이 30세, 풍년 7년, 흉년 2년), 요셉은 야곱이 91세에 낳은 아들이다. 야곱이 밧단 아람에 20년 있었고, 거기서 요셉이 14년째에 태어났으므로, 야곱은 77세에 브엘세바를 떠나 밧단 아람으로 갔다는 이야기가 된다. 야곱은 요셉에게 자신의 시신을 가나안에 가서 장사할 것을 맹세하게 하다.

48 야곱이 에브라임과 므낫세를 축복하여 양자로 맞다. 147세에 죽다.

49 12지파의 축복: 요셉과 유다가 복을 받는다. 르우벤(간통), 시므온과 레위(살인)는 저주를 받았다. 스불론은 해변에 거할 것이며, 잇사갈은 건장한 나귀지만 게으르며, 단은 첩경의 독사같이 무섭고, 갓은 군대를 물리치는 용사, 아셀은 기름진 땅을 차지하며, 납달리는 놓인 암사슴같이 활달한 족속, 베냐민은 물어뜯는 이리같이 용맹스럽다. 요셉은 담장을 넘은 가지같

이 한 지파를 초월하는 지파이며, 유다에는 왕의 규가 떠나지 않는다.

50 야곱의 장례(아벨미스라임: 애굽인들의 통곡). 야곱은 요셉이 56세였을 때에 죽었다. 그 때는 기근이 끝난 지 12년이 지났으므로 요셉에 대한 감사가 많이 줄어들어 있었다. 그래도 야곱의 장례가 화려했던 것은 요셉에 대한 감사의 마지막 표였으리라.

* 요셉은 아비가 죽은 후에 더 불안해진 형들을 용서한다: "내가 하나님을 대신하리이까?" 하나님이 자기를 노예로 보내신 것은 "많은 백성의 생명을 구하려는 하나님의 뜻"이었다. 요셉의 마지막 꿈은 출애굽이었다.

토 의 제 목

남과 여(아담과 하와, 아브라함과 사라, 이삭과 리브가, 야곱과 라헬, 요셉과 보디발의 아내), 형제(가인과 아벨, 에서와 야곱, 요셉과 그 형제들), 은총(무조건적인 선택, 아브라함, 이삭, 야곱, 요셉), 약속(땅과 후손, 막벨라), 믿음(15:6; 24:6; 28:2; 47:29; 50:24), 번성(1:28; 9:1), 지혜(아브라함, 롯, 요셉), 은총 밖에 있는 것 같은 사람들(이스마엘, 에서), 이웃 민족(애굽, 에돔, 모압, 암몬, 블레셋, 그랄, 미디안 등).

출애굽기
(שְׁמוֹת: '셔모트': 이름들)

Ⅰ. 서 론

출애굽기는 레위기, 민수기(또는 신명기)와 이어지는 이야기의 일부분이다. 출애굽의 바로는 라암세스 Ⅱ세(1290-1224)인 듯하다. 60만의 역사성 문제가 있고, 하나님의 이름(야흐베)이 6장 3절에서 처음으로 소개되었다고 되어 있다. 또한 이스라엘에서 가장 오래 된 법이라 하는 언약법전(20:22-23:19)이 실려 있다. 성경의 기본적인 주제인 구원과 해방은 출애굽 사건이 중심을 차지한다.

Ⅱ. 내 용

A. 애굽에서 나오다(출 1-15)

1 **[이스라엘의 부역]** 요셉을 알지 못하는 새 왕이 등극했다는 것은 새 왕조가 등장했다는 뜻이다. 바로는 히브리인들의 인구가 늘어나는 것을 두려워하여 산파들에게 아들들을 죽이라 하였으나 산파들(십브라, 부아)은 하나님을 두려워하여 남자 아이들을 죽이지 않았다. 그러자 바로는 모든 남자 아이를 나일강에 던질 것을 명한다. 훗날 에스더서에 나타나듯이 민족이 멸족당할 위기에 처하다.

2 **[모세의 어린 시절]** 레위 족속, 아므람과 요게벳의 아들 모세가 태어나다. 저자는 모세를 '건진다'는 뜻의 히브리어와 연관해서 해석한다. 결국 건짐을 받은 자가 건진다는 의미가 된다. 그러나 애굽어로는 모세가 '아들'이란 뜻이고 바로의 이름들에서도 발견된다. 모세는 동족을 구하려다 살인을 하

게 된다. 미디안(오늘날 사우디 아라비아 서북쪽 지방)으로 도망한 모세는 미디안 제사장(르우엘, 호밥, 이드로)의 딸 십보라와 결혼하여 게르솜(게르: 이주노동자)을 낳다. 둘째 아들은 엘리에셀(나의 하나님은 도움이시다)이었다. 이스라엘이 출애굽한 후에 광야생활을 할 때에 이드로의 미디안족이 도왔다는 설이 있고, 이드로의 후손은 지금 드루즈족으로 이스라엘에 살고 있다.

3 **[모세의 소명(3:1–4:17)]** 모세는 사양하고 하나님은 권면하시던 끝에 진노하신다. 하나님은 아브라함, 이삭, 야곱의 하나님 야흐베시며, 이름을 묻는 모세에게 '나는 스스로 있는 자이니라'('나는 나지' 3:14)라고 대답하신다.

4 하나님은 지팡이가 뱀이 되게 하시고, 손에 나병이 생겼다 낫는 표징을 주시며, 지팡이 하나 갖고 바로에게 가게 하신다. 아론은 대변인이 되다. 아이 할례로 인해 하나님께 죽을 뻔했던 모세는(피남편) 아론과 함께 이스라엘의 장로들을 만난다.

5 **[이스라엘의 부역]** 바로를 만났으나, 바로는 "여호와가 누구이기에"란 반응을 보인다(2). 핍박이 더 심하여지고('너희가 게으르다 게으르다' 17), 백성의 우두머리들도 모세를 원망한다. 모세는 "어찌하여 나를 보내셨나이까?"(22)라며 원망한다.

6 **[모세의 두 번째 소명 기사]** 전에는 하나님이 당신을 '야흐베'(JHWH)로 계시하지 않았다(3). "이스라엘 자손도 내 말을 듣지 아니하였거든 바로가 어찌 들으리이까 나는 입이 둔한 자니이다 ."(12) 아므람의 수명은 137세였다.

✤ 7–13 재앙과 유월절

7 지팡이의 대결 후에 첫 번째 재앙(물이 피로 변함)이 임한다. 열 가지 재앙은 계시록 16장에서 일곱 가지 재앙의 이야기로 다시 나타난다. 80세와 83세 노인들의 혁명이 시작되었다. 그러나 바로는 완강하였다(4:10; 5:9; 7:13f; 8:11, 20, 28...).

8 두 번째 재앙(개구리: 거룩한 생물). 두 재앙은 애굽 술사도 따라 함. 세 번째 재앙(이: "하나님의 손가락(권능)")이 있은 후에 네 번째 재앙(파리/해충;

"이 땅에서 너희 하나님께 제사를 드리라.")부턴 애굽인과 이스라엘인의 구별이 있었다.

9 다섯 번째 재앙(돌림병), 여섯 번째 재앙(악성 종기: 애굽 술객들에게도), 일곱 번째 재앙(우박과 불덩이(번개); "내가 너희를 보내리라.")이 있었고, 하나님은 바로에게 '내가 너(바로)를 세웠음은 나의 능력을 네게 보이고 내 이름이 온 천하에 전파되게 하려 하였음이니라'(16)라 하시다.

10 여덟 번째 재앙은 "너희 장정만 가서 여호와를 섬기라"고 해서 내렸고(메뚜기: 욜 1장), 아홉째 재앙은 "너희의 양과 소는 머물러 두고 너희 어린 것들은 너희와 함께 갈지니라."고 해서 내렸다(흑암: 창조 이전의 세계로 돌아감). 함신이란 모래바람으로 인한 것인지는 분명하지 않다.

11 열 번째 재앙(사람과 가축의 처음 난 것을 모두 죽임)의 예고

12 유월절 제정: 1월 10일에 양을 구별해 두었다가 14일에 잡는다. 머리, 다리, 내장을 다 구워서 먹는데, 허리에 띠를 띠고, 지팡이를 짚고, 급히 먹어야 한다. 그 다음날부터 7일은 누룩을 먹지 못하는 무교절(15-21)이다. 애굽의 장자(이스라엘은 하나님의 장자)와 맏짐승을 치시다. 이스라엘은 라암셋을 떠나 숙곳으로 떠나 430년이 끝나는 날에 출애굽하다.

13 처음 난 것을 구별할 것을 지시하시고, 무교절의 구례를 가르치시다. 낮에는 구름 기둥을 밤에는 불기둥을 세우시다.

✤ 14-15 바다에서의 구원

14 선발된 병거 600대와 모든 병거가 이스라엘을 추격하다. '너희는 두려워하지 말고 가만히 서서 여호와께서 오늘 너희를 위하여 행하시는 구원을 보라! 너희가 오늘 본 애굽 사람을 영원히 다시 보지 아니하리라'(13). 이스라엘은 홍해(갈대바다, '얌 수프'<비터호수?>)를 건넜고, "여호와와 그의 종 모세를 믿었더라."(31) 하나님과 하나님의 종에 대한 믿음이 병행되었다.

15 모세의 노래(1-18)와 미리암의 노래(21).

*마라(쓰다)의 샘물을 모세가 어떤 나무를 던져서 달게 하다.

*엘림(큰 나무)에는 물 샘 열둘과 종려나무(대추야자나무) 70주가 있었다.

D. 광야편력(출 16-18, 민 1-9)

16 **[만나와 메추라기]** 신 광야에서 백성이 원망하다: "애굽 땅에서 고기 가마 곁에 있던 때와 떡을 배불리 먹던 때에 여호와의 손에 죽었더라면 좋았을 것을."(3)

*만나(만후: 이게 무엇이냐?): "작고 둥글고 서리같이 가는 것."(14)

17 **[반석의 샘, 아말렉 전쟁]** 므리바(다툼)/맛사(시험, 유혹): "그들이 여호와를 시험하여 이르기를 여호와께서 우리 중에 계신가 안 계신가 하였음이더라."(7)

*르비딤에서 아말렉이 공격하다: 모세는 팔을 올리고 기도하고, 아론과 훌이 양 손을 붙들다. 여호와 닛시(나의 깃발): "여호와께서 아말렉과 더불어 대대로 싸우시리라"(16)는 뜻의 제단을 쌓다.

18 **[이드로와의 만남]** 이드로가 십보라와 게르솜, 엘리에셀을 데리고 오다. 이드로의 충고대로 천부장, 백부장, 오십부장, 십부장을 세우다.

B. 시내산에서의 계시(출 19-민 10:10; 핵심은 출 19-24; 32-34)

19 **[신의 현현]** 출애굽 후 삼개월째 되던 날에 이스라엘은 시내산에 이르러렀고, 삼일 후에 하나님을 뵙다: 우레, 번개, 빽빽한 구름, 연기, 나팔소리가 나고(신의 현현에 수반되는 현상) 하나님이 모세와 말씀하시다.

20 **[십계명(열 가지 말씀)]**

*출 20:2-17과 신 5:6-21의 차이점.

	출 20	신 5
안식일 계명의 근거	천지창조	애굽 체험(아랫 사람 인권)
제 10 계명	집/아내	아내 탐내기 집 요구
6-10 계명	별도	6-8 계명/9-10 계명(셋씩 분리)
구조	서론 + 십계명	6-10/11/12-15/16/17-21의 다섯 부분
하나님의 자기 소개	서론	제 1계명
다른 신 숭배/ 신상 숭배	제 1/2계명	하나의 계명(카톨릭/루터교)

* 유대인은 서론을 1계명이라 부르고, 1-2계명을 하나로 봄.
루터교와 카톨릭은 1-2계명을 하나로 보고, 제10계명을 둘로 나눔.
* 언약법전(20:22-23:19): 가나안에서 왕국시대 이전에 만들어진 듯한 최고대의 결의법: 히브리 노예법, 사형죄, 상해법, 짐승의 손실, 소유권법, 무당, 수간, 이방신 숭배, 약자 보호법, 종교적 의무, 공정한 재판, 안식년, 안식일, 명절 규정.
* 제단 규정(20:24-26)
* 결의법과 단언법: 단언법은 무조건적인 순종을 요구하는 것이며, 어길 시에는 주로 사형에 처했다. 결의법은 상황과 경우에 따라 처벌이 다양한 법.

✤ 21-23 언약법전

21 * 히브리종에 대한 규정(12-17): 고대 근동의 최하층민들을 아피루, 하피루라 불렀는데, 이들이 바로 히브리인이 된 것 아닌가 하는 학설이 대두되었으나, 학고한 증거는 없다. 다만 이스라엘인을 외국인이 낮추어 부를 때에 히브리인이라 불렀고, 이스라엘인도 동족의 종을 히브리종이라 불렀다.
* 육체보전에 대한 법(18-32): 동태복수법: '눈은 눈으로, 이는 이로'하는 방식으로, 피해자가 가해자에게 똑 같은 형태로 보복할 것을 지정한 법으로서 탈리오의 법이라고도 한다.

21/22 * 배상법(21:33-22:15): 양을 훔치면 4배, 소를 훔치면 5배를 물어주어야 한다.
* 육체의 보전(22:16-17): 처녀의 몸값은 은 50(신 22:29)이었다.
* 사형에 해당하는 죄(18-20): 무당, 수간하는 자, 다른 신에게 제사 드리는 자
* 이방인, 과부, 고아, 빈민 보호법(21-27)
* 야훼의 특별법(28-31): 재판장과 지도자 모독 금지("너는 재판장을 모독하지 말며 백성의 지도자를 저주하지 말지니라" 28), 수확한 것을 바칠 것, 맏아들, 맏짐승 바치기, 맹수에 죽은 짐승을 먹지 말 것.

23 * 재판절차법(1-3): 위증과 가난한 자 편들기 금지.

* 원수에 대한 행동(4-5): 원수의 가축을 도와 주라
* 재판절차법(6-9): 무죄한 자를 죽이지 말라. 뇌물 받지 말고, 이방인을 압제하지 말라.
* 야흐베의 특별법(10-19): 안식일, 안식년, 세 가지 절기, 첫 열매 바치기
* 결론(20-33): 이방신을 섬기지 않으면 복 받는다.

24 **[언약체결]** 70장로, 모세, 아론, 나답, 아비후가 하나님과 언약을 체결하고 (1-8), 성만찬을 나누다(9-11): 마 26:20; 계 3:20과 연결됨.

* 모세가 다시 산에 오르다: 40일 동안 산에 있었다.

✤ 25-31 성막 건축의 지시, 시행은 35-40.

25 성막을 위한 예물, 조각목(싯딤나무: 아카시아)으로 언약궤를 만들고 순금으로 쌌으며, 조각목으로 진설병 상을 만들었으며, 정금 한 달란트로 등잔대를 만들고 등잔 일곱을 만들었다.

26 성막을 만들다: 지성소와 성소를 구별하다.

27 조각목으로 번제단을 만들고, 뜰을 만들며, 등불 기름은 올리브유로 함.

28 제사장의 옷: 어깨에 다는 호마노 둘에 이스라엘 12지파의 이름 새김. 우림, 둠밈은 판결흉패 안에 두다.

29 제사장의 위임식, 제단 성별, 매일 드리는 제사(1년 된 어린 양 두 마리)

30 분향단, 성소에 드릴 속전, 놋 물두멍, 관유와 향.

31 회막을 만들 기술자는 하나님의 영이 충만한 유다 지파의 브살렐, 단 지파의 오홀리압이었다. 안식일 계명은 이스라엘과 하나님 사이의 영원한 표징이다.

* 하나님이 모세에게 증거판을 주시다.

32 **[금송아지상]** 아내와 자녀의 귀고리들로 아론이 만들다. 모세가 보니 백성이 방자하게 되었다. 모세는 돌판을 깨고, 금송아지를 갈아서 마시게 하고, 레위인이 3,000명 가량을 죽이게 한 후 하나님께 간구한다: "내 이름을 지워 버려 주옵소서."(32)

33 이스라엘이 단장품을 제하다. 회막문을 떠나지 않는 여호수아. 모세는 하

나님의 영광을 뵙기를 원하나 등만 뵈었다.

34 **[소위 제사십계명]** 새 증거판. 제사십계명(11-26). 모세는 얼굴의 광채를 수건으로 가림.

❖ 성막 건립(35-40)

35 회막을 위하여 자원 예물을 드림. 유다 지파 브살렐, 단 지파 오홀리압.

36 사람들이 너무 많은 예물을 가져오다. 성소를 만들다.

37 조각목으로 궤, 진설병상, 등잔대, 분향단, 관유, 향 등을 만들다.

38 번제단, 놋 물두멍, 뜰을 만들다.

39 에봇을 만들다. 준공검사.

40 회막을 세우고 성별하다. 구름이, 야흐베의 영광이 회막 위에 임하였고, 구름 때문에 사람이 회막에 못 들어간 것은 열왕기상 8장 11절에서도 같았다.

레 위 기
(וַיִּקְרָא: '바이크라' 그러고 난 후에 그가 부르셨다)

Ⅰ. 서 론

출애굽기 19장에서 민수기 10장까지의 토라의 연속으로서, 17-26장은 성결법전(성결토라라고도 함. 7/6세기에 만들어짐. 19장이 핵심)이라 불리며 대속죄일 규정은 16장에 나타난다.

Ⅱ. 내 용

❖ 제사 규정(1–7)

1 번제(עֹלָה): 짐승의 뼈와 가죽과 오물만 빼고 전체를 불사르는 제사(레 1장). 제물의 재는 정결한 곳에 가져간다(레 6:10-11). 매일 아침과 저녁에 일 년 된 어린 숫양 한 마리씩을 드렸는데 이를 상번제라 한다(출 29:38-42). 명절에는 특별한 제사를 드렸다(민 28-29장).

2 화목제(זֶבַח הַשְּׁלָמִים): 가장 일반적인 제사. 내장을 불살라 하나님께 바치고, 고기는 가족이나 회중이 나누어 먹었다(레 3장). 이 식사를 통하여 하나님과 사람과의 교제가 이루어지므로 '교제의 제사'라 하는 것이 더 좋을 것이다. 병이나 곤경에서 벗어나는 등으로 특별한 일이 있어서 드리는 감사제와, 의무적으로 드리게 되어 있는 감사제(이 경우엔 곡식도 포함되었다. 레 7:12-13), 서원을 하였기에 드리는 감사제 등이 있었다.

3 속죄제(חַטָּאת): 자기도 모르게 지은 죄를 속하는 제사로서, 짐승의 피를 제단에 뿌리고 기름은 불에 태우고(레 4:1-5:13), 고기는 제사장들이 회막뜰에서 먹는다(레6:17-23). 그러나 회막 안에 피를 뿌린 짐승의 고기는 먹지

못하고 불사른다(레 6:30).

4 속건제(אָשָׁם): 성물을 가로채었거나 거짓말을 하였을 경우에 배상하는 의미로 드리는 제사(레 5:14-6:7).

5 소제(מִנְחָה): 곡식이나 기름, 유향, 소금, 과일 등의 식물을 바치는 제사로서 한 줌만 태워서 하나님께 바치고, 남은 것은 제사장과 그 가족이 먹게 한다(레 2장). 소제는 독립적으로 드리기도 하고(레 5:11; 6:13-16; 민 5:15), 다른 제사와 곁들여서 드리기도 했다(민 28-29장).

6 전제(奠祭 נֶסֶךְ): 붉은 포도주를 단에 붓는 제사로서 늘 다른 제사, 특히 번제와 결부되었다(민 28-29). 술(출 30:9), 기름이나 피(시 16:4)도 드렸다. 거제, 요제, 화제와 같은 제사방법.

7 향(קְטֹרֶת) 유향과 다른 구성 요소를 배합하여 만들었는데, 이는 특정한 제사장 가문의 비밀에 속했다(출 30장 참고). 유향을 섞은 것은 향로(레 10:1)나 성소 안쪽에 있는 분향단(눅 1:9-10)에서 불살랐다.

✥ 8-9 제사장 안수(8)와 첫 제사(9)

8 모세가 아론과 그의 아들들에게 제사장직을 위임하다: 위임식은 7일 동안 거행되는데, 그 동안은 회막 문을 나가지 못한다.

9 아론과 그 아들들이 첫 제사를 드리다. 불이 야호베 앞에서 나와 번제물을 사르다.

10 **[나답과 아비후의 범죄]** 나답과 아비후가 야흐베께서 명하시지 않은 불을 가져와 야흐베 앞에서 분향하여 하나님께 죽임을 당하다. 그 이후로 제사장은 회막에 들어갈 때에 포도주나 독주를 마시지 못하게 하다.

✥ 11-15 정결법

11 정한 짐승과 부정한 짐승: 굽이 갈라지고 새김질을 하는 짐승, 물고기 중에선 지느러미와 비늘 있는 것은 정하다. 짐승의 주검은 부정하다.

12 산모: 아들을 낳으면 7일 부정하고, 8일째에 할례를 행하며, 산모는 33일간 부정하다. 딸을 낳으면 14일 부정하고, 66일이 지나야 정결해진다.

13-14 나병에 관한 규례: 사람과 건물의 곰팡이를 제사장이 진단한다.

15 남녀의 부정: 유출병과 설정할 때에.

16 **[대속죄일 규정]** 7월 10일. 야호베를 위한 염소, 아사셀을 위한 염소.

✣ 성결법전(17-26)

17 성소에서만 짐승을 도살할 수 있다. 피를 먹지 말라.

18 근친상간 금지. 월경중인 여자, 타인의 아내, 몰렉, 동성연애, 수간 금지.

19 하나님 경외와 이웃 사랑. "너희는 거룩하라 이는 나 여호와 너희 하나님이 거룩함이니라."(2)

*"원수를 갚지 말며 동포를 원망하지 말며 네 이웃 사랑하기를 네 자신과 같이 사랑하라."(18)

*과실을 먹으려면 5년째부터 먹어라.

20 중죄 처벌 규정: 단언법: 몰렉, 신접한 자와 박수를 추종하는 자, 부모 저주자, 계모, 자부와 동침하는 자, 동성연애자, 장모, 자매와 동침하는 자…

21 제사장의 자격과 행동 규정: 부모, 형제, 처녀 자매의 시체로는 더럽힐 수 있다. 머리를 깎아서 대머리같이 하지 말고, 양편 수염을 밀지 말아야 하며, 기생이나 부정하거나 이혼한 여인과 혼인을 해선 안 된다. 처녀와 혼인해야 함. 육체에 흠이 있는 자는 제사장이 될 수 없음.

22 제사장의 가족들이 제물을 먹기 위한 전제 조건: 부정하면 안 됨.

*번제의 제물은 흠 없는 수컷이어야 함.

23 유월절(1월 14일), 무교절(1월 15-21일), 칠칠절(오순절), 설날(7월 1일), 속죄일(7월 10일), 초막절(7월 15-21일).

24 등잔, 진설병 규정. 단 지파 디브리의 외손자가 야호베를 저주하여 돌로 치다.

25 안식년, 희년, 땅 무르기 규정("토지는 다 내 것이라."<23>). 이자 금지령.

26 묵은 곡식을 먹는 자와 아들의 고기를 먹는 자.

✣ 하나님께 바친 사람과 물건을 무르는 규정(27장)

27 남자의 헌신 값은 은 50세겔, 여자는 30세겔, 5-20세의 남자는 20세겔, 여

자는 10세겔.

* 오경 안의 세 법전은 다음과 같이 비슷한 구조를 갖고 있다.

	언약밥잔	성결법전	신명기법전
중심되는 계명: 제사와 그 장소	출 20:22-26	레 17	신 12:1-14:21
사회적이고 종교적인 계명들 직분 종교적이고 사회적인 계명들	출 21:1-23:19	레 18-20 레 21-22 레 23-25	신 14:22-16:17 신 16:18-18:22 신 19-26
축복과 저주	출 23:20-33	레 26	신 27-28

* 소위 윤리적 십계명: 출 20:2-17//신 5:6-21(레 19 참고)

* 소위 제사 십계명: 출 23:10-19//출 34:11-26

민 수 기
(בְּמִדְבַּר: '브미드바르' 광야에서)

Ⅰ. 서 론

시내산, 광야길, 모압 땅의 세 곳에서 일어난 일. 모세에 대한 반항, 발람 이야기(22-24장).

Ⅱ. 내 용

❖ 1-4 백성의 계수

1 징집할 남자들의 수를 세다: 20세 이상.

2 동편에는 유다, 잇사갈, 스불론. 남편에는 르우벤, 시므온, 갓. 서편에는 에브라임, 므낫세, 베냐민. 북쪽은 단, 아셀, 납달리.

3 아론의 가족, 레위인들의 직무: 게르손, 고핫, 므라리 족속에 따라.

4 행진할 때에 레위인들이 해야 할 일. 성막에서 일하는 레위인은 30-50세

❖ 5-9 여러 가지 규정: 의심의 법, 나실인의 법, 제사장의 축복, 지파 대표들의 헌물, 레위인 성별, 두 번째 유월절

5 부정, 범죄, 의심의 법(거룩한 물에다 성막 바닥의 흙을 마시게 함).

6 나실인의 서원: 포도주, 독주, 포도나무의 소산을 삼가고, 삭도를 몸에 대지 않는다.

* 제사장의 축복: 24-26.

7 등대규정. 회막을 봉헌할 때에 족장들이 바친 예물.

8 레위인 성별. 25-50세(4장과 다름).

9 유월절 규정. 그때에 시체로 인해 부정해진 사람은 한 달 뒤에 유월절을 지킬 수 있다. 구름이 성막 위에 머무르면 이스라엘도 같이 머물고, 구름이 이동하면 이동했다.

✤ 시내산에서 가나안 경계까지(10-20)

10 나팔을 불어서 시내산을 출발: 유다팀 + 게르손, 므라리 자손 + 르우벤팀 + 고핫자손 +에브라임팀 + 단팀.

호밥은 모세와 동행하기를 거절하나 삿 4:11(1:16)에는 가나안에 들어간 것으로 나타남. 언약궤 말씀은 하나님의 보좌로 생각된 언약궤가 이스라엘과 함께 출발하고 도착하기를 기원하는 말씀이다(35-36).

11 불평자들 때문에 진의 한쪽끝이 타다(다베라). 모세의 탄식: "즉시 나를 죽여 내가 고난 당함을 내가 보지 않게 하옵소서."(15) 70장로에게 하나님의 영이 임하였는데, 엘닷, 메닷은 장막에 있었는데도 영이 임하다.

기브롯 핫다아와(탐욕의 무덤): 메추라기를 한 사람이 10호멜(1호멜은 220 리터)씩 거두다.

12 **[아론과 비리암의 반역]** 하세롯에서 모세가 구스 여인과 혼인한 사건으로 인해 아론과 미리암이 반항하였고, 미리암이 7일 동안 나환자가 되다.

✤ 정탐꾼의 파견(13-14)

13 바란광야에서 정탐꾼(두령들)을 파견하여 신광야에서 르홉까지 염탐하다. 정탐꾼들은 에스골 골짜기의 포도송이와 무화과, 석류를 가져왔으나, 부정적인 보고(거민이 강하고 성읍이 크다. 거민을 삼키는 땅, 우리는 메뚜기. 아낙자손)와 긍정적인 보고(갈렙: "우리가 곧 올라가서 그 땅을 취하자 우리가 능히 이기리라."<30>)가 있었다. 여호수아의 본명은 호세아였다.

14 애굽으로 돌아가자는 자들에 대항하여, 여호수아와 갈렙은 '그 땅은 심히 아름다운 땅이며 그들은 우리의 먹이'(9)라 하였으나, 백성들은 그들을 돌로 치려하다.

하나님은 20세 이상의 사람을 가나안에 들어가지 못하게 하시다(29-30). 악평한 자들은 사망하였고, 백성들은 억지로 가나안으로 올라가려다 호르마에서 아말렉과 가나안인에게 패배한다.

15 소제, 전제, 범죄에 대한 규정. 안식일을 범한 자는 돌로 쳐죽여라. 옷단에 매는 술은 계명을 기억하라는 뜻이다.

✣ 고라 무리의 반역(16-17)

16 고라 무리의 반란. 레위인 고라, 르우벤 지파의 다단, 아비람, 온의 반역의 명분은 "회중이 다 각각 거룩하고 여호와께서도 그들 중에 계시거늘 너희가 어찌하여 여호와의 총회 위에 스스로 높이느냐"(만인제사장설?)는 것이었다. 250 + α + 14,700명(염병: "너희가 여호와의 백성을 죽였도다")이 죽다.

17 아론의 싹 난 지팡이: 살구(아몬드) 열매가 맺히다(왕의 홀과 비슷함).

18 제사장과 레위인의 받을 몫에 대한 규정.

19 부정을 깨끗하게 하는 물은 붉은 암송아지의 재를 탄 물이었다.

20 미리암의 죽음(1). 므리바의 물로 모세가 실수하여 모세와 아론은 가나안에 못 들어가게 되다(12). 이스라엘이 에돔을 돌아서 가다가 호르산에서 아론이 죽다(28-29).

✣ 요단 동쪽 땅 정복과 모압 땅 체류(21-36)

21 아랏이 이스라엘을 공격하므로 멸하고 그 이름을 호르마라 하다(1-3).
모세의 놋뱀: 히스기야의 종교개혁 때에 느후스단이라 하여 폐기됨(왕하 18:4).
아모리왕 시혼, 바산왕 옥을 정복하다.

✣ 선견자 발람(22-24)

22-24 유브라데 강가 브돌의 선견자 발람이 모압왕 십볼의 아들 발락의 청을 받고 물질에 눈이 어두워 모압으로 오다. 나귀가 세 번 천사를 피하다. 발람이 네 번이나 이스라엘을 축복하다.

*'발람의 길': 이익을 따라 하나님의 뜻에 상반되는 방향으로 가는 것.

25 이스라엘 남자들이 싯딤에서 모압 여자들과 행음하고 바알브올에게 절하다 (발람의 꾀).

*염병으로 24000명이 죽었고, 미디안 여인 고스비와 시므온 족장 시므리를 아론의 손자 비느하스가 창으로 죽임으로써 염병은 그쳤다. 하나님은 미디안을 치라고 하심.

26 두 번째 인구 조사: 고라의 아들들은 죽지 아니하였다(11). 시므온지파의 수가 59300에서 22200으로 37100명이 줄어들다.

27 딸들의 상속권: 므낫세 지파의 슬로브핫의 딸들.

여호수아가 모세의 후계자가 되다.

28-29 연중 정규 제사에 대한 규정: 매일, 안식일, 월삭, 유월절, 무교절, 칠칠절, 설(나팔절), 대속죄일, 장막절. 1힌은 1/6밧으로서 3.5리터임.

30 서원의 유효성에 관한 규정: 여인의 아비나 남편이 서원을 듣는 즉시 반대하지 않으면 유효, 반대하면 무효.

31 **[미디안전쟁]** 미디안을 공격하여 발람을 죽이다('발람의 꾀': 16절: 모압 여인으로 이스라엘 남자들을 자기들의 제사에 초대하여 우상을 숭배하고 음행에 빠지게 하는 것).

32 요단 동쪽을 르우벤, 갓(이들은 가축이 많았다), 므낫세 반 지파(마길)에게 나누어주다.

33 출애굽 노정 목록: 1월 15일에 출발, 출애굽 후 40년 5월 1일에 아론이 123세로 죽다.

34 가나안 땅의 경계선: 남편은 신광야, 서편은 대해, 북은 하맛 어귀, 동은 긴네렛 동편 해변/요단/사해.

35 레위인 성읍과 도피성: 도피성 6, 그 외에 42성.

36 상속자가 된 딸은 아버지의 지파를 떠날 수 없다.

✤ 시련과 유혹을 이기는 길은 무엇인가?

신 명 기
(דְּבָרִים: '드바림' 말씀들)

Ⅰ. 서 론

히브리어로는 "엘레 핫드바림(אֵלֶּה הַדְּבָרִים)"(이것들이 그 말씀들)로 시작된다. 헬라어와 라틴어로는 두 번째 토라(17:18을 오역함). 핵심은 토라 선포(신명기 법전 12:1-26:15). 한 성소에서만 예배드리라고 하여 요시야의 종교개혁과 연관이 있는 것으로 보이는데, 그 때에 성전에서 찾은 성경책이 바로 신명기거나 그 전 단계였을 것이다. 왕정 혹은 다윗왕가에 대한 비판이 숨어 있음. 신명기사와 예레미야에 지대한 영향을 미침.

Ⅱ. 내 용

✤ 신 1-4 첫 번째 서론

1 제 40년 11월 1일에 요단 저편 아라바 광야에서 모세가 한 말. 가데스 바네아에서 있었던 죄(장로들의 제안과 불신 22)로 인해 하나님이 모세도 못 들어가게 하시다(37).

2 가데스 바네아에서 세렛시내를 건너기까지 38년 걸리다. 아모리 왕 헤스본을 이기다.

3 바산 왕 옥을 이기고, 두 지파 반에게 요단 동쪽 땅을 나누어주다. 모세가 다시 한 번 가나안에 들어가게 하실 것을 간청하였으나 허락되지 않음. 헤르몬산을 시돈 사람은 시룐, 아모리족속은 스닐이라 불렀다.

4 야흐베 같은 분은 없다. "그리하여 네가 눈으로 본 그 일을 잊어버리지 말

라."(4:9) "네 하나님 여호와는 소멸하는 불이시요 질투하시는 하나님이시니라."(4:24)

✤ 5-11 두 번째 서론

5 십계명: 출애굽기 20장과의 차이: 안식일 계명(아랫사람을 쉬게 하려는 뜻). 열 번째 계명(아내와 집을 분리, 밭이 첨가됨), 살인/간음/도적질을 한데 묶고, 거짓증거, 이웃의 아내, 이웃의 집을 한데 묶음.

6:4-5 "이스라엘아 들으라 우리 하나님 여호와는 오직 유일한 여호와이시니 너는 마음을 다하고 뜻을 다하고 힘을 다하여 네 하나님 여호와를 사랑하라."(= 셔마)

7 이방인들과 사귀지 말라.

"여호와께서 너희를 기뻐하시고 너희를 택하심은…다만 너희를 사랑하심으로 말미암아."(7-8)

8 광야생활의 의미: "이는 너를 낮추시며 너를 시험하사 네 마음이 어떠한지 그 명령을 지키는지 지키지 않는지 알려 하심이라."(2)

만나의 의미: "사람이 떡(빵)으로만 사는 것이 아니요 여호와의 입에서 나오는 모든 말씀으로 사는 줄을 네가 알게 하려 하심이니라."(3); "이는 다 너를 낮추시며 너를 시험하사 마침내 네게 복을 주려 하심이었느니라."(16) '떡'이라 번역된 것은 빵이라 해야 옳다.

9 겸손하라: "내 공의로움으로 말미암아 여호와께서 나를 이 땅으로 인도하여 들여서 그것을 차지하게 하셨다 하지 말라. 이 민족들이 악함으로 말미암아 여호와께서 그들을 네 앞에서 쫓아내심이니라."(4)

10 마음에 할례를 행하라(16).

고아, 과부, 나그네를 사랑하라(18)

11 가나안은 애굽과 다르다(10-12): "너희가 건너가서 차지할 땅은 산과 골짜기가 있어서 하늘에서 내리는 비를 흡수하는 땅이요… 네 하나님 여호와의 눈이 항상 그 위에 있느니라."

✤ 12-26 신명기법전

12 하나님이 선택하신 제사 장소에서만 번제를 드려야 하며, 성물과 거제, 낙헌제, 십일조, 서원물도 그리하라(6-13). 그러나 화목제는 각자 집에서 드려라. 레위인을 저버리지 말라(19). 지방의 제사장이 레위인으로 전락한 사실을 암시한다.

13 거짓 예언자들과 우상 숭배자들을 조심하라.

14 이방 상례 금지, 정하고 부정한 음식들에 대한 규정, 십일조의 1/3은 레위인과 객, 고아, 과부를 위해 써라.

15 면제년(매 7년)과 히브리종의 해방에 대한 규정.

16 삼대 명절(유월절, 칠칠절, 초막절).

판단을 굽게 말라.

17 상급심: 제사장.

왕에 대한 규정: 은금, 아내, 말을 많이 두지 말 것, 토라를 가까이 하라. 형제 중에서 뽑아라.

18 제사장이 받을 음식(앞 넓적다리, 두 볼, 위).

거짓 예언, 바른 예언을 구별하는 방법: 증험도 없고 성취가 없으면 거짓 예언으로 간주하라.

'나와 같은 선지자'를 주실 것이다.

19 도피성 성별. 이웃의 경계표를 옮기지 말 것. 위증하지 말 것(위증해서 뺏으려 한 만큼 그 이웃에게 갚아주어야 함).

20 전쟁에 관한 토라: 집, 포도원, 약혼한 자, 두려워하는 자는 제외하고 나무는. 남벌을 금지하라.

21 범인을 모르는 살인죄, 사로잡은 여자와의 혼인, 장자의 권리, 불량한 아들의 처형에 대한 규정.

22 이웃의 어려움을 외면하지 말라! 순결문제로 누명 쓴 여자에게는 은 100세겔을 주어라! 강간당한 여자의 경우에 성 안이면 둘 다, 성밖이면 남자만 죽여라!

23 야흐베의 회중에 들어올 수 없는 사람들: 사생자(근친상간의 결과로 태어

난 자식), 암몬인, 모압인. 에돔인은 3대 후에 이스라엘인이 될 수 있다.
백성의 생활에 대한 규정(종의 도피, 창기, 미동, 이자, 서원).

24 혼인에 대한 규정: 이혼 증서를 써주어 다른 남자에게 갈 수 있게 하라. 결혼 후 1년간은 아무 일도 하지 말고 아내를 즐겁게 하라.
약자의 권리를 짓밟지 말아라.

25 곡식 떠는 소에게 망을 씌우지 말라.
수혼. 아말렉의 죄.

26 감사제 때에 할 고백(5-10)에는 고대이스라엘의 중대사가 대개 들어 있다. 첫 열매에 대한 규정. 십일조를 레위인, 고아, 과부, 외국인을 위해 쓸 것.

❖ 27-28 첫 번째 결론

27 요단을 건너거든 토라 기념비를 에발산에 세우라: 12가지 저주의 말.

28 축복과 저주의 선포.

❖ 29-30 두 번째 결론

29 모세가 언약 체결을 알리다: "깨닫는 마음과 보는 눈과 듣는 귀"(4); "오늘 우리 하나님 여호와 앞에서 우리와 함께 여기 서 있는 자와 오늘 우리와 함께 여기 있지 아니한 자에게까지이니."(15)

30 생사의 선택: "보라 내가 오늘 생명과 복과 사망과 화를 네 앞에 두었나니."(15)

❖ 31-34 오경의 종결. 부록

31 초막절에 토라를 낭독하라(11). 모세가 노래를 가르치다.

32 모세의 노래. 여수룬(정직한 자)은 이스라엘의 영광스러운 이름.

33 모세의 축복.

34 모세의 죽음: 120세, 느보산 비스가산.

신 명 기 사

신명기사라는 말은 여호수아, 사사기, 사무엘, 열왕기를 가리키는 말로서 신명기의 신학(하나님의 말씀에 순종하면 복 받고, 그렇지 않으면 심판을 받는다)에 맞추어 역사를 기록하였다는 뜻에서 생긴 명칭인데, 마틴 노트(Martin Noth)가 처음으로 명명하였을 때에는 신명기부터 열왕기하까지를 신명기사라고 하였다(Überlieferungsgeschichtlichen Studien 〈전승사적인 연구들〉, 1943). 이는 훨씬 후대(주전 3세기?)에 씌어진 역대기사(역대기, 에스라, 느헤미야)와 대조되는 것으로서, 주전 13/12세기에서 시작하여 주전 587년의 유다 멸망까지의 역사를 기록하고 있다. 노트 이후로 신명기사의 범위(신명기를 빼는 학자도 있다)와 생성과정에 대한 논란이 무성하였는데, 렌토르프(R. Rendtorff)나 포러(G. Fohrer)나 베스터만(C. Westermann) 같은 학자들은 여호수아, 사사기, 사무엘, 열왕기의 구조가 서로 다르다는 점을 지적하며 신명기사를 인정하지 않고 개별적인 책으로 본다. 소위 신명기사는 국가이전시대(여호수아, 사사기)와 다윗-솔로몬시대(삼상 16-왕상 11), 분열왕국시대(왕상12-왕하 끝)의 셋으로 나누어진다.

✣ 슈미트(W. H. Schmidt)에 의하면 여호수아에서 열왕기에 이르는 신명기사는 다음과 같은 구조를 갖고 있다.

여호수아 시대

수 1, 23(24)장	요단강 서쪽지방 정복의 시작과 끝
1	여호수아의 인도로 강을 건너다
12	땅 정복의 결과
21:43-45	결론적인 성취 선언
22:1-8	동쪽지파들이 돌아가다
23	여호수아의 고별설교
24:28	이하; 삿 2:6 이하 여호수아의 죽음과 장사(신 34:5-6 참고)

사사시대
사사기 2장과 사무엘상 12장은 사사시대의 시작과 끝
삼상 8; 12　　사무엘의 연설

왕조시대
삼하 7　　나단의 예언
왕상 3; 9　　하나님이 솔로몬에게 계시하시다
왕상 8(v 14이하) 솔로몬의 성전봉헌기도
왕상 11　　솔로몬의 타락
왕하 17　　북왕국의 몰락
(회고적인 판단 v 7-23)
왕하 25　　예루살렘의 파괴
(짤막한 판단 21:10이하; 24:3-4; 참고: 22:16-17; 23:26-27)

✥ 신명기사를 쓴 목적은 어디에 있었을까?

그것은 하나의 민족으로서의 이스라엘이 과연 생존할 수 있을까 하는 것이었다. 기자는 이스라엘 전체의 운명에 관심을 두고 있었다. 순종, 하나님 경외, 하나님 사랑과 가르침을 이스라엘은 얼마나 무시했던가? 기자는 재앙이 있은 이후에 자기 인식과 참회 가운데서 역사를 회고하고 있다. 그가 보기에 이스라엘의 역사는 언제나 하나님께로부터 멀어지는 역사였다. 결과적으로 하나님의 심판을 만났지만 그것은 이스라엘 혼자만 잘못한 것이고 하나님은 언제나 옳으셨다. 그리하여 기자는 일종의 심판 찬양을 노래하고 있다. 역사는 민족의 죄에 대한 심판의 연속이었고, 결국 징벌이 연기될 순 있었으나 취소될 수는 없었다는 게 드러났다. 특히 이스라엘 민족이나 왕이 첫 번째와 두 번째 계명을 얼마나 잘 지켰느냐가 가장 중요했다. 즉, 이웃나라의 신이나 우상을 섬기지 않았느냐에 기자의 시선은 집중되었다. 그 결과 이스라엘은 사사시대에도 왕조시대에도 다 실패하였다. 기자는 이런 것을 객관적인 자료를 바탕으로 서술하려 했다. 즉 이스라엘왕 역대지략을 참고하라는 이야기가 반복되고 있다.

그러나 기자는 그 자료들 가운데 전쟁이나 정치사를 우선시하였고, 그 자료에 없는 것은 보충하였고, 자신의 판단으로 해석하였다. 결국 그는 역사를 믿음을 위해 기술하게 되었고, 민족이나 왕이 하나님과 그의 계명 앞에서 어떻게 행동하였던가를 서술하여, 경향성을 지울 수 없었다.

여 호 수 아

Ⅰ. 서 론

여호수아의 인도로 이스라엘은 가나안 땅을 정복하고 각 지파별로 땅을 배정 받는다. 여호수아는 군사지도자 이상으로서 모세의 계약을 갱신한 사람이었다(24). 이스라엘은 가나안의 농사를 배우고, 가나안 원주민 중의 일부는 죽이고 일부는 부역에 종사시킨다.

A. 요단 서쪽 땅 정복	1-12장
B. 열두 지파의 땅 분배	13-22장
C. 여호수아의 유언과 죽음	23-24장

Ⅱ. 내 용

A. 요단 서쪽편 땅 정복(1-12)

1 '여호와의 종 모세가 죽은 후에'로 시작된다. 큰 인물이 죽은 후에 새 역사가 시작된다(사사기, 사무엘하, 열왕기하). 출애굽기는 '요셉이 죽은 후에'로 시작하지 않으나, 실제로는 요셉이 죽은 후에 생겨난 사건들을 기록한 것이다.

*"내가 모세에게 말한 바와 같이 너희 발바닥으로 밟는 곳은 모두 내가 너희에게 주었노니."(3)

*"네 평생에 너를 능히 대적할 자가 없으리니 내가 모세와 함께 있었던

것같이 너와 함께 있을 것임이니라. 내가 너를 떠나지 아니하고 버리지 아니하리니."(5); "오직 강하고 극히 담대하여 나의 종 모세가 네게 명령한 그 율법을 다 지켜 행하고 우로나 좌로나 치우치지 말라. 그리하면 어디로 가든지 형통하리니."(7)

2 여리고 정탐: 기생 라합의 고백: "우리가 듣자 곧 마음이 녹았고 너희로 말미암아 사람이 정신을 잃었나니, 너희의 하나님 여호와는 위로는 하늘에서도, 아래로는 땅에서도 하나님이시니라."(11) 라합은 하나님을 좇다가 두 정탐꾼 중의 하나인 살몬과 결혼하여 예수의 조상이 되다(마 1:5).

3 이스라엘이 요단을 건너다. 요단이 창일한 가운데(곡식을 거둘 때) 제사장이 앞장을 서다. 강둑이 터져서 사르단에 가까운 매우 멀리 있는 아담 성읍 변두리에 쌓였다.

4 요단 건넌 것을 기념하는 돌 열둘을 요단강 바닥에서 취하여 길갈에 (둥글게) 세움.

5 길갈에서 할례를 행함. 그 땅의 식물을 먹으므로 만나가 그쳤다.
야흐베의 군대사령관이 여호수아에게 나타나다: "네 발에서 신을 벗으라. 네가 선 곳은 거룩하니라."(15): 모세와 유사한 체험을 하다.

6 여리고 점령: 제사장 일곱이 양각 나팔을 잡고 언약궤 앞에서 행진하고, 그 앞에는 무장한 자들이 섰다. 첫 성읍이므로 모두 다 하나님께 바쳐야 했다.

7 아간의 범죄: 시날산 외투, 은 200세겔, 금 50 세겔을 하나님께 바치지 않고 훔치다. 그와 그의 가족을 돌로 쳐 산을 만들어 아골(불행)골짜기라 하다. 아간의 범죄 때문에 아이 공략에 실패하다.

8 아이성을 정복하다. 토라를 그리심, 에발산에서 선포하다.

9 기브온 사람들의 꾀: 먼 곳에 사는 민족인 것처럼 속여서 화평조약을 맺었다. 하나님께 물어보지 않고 조약을 맺은 것이 실수였으나, 하나님께 맹세하였으므로 그들을 죽이지 않고 성소에서 나무 패며 물 긷는 자로 삼다.

10 기브온 전투: 예루살렘왕 아도니세덱, 헤브론왕 호함, 야르뭇왕 비람, 라기스왕 야비아, 에글론왕 드빌이 기브온을 치려하므로 여호수아가 밤새도록 달려가 기습하여 물리치다. 우박이 도움.
*"태양아 너는 기브온 위에 머무르라 달아 너도 아얄론 골짜기에서 그리

할지어다."(12) 막게다굴에 피난한 왕들을 나무에 달다. 가나안의 남쪽 빗장을 깨뜨림.

11 메롬 전투: 하솔왕 야빈이 주변의 왕들을 모아서 연합군을 형성하여 메롬 물가에 진치므로 여호수아가 쳐서 하솔만 불사르다. 북쪽 빗장을 깨뜨림.

12 정복당한 왕들의 명단.

B. 열두 지파의 땅 분배(13-22)

13 여호수아는 늙었고 정복할 땅은 많이 남았으니 분배하여 스스로 차지하게 하다. 요단동편 분배 내역.

14 85세의 갈렙은 헤브론을 차지하고, 옷니엘은 드빌을 정복하다.

15 유다지파의 땅 분배. 갈렙과 옷니엘의 정복. 기럇 아르바는 헤브론의 옛 이름, 기럇 세벨은 드빌의 옛 이름이다. 갈렙은 아낙의 세 아들 세새, 아히만, 달매를 쫓아내다. 다만 여부스 족속은 쫓아내지 못했다.

16 요셉 지파의 땅은 므낫세와 에브라임.

17 므낫세 지파의 땅. 므낫세의 장자 마길은 길르앗과 바산을 받았고, 나머지 아들들은 요단 서쪽에서 땅을 받았다.

＊에브라임은 철병거를 가진 브리스 족속과 르바임 족속의 땅을 할당 받았다. "그 산지도 네 것이 되리니 비록 삼림이라도 네가 개척하라 그 끝까지 네 것이 되리라 가나안 족속이 비록 철 병거를 가졌고 강할지라도 네가 능히 그를 쫓아내리라"(18)

18 베냐민 지파의 땅. 예루살렘을 중심으로 한 유다와 에브라임 사이의 좁고 동서로 긴 부분을 할당 받았는데, 이는 교통의 요지였다.

19 나머지 여섯 지파의 땅. 시므온은 유다 지파의 남쪽 부분을 할당 받았으나 나중에 대유다에 통합되었다. 스불론 자손은 다볼산 서북쪽 지역을, 잇사갈은 다볼산 동쪽에서 갈릴리 호수 남쪽까지의 지역을, 아셀 자손은 갈멜산 이북쪽을, 납달리는 갈릴리 호수 서편을, 단 자손은 베냐민과 블레셋 사이의 좁은 지역을 받았다. 단 지파는 레셈을 쳐서 단이라 명명하였고, 여호수아는 딤낫 세라를 취하였다.

20 도피성 성별: 요단강 서편에 납달리에 속한 갈릴리 게데스와 에브라임의 세겜과 유다의 헤브론의 셋, 동편에 르우벤 지파의 베셀과 갓 지파의 길르앗 라못과 므낫세 지파에 속한 바산 골란의 셋을 택하다. 이런 도피성들에는 예전에 성소가 있었다는 흔적이 남아 있다.

21 레위인의 성읍: 레위인은 기본적으로 땅을 소유하지 않고 조상들과 같이 유목민으로 형제들 중에 나그네로 살았다(시 39:12; 119:19). 그러나 그들에게도 소수의 성읍이 허락되었다. 그핫 자손 중에서 아론의 후손들은 유다, 베냐민, 시므온에서, 즉 예루살렘 근처에서 열세 성읍을 받았다. 그핫 자손의 나머지 사람들은 에브라임, 단, 므낫세 반 지파에서 열 성읍을 받았고, 게르손 자손은 잇사갈, 아셀, 납달리, 바산의 므낫세 반 지파 중에서 열세 성읍을 받았으며, 므라리 자손들은 르우벤, 갓, 스불론 지파 중에서 열두 성읍을 받았다.

22 두 지파 반을 요단 동편으로 보냄: 요단 동편에 큰 제단(엣: 증거)을 쌓다: 서쪽 지파들은 실로에 모여 대책을 의논하다가 비느하스를 보내어 물었다. 대답은 서쪽과 같은 민족임을 증명하기 위해서였다.

C. 여호수아의 유언과 죽음(23-24)

23 여호수아의 마지막 훈계: 이 민족들이 너희에게 올무, 덫, 옆구리의 채찍, 눈에 가시가 되어 너희가 필경은 망할 것이니 가나안족들과 가까이 지내지 말라.

24 세겜대회: 데라가 유브라데 건너편에서 다른 신들을 섬겼으나, 너희는 다른 신들을 다 제하여 버리라. 나와 내 집은 야훼만 섬기겠노라(14f).

* 110세에 여호수아가 죽어 딤낫 세라에 장사되다. 요셉의 뼈를 세겜에, 야곱이 하몰에게 금 100개를 주고 산 땅에 묻히다.

사 사 기

I. 서 론

가나안 정착부터 시작하여 왕정기 직전까지의 이스라엘의 삶을 보여 준다(12-11 세기). 이스라엘은 가나안 땅을 가나안 원주민들과 공유하고 있었으며, 주로 산지에서만 정착하여 살고 있었다. 또한 외적의 침입에 늘 시달려야 했다. 사사란 평소에는 재판장의 역할을 하다가 전쟁 시엔 군사지도자가 된 하나님의 사람을 말한다. 대사사란 전쟁을 통하여 나라를 건져낸 사람들(옷니엘, 에훗, 기드온, 입다, 삼손, 드보라), 소사사란 그냥 재판만 했으며 그 기록이 명단 외에는 없는 사람들을 지칭한다(10:1-5; 12:7-15). 입다와 드보라는 양자에 다 속한다고 볼 수 있다. 17장 이하에는 미가, 단 지파, 베냐민 전쟁 등의 기사들이 부록으로 수록되어 있다.

A. 서론 1:1-2:10

B. 이스라엘을 구원한 사사들 2:11-16:31

1. 사사시대의 요약 2:11-3:6
   - 사사시대의 특징 2:11-19
   - 위험을 예고하다 2:20-3:6
2. 옷니엘과 에훗, 삼갈 3장
3. 드보라와 바락 4-5장
4. 기드온 6-8장
5. 아비멜렉 9장
6. 돌라와 야일 10:1-5

7. 입다	10:6–12:7
8. 입산, 엘론, 압돈	12:8–15
9. 삼손	13–16장

C. 왕이 없던 시대(부록)	**17:1–21:25**
1. 미가와 그 신상	17–18장
2. 베냐민 전쟁	19–21장

Ⅱ. 내 용

A. 서론(1:1–2:10)

1:1–36 유다, 시므온, 요셉지파의 땅 정복. 유다는 베섹을 쳐서 아도니베섹을 죽인다. 유다자손이 예루살렘을 점령하였다는 기사가 나오지만, 실제로 예루살렘은 다윗 때에 점령되었으므로 아마 르바임 골짜기를 가리킨 게 아닐까 한다(수 15:8). 유다가 기럇 아르바를 빼앗은 기사(10), 옷니엘이 기럇 세벨을 빼앗은 기사가 다시 나오는데, 갈렙은 딸 악사를 윗샘, 아랫샘과 함께 옷니엘에게 준다(11-15). 모세의 장인이 속했던 겐 사람들이 아랏 남방의 황무지에 정착하다. 시므온은 호르마에 정착한다. 요셉은 루스를 쳐서 벧엘이라 칭한다.

*점령하지 못한 지역들: 스불론은 벧스안, 다아낙, 이블르암, 므깃도 등의 주민을 쫓아내지 못하다가 후에 노역을 시켰다. 에브라임은 게셀의 주민을 쫓아내지 못했다. 아셀은 악고, 악십, 르홉을 점령하지 못했다.

2:1–5 보김(우는 사람들): 천사의 비판과 예언. 이스라엘이 가나안의 거민을 쫓아내지 아니하므로 가나안이 이스라엘의 옆구리에 가시가 될 것이다.

*2:6-10 세대 교체: 여호수아의 죽음: 110세. 에브라임 산지 딤낫 헤레스(수 24:30에서는 딤낫 세라라 함)에 장사.

B. 이스라엘을 구원한 사사들(2:11-16:31)

* 2:11-19 사사시대의 특징: 그 다음 세대들은 야흐베의 하신 일을 몰랐다: 사사기의 프로그램을 밝힌다(11-19) 즉, 사사를 통한 구원/ 우상 숭배(타락)/ 대적에게 넘기심/ 백성의 부르짖음이 그것이다.
* 2:20-3:6 위험을 예고하다: 가나안 족속을 남겨 두신 이유: "이는 이스라엘이 그들의 조상들이 지킨 것 같이 나 여호와의 도를 지켜 행하나 아니하나 그들을 시험하려 함이라."(22) 광야생활을 하게 하심도 그 명령을 지키는지 시험하려 함이었다(신 8:2).

3 "전쟁을 알지 못한 자들에게 그것을 가르쳐 알게 하려 하사 남겨 두신 이방 민족들은" 블레셋 다섯 군주들과 모든 가나안 족속과 시돈 족속과 히위 족이었다(2-3).

* 3:7-11 갈렙의 아우 그나스의 아들 옷니엘은 메소포타미아왕 구산 리사다임에게서 이스라엘을 구원하여 40년을 태평하게 하다.
* 3:12-30 모압왕 에글론이 여리고(종려나무 성읍)를 점령하다. 베냐민 지파 게라의 아들 왼손잡이 에훗이 에글론을 암살, 에브라임 산지에서 이스라엘 사람들을 소집하여 모압 사람 만 명을 쳐서 물리침. 80년 동안 태평하다.
* 3:31 아낫의 아들 삼갈이 소 모는 막대기로 블레셋 사람 600명을 죽이고 나라를 구원하다.

✥ 드보라와 바락(4-5장)

4 하솔왕 야빈의 지배하: 랍비돗의 아내 드보라가 사사가 되어, 아비노암의 아들 바락이 장군이 되어, 납달리와 스불론 지파 출신 만 명과 함께 다볼 산에 진 치다.

* 하솔의 가나안왕 야빈의 군대사령관 시스라가 쳐들어왔으나 기손강의 범람으로 패하고, 겐 사람 헤벨의 아내 야엘에게 죽다.

5 드보라의 노래: 에브라임, 베냐민, 마길(므낫세), 납달리, 스불론, 잇사갈은 참여하였으나, 르우벤, 길르앗, 단, 아셀의 불참함였음을 탄핵하고 있고, 유

다, 시므온은 언급조차 하지 않았다. 이는 남쪽 지파들이 남쪽 빗장 때문에 북쪽을 도울 처지가 아니었음을 암시한다. 이스라엘의 수를 사만 명이라 한다. 메로스는 이스라엘과 동맹을 맺은 가나안 도시인 듯한데, 동맹을 지키지 않았기 때문에 저주를 받은 듯하다.

✤ 기드온 이야기(6–8장)

6 이스라엘의 죄로 하나님이 미디안, 아말렉, 동방 사람들이 침노하게 하시다. 이스라엘의 부르짖자 하나님은 선지자를 통해 책망하신다.

* 므낫세 지파 아비에셀 족속 중에 오브라에 살던 요아스의 아들 기드온이 밀을 포도주 틀에서 타작하던 중에 소명을 받는다. 염소고기와 무교전병 과국을 사자가 불에 태우는 표징을 보고 그 제단을 '여호와살롬'이라 부른다. 천사의 지시로 바알의 제단을 허물고 아세라를 찍어버려 여룹바알(바알과 싸웠다)이란 별명을 얻다. 므낫세, 아셀, 스불론, 납달리 지파가 기드온과 함께 참여하였다. 스불론, 납달리, 잇사갈은 다볼산을 둘러싼 세 지파들이다.
* 양털의 시험: 갓 깎은 양털(기름이 많아서 이슬이 붙을 수 없다)에만 이슬이 있게 하였다가 양털만 마르게 하다.

7 32,000명 중에서 두려운 사람 22,000명을 돌려 보내고, 하롯샘에서 물을 손으로 움켜서 핥는 자 300명만 추림. 부라와 함께 적진에 가서 보리떡 한 덩이가 미디안 장막을 무너뜨리는 꿈과 해석을 듣다. 나팔과 빈 항아리와 횃불을 준비하여 보초가 교대할 시간에 "여호와와 기드온의 칼이다."라 외침. 에브라임 사람들이 요단 나루턱을 장악하고 오렙과 스엡을 죽임.

8 에브라임의 패권주의적인 시비에 "에브라임의 끝물 포도가 아비에셀의 맏물 포도보다 낫지 아니하냐."란 말로 달래다.

* 미디안의 왕 세바와 살문나를 추격해서 죽이고(12만 + 15000), 도움을 거절한 숙곳과 브누엘의 사람들(미디안과 협약이 있었던 듯)을 징벌하다. 기드온의 형들은 이미 다볼산에서 죽었고 장자 여델은 가문의 복수를 감당할 힘이 없었다.

* "내가 너희를 다스리지 아니하겠고, 나의 아들도 너희를 다스리지 아니할 것이요 여호와께서 너희를 다스리시리라"는 말은 사사시대의 정신을 대변하는 것이었다. 그러나 그가 왕이 되는 대신에 받은 귀고리로 에봇을 만들어 오브라에 두었으니, 이것이 그 가정에 올무가 되었다.

9 아비멜렉 이야기. 세겜에 있던 첩의 아들 아비멜렉이 바알 브릿(언약의 바알) 묘의 은 70개로 악당들을 사서 70명의 형제들을 다 죽이고 세겜과 밀로의 왕이 되다.

* 막내 요담이 그리심산에서 우화를 말하다(감람나무, 무화과나무, 포도나무, 가시나무, 백향목).
* 에벳의 아들 가알의 선동과 성주 스불의 밀고가 있은 후에 아루마(41)에 살던 아비멜렉이 출동하여 세겜을 점령하여, 엘브릿(언약의 엘신) 신당을 태워 1,000명을 죽이다.
* 데베스의 망대에서 여인이 던진 맷돌 윗짝에 맞아 죽다.

10:1-5 잇사갈 사람 돌라가 23년 동안, 길르앗 사람 야일이 22년 동안 사사의 직책을 맡았다. 야일에게는 아들 삼십이 있었는데, 어린 나귀 삼십을 탔고, 성읍 삼십을 가졌다. 그들의 성읍을 하봇야일이라 불렀다.

✣ 10:6-12:7 입다

* 백성의 범죄로 18년 동안 암몬 자손의 억압을 받았다. "가서 너희가 택한 신들에게 부르짖어 너희의 환난 때에 그들이 너희를 구원하게 하라"(14); "여호와께서 이스라엘의 곤고로 말미암아 마음에 근심하시니라."(16)

11 기생의 아들로서 길르앗의 아들이었던 길르앗 사람 입다는 형제들에게 쫓겨나서 돕에서 살다가, 나라가 위태로워지자 길르앗 장로들의 부름을 받고 미스바에서 하나님께 아뢰고 암몬 사람들을 물리친다. 입다는 암몬과의 협상 토론 중에 이스라엘이 그 땅 헤스본, 아로엘에 정착한 지 300년이 되었다고 한다(26). 서원대로 딸을 하나님께 번제로 바치다. 딸은 두 달 동안 친구들과 함께 울다가 돌아와 아버지의 제물이 되었고, 이것이 계기가 되어 이스라엘 여인들은 해마다 4일씩 입다의 딸을 생각하며 울게 되었다.

12 에브라임 사람들이 입다에게 시비를 걸다가 42,000명이 죽다. 에브라임 사람들은 [sh][שׁ] 발음을 못하고 [s][ס] 발음을 하였다. 입다는 사사가 된 지 6년 뒤에 죽어서 길르앗에 장사되었다.

* 12:8-15 소사사들. 베들레헴(유다) 입산은 아들 딸을 각각 삼십씩 두었는데 7년 동안 사사의 직책을 감당하였다. 스불론의 엘론은 10년동안 재판하였으며, 비라돈(에브라임)의 압돈에게는 아들 40명과 손자 30명이 있어서 어린 나귀 70마리를 탔는데, 그는 7년 동안 사사로 일했다.

✜ 삼손 이야기(13-16)

13 단 지파 소라 땅 마노아의 아들. 포도주와 독주, 삭도를 멀리하는 나실인으로 태어나 마하네단에서 야흐베의 신이 임하다. 하나님의 이름은 '기묘자'.

14 삼손이 딤나의 블레셋 여자를 좋아하여 혼인하다: 삼손은 기회를 보아 블레셋을 치려함이었고, 이 일은 하나님에게서 나왔다.

* 젊은 사자와 꿀 이야기. 혼인 잔치 때의 수수께끼 놀이: 베옷 30벌, 겉옷 30벌. 아스글론에서 30명을 죽임. 삼손이 블레셋 사람을 죽이는 계기가 되었으나, 작은 장난이 무서운 결과를 가져오게 된다는 것을 보여 준다.

15 삼손이 아내의 재혼을 알고 여우 300마리로 곡식과 포도원을 불사르다.

* 아내를 죽인 소식을 듣고 블레셋 사람을 많이 도륙하고 에담 바위로 도피, 유다인들이 결박하여 블레셋에 넘기는 순간에 야흐베의 신에 감동되어 결박된 줄을 끊고 나귀의 새 턱뼈로 1,000명을 죽임. 라맛 레히(턱뼈의 산).

16 가사의 기생에게 갔다가 매복을 알아채고, 성문을 지고 헤브론까지 가다(60 Km).

* 소렉 골짜기의 들릴라에게 비밀을 말하여 사로잡힘(은 1,100x5). 남녀 3,000명 이상이 한꺼번에 죽다. 작은 양보가 삼손을 파멸로 이끌게 되었다. 그러나 삼손은 그 출생의 예고를 보거나, 죽으면서 많은 일을 한 점에서 그리스도의 한 모형이라 할 수 있다.

C. 왕이 없던 시대(부록)

✣ 미가와 그 신상(17-18장: 부록 I)

17 에브라임 산지의 미가가 은 1,100개 중에서 200개로 신상을 만들고, 베들레헴 출신 레위인, 모세의 손자 요나단을 연봉 은 열 개, 의복 한 벌, 먹을 것을 제공하기로 하고 제사장에 고용하다.

18 단 지파의 이동: 다섯 명의 정탐꾼이 에브라임을 지나다가 요나단을 만나다. 600명이 라이스를 점령하러 가던 길에 제사장, 드라빔, 에봇, 신상을 약탈하여 라이스에 정착하여 단이라 칭하다.

✣ 베냐민 전쟁(19-21: 부록 Ⅱ)

19 에브라임의 한 레위인이 행음하고 도망간 베들레헴의 첩을 데려 오던 도중에 기브아에 들러 에브라임 출신 노인의 집에서 유숙하다가 첩을 잃음. 첩의 시체를 열두 조각으로 나누어 전국에 보내다.

20 11지파가 미스바에 모여 베냐민과 전쟁을 벌여서 두 번 지고 마지막에 이겼다. 베냐민 남자들은 600명만 남았다(아이성 전투와 닮음). 베냐민 사람은 26,100명, 이스라엘은 40,030명이 죽어서 모두 66,130명이 죽음. 정의를 수립하는 길과 전체에 덕이 되는 길이 무엇인가를 생각하게 되는 전쟁이었다. 그리고 이것은 왕이 없음으로 인해 생기는 폐해이기도 했다.

21 야베스 길르앗 처녀 400명과 실로의 무희 200명으로 살아남은 베냐민 남자들의 아내를 삼게 함.

*"그 때에 이스라엘에 왕이 없으므로 사람이 각기 자기의 소견에 옳은 대로 행하였더라."(25)

룻 기

Ⅰ. 서 론

룻은 시어머니와 시어머니의 신앙을 택한다. 또한 자손을 얻어 시어머니가 입양하게 해 준다. 씌어진 때는 포로 이후에 이방인들을 받아들이려는 사상이 생겼을 때인 것 같다. 다섯 개의 두루마리 중의 하나로서 오순절에 읽던 성경이었다. 이방 여인 룻이 다윗왕의 증조할머니가 된 이야기는 구약의 복음이라 할 만하다. 여기에 등장하는 이름들이 재미있다. 룻은 동지, 오르바는 반항녀, 말론은 병, 기룐은 어지러움, 나오미는 '사랑스러운 여자'란 뜻이다. 룻기는 형사취수의 또 한 예가 되었다.

Ⅱ. 내 용

1:1-5 서막. 유다 베들레헴에 엘리멜렉의 아내 나오미가 남편, 아들 말론과 기룐과 함께 모압땅으로 가서 살다가 남편과 두 아들을 잃고 두 며느리 오르바와 룻만 남다.

1:6-19a 룻의 선택. 귀환 도중에 오르바는 돌아가고 룻은 계속해서 따른다. "어머니께서 가시는 곳에 나도 가고 어머니께서 머무시는 곳에서 나도 머물겠나이다. 어머니의 백성이 나의 백성이 되고 어머니의 하나님이 나의 하나님이 되시리니"(16).

1:19b-22 베들레헴에 도착하다. "나를 나오미라 부르지 말고 마라(괴로운 여자)라 부르라 이는 전능자가 나를 심히 괴롭게 하셨음이니라."(20)

2 :1-2 서막. 보아스와 룻.

2:3-18 룻이 보아스의 보리밭에서 이삭을 줍다가 룻이 보아스의 눈에 띄게 되고 그의 호의로 많은 이삭(한 에바: 22리터)을 줍게 되다. 보아스의 호의로 보리와 밀 추수를 마칠 때까지 매일 이삭을 줍게 되다.

2:19-23 나오미와 룻의 대화: 보아스는 기업을 무를 사람 중의 하나니 거기서 계속해서 이삭을 주워라

3 :1-5 서막. 룻이 나오미의 충고를 따르다.

3:6-15 보아스와 룻이 보리타작마당에서 만나다. 지혜로운 보아스는 정상적인 절차를 밟아 룻을 아내로 맞을 것을 밝힌다(보리 여섯 되). 룻이 시가를 위해 늙은 자기를 택한 것에 감동함.

3:17-18 나오미와 룻의 대화: "그 사람이 오늘 이 일을 성취하기 전에는 쉬지 아니 하리라 하니라"

4 :1-2 서막. 보아스가 기업 무를 자와 장로 열 명을 성문에 초청하다.

4:3-12 보아스의선택. 기업 무르기: 보아스가 기업 무를 자에게 룻의 건을 말하니 그 사람이 신발을 벗어 주다.

4:13-17 베들레헴의 아이 출생. 룻이 낳은 아이는 오벳이고, 오벳은 다윗왕의 할아버지였다. 나오미가 복을 받다.

사 무 엘 상

I. 서 론

사사시대에는 매우 느슨한 관계를 유지했던 열두 지파가 이제 블레셋의 압력을 이겨낼 새로운 결속력이 필요하게 되었다. 이 새로운 체제의 등장을 소개하는 것이 사무엘상이다. 책 이름이 사무엘로 되어 있으나 그는 사사의 한 사람으로서 구체제를 끝내고 새 체제를 도입하는 산파역을 맡게 된다. 첫 왕은 베냐민 지파 출신의 사울이었는데, 그는 하나님의 말씀에 순종하지 않아 하나님께 버림을 받았고, 하나님은 하나님의 마음에 드는 다윗을 선택하시게 된다. 사무엘상은 사울이 죽는 이야기로 막을 내리고, 다윗의 번영 이야기는 사무엘하에서도 계속된다.

❖ 사무엘상하의 구조

A. 삼상 1-15	사무엘과 사울
B. 삼상 16-삼하 5장	다윗의 부상(번영)
C. 삼하 6-20	왕위 계승
D. 삼하 21-24	영웅들과 속죄

II. 내 용

A. 사무엘과 사울(1-15): 왕조시대에 이르는 과도기

❖ 1:1-3:21 사무엘의 어린 시절.

1 라마의 엘가나에겐 한나와 브닌나의 두 아내가 있었고, 아이를 낳지 못하던

한나는 실로에서 아들을 주시면 하나님의 사람으로 바치겠다는 서원을 하게 된다. 나실인 사무엘은 젖 뗀 후에 실로로 가서 엘리 제사장의 지도를 받으며 자란다. 그러나 엘리의 아들 홉니와 비느하스는 제사를 업신여기고 간음을 일삼는 악인들이었다.

2 한나의 찬양: "전에 임신하지 못하던 자는 일곱을 낳았고, 많은 자녀를 두 자는 쇠약하도다"(5): 누가복음 1장의 마리아 찬양의 원형이 되다.

* 하나님의 사람이 엘리 집안의 멸망을 선언하다. 홉니와 비느하스가 한 날에 죽을 것이다(34).

3 사무엘의 소명 때에 엘리 집안의 멸망을 전하라는 명을 받는다. 전에 하나님의 사람이 전한 것을 꼭 이루겠다는 말씀이었다.

✥ 삼상 4:1-7:1 법궤를 잃다

4 블레셋과의 싸움에서(1차전에서 3,000명, 2차전에서 30,000명이 죽다) 언약궤를 빼앗기고, 홉니와 비느하스와 엘리가 죽다(98세). 비느하스의 아들 이가봇(영광은 어디에)이 태어나는데, 이는 아히둡의 동생이었고, 아히둡은 아히야의 아버지였다(삼상14:3).

5 홀로 싸우시는 하나님: 아스돗에서 다곤상의 머리와 손목이 잘려 문지방에 놓이다. 독종(페스트)으로 인해 가드로, 에그론으로 법궤를 옮기다.

6 언약궤를 7개월 만에 돌려보내다: 에그론에서 벧세메스로, 젖 나는 소 두 마리에 새 수레를 매어 금독종과 금쥐 다섯과 함께 언약궤를 돌려보내다.

* 벧세메스에서 법궤를 열어보다가 (오만) 70명이 죽어, 기럇여아림으로 보내다.

7:1 기럇 여아림 사람들이 법궤를 아비나답의 집에 들여놓고, 그의 아들 엘리아살을 구별하여 궤를 지키게 하다.

✥ 7:2-8:22 사무엘이 블레셋을 물리치다

* 미스바(베냐민 지파의 성지)의 금식 집회 때에 블레셋이 침입하여 사무엘이 어린 양으로 번제를 드리고 기도하니, 하나님이 우레를 내리셔서 블

레셋을 어지럽게 하시고 이스라엘이 그들을 물리치게 하셨다. 에벤에셀(도움의 바위)까지 추격하다(미스바와 센 사이).

*사무엘은 벧엘, 길갈, 미스바, 라마를 순회하며 사사요, 제사장이요, 예언자로 활동하다.

8 사무엘의 아들들 요엘과 아비야(브엘세바의 사사)가 뇌물을 받은 사건이 계기가 되어 백성들은 왕을 청구한다. 하나님은 백성이 하나님을 버리는 것이라 하시며 허락하신다. 그러나 왕정의 문제점을 미리 알려주게 하신다.

✣ 9:1-11:15 사울의 암나귀 찾기와 첫 번째 기름 부음; 미스바에서 제비를 뽑음; 야베스 길르앗을 해방시키고 길갈에서 왕으로 기름 부음을 받다.

9 베냐민 지파 기스의 아들 사울이 암나귀를 찾으러 다니다 사흘 만에 숩 땅 라마에서 사무엘을 만나다.

10 사울이 라마에서 기름 부음을 받다. 새 마음을 받고 예언을 하다.

*미스바에서 제비를 뽑아서 짐보따리 사이에 숨은 사울을 왕으로 뽑다.

11 암몬왕 나하스의 야베스 길르앗 침공. 야베스 길르앗 사람들은 7일 유예를 얻다.

*기브아의 사울이 나서자 야호베의 두려움이 임하여 전체 백성이 따라나섰다. 대승.

*길갈로 가서 사울을 왕으로 삼다.

✣ 12:1-25사무엘의 은퇴식. 하나님은 밀 베는 때에 우레와 비를 내리셔서 왕을 구한 죄를 책망하신다.

✣ 13:1-15:35 길갈에서 처음으로 사울을 버리심. 요나단의 공격. 요나단과 사울의 승리. 두 번째로 사울을 버리심

13 요나단이 게바에 있는 블레셋의 수비대를 공격하여 블레셋의 침공을 초래하다. 정해진 시간에 사무엘이 늦자 사울이 길갈에서 번제를 드림. 사무엘

이 사울 왕의 나라가 오래 가지 못할 것이라며 저주하다.

14 요나단의 활약으로 승리: "여호와의 구원은 사람이 많고 적음에 달리지 아니하였느니라."(6) 그러나 사울의 금식 맹세를 알지 못하고 어긴 요나단 때문에 도망가는 블레셋을 추격하지 못하다.

*사울은 모압, 암몬, 에돔, 소바, 블레셋을 쳐서 이기고, 아말렉을 치고 이스라엘을 그 약탈자들의 손에서 건졌다(47f). "사울이 사는 날 동안에 블레셋 사람과 큰 싸움이 있었으므로 사울이 힘 센 사람이나 용감한 사람을 보면 그들을 불러 모았더라"(52)

15 하나님이 아말렉을 진멸하라고 하셨지만, 사울이 아말렉을 다 멸하지 않고 살찐 짐승과 아각왕을 살리고, 갈멜에서 자신의 기념비를 세우고 돌아오다가, 길갈에서 사무엘에게 버림을 받는다.

B. 다윗의 부상(16-31)

✣ 16:1-18:5 다윗이 사울의 궁전에 가다. 기름부음을 받다. 음악 치료. 골리앗을 죽이다.

16 사무엘이 다윗에게 기름 붓다. 엘리압, 아비나답, 삼마는 다윗의 형들. 반면에 사울은 악신이 들어 고생하였고, 다윗이 수금을 연주하여 돕는다. 다윗은 사울의 병기 드는 자가 되다.

17 다윗이 가드 사람 골리앗(6규빗과 한 뼘의 키, 60킬로그램의 갑옷)을 죽이다. "여호와의 구원하심은 창과 칼에 있지 않다."(47)

18 요나단이 다윗을 사랑하다.

✣ 18:6-23:28 다윗이 핍박을 받다. 미갈과의 결혼. 요나단의 중재. 다윗의 도주. 요나단과의 이별. 놉의 학살

*18:6-9 여인들의 노래(사울이 죽인 자는 천천이요 다윗이 죽인 자는 만만이로다).

*사울이 다윗을 시기하여 두 번이나 창을 던졌으나 다윗이 피했다.

*다윗은 블레셋 사람의 양피 200으로 미갈과 결혼하다.

19 요나단과 미갈이 다윗을 돕고, 다윗은 사무엘에게 도피하다. 사울이 체포하러 사무엘을 찾아왔다가 벌거벗는 수치를 당하다.

20 요나단의 중재가 실패하여 다윗은 영영 떠난다. 요나단과 다윗이 언약을 맺다.

21 다윗이 놉의 제사장 아히멜렉에게 가서 골리앗의 칼과 진설병을 얻다. 아기스왕에게 망명하려다 실패함.

22 다윗이 아둘람굴에서 400명 유랑자들의 우두머리가 되다.

*사울이 놉의 제사장들 85명과 그 가족을 에돔 사람 목자장 도엑을 시켜서 죽이다. 아비아달이 다윗에게 피난하다.

23 다윗은 그일라를 구원하고도 도망한다.

*십 황무지에서 사울에게 쫓기다: 요나단이 다윗을 찾아와 격려하다. 셀라하마느곳(분리의 바위).

❖ 24:1-26:25 사울을 살려주다. 다윗과 아비가일.

24 엔게디 요새에서 다윗이 사울을 살려주다. "너는 나를 선대하니 너는 나보다 의롭도다."

25 사무엘이 사망하고, 다윗은 나발(마온)의 아내 아비가일과 이스르엘 아히노암을 얻다. 미갈은 발디(엘)와 재혼하다.

26 십 황무지에서 다윗은 다시 한 번 사울을 살려주다(창과 물병).

❖ 27:1-31:13 다윗이 블레셋으로 도망하다. 사울은 엔돌의 무당에게 묻다. 다윗은 전쟁을 면하고, 아말렉을 무찌른다. 사울의 죽음.

27 다윗이 가드왕 아기스에게 도망하여 시글락의 성주가 되다(1년 4개월).

28 사울이 엔돌의 신접한 여인을 찾아가다. "여호와께서 너를 떠나 네 대적이 되셨거늘 네가 어찌하여 내게 묻느냐?"(16)

29 다윗은 블레셋 고관들의 반대로 전쟁에 참여하지 못하고 시글락으로 돌아가다.

30 시글락에 있던 다윗 일행의 가족들이 약탈당함.

*다윗은 아비아달 제사장의 에봇으로 하나님의 뜻을 묻고 나서 추적에 나서, 브솔 시내에서 지친 자 200명은 남겨 두고 나머지 400명으로 쫓아가 아말렉 족속을 무찌르고 가족과 재산을 되찾다.

31 길보아 전투로 사울과 요나단, 아비나답, 말기수아가 죽다. 사울은 그 무기 든 자와 함께 자살하다. 사울의 머리는 블레셋 신당과 사방에 보내고, 갑옷은 아스다롯의 집에 두고, 시체는 벧산 성벽에 박았다(9-10).

*벧산 성벽에 달린 그들의 시체들을 야베스 길르앗 사람들이 찾아와서 화장함.

사 무 엘 하

I. 개 요

사울과 요나단이 죽자 그 뒤를 이을 유력한 후계자가 없었다. 이 틈을 이용하여 다윗은 자기가 속한 유다 지파에 가서 한 지파의 왕이 된다. 남북의 대결 가운데 7년이 흐르는 동안에 북은 내분을 겪으며 무너졌고, 다윗은 전체 이스라엘의 왕이 된다. 다윗은 남과 북의 중심에 있는 예루살렘을 점령하여 자신의 소유로 삼고 나라의 수도로 삼았고, 하나님의 법궤를 가져와서 종교의 중심지로 삼는다. 그 후에 다윗은 주변 나라를 병합하여 강대하고 부유한 나라를 만드는데, 이는 주변의 강대국들, 즉 앗수르와 애굽이 내분에 휩싸여 팔레스티나를 침공할 여유가 없었기 때문이었다.

그러나 9장부터 20장까지, 왕상 1-2장에 이르는 '왕위계승 이야기'에 나타나는 대로 다윗 왕국은 후계자의 자리를 두고 격심한 내분을 겪는다. 이는 다윗 자신의 불륜과 살인에서 비롯되었고, 자녀들에 대한 우유부단함 때문에 증폭되었다. 압살롬이 난을 일으켰고, 뒤이어 아도니야가 전면에 나섰으나, 솔로몬당의 계략으로 솔로몬이 등극하고 아도니야는 실각한다. 그와 함께 아도니야당도 숙청당한다.

II. 내 용

❖ 다윗이 왕국을 세우다(1:1–5:16):

다윗의 요나단과 사울에 대한 애가. 다윗이 유다의 왕이 되다. 이스라엘과 유다의 전쟁. 아브넬과 이스보셋(이스바알, 에스바알)의 암살. 다윗이 전체 이스라엘의 왕이 되다.

1 아말렉 사람이 사울의 왕관과 팔고리를 갖고 와서 사울의 죽음을 알리다.
  * 다윗이 아말렉 사람을 죽이고 조가(활노래)를 지어 부르다.
2 헤브론에서 다윗은 유다의 왕이 된다.
  * 사울과 그 아들의 시체를 수습하고 장례를 치른 길르앗 야베스 사람들에게 격려하다.
  * 이스보셋은 아브넬과 함께 요단 동편 마하나임에서 나라를 세우다.
  * 남북전쟁 중에 기브온에서 요압의 동생 아사헬이 아브넬에게 죽임을 당하다.
3 사울의 첩 아야의 딸 리스바와 아브넬의 통간으로 이스보셋과 아브넬 사이에 불화가 생겼고, 아브넬이 나라를 다윗에게 넘기기로 하였으나, 헤브론에서 요압에게 살해당함.
4 바아나와 레갑이 이스보셋을 죽여서 다윗에게 바쳤다가 죽임을 당함.
  * 사울에게 남은 손자는 요나단의 아들 므비보셋이 있지만, 두 다리를 다 심하게 절었다.
5 다윗이 이스라엘 전체의 왕이 되다.
  * 예루살렘을 점령하여 다윗성을 만들다.

✜ 5:17-8:18 **블레셋을 물리치다. 법궤를 가져오다. 나단의 예언. 다윗의 기도. 블레셋과 다른 민족들에 대한 승리. 내각.**
  * 블레셋을 물리치다(바알브라심).

C. 삼하 6-20 왕위 계승 이야기

사무엘하 6장에서 열왕기하 2장까지는 왕위계승 이야기로서 독자적인 문서로 보인다.

6 다윗이 법궤를 옮기려다 나곤의 타작마당에서 베레스웃사의 사건을 만나, 가드 사람 오벤에돔의 집에 석 달 동안 두었다가 예루살렘으로 옮기다. 다윗이 춤추는 것을 보고 경멸한 미갈은 벌을 받아 자식을 낳지 못한다. 그러므로 사울 집안과 다윗 집안 사이의 아들이 태어나지 못하여 사울 집안은 왕위계승에서 빠지게 된다.

7 다윗이 성전을 지으려다 뜻밖에도 하나님으로부터 왕조를 건립해 주겠다는 약속을 받는다: "여호와가 너를 위하여 집을 짓고"(11).

8 다윗은 블레셋을 굴복시키고 메덱암마(섬김의 고삐)를 빼앗고, 모압을 정복하고(2/3 살해), 소바, 다메섹까지 점령하고, 에돔도 복속시킨다. 다메섹 아람과 에돔에는 총독을 두어 다스렸고, 블레셋과 모압에는 어느 정도 자치권을 인정한 것 같다.

*사관은 비서실장, 서기관은 총리.

✤ 9:1-10:19 요나단의 아들에 대한 배려. 암몬과 아람에 대한 방어

9 다윗이 요나단의 아들, 두 다리를 저는 므비보셋을 찾아서 사울의 재산을 물려주고, 사울의 종 시바에게 관리하게 하다.

10 암몬 왕 나하스를 조문한 다윗의 신하들이 하눈 왕에게 모욕을 당하다: 수염을 절반만 자르고, 옷을 볼기까지 자르다. 암몬 전쟁 발발.

*응원 온 아람 사람을 요압의 정병이, 암몬 사람은 아비새가 지휘하는 부대가 담당하다. 하닷에셀이 소박 장군을 보내어, 다윗이 물리친다.

✤ 11:1-12:31 밧세바와의 간음. 우리아 죽이기. 나단의 등장과 아이의 죽음. 암몬에 대한 승리.

11 다윗의 간음과 살인: 밧세바와 간음한 후에, 우리아를 암몬의 수도 랍바에서 적을 이용해서 죽이고 밧세바를 빼앗다: 야흐베가 악하게 보시다

12 나단의 비유. 밧세바의 첫 번째 아이는 죽고, 두 번째 아이는 여디디아(야흐베의 사랑을 받는 자)가 되다.

*암몬의 수도 랍바를 점령. 다윗은 한 달란트짜리 금면류관을 쓴다

✤ 13:1-19:44 압살롬의 난

13:1-14:33 다말을 강간한 암논을 죽이고, 도망갔다가 다시 돌아오다

13 다윗의 맏아들 암논과 이복동생 다말의 사건은 요나답의 간계로 일어난다. 다말의 오빠 압살롬은 보복한다(2년 뒤). 암논은 절제하지 못하는 르우벤과

닮았다.

*그술로 도망(달매의 딸 마아가의 아들).

14 3년 만에 요압의 주선으로 압살롬이 돌아오다. 2년 뒤에 복권되다(요압이 마지못해 주선함). 압살롬의 머리털 무게는 200세겔(2,4 Kg)이었고, 아들 셋, 딸이 하나 있었다.

15:1–19:44 반란과 다윗의 도피. 아히도벨과 후새의 대결. 압살롬의 죽음. 다윗의 통곡과 귀환

15 4년 만에 압살롬이 헤브론에서 난을 일으키다.

*다윗은 후궁 열 명에게 궁을 맡기고, 황급히 수도 예루살렘을 버리고 요단강 쪽으로 피난길에 나선다. 포위될 것을 우려하다.

*가드 사람 잇대와 600명의 용병, 아비아달(요나단)과 사독(아히마아스). 아렉 사람 후새가 다윗을 돕다.

16 시바의 므비보셋 중상.

*사울집의 시므이가 바후림에서부터 따라오며 욕을 하다.

*압살롬은 아버지의 후궁 열 명과 백주에 동침하다. 아히도벨의 권유로 된 것이긴 하나 목적을 위해서 수단과 방법을 가리지 않는 우를 범한 것이다.

*아렉 사람 후새와 길로 사람 아히도벨의 대결.: 하나님의 도움으로 후새가 이기다.

17 아히도벨은 자신의 계책(12,000명만 있으면 다윗을 죽일 수 있다)이 채택되지 않자 돌아가 자살하다.

*마하나임에서 소비, 마길, 바르실래가 다윗을 돕다.

18 압살롬의 종말: 상수리나무에 머리가 걸렸는데 노새가 도망쳐서 요압에게 찔려 죽다. 요압은 압살롬의 시체를 큰 구덩이에 던지고 그 위에 돌무더기를 쌓음.

*사독의 아들 아히마아스와 구스인의 보고: 왕이 슬퍼하니 모든 군사가 다 풀이 죽다.

19 *다윗이 요압의 권유로 병사들을 사열하다.

*다윗을 다시 왕으로 모실 것인가를 두고 백성들이 논란하자, 다윗은 유

다 지파가 먼저 다윗왕 천거에 앞설 것을 권유한다. 유다가 앞서서 다른 지파들이 싫어하여 다시 반란이 일어났으니 세바의 난이었다.

*시므이가 용서를 빌어서 다윗이 용서하다. 순수한 므비보셋은 시바에게 속았음이 드러나다. 바르실래는 아들 김함을 부탁하다.

✤ 20:1-26 세바의 난. 아마사의 암살. 요압의 승리. 내각

20 *베냐민 사람 세바의 난: 아마사(압살롬의 편에 섰던 자)에게 진압하게 하였으나, 요압이 아마사(이종사촌)를 암살하고 세바를 추적하여 아벨성에서 세바의 머리를 얻다.

*요압은 다시 군대사령관이 되다. 아도니람은 감역관(건설부장관)이 되었고, 후궁 열 명은 별실에 갇히다.

D. 다윗왕국에 대한 부록(21-24): 영웅들과 속죄

✤ 21:1-14 사울 집안에 대한 심판:

다윗이 메랍의 아들 다섯 명, 아야의 딸 리스바의 아들 두 명을 기브온 거민의 요구를 들어서 내어주다. 보리 벨 때(4-5월)부터 시작하여 우기인 10월-11월까지 시체 일곱 구를 지키다.

*다윗이 사울, 요나단과 함께 일곱 명의 자손들을 사울의 고향 셀라에 장사지내다.

✤ 21:15-22 다윗의 용사들: 엘하난이 골리앗을 죽였던가(19)?

22 다윗의 감사시(시 18편과 거의 같음)

23:1-7 다윗의 마지막 말.

23:8-39 다윗의 용사들: 아히도벨의 아들 엘리암은 밧세바의 아버지였다(34). 아히도벨은 우리아의 사건 때문에 압살롬의 편에 선 것 같다.

24 다윗의 인구 조사 - 갓의 제안(7년 기근, 석 달 도망, 3일 전염병) - 3일 전염병으로 7만 명이 죽다. 천사가 섰던 땅(아라우나의 타작마당)이 성전 터가 되다.

열 왕 기 상

Ⅰ. 개 요

열왕기상은 다윗이 죽고 난 후의 이야기를 다룬다. 먼저 솔로몬이 다윗을 이어 왕이 되는데, 다윗이 전술가라면 솔로몬은 행정가요, 외교와 경제 문제에 재능을 발휘한 것 같다. 그러나 그는 유브라데에서 아카바만까지 이르는 대제국을 다스리는 데에는 미흡하여 많은 적을 만들었고, 영토를 많이 상실하게 되었다. 무엇보다 아람과 에돔의 독립운동이 큰 어려움이었다. 그리고 유다에겐 노역을 면제시킨 것이 북쪽 지파의 반발을 사서 그가 죽자마자 북쪽지파들은 이탈하게 된다. 그러나 솔로몬은 예루살렘 성전을 완공하였고, 매우 부유한 황금기를 구가하였다. 저자는 남북이 나누어진 것이 솔로몬이 이방 여인들을 따라 우상을 숭배했기 때문이라 한다.

남북이 나누어진 후에 북왕국은 벧엘과 단에 황금숫소상을 세워 '여로보암의 죄'를 짓게 된다. 또한 바알 종교가 북에서는 기승을 부렸고, 오므리왕조에 들어서선 바알 숭배를 야흐베 종교 위에 두게 된다. 그리하여 사마리아는 바알 종교를 믿는 자들의 수도요, 이스르엘은 야흐베를 믿는 자들의 (두 번째) 수도가 되었다. 그리하여 엘리야는 바알종교와 오므리 왕조와 일전을 벌이게 되고, 아합왕은 전쟁터에서 죽게 된다.

✤ 열왕기상하의 구조

A. 왕상 1-11	**솔로몬 이야기**(1-2장은 왕위계승 이야기: 삼하 6-20 + 왕상1-2)
1-2	솔로몬이 왕이 되다. 다윗의 지명. 다윗의 죽음. 아도니

	야, 요압의 죽음. 아비아달의 추방.
3:1-4:28	일천 번제. 솔로몬의 지혜로운 행정. 듣는 마음. 솔로몬의 재판, 행정
5:1-9:9	성전건축. 히람과의 계약. 궁전건축. 법궤를 옮기다. 봉헌, 성전에 대한 성전에 대한 약속
9:10-10:29	건축과 부역. 스바 여왕의 방문. 솔로몬의 부
11	솔로몬의 우상숭배. 대적들(하닷, 르손, 여로보암)

B. 왕상 12-왕하 17 분열왕국 시대

12:1-16:28	남북 왕조의 역사. 르호보암. 여로보암. 아비얌. 아사. 바아사, 시므리, 오므리. 아합
16:29-왕하 2:18	엘리야 이야기. 가뭄선언. 그릿 시내. 사르밧의 과부. 갈멜산 대결. 비 오게 하다. 로뎀나무와 시내산. 아람전쟁. 나봇의 포도원. 아합의 죽음. 아하시야의 죽음. 엘리야의 승천.
2:19-10:36; 13	엘리사 이야기. 여리고의 물을 고치다. 모압 정벌. 수넴 여인. 보리떡 20개로 100명 먹이기. 나아만. 암람군의 침입. 하사엘왕. 여호람. 아하시야. 예후혁명. 엘리사의 죽음.
9:1-17:41	남북 왕조의 이야기. 예후혁명. 아달랴. 요아스. 여호아하스. 엘리사의 죽음(13:20). 아마샤. 아사랴. 스가랴. 살룸. 므나헴. 브가가히야. 베가. 호세아. 요담. 아하스. 이스라엘의 멸망

C. 왕하 18:1-25:30 유다의 역사

18:1-20:21	히스기야. 산헤립의 침공. 히스기야의 병과 바렐론왕의 위문.
21:1-26	므낫세와 아몬
22:1-23:30	요시야의 종교개혁. 토라책을 발견하다. 벧엘의 제단을 파괴하다. 예루살렘의 유월절. 요시야의 죽음.
23:31-25:30	여호아하스, 여호야김, 여호야긴. 예루살렘의 첫 번째 함락. 시드기야. 예루살렘 성전의 파괴. 총독의 암살. 요호야긴의 사면.

✤ 왕에 대한 서술 체계

	유다왕	이스라엘왕
서론	같은 시대의 왕 등극시의 나이	같은 시대의 왕
통치기간	어머니의 이름 종교적인 판단	종교적인 판단
결론	자료 언급 죽음 기록	자료 언급 죽음 기록
매장(장소)	후계자	

Ⅱ. 내 용

A. 솔로몬 이야기(1-11)

✤ 솔로몬이 왕이 되다(1-2)

1 *다윗이 늙어서 수넴 여자 아비삭을 구하다.
*아도니야의 에느로겔 잔치: 아비아달과 요압만 초청: 즉위식은 아니었다.
*나단과 밧세바는 아도니야가 이미 왕이 되었다고 다윗에게 거짓보고를 하여 솔로몬을 왕이 되게 한다. 사독이 기혼에서 솔로몬에게 기름을 붓고, 솔로몬왕 만세를 부르며 왕좌를 향해 행진하는 것으로 즉위식은 끝남. 아도니야는 제단 뿔을 잡고 살려달라고 함.
2 *다윗의 유언: 토라대로 살아라. 요압과 시므이를 죽여라. 바르실래에겐 후대하라.
*아도니야가 아비삭을 청하다가 죽임을 당하고, 아비아달은 아나돗으로 쫓겨 가고, 요압도 죽임을 당하다.

✤ 솔로몬왕의 치적(3-11)

[3-4장: 일천 번제. 솔로몬의 지혜로운 행정. 듣는 마음. 솔로몬의 재판, 행정]

3 기브온에서의 일천 번제: 하나님의 계시(4절 이하). 재판할 지혜를 달라고

함. 창기들의 재판.

4 *솔로몬의 내각: 나단의 아들들(아사리아, 사붓)이 등장. 12관장에는 유다가 빠짐: 차별대우.

*각기 포도나무 아래와 무화과나무 아래에서 안연히 살았다: 태평성대.

*지혜: 잠언 3000, 노래 1005.

[5:1–9:9: 성전과 궁전 건축 이야기]

5 성전건축 준비: 두로 왕 히람의 도움으로 잣나무, 백향목을 얻다.

6 성전 건축을 시작한 해가 솔로몬 4년이고 출애굽 후 480년 되는 해: 역사적 근거는 희박하다(40×12=480). 7년 만에 성전을 완공하다

7 왕궁을 13년 만에 짓다. 놋쇠 대장장이 히람: 아버지는 두로인, 어머니는 이스라엘인(납달리 지파).

8 성전 봉헌: 연설과 기도를 솔로몬이 하고, 제사를 드리다.

9 *하나님의 계시: 법도를 지키지 아니하면 이 전도 던져 버린다.

[9:10–10:29 건축과 부역. 스바 여왕의 방문. 솔로몬의 부]

*가불땅을 히람에게 바침: 속국이 되었을까? 가불(크발)은 '아무 것도 아닌 것 같다'는 뜻이다.

*게셀, 아래 벧호론, 바알랏, 다드몰, 국고성, 병거성, 마병의 성들 건축.

[9장 26절 이하부터 국제(무역)관계가 서술된다]

10 스바(지금의 예멘)의 여왕이 방문하여 솔로몬과 사랑을 나누다. 예멘과 에디오피아는 옛날에 붙어 있었던 듯하다.

*솔로몬의 부: 백향목을 평지(세펠라)의 뽕나무같이 많게 하였다.

11 **[솔로몬의 우상숭배. 대적들(하닷, 르손, 여로보암)]** *이방 여인들(후궁이 700, 첩이 300)로 인해 우상을 숭배하다: 시돈의 아스다롯, 암몬의 밀곰, 모압의 그모스, 암몬의 몰렉.

*에돔의 왕자 하닷은 애굽 왕비 다브네스의 아우와 결혼하여 그누밧을 낳았으나 조국의 독립을 위하여 떠나다. 소바의 르손(다메섹왕이 되다), 에브라임의 여로보암이 솔로몬을 적대하다.

*11:26 이하: 실로의 선지자 아히야가 느밧의 아들 여로보암에게 새 옷을 찢어 열 조각을 주다.

*솔로몬의 사망, 르호보암의 즉위.

B. 분열왕국의 역사(12-왕하 17: 주전 926-722)

12 *남북의 분단. 세겜의 회의: 르호보암이 노신들의 충고를 듣지 않고 같이 자란 친구들의 말을 듣고 여로보암과 회중의 제안을 물리친다. 반란의 조짐을 잠재우려 역꾼의 감독 아도니람(하도람, 아도람)을 보냈더니 죽임을 당했다. 이로써 남북은 나누어졌다. 본디 다윗은 유다, 이스라엘, 예루살렘의 왕을 겸하였는데, 솔로몬에게 넘어갈 때엔 다윗의 후광이 너무 커서 사람들이 아무 말도 못했다. 그런데 솔로몬이 40년 동안 나라를 탕진하고, 왕국도 쪼그라들고, 부역은 심하니 북이스라엘의 장로들이 원칙을 내세운 것이다. 본래 그들은 세습을 인정한 적이 없었다. 르호보암이 예루살렘으로 돌아와 군대로 진압하려 하자 예언자 스마야가 나서서 막았다.

*여로보암(926-907)이 세겜, 브누엘, 디르사를 수도로 삼고, 단과 벧엘에 두 황금숫소상을 세우다. 산당들을 짓고, 평민으로 제사장을 삼았으며, 초막절을 8월 15일로 정했다.

13 익명의 선지자가 유다에서 벧엘로 가서 여로보암에게 요시야왕이 장차 이곳에 제사지내던 제사장을 제물로 삼을 것이라 예언하였으나, 돌아가면서 거짓 예언자에게 속아서 사자에게 물려 죽는다.

14 *여로보암의 아들 아비야가 죽다: 아히야는 "여로보암에게 속한 자가 성에서 죽은즉 개가 먹고 들에서 죽은즉 공중의 새가 먹으리라."고 예언하다.

*여로보암은 22년 동안 치리하다 죽고 아들 나답(907-906)이 즉위하다.

*르호보암은 암몬 여인 나아마의 아들이었는데, 17년 동안 다스렸으나 죄가 많았다. 그 결과로 애굽왕 시삭이 쳐들어와 성전과 궁전의 보물을 다 약탈하다.

15 *르호보암의 아들 아비얌(아비야 910-908)이 3년 동안 다스리다.

*아사(908-868): 정직한 왕. 아세라를 만들었다고 하여 모친 마아가를 태후의 자리에서 폐하다. 이스라엘 왕 바아사가 라마를 건축하려 하자, 아

람 왕 벤하닷에게 은금을 보내어 이스라엘을 치게 하고, 이스라엘이 물러간 사이에 라마의 자재로 게바와 미스바를 건축하다. 41년 동안 치리하다.

* 바아사(906-883): 잇사갈 족속. 깁브돈에서 나답을 죽이고 여로보암의 집을 몰살하고 디르사에서 24년 동안 통치하다.

16 * 하나니의 아들 선지자 예후가 바아사를 여로보암의 길로 행했다며 꾸짖다. 바아사가 죽고 엘라(883-882)가 즉위하여 2년 동안 통치하다.

* 이스라엘의 병거 절반을 맡은 시므리의 모반: 바아사 집안을 모두 진멸하다.

* 오므리(882-871): 전방(깁브돈)의 사령관이었던 오므리가 회군하여 디르사를 포위하자 시므리는 자살한다(7일 천하). 그 후에 4년 동안(882-878) 디브니파와 싸워 이기고 즉위하다. 디르사에서 6년, 세멜에게서 산 사마리아에서 2년을 다스렸다.

✥ 왕상 16:29-왕하 2:18은 엘리야 이야기

16 * 아합: 시돈왕 엣바알('바알의 증인')의 딸 이세벨('똥은 어디에'; 본디 이름은 이즈불: '군주는 어디에')을 아내로 삼다. 사마리아에 바알의 신전을 세우고, 아세라상을 세우다.

* 벧엘 사람 히엘이 여리고를 건축하였는데, 터를 쌓을 때에 맏아들 아비람을, 성문을 달 때에 둘째 아들 스굽을 잃었다. 수 6:26 참고.

17 엘리야("내 하나님은 야흐베"란 뜻): 길르앗 디셉 사람. 흉년 예고 후 도피.

* 그릿 시냇가에서 까마귀(시 147:9)의 도움으로 연명하다, 시내가 마르자 사르밧의 과부에게 보내지다.

* 밀가루와 기름이 떨어지지 않는 기적을 체험하며 3년을 지내다. 과부의 아들을 살리다.

18 오바댜('야흐베의 종'이란 뜻; 궁내대신: 100명의 선지자를 먹임)를 통하여 아합(871-852)을 만나 바알의 선지자 450인과 아세라의 선지자 400인을 불러 갈멜산에서 대결하게 하다: 실제로 아세라의 선지자는 오지 않은 듯하

다. "여호와 그는 하나님이시로다."(39) 기손 시내에서 바알 선지자들을 죽이다.

* 비가 오도록 기도하니, 폭우가 내려오다. 기손강이 범람할까봐 아합왕을 구하기 위하여 그의 말고삐를 잡고 급히 이스르엘로 달려감.

19 이세벨의 협박으로 엘리야는 브엘세바, 로뎀나무를 거쳐 호렙산에 도달하다.

* 바알에게 굴복하지 않은 7,000인이 남다. 아합을 칠 세 사람: 다메섹의 하사엘, 님시의 아들(손자) 예후, 사밧의 아들 엘리사.
* 사람들을 많이 죽일 것을 염려하여 하사엘과 예후에게 기름을 붓지 않은 것일까? 엘리사만 선택되었다.

20 벤하닷의 첫 번째 침공. 한 선지자의 대언: 지방 고관들의 아들들(상비군 232명)과 왕이 앞선다 + 7,000인=대승.

* 두 번째 침공. "저희의 신은 산의 신": 10만 명을 죽이고 (아벡에) 피신한 후에 성이 무너져 다시 27,000명이 죽다.
* 하나님이 죽이기로 한 사람을 아합이 살리다: "네 생명으로 그의 생명을 대신하거나…"

21 * 나봇의 포도원: 조상의 유업을 남에게 양도할 수 없다. 이세벨이 모략으로 나봇의 가족을 몰살하고 포도원을 빼앗다.

* "네가 죽이고 또 빼앗았느냐?" + 나봇의 피를 핥은 곳에서 개들이 아합의 피도 핥을 것 + 이세벨의 고기를 개들이 이스르엘에서 먹을 것.
* 아합의 회개(굵은 베. 금식, 풀이 죽어 다니다): 하나님이 용서하시고 다음 대에 벌을 내리시기로 하다.

22 * "길르앗 라못은 이스라엘 땅이다"라고 하며 아합은 여호사밧을 이용해서 그에게 왕복을 입히고 자기는 평복으로 안전하게 전투에 참여하기로 하다.

* 선지자 400인: 미가야('누가 애흐베와 같은가'란 뜻). 그나아나(가나안여자란 뜻)의 아들 시드기야는 거짓 선지자의 대표. 미가야는 하나님의 회의를 보았다: 하나님은 거짓말하는 영을 선지자들에게 내리기로 하셨다.
* 아합의 사망. 아합의 병거인 줄 모르니 부하들이 도와 줄 수가 없었다. 반면에 여호사밧은 담대하게 적과 싸워 오히려 적들이 물러갔다. 아합의

병거를 사마리아 못(창녀들이 목욕하던 곳)에 씻어 개들이 그 피를 핥음. 아합은 상아궁을 지었었다.

* 여호사밧(868-847 야흐베는 심판하신다): 정직함. 에시온게벨에서 다시스 선박을 제조하였으나 파선하다. 아하시야의 청을 거절하다(대하 20:35-37은 다름).
* 아하시야(852-851): 여로보암의 길을 걸었고 바알도 숭배하였다.

열왕기하

Ⅰ. 서 론

1) 열왕기하의 첫 부분(1-17장)은 주전 9세기 후반부터 주전 722년까지를, 둘째 부분(18-25장)은 587년까지의 역사를 다룸.
2) 오므리왕조는 예후의 반란에 의해 종식되고, 예후왕조는 살룸에 의해 끝난다.
3) 앗수르의 디글랏빌레셀 Ⅲ세(불 754-727)는 733년에 이스라엘의 많은 땅을 점령했으며, 722년에 살만에셀 Ⅴ세(사르곤 Ⅱ세)에게 사마리아가 함락된다. 유대는 앗수르의 봉신(제후국).
4) 히스기야의 반앗수르 동맹 가담-701년의 산헤립 침공. 므낫세는 친앗수르 정책을 택하다.
5) 요시야의 북왕국 병합과 종교개혁. 바로 느고의 군대와 대치하다 죽음.
6) 유다는 애굽에 이어 바벨론의 지배하에 처함. 587년의 패망 후 여호야긴의 석방으로 소위 신명기사는 끝남.

Ⅱ. 내 용

✜ 1:1-2:18 엘리야 이야기의 끝부분

1 *아합의 사망 후 모압(메사)이 반역함(떨어져나감).

*아하시야의 추락. 에그론의 신 바알세붑(본디 바알스불<군주 바알>이었는데 '파리 바알'이란 뜻으로 바알세붑이라 함)에게 물으려 함. 털이 많고 허리에 가죽띠를 띤 사람 엘리야가 중간에 나타나 사자들을 꾸짖다.

오십부장 세 번째. 동생 여호람(851-845)이 대신해서 왕이 됨.

2 *엘리야의 승천: 엘리사가 길갈-벧엘-여리고-요단-요단 건너편으로 동행하다. '갑절'은 다른 사람의 두 배라는 뜻이며, 장자의 상속분을 의미함. "내 아버지여 내 아버지여 이스라엘의 병거와 그 마병이여."

*엘리사의 계승: "엘리야의 하나님은 어디에?" 요단을 건너다. 엘리야의 시체를 찾으려는 자들을 말리다.

✤ 2:19-10:36; 13 엘리사 이야기

*여인들을 낙태하게 했던(토산이 익지 못하던) 여리고의 물 근원을 새 그릇에 담은 소금으로 좋게 함.

*예언자를 놀린 42명의 아이들을 암곰 두 마리가 찢어 죽이다. 42는 죄 없는 것 같으나 없지 않은 사람들의 숫자(왕하 10:14)

3 *아합의 아들 여호람(851-845)은 바알의 주상을 제하였으나 여로보암의 죄를 따르다.

*이스라엘의 여호람왕이 에돔왕과 여호사밧과 같이 모압왕 메사의 반역을 평정하러 출정하였다가 물이 없어서 낭패를 만나다. 엘리사가 거문고 타는 소리를 들으며 야흐베의 말씀을 받음: "개천을 많이 파라!". 에돔에서 물이 흘러오다. 모압이 잘못 알고 나왔다가 패하고, 왕의 아들을 제사 드림.

4 *엘리사의 생도가 죽어 그 아내가 도움을 청하다. 기름 한 병 + 모든 그릇.

*수넴의 귀한 여인: 지나가던 엘리사를 대접하다가 이층에 작은 방을 만들고 침대, 책상과 의자와 등잔까지 준비하다. 엘리사는 아들이 생길 거라고 예언했고, 그 예언대로 아들을 얻었는데, 조금 자라다가 일사병으로 죽다. '초하루도 아니고 안식일도 아니다'며 말리는 남편을 뒤로 하고 당나귀를 타고 갈멜산으로 찾아온 여인을 따라가 아이 위에 두 번 엎드려 살림.

*길갈에서 생도들과 함께 국에다 가루를 넣어 해독시키고, 보리떡 20개와 채소로 100명을 먹이고 남음.

5 아람의 군대사령관 나아만의 나병: 은 10달란트, 금 6,000개. 옷 10벌을 갖

고 이스라엘로 오다. 엘리사는 나가 보지도 않고 요단강에 일곱 번 씻으라 해서 씻었더니 깨끗해졌다. '이스라엘 외에는 신이 없다'. 림몬의 신당에서 왕의 손을 잡고 엎드리는 것을 용서해 달라고 간청하다. 요단강은 다메섹의 아바나와 바르발에 비하면 보잘것없었다.

* 게하시는 욕심을(은 한 달란트 + 옷 두 벌) 부리다가 나병에 걸리다.

6 * 요단에서 한 제자가 나무하다가 빌어온 도끼를 잃었지만 엘리사가 찾음.

* 아람군의 침입을 미리 왕에게 예고하는 것을 알고 엘리사를 잡으러 도단에 쳐들어온 아람군. 그러나 엘리사 주변에는 불말과 불병거가 가득했으니, "두려워하지 말라 우리와 함께 한 자가 저들과 함께 한 자보다 많으니라"(16). 아람군을 사마리아로 인도하여 먹여 보냄.
* 아람군의 사마리아 포위: 서로의 아들 잡아먹기가 유행하다. 왕이 사자를 엘리사에게 보냄.

7 비둘기 똥이라 번역된 것은 호두나 개암 같은 열매를 가리키는 듯하다. 나병 환자 네 사람이 적군의 도망을 알림. 엘리사의 예언을 비웃은 장관은 죽다.

8 * 수넴 여인이 칠 년 기근을 피하여 블레셋에 갔다가 돌아와서 게하시의 도움으로 자기 땅을 되찾음.

* 다메섹에 간 엘리사: 벤하닷의 신하 하사엘(845-801)이 왕 될 것을 예언하다.
* 유다왕 여호람(852/847-845): 아달랴와 결혼. 에돔 배반. 립나의 반란.
* 아하시야(845)의 이스라엘왕 요람 방문(하사엘과 싸우다 부상하여 이스르엘에 있었다).

✜ 9:1-17:41 남북 왕조의 이야기

9 * 예후(845-818)의 혁명: 엘리사의 생도가 길르앗 라못으로 가서 예후에게 기름 부음. 예후는 70Km 떨어진 이스르엘로 병거를 타고 군대를 거느리고 출동하다:

(1) 나봇의 포도원에서 여호람을 죽이고,
(2) 이블르암 근처에서 아하시야를 쳐 므깃도에서 죽게 하고,

(3) 이스르엘에서 이세벨을 죽이고("너 시므리여": 바아사를 죽이고 7일만 에 죽음),

10 (4) 사마리아에 있던 아합의 후손 70명을 죽이게 하고,

(5) 이스르엘에 있던 아합의 측근을 다 죽이고,

(6) 아하시야의 형제 42명이 이세벨에게 문안하러 오는 걸 죽이고,

(7) 레갑(렘 35:1-11)의 아들 여호나답과 연합하여 바알의 숭배자들을 몰살 시키고,

(8) 바알의 당을 변소로 만들었다.

* 이로 인해 예후(845-818)는 하나님께로부터 4대를 보장 받았으나 하나님을 전심으로 섬기지는 않았다. 오므리 왕조는 3대, 37년(882-845) 동안 통치하였으나, 예후 왕조는 5대 98년 동안 다스려서 북왕국에서 가장 장수한 왕조가 되었다.

11 * 아달랴(845-840)의 모반: 왕의 씨를 진멸하였는데, 아하시야의 누이 여호세바(남편은 여호야다 제사장)가 1살짜리 요아스를 숨겨서 6년 동안 키움. 아달랴가 아합의 딸이라면 아합이 왕 되던 해인 871년에 결혼했다 해도 아달랴가 왕이 되었을 때인 845년에 26살이었을 터인데, 손자가 있다는 게 이해가 되지 않는다. 이세벨이 큰 딸을 데리고 재가했거나, 이세벨의 여동생이었을지도 모른다.

* 여호야다의 혁명: 성전에서 요아스(840-801)를 기름 부음. 왕과 백성은 야훼의 백성이 되게, 왕과 백성 사이에도 언약을 체결하게 함.

12 * 요아스의 성전 수리: 여호야다가 궤를 설치하여 성전 수리에만 쓰게 함.

* 하사엘의 침공: 가드를 점령한 후 예루살렘을 위협. 요아스는 보물을 바침.

* 반역으로 요아스 죽고(스가랴), 그 아들 아마샤(801-787<773>)가 즉위하다.

13 * 예후의 아들 여호아하스(요아하스: 818-802): 아람왕 벤하닷과 하사엘의 침공에 시달려 하나님께 간구함.

* 여호아하스의 아들 요아스(802-787): 엘리사의 임종시에 "이스라엘의 병거와 마병이여"라고 통곡하였고, 살을 세 번 쳐서 아람을 아벡에서 세 번 이기다.

14 * 아마샤: 요아스의 암살자만 죽이고 그 자녀는 죽이지 않음. 염곡에서 에돔 사람 만 명을 죽이고, 셀라(페트라?)를 점령. 788년경에 요아스와 벧세메스에서 싸워 사로잡히고, 예루살렘 성벽을 200m나 헐리고, 보물을 약탈 당함.

* 모반으로 라기스에서 죽음. 787년부터 그 아들 아사랴(787-736)가 섭정을 했던 듯하다.
* 아사랴(웃시야 787-736): 16세에 등극했고, 엘랏을 건축하다.
* 여로보암 II세(787-747): 아밋대의 아들 요나의 예언대로 하맛(남부 레바논)에서 아라바 바다(사해)까지 회복하다. 앗수르가 약해진 틈을 타서 다윗-솔로몬 시대의 영토를 회복.

15 * 아사랴(웃시야): 나병환자가 되어 756년부터는 요담(756-741)이 섭정하다.

* 이스라엘: 스가랴(747)가 6개월간 통치. 야베스의 아들 살룸이 모반하여 죽여서, 예후 왕조는 막을 내림.
* 므나헴(747-738): 살룸을 죽이고 즉위. 앗수르왕 불(디글랏빌레셀 III)의 침공을 맞아 은 일천 달란트를 바치며 항복하다. 아들 브가히야(737-736)가 계승하다.
* 르말리야의 아들 베가(735-732): 브가히야를 죽이고 집권. 앗수르왕 디글랏빌레셀 III세가 쳐들어 와서, 이스라엘 북부와 해변과 요단 동편 땅을 점령하고 사람들을 포로로 끌고 감. 소위 수리아-에브라임 전쟁(734-732)의 결과였다.
* 엘라의 아들 호세아(732-723)가 반역하여 베가를 죽이고 집권하다.
* 요담(유다): 외가가 사독의 후손인 그는 성전 윗문을 건축하게 한다. 아하스(741-725)가 계승한다.

16 * 아하스: 이방 제사에 참여하다. 르신과 베가의 침공(734-732 반앗수르동맹에 가담시키려 함): 아람이 엘랏을 차지하게 됨. 아하스는 디글랏빌레셀 III세(745-727)에 구원을 요청하였고, 앗수르는 다메섹을 정복하여 기르로 옮기고 르신을 죽인다. 아하스는 다메섹에 가서 그 단을 제사장 우리야에게 만들게 하고 야호베의 단은 옮기게 하였으며, 자신이 직접 제사드렸다. 성전의 낭실을 고쳐 세움.

17 * 호세아(이스라엘): 앗수르왕 살만에셀 V세(727-722)에게 조공. 애굽왕 소에게 도움을 요청하여 앗수르왕에게 사로잡힘. 왕 없는 사마리아는 포위 3년에 함락(살만에셀이 죽기 직전에). 이스라엘은 사르곤 II에 의해 할라, 고산, 메대 등의 앗수르 국경지대에 끌려감(사르곤 II세가 사마리아 정복 직후에 살만에셀 V세를 죽이고 왕이 됨).

* 이스라엘이 망한 원인: 이방신 숭배. 송아지 형상을 만든 것. 자녀를 불 가운데 지나가게 함.

* 앗수르는 바벨론, 구다, 아와, 하맛, 스발와임에서 사람을 이스라엘 땅으로 이주시킴(주로 앗수르의 변경 지역의 사람들). 사자들의 습격이 잦아지자 제사장 한 명을 데려다가 야흐베 경외를 가르치게 하다. 그래도 사람들은 야흐베와 바벨론의 숙곳브놋, 굿의 네르갈, 하맛의 아시마, 아와의 닙하스, 다르닥, 스발와임 사람의 아드람멜렉과 아남멜렉을 겸하여 섬김.

C. 왕하 18:1-25:30 유다의 역사(587년 혹은 561년까지의 역사)

✤ 18:1-20:21 **히스기야. 산헤립의 침공. 히스기야의 병과 바벨론왕의 위문. 18-20장은 히스기야의 치적으로서 이사야 36-39장에서 인용되었다.**

18 * 아하스의 아들 히스기야(725-697): 아세라 목상을 찍고, 모세의 놋뱀(느후스단: 민 21:6-9)을 부수었으며, 아사, 요시야와 같이 완전한 왕이었다. 이사야의 임마누엘(7장)은 아니었던 듯하다. 앗수르의 사르곤 II세가 죽은 후에 반앗수르동맹을 이끄는 우두머리가 되다.

* 산헤립(704-681)의 침공(701년). 예루살렘 남서쪽 50Km 지점인 라기스를 점령하고 전국을 초토화함(사 1:1-9). 은 300, 금 30 달란트를 바쳤는데도 항복을 요구함.

* 랍사게의 연설: 애굽은 상한 갈대니 의지하지 말라. 우리가 쳐들어온 것은 야흐베의 뜻이다. 열국의 신들 중에 자기 땅을 지킨 신이 없었다.

19 * 히스기야의 기도: 옷 찢고 굵은 베 입고. 이사야에게 기도를 부탁하다.

* 이사야: 두려워 말라. 산헤립의 후퇴와 사망을 예언.

*산헤립이 다시 사자를 보냄: 야훼가 구원한다는 말을 믿지 말라. 히스기야가 성전에서 편지를 펴 놓고 기도한 후에 이사야의 응답이 있었다(네가 누구를 꾸짖었느냐. 너를 돌아가게 하겠다. 예루살렘을 구원하겠다).

*하룻 밤에 185000명이 죽다(아마 페스트인 듯하다). 산헤립이 돌아가 681년에 니스록의 전에서 경배하다가 아들들인 아드람멜렉과 사레셀에게 암살 당하다. 에살핫돈이 왕이 되다.

20 *히스기야의 병: 이사야의 죽으리란 예언. 벽을 향한 통곡. '네 눈물을 보았노라.' 삼일만에 성전에 올라갈 것과 15년 더 살 것을 예언. 무화과 반죽을 종처에 놓다. 해 그림자가 뒤로 10도를 가다. 이 사건은 산헤립의 침입보다 먼저인 듯하다. 히스기야는 697년에 죽었기 때문이다.

*부로닥발라단의 문병: 앗수르에게서 바벨론을 두 번이나 탈환한 왕. 반앗수르 동맹을 위해 사자를 보낸 듯. 히스기야는 외국에 의지하는 실수를 범하여 책망을 듣는다. 보여 준 모든 보물이 바벨론으로 옮겨지게 될 것이고, 네 후손은 바벨론 왕의 환관이 될 것이다.

*히스기야의 수로: 기혼샘에서 실로아못까지 500m가 넘는 굴을 뚫어 전시의 물 사정을 호전시키려 했다.

✣ 21:1-26 므낫세와 아몬

21 *므낫세(696-642): 바알, 아세라, 일월성신을 섬기고 아들을 불 가운데로 지나가게 함. 친앗수르정책. 앗수르는 애굽까지 점령하다(671년 에살핫돈이 놉을 점령하다). 선지자들의 재앙 예언으로 인해 무죄한 자의 피(이사야도?)를 많이 흘림.

*아몬(641-640): 우상 숭배. 신복의 반란. 요시야(639-609) 즉위.

✣ 22:1-23:30 요시야(의 종교개혁)

22 *요시야의 종교개혁: 성전 수리 착수(628). 힐기야 제사장이 토라책(신명기)을 발견하다(622). 힐기야가 서기관 사반에게, 사반이 왕에게 보고하여, 왕이 옷을 찢고, 여선지 훌다(예복을 담당하던 관리 살룸의 아내)에게

묻다: '유다는 망하나, 요시야는 평안히 죽는다.'

23 * 요시야의 언약갱신과 우상 숭배 철폐: 유다와 예루살렘의 장로들 앞에서 토라 낭독. 바알, 해, 달, 열두 궁성, 하늘의 모든 별들, 아세라 숭배를 폐하고, 미동의 집을 헐었으며, 제사의 중앙집중화를 위해 지방 성소를 폐지하고 지방의 제사장들을 예루살렘에 모으다. 힌놈의 아들 골짜기의 도벳을 더럽히고, 태양을 위한 말들, 태양 수레, 아하스의 다락 지붕에 세운 단들(천체 숭배)을 철거하다. 멸망산 우편에 세운 산당과 벧엘에 세운 단과 산당을 헐되, 그것을 예언한 예언자의 묘는 그대로 두다. 사마리아의 산당(북이스라엘의 영토를 차지)도 폐하고, 유월절을 지키다. 사사시대 이후로 처음(신 16:1-8 규정)이었는데, 본래는 가족 절기였던 것을 이제는 예루살렘에서 국가적인 행사로 지키다. 신접한 자, 박수, 드라빔, 우상을 제거하다.

* 야흐베의 진노는 돌이키지 않음: 므낫세 때문. 이 전을 버리리라. 바로느고가 앗수르를 도우러 가는 길을 바벨론과 동맹한 요시야가 저지하려다가 전사함(609).

✤ 23:31-24:17 여호아하스, 여호야김, 여호야긴

* 여호아하스(609): 요시야의 아들, 석 달 재위. 반애굽파들이 엘리아김보다 나이가 어린 그를 세움. 바로느고가 립나(수리아 리블라)에서 사로잡아 애굽에 끌고가 죽이다. 예레미야는 여호아하스(살룸)가 애굽에서 죽을 것을 예언하다(렘 22:10-12). 요시야의 아들들은 요하난, 여호야김, 시드기야, 살룸(여호아하스)의 순이었다(대상 3:15).
* 여호야김(608-598): 바로느고가 엘리아김을 여호야김으로 개명하여 왕으로 세우다.

24 * 느부갓네살의 득세: 갈그미스전투(605)에서 애굽이 바벨론(황태자 느부갓네살이 지휘)에 지다. 여호야김은 바벨론을 3년 동안 섬기다가 배반한다. 601년의 애굽 원정에서 느부갓네살이 실패했기 때문이다. 갈대아, 아람, 모압, 암몬의 부대가 유다를 침은 므낫세의 죄 때문이었다.

* 여호야긴(598.12.6-597.3.16: 석 달): 여호야김은 바벨론에게 수도가 포위당하고 있는 동안에 죽었고, 새 왕은 석 달만에 느부갓네살에 항복한다. 바벨론에 끌려가 에윌므로닥왕 때에 37년간 옥살이를 하던 데서 풀려났다고 하나, 실제로는 별궁에 있으면서 아내들과 아들들과 함께 꽤 좋은 대우를 받으며 지냈다고 하는 고고학적 증거가 나왔다. 지도자들과 기술자들(합계 18,000명)이 같이 끌려갔으나 포로수용소에 갇혀 있는 게 아니라 바벨론에서 집도 사고 팔 수 있는 자유인으로 살았다.

✤ 24:18-25:21 시드기야

* 바벨론이 맛다니야(요시야의 세 번째 아들)를 시드기야(597-587)로 고쳐 왕으로 세웠으나, 곧 바벨론왕을 배반한다.

25 * 예루살렘성의 함락: 일 년 반 동안의 포위로 양식이 떨어져 시드기야는 동남쪽 성문으로 도망하여 여리고 평지에 가서 잡힌다. 느부갓네살은 시리아 립나에서 시드기야의 아들들을 그 목전에서 죽이고 두 눈을 빼고 바벨론으로 압송하여 죽인다. 시위대 장관 느부사라단이 와서 5월 7일에 체계적으로 성전과 성벽을 파괴하다(그러나 성전피괴기념일은 5월 9일로 지킨다). 느부갓네살 18년에 832명을, 23년에 745인을 압송하였고, 8년에 잡아간 자가 3023명이었다(렘 52:28-30).

* 그달리야 총독: 사반의 손자, 아히감(예레미야를 보호한 자: 렘 26:24)의 아들로서 오랜 관리 집안. 미스바에서 2개월 통치하다. 왕족 엘리사마의 손자 느다니야의 아들 이스마엘이 그달리야와 그 부하들과 바벨론 관리들을 죽임.

* 여호야긴: 에윌므로닥(561-560) 원년에 37년만에 석방되어 왕의 상에서 먹음.

역 대 상

Ⅰ. 서 론

1) 성문서 중에 속해 있고 히브리어 구약 성경에서 역대기는 제일 끝에 속한다. 기록은 주전 400년이나 3세기로 추측된다.

2) 포로기 이후에 역사를 유다 공동체적인 입장에서 기술한 주석서로서. 소위 신명기사와 대조되는 역대기사인데, 후자에는 에스라, 느헤미야가 포함된다.

3) 역대상하, 에스라, 느헤미야는 본디 같은 책이었다(에스라 1:1-3이 대하 36:22-23에 나타남). 신명기 언어를 반영하고 있으며, 사무엘상하, 열왕기상하를 자료로 사용하고 있다. 성전예배, 건축 준비와 보수작업을 자세히 보도하며, 예배와 국가 행정제도, 제사장과 레위인의 업무를 다윗과 솔로몬이 제정한 것으로 밝히고 있다. 또한 왕들이 성전을 위해 무엇을 했느냐를 중시한다(히스기야, 요시야).

4) 유다가 참 이스라엘이란 입장에서, 유다의 역사만 다룬다. 다윗과 솔로몬을 추켜세우고, 부정적인 것은 삭제하였다. 또한 제사장과 레위인을 강조하고 있다.

5) 창세기에서 여호수아를 대상 1-9장에 요약하였으며, 사무엘상하, 열왕기상하를 문자 그대로 인용하고 있는 곳이 많고, 시편이나 예언서도 인용하고 있다.

6) 역대기의 구조

역대상

1부 이스라엘의 족보(대상 1-10)

A. 1:1-2:2: 아담에서 야곱의 열두 아들까지.

B. 2:3-4:43 유다의 아들들

C. 5:1-7:40 르우벤, 갓, 동므낫세, 레위, 잇사갈, 베냐민, 납달리, 므낫세, 에브라임, 아셀

D. 8:1-10:14 베냐민과 예루살렘

2부 다윗왕국(대상 11-대하 36)

A. 11:1-22:19 성전을 건축하기 위한 다윗의 노력

B. 23:1-29:25 다윗이 성전 건축을 지시하다

C. 29:26-30 다윗이 죽다. 다윗에 대한 총평

역대하

D. 대하 1-9 성전을 건축한 솔로몬

1. 1-7 솔로몬의 성전 건축
2. 8-9 솔로몬의 영화와 종말

E. 10:1-36:21 유다 왕들과 성전

1. 10-28 유다 왕들의 통치
2. 29-35 히스기야와 요시야의 개혁
3. 36:1-21 유다 왕국의 종말

3부 고레스(36:22-23)

1부 이스라엘의 족보(대상 1-10)

A. 1:1-2:2: 아담에서 야곱의 열두 아들까지.

1 아담-노아.

*야벳의 자손: 동쪽의 메대(마대)로부터 서쪽의 헬라(야완)에 이르는 넓은 지대에 사는 북방 민족들인데, 블레셋도 여기에 속한다.

*함의 자손: 남쪽의 구스(누비아/에디오피아)에서 가나안 족속에까지 이르는 지역에 사는 주민들로서, 구스의 아들 스바(9)는 에디오피아 둘레에 있고, 라아마의 아들 스바(셔바; 9절)는 오늘날 예멘 지방, 남서 아라비아

의 부유한 족속이다. 니므롯은 세상에 처음 영걸한 자로서, 바벨론이나 앗수르 제국의 시작은 그에게까지 거슬러 올라간다.

* 셈의 자손: 에벨은 히브리인(이브리)과 직접 연관된다. 엘람, 앗수르, 아람은 다 셈족에 속한다. 아르박삿은 바벨론을 뜻하며, 벨렉을 낳을 때에 땅이 나누어진다(흩어짐).
* 아브라함은 셈의 후손. 이스마엘의 열두 아들. 아브라함의 첩 그두라의 여섯 아들들. 에서의 아들 엘리바스 등 다섯 아들.

B. 2:3-4:43 유다의 아들들

2 **[2:3-55 유다의 아들들]** 유다의 아들: 엘, 오난, 셀라. 다말에게서 베레스와 세라가 나온다. 갈미의 아들 아갈(아간)은 마땅히 멸할 물건으로 이스라엘을 괴롭힌 자였다.

* 유다-베레스(다말의 아들)-헤스론-람-암미나답-나손(유다 자손의 고관)-살마(살몬)-보아스-오벳-이새-다윗(일곱 번째 아들로 나옴). 헤스론의 아들 갈렙의 후손으로 브살렐이 나옴.

✣ 다윗의 후손들(3:1-24)

3 * 다윗의 자녀: 암논, 다니엘(길르압), 압살롬, 아도니야, 스바댜, 이드르암은 헤브론에서, 시므아, 소밥, 나단, 솔로몬은 암미엘의 딸 밧수아(밧세바) 소생.

* 솔로몬-르호보암-아비야-아사-여호사밧-요람-아하시야[아달랴]-요아스-아마샤-아사랴-요담-아하스-히스기야-므낫세-아몬-요시야-여호아하스/여호야김/시드기야-여호야긴(여고냐). 포로로 잡혀간 여고냐의 아들들은 스알디엘, 세낫살, 브다야였다.
* 스룹바벨은 브다야 혹은 스알디엘의 아들인데(스 3:2.8; 느 12:1 등), 수혼의 결과인지도 모른다.

✣ 유다의 아들들(4:1-33)

4 * 유다의 아들: 베레스, 헤스론, 갈미, 훌, 소발.

* 야베스의 기도(10절): "주께서 내게 복을 주시려거든 나의 지역을 넓히시고 주의 손으로 나를 도우사 나로 환난을 벗어나 내게 근심이 없게 하옵소서."
* 첫 사사는 그나스의 아들 옷니엘.
* 여분네의 아들 갈렙의 후손들.
* 시므온의 아들들(4:24-43): 다윗시대에 이미 유다에 병합되다.

C. 5:1-7:40 르우벤, 갓, 동므낫세, 레위, 잇사갈, 베냐민, 납달리, 므낫세, 에브라임, 아셀

[5:1-26 르우벤, 갓, 동므낫세]

5 * 르우벤 자손: 아비의 침상을 더럽혀 장자의 명분을 요셉에게 빼앗김. 733년에 앗수르왕 디글랏빌레셀 Ⅲ에게 사로잡힘.
* 갓 자손: 요단 동편의 세 지파(44,760)가 하갈, 여두르 등과 싸워 이김. 세 지파가 이방신을 섬김으로 앗수르왕에게 사로잡힘.

✤ 레위(6:1-6:81)

[6:1-15 아론의 후손]

6 * 레위의 아들들: 게르손, 그핫, 므라리. 그핫-아므람-아론/모세/미리암.
* 대제사장 여호사닥: 포로로 잡혀갔고, 아들 예수아가 귀환하여 제사장이 됨(스 3:2; 느 12:1; 여호수아<학 1:1; 슥 3:1>).

[6:16-48 레위인(특히 음악 담당자)]
* 다윗이 성가대 조직함. 그핫의 자손 중 헤만은 찬송하는 자였다.
* 아삽(헤만의 형제)은 게르손 자손이며 헤만의 우편에 섰고, 므라리의 자손 에단은 좌편에서 찬송.
* 레위인은 장막 일을 맡았다.

[6:49-52 아론의 후손] 아론 자손은 분향, 제사를 맡았다.

[6:53-81 사독, 레위 자손의 거주지] 사독은 아히둡의 아들로 나타남.

[7:1-40 잇사갈, 베냐민, 납달리, 므낫세, 에브라임, 아셀]

7 잇사갈 자손의 수는 87,000명이었고, 베냐민 자손의 수는 59,434명이었다.

납답리 자손. 므낫세 둘째 아들 슬로브핫은 딸만 낳았다. 에브라임 자손. 아셀 자손의 수는 26,000명이었다.

D. 8:1-10:14 베냐민과 예루살렘

[8:1-40 베냐민(사울)]

8 베냐민 자손: 베냐민-넬-사울-요나단-므립바알(므비보셋)-미가-다섯 아들...

[9:1-34 다윗 시대의 예루살렘 사람들(특히 문지기)]

9 포로에서 귀환한 자들: 느디님 사람(성전 노예). 유다(690+α), 베냐민(956), 에브라임, 므낫세, 제사장(1760), 레위인(문지기, 성소의 기구, 포도주와 기름과 향품을 맡은 자, 향기름을 만드는 자, 전병을 만드는 자, 떡을 만드는 자, 찬송하는 자).

[9:35-44 베냐민(사울)] 사울: 요나단, 말기수아, 아비나답, 에스바알.

[10:1-14 사울의 죽음. 다윗에게 왕국이 넘어감]

10 * 길보아산 전투: 사울과 그 아들들 요나단, 아비나답, 말기수아가 전사하다. 사울의 자살. 블레셋인이 사울의 갑옷은 신의 묘에, 사울의 머리는 다곤의 묘에 걸어둠(삼상 5:4의 반대).

* 길르앗 야베스인들이 사울과 그 아들들의 시체를 거두어 장사 지내고, 칠일 금식하다.

* 사울이 죽은 이유: 야흐베의 말씀을 지키지 않음, 신접한 자에게 가르치기를 청함, 야흐베께 묻지 않음.

2부 다윗 왕국(11-29)

A. 성전을 건축하기 위한 다윗의 노력(11:1-22:19)

❖ 다윗 왕조와 예루살렘(11:1-12:41)

[11:1-8 다윗의 즉위와 예루살렘 정복]

11 다윗이 헤브론에서 이스라엘의 왕으로 기름부음을 받음. 여부스를 공격하는데, 요압이 앞장서서 시온 산성을 정복하였고, 다윗성이라 명명되었다. 밀로에서부터 성을 쌓고, 요압은 성을 중수함.

[11:9 결과: 다윗의 권세] 다윗은 점점 강성해졌다.

[11:10-12:41 기록들: 다윗을 지지해 준 사람들] 다윗의 용사: 야소브암은 삼십인의 두목. 세 용사의 충성(베들레헴 성문의 우물물). 아비새는 둘째 삼인 중의 하나. 시위대장인 브나야의 용맹.

12 시글락에 있을 때에 다윗을 따른 사람들 중에서 베냐민 용사들은 살과 물매로, 갓 사람들은 방패와 창으로 도왔고, 므낫세 사람들도 합류하였다. 갓 사람들은 정월에 물이 넘칠 때에 골짜기 사람들을 구원하였다. 다윗을 왕으로 모시기 위해 30만이 넘는 군대가 헤브론에 모였다.

✜ 법궤를 예루살렘으로 옮기다(13:1-16:43)

13 **[언약궤 옮기기의 시작]** 기럇여아림 아비나답의 집에서 새 수레에 실어 옮기다가 베레스 웃사(기돈/나곤의 타작마당)의 사건을 만나 오벧에돔의 집에서 석 달을 지내다.

14 **[다윗의 명성]** 두로왕 히람이 궁궐 선축을 위해 사자들, 백향목, 석수, 목수를 보내주니, 다윗이 하나님이 자기를 이스라엘 왕으로 삼으신 줄 알게 되다.

* 다윗이 예루살렘에서 낳은 아들은 13명.
* 르바임 골짜기로 침입한 블레셋: 바알브라심(하나님이 물을 쪼개심같이 내 대적을 흩으셨다)이란 지명이 생기게 되고, 두 번째 침입 때에는 뽕나무 위에서 걸음소리가 들릴 때에 적을 쳐서 승리하다. 다윗은 열국의 두려움이 되었다.

[15-16 법궤 옮기는 일을 끝내다]

15 * 다윗성에 궁궐과 하나님의 장막을 세움. 제사장, 레위인을 성결하게 하여 언약궤를 메어오게 함.

* 언약궤 운반시 악기: 비파, 수금, 제금을 연주하다.
* 노래하는 자/놋제금 연주자: 헤만, 아삽, 에단. 스가랴 등은 비파를 연주하고, 맛디디아 등은 수금을 연주하다. 노래를 가르치는 자는 그나냐, 나팔은 제사장 스바냐 등이 맡았고, 오벧에돔 등은 궤 앞에서 문을 지켰다.
* 다윗은 숫송아지/숫양 일곱으로 제사드리고, 법궤가 들어올 때에 다윗이

춤추는 것을 보고 미갈이 경멸했다.

16 *다윗이 궤 앞에서 번제와 화목제를 드리다. 성전을 섬기며 찬양하는 자의 두목은 아삽이었다.

*제사장 브나야와 야하시엘은 언약궤 앞에서 나팔을 불었다.

*다윗의 감사노래.

✤ 성전 건축을 계획하다(17:1-22:16)

17 **[성전 건축 결심과 나탄의 약속]** 다윗 계약(삼하 7): 나단을 통한 하나님의 예언: 성전을 건축하지 말라, 야흐베가 너를 위하여 집을 세울지라. 네 아들 중 하나가 성전을 건축하겠고, 내가 그의 위를 영원히 견고하게 하겠다. 감사기도.

[18-20장 군사적인 성공과 성전 건축을 위한 외부적인 조건]

18 *다윗의 승전 기록: 블레셋, 모압, 소바, 다메섹 아람. 하맛왕은 귀금속을 바치다. 모든 전리품과 선물을 야흐베께 드림. 아비새가 염곡에서 에돔 사람 만 팔천을 죽이고, 에돔에 수비대를 두다.

*다윗의 대신: 요압은 군대사령관, 여호사밧은 행정장관, 사독과 아비멜렉(아비아달)은 제사장이 되고, 사워사는 서기관, 브나야는 그렛과 블셋을 관할하였고, 다윗의 아들들은 대신이 되다.

19 암몬왕 하눈: 나하스의 조문을 갔던 다윗 신복의 수염을 깎고, 의복을 중동 볼기까지 자름.

*아람이 암몬을 도우러 왔으나, 요압과 아비새가 물리치다. 하닷에셀의 군대사령관 소박이 암몬을 도우러 왔다가 다윗에게 패하여 다윗과 화친하여 섬기게 되다.

20 요압이 랍바를 함락하고 난 후에 다윗이 와서 그 왕의 머리에서 금 한 달란트 무게의 면류관을 빼어 쓰다(밀곰의 관?).

*십브개가 십배를, 엘하난이 라흐미(골리앗의 동생)를 죽이다. 손발이 여섯 가락씩인 가드인을 요나단이 죽이다.

[21:1-22:16 성전 장소를 결정하다. 나단이 다윗을 통해 솔로몬에게 약속하다]

21 다윗의 인구조사: 사단의 장난. 요압이 레위와 베냐민을 계수하지 않아. 선견자가 3가지 재앙(3년 기근에 빠지든지<삼하 24장에서 7년 기근>, 3달 적군에게 쫓길지, 3일 전염병에 걸릴지) 중 택일하게 함. 3일 전염병으로 7만 명 사망.

* 예루살렘 여부스 사람 오르난(아라우나)의 타작마당을 금 육백 세겔(삼하 24:24에선 은 50세겔)로 삼. 옛 장막과 번제단은 기브온에 있음.

22 다윗이 솔로몬에 성전 건축을 부탁하고 많은 물자를 준비하다. 다윗은 피를 흘렸으나 솔로몬은 평강의 사람. 다윗이 예비한 것은 금 십만 달란트(3500톤), 은 일백만 달란트, 놋, 철, 재목, 돌, 석수 등.

✤ **개괄(22:17-19). 하나님이 사면에 평화를 주셔서 법궤가 유할 성소를 허락하심. 고관들에게 솔로몬 지원을 부탁하다.**

B. 다윗이 성전 건축을 지시하다(23:1-29:25)

✤ 다윗이 고령이 되어 솔로몬으로 왕을 삼다(23:1)

✤ 성전과 왕을 섬기는 이스라엘(23:2-27:34)

[23:2 **총회 소집**] 고관, 제사장, 레위사람을 모으다.

[23:3-26:32] 성전 직제를 정함

* 레위인을 모음(30세이상이 38000): 2만 4천은 야흐베의 전에서 사무, 6천은 관원과 재판관, 4천은 찬송하는 자, 4천은 문지기.
* 20세 이상의 레위인들은 야흐베의 전과 뜰과 골방에서 섬겼다. 레위 사람이 다시는 성막과 모든 기구를 멜 것이 없다고 함.

24 아론 자손의 24계열, 엘르아살 16족장, 이다말 8족장.

25 찬양대: 아삽의 아들은 신령한 노래(예언)를; 여두둔의 아들은 수금을 잡아 신령한 노래를, 헤만의 아들들은 나팔을 불었다. 헤만은 하나님의 말씀을 받드는 왕의 선견자였다. 찬송하기에 익숙한 자는 288명이었다.

26 성전 문지기의 여덟 계열. 스가랴는 명철한 의사였고, 하나님의 전 곳간은

레위 사람 아히야가 맡았고, 모세의 자손 슬로못은 성물의 모든 곳간을 맡았다. 이스할 자손 그나냐와 그 자손은 관원과 재판관이 되다.

27 **[기록문서 : 이스라엘과 궁정]** 12 반은 12 지파의 지도자들인데, 한 달에 한 지파씩 당번이 되어 왕을 섬겼다.

*요압이 인구조사를 끝내지 못하여서 하나님의 진노가 이스라엘에 임함.

*다윗의 측근: 아저씨 요나단은 모사와 서기관이고, 여히엘은 왕자들의 수종자, 아히도벨은 왕의 모사, 후새는 왕의 벗, 여호야다와 아비아달은 아히도벨의 후계자, 요압은 군대 지휘관이 되다.

* 다윗의 재산을 맡은 자들 명시.

✣ 성전 건축 준비(28:1-29:20)

28 **[28:1 총회: 23:2의 반복]** 다윗이 모든 고관들과 군인들을 소집하다.

[28:2-21 솔로몬을 위임하고 성전 계획을 넘기다] 다윗은 하나님이 유다를 머리로 삼으시고, 솔로몬을 왕으로 세우심을 선언하였고(나단의 예언), 성전의 설계도를 솔로몬에게 주면서 담대하라고 하다.

29 **[29:1-20 성전 건축을 위한 모임과 감사 기도]** 다윗의 회중 앞에서의 연설: 성전 건축에 쓸 예물을 바침. 족장, 천부장 등이 사유재산을 바침.

*다윗의 감사기도.

✣ 솔로몬의 등극(29:21-25). 사독이 제사장 되다.

C. 다윗이 죽다. 다윗에 대한 총평(29:26-30)

*다윗의 행적: 사무엘의 글, 나단 선지자의 글, 선견자 갓의 글.

*솔로몬의 행적: 선지자 나단의 글, 실로 사람 아히야의 글, 선견자 잇도의 묵시책(대하 9:29).

*다윗의 죽음.

역대하

Ⅰ. 서 론

1) 솔로몬(965-926)과 역대의 유다 왕들의 이야기. 다윗이 997년부터 예루살렘에서 다스렸고, 그 후 몇 년 뒤에 밧세바 사건이 있었으니 솔로몬이 등극했을 때에 그의 나이는 30이 채 되지 않았을 것이다.

2) 왕국 분열(10): 북쪽 지파의 요구가 르호보암에게 수용되지 않자 남북으로 갈라진다.

3) 분열 후 남유다: 역대하는 남북 왕조를 취급하는 열왕기와는 달리 솔로몬과 유다의 여러 왕들의 모습들과 바벨론에게 멸망할 때까지의 역사를 종교사적인 측면에서 기록하고 있다.

4) 주요 사건과 사실: 기브온의 일천 번제, 성전 건축, 스바 여왕의 방문, 왕국 분열, 시삭의 침입, 아사, 히스기야, 요시야의 종교개혁, 유다의 멸망.

Ⅱ. 내 용

D. 성전을 건축한 솔로몬(대하 1-9)

1. 솔로몬의 성전 건축(1-7)

1 기브온 산당에서 일천 번제를 드린 것은 거기에 모세가 지은 회막과 브살렐이 만든 놋단이 있었기 때문이었다. 솔로몬(965-926)이 재판하기 위한 지혜를 구하니, 하나님이 부귀와 명예도 주시다. 왕국이 번영하다.

2 솔로몬의 성전 건축 준비. 솔로몬이 후람(히람)에게 편지를 보내어 금은동

철의 대장장이 한 명과 백향목과 잣나무와 백단목을 보내 달라고 하며, 그 종들에게 밀 이만 고르(220리터)+보리 이만 고르+ 포도주 이만 밧(22리터)을 주기로 하다. 성전 건축에 이방인까지 동원하다. 후람이 후람이란 기술자를 보냈는데, 아버지는 두로 사람이고, 어머니는 단 지파에 속했다.

3 모리아산 오르난(아라우나)의 타작마당에 성전을 세우다. 성전 내부 장식. 성전 건물 지대가 장이 60규빗(30m), 광이 20규빗(10m), 높이가 120규빗(60미터)였고 안에는 순금을 입혔다. 정면의 낭실(현관)은 길이가 20규빗이었는데, 오른쪽의 기둥은 야긴(그가 세우시리라), 왼쪽의 기둥은 보아스(그에게 능력이 있다)라 불렀다. 기둥의 높이는 35규빗이었다. 지성소는 가로 세로가 20규빗이었다(청색, 자색, 홍색실로 휘장문을 지음).

4 성전 기물: 놋단(길이 20, 너비 20, 높이 10규빗). 놋바다는 지름이 10 규빗이고, 높이는 5규빗이었고, 그 밑에 12마리 황소 형상이 받치고 있었다. 열 개의 물두멍을 만들었으며, 금으로 등잔대 10개를 만들었다. 제사장의 뜰과 큰 뜰과 뜰 문을 만들었고, 놋기둥, 금제단, 진설병상, 화젓가락, 불집게, 주발을 후람이 만들었다. 숙곳과 스레다 사이의 차진 흙에 부어 만들다.

5 성전의 봉헌. 언약궤는 칠월 절기 장막절에 옮기다. 언약궤 안에는 두 돌판 외에 아무 것도 없었다(10).

6 솔로몬의 봉헌기도.

7 솔로몬의 기도 후에 불이 하늘에서 내려와 번제물과 제물들을 사르다. 야훼의 영광이 성전을 채우다. 소 이만 이천, 양 십이만 마리의 제사를 드리다. 7일 동안 봉헌식을 거행하고 그 후에 초막절을 지키되, 초막절은 여덟 번째 날의 성회로 마무리를 했을 것이다(9).

*하나님의 축복과 저주(12-22): 가뭄, 질병 때에 기도하면 들어주겠지만, 너희가 내 명령을 어기고 다른 신을 경배하면 이 성전도 버리겠다.

2. 솔로몬의 영화와 종말(8-9)

8 솔로몬은 20년 동안 성전과 궁전을 건축하고 벧호론을 재건했다.

*솔로몬의 업적. 하맛소바 점령, 다드몰(팔미라)을 건축하고, 국고성, 병거

성과 마병성을 건축하였다. 가나안 족속을 역군으로 삼았지만, 이스라엘 인은 군사와 지휘관의 우두머리들과 병거와 마병의 지휘관들이 되었다. 다윗의 규례를 따라 제사장과 레위인들의 직책을 맡기다. 에시온게벨과 엘롯(엘랏)에서 후람의 종들과 함께 오빌로 가서 금 450달란트를 가져오다.

9 스바여왕의 솔로몬 방문. 무역. 백향목. 솔로몬 시대의 선지자 나단. 아히야, 잇도의 책에 기록됨. 르호보암(926-910)이 계승.

E. 유다 왕들과 성전(10:1-36:21)

1. 유다 왕들의 통치(10-28)

✥ 10-12 르호보암(부정적)

10 르호보암은 세겜에서 여로보암과 백성의 부탁 거절. 채찍 대신에 전갈로 다스리겠다고 함. 하도람(아도니람)이 피살되다. 르호보암은 예루살렘으로 도망하다.

르호보암은 유다, 베냐민의 18만 군사를 모집했으나, 선지자 스마야를 통해 전쟁 계획 중단한다. 르호보암이 건축한 15 성읍들은 국경에서 상당히 안쪽으로 들어와 있었다. 압살롬의 딸 마아가를 통해 낳은 아비야가 후계자가 되다(22; 왕상 15:2 참고). 역대하 13장 2절에선 아비야의 어머니를 미가야라 하다.

12 르호보암의 죄로 시삭이 쳐들어왔으나 르호보암이 겸비하여 하나님이 다 멸하지 않으시다. 스마야의 예언(5). 르호보암은 41세에 왕이 되어 17년을 다스렸다(13). 스마야와 잇도의 책에 기록되다. 시삭은 성전과 궁전의 모든 금을 탈취하다.

13 **[아비야(긍정적)]**(아비얌 910-908): 여로보암과 싸움. 스마라임산의 연설에서 다윗 언약, 여로보암의 우상 숭배와 제사장직의 정통성 문제를 지적하다. 이스라엘은 야흐베께 부르짖은 유다에게 패함(50만 사망. 벧엘, 여사나, 에브론을 취함).

✜ 14-16 아사(긍정/부정적)

14 아사(908-868; 아비야의 아들): 주상과 아세라상을 제거하다. 구스(구산/누비아)왕 세라가 백만을 이끌고 침공했으나, 아사의 기도로 승리하다(시삭은 르호보암의 죄에 대한 하나님의 도구로 사용됐고 세라는 아사가 하나님께 신앙을 지켰기 때문에 성공 못함).

15 아사: 예언자 아사랴(오뎃의 아들)의 말을 듣고 우상을 폐하였고, 전리품으로 제사를 드렸다(소 700, 양 7000). 조모인 태후 마아가를 축출하다. 마아가는 열왕기상 15장 2절과 역대하 11장 20에 의하면 르호보암의 아내인데, 열왕기상 15장 10절에 의하면 아사의 어머니로 되어 있다. 아사는 아세라 목상을 기드론 시냇가에서 불사른다.

16 *아사는 이스라엘 왕 바아사(라마 건축)와 격돌. 아사와 아람의 벤하닷이 연합하여 게바와 미스바를 건축한다.
*선견자 하나니의 책망: "여호와를 의지하지 않고 아람왕을 의지하는가?" 투옥되다.

✜ 17-20 여호사밧(긍정적)

17 여호사밧(868-847)이 왕위를 계승하여 우상을 제거했으며, 백성들에게 토라를 가르침(고관, 레위인들, 제사장이). 군사를 많이 둠.

18 여호사밧이 아합과 동맹하다(아들 요람을 아달랴와 혼인하게 함). 길르앗 라못 원정: 이믈라의 아들 미가야의 가지 말라고 경고했으나, 그나아나의 아들 시드기야를 비롯한 400명은 지지하다.

19 하나니의 아들 예후(왕상 16:1-4에선 바아사를 책망)에게 여호사밧은 책망받다. 여호사밧이 재판관을 임명, 레위인과 제사장, 족장들도 재판관이 되게 함. 대제사장 아마랴는 야흐베께 속한 일을, 유다지파의 이스마엘의 아들 스바댜는 왕에게 속한 일을 관장하게 하고, 레위인은 관리가 되게 함.

20 *모압, 암몬, 마온이 요단강을 건너 여호사밧을 공격(하사손다말/엔게디에).
*금식 선포. 성전에서 여호사밧이 기도. 레위인 야하시엘의 예언(이 전쟁은 하나님께 속한 것; 야흐베가 구원하는 것을 보라). 경배와 찬양(고라 자손).
*여호사밧: '여호와를 신뢰하라, 그리하면 서리라. 그 선지자를 신뢰하라.

그리하면 형통하리라.' 이는 이사야 7:9에서 '만일 너희가 믿지 아니하면 정녕히 굳게 서지 못하리라'를 조금 바꾸어 인용한 것 같다.

* 모압과 암몬이 세일산 거민을 친 후에 자기들끼리 싸움. 노략 후에 브라가 골짜기에서 찬양.
* 아하시야왕과 교제: 함께 에시온게벨에서 다시스배를 지음. 예언자 엘리에셀은 파선될 것을 예언하다.

21 [21 여호람(부정적)] (요람: 847-845)이 아우들과 고관 몇 사람을 죽임. 아합의 딸 아달랴와 결혼. 에돔과 립나의 배반.

* 엘리야가 여호람에게 편지 보내어 탈장될 것이라 했는데, 19절에 그대로 되었다. 블레셋과 아라비아가 침입하여 아들들과 아내들을 탈취하였다. 여호아하스(막내 아들; 훗날의 아하시야)만 살아남다.

✤ 22-23 아하시야와 아달랴(부정적)

22 아하시야(845년의 유일한 생존자) 등극. 아하시야가 요람을 위문차 방문했다가 예후 혁명을 만나 사마리아에서 피살된다(열왕기하 9장에 의하면 므깃도에서 죽음). 아달랴가 왕의 씨를 진멸하였으나 왕의 누이 여호사브앗(여호세바)이 요아스를 숨겨서 6년 동안 남편 여호야다 제사장과 함께 요아스를 키운다.

23 여호야다가 난을 일으킴. 백부장들과 제사장들과 레위인을 동원하여 요아스를 왕으로 세우고, 아달랴를 죽인 후에, 바알의 신당에 가서 제단들과 형상들을 부수고 맛단 제사장을 죽이다. 아달랴를 죽인 것은 유다에서 왕을 죽인 첫 사례로서 그 뒤로 요아스, 아마샤, 아몬도 신하에게 죽임을 당한다. 그러나 항상 유다의 지도자들이 일어나 다윗의 후손을 왕으로 옹립한다.

24 [요아스(부정적)] 여호아하스(840-801)가 성전 회복을 결심하고, 아달랴의 아들들이 성전을 손상하게 한 것을 수리하다.

* 요아스가 우상을 숭배하고 악을 행하고, 선지자 스가랴(여호야다의 아들)를 성전 뜰에서 쳐죽임("여호와는 감찰하시고 신원하여 주옵소서.").
* 아람이 침입하여 요아스를 징벌하였고, 신하들이 스가랴 등의 일로 모반하여 왕을 죽이다.

25 **[아마샤(부정적)]** *아마샤(801-773)는 군사에 관심을 가짐. 에돔을 치기 위하여 은 100달란트로 이스라엘 사람 십만을 고용했다가 하나님 사람의 말을 듣고 돌려보냄. 이스라엘 군대는 삼천 명을 죽이고 노략하고 돌아가다. 아마샤는 염곡에서 세일 자손 일만 명을 죽이고, 에돔의 우상들을 숭배하여 하나님 사람의 책망을 들음.

*아마샤와 요아스의 전쟁: "가시나무와 백향목". 아마샤는 벧세메스에서 포로가 되고, 예루살렘 성벽 200m가 헐리다. 반란이 일어나 라기스에서 죽임을 당함.

26 **[웃시야(부정적)]**(아사랴: 787-736): 엘롯(엘랏)지역 탈환. 하나님의 묵시를 밝히 아는 스가랴가 산 동안 하나님 구함. 블레셋의 가드, 야브네, 아스돗 파괴. 구르바알에 사는 아라비아인, 마온인을 침. 예루살렘 성벽 성루 재건. 망대, 물웅덩이 만들고 농사 장려.

*웃시야는 제사장만이 하는 분향하는 일을 직접 하려 하여 제사장 아사랴의 만류. 나병에 걸림.

27 **[요담(긍정적)]**(756-741): 성전의 윗문을 건축하고, 오벨성(다윗성과 성전 있는 부분을 이어주는 구역)을 재건하다. 암몬과 싸워 이겨 암몬이 은 100달란트 밀 만 고르(석)와 보리 만 고르를 바치다.

28 **[아하스(부정적)]**(741-725): 우상을 만들고 거기에 제사 드림. 아람왕의 침입. 베가의 침입: 20만 명을 포로로 끌고가다. 북의 예언자 오뎃이 돌려보내게 함.

2. 히스기야와 요시야의 개혁(29-35)

✤ 29-32 히스기야(긍정적)

29 히스기야(725-697)는 성전을 청결하게 함(8일 동안 성전내부 청소). 성전의 더러운 것들을 기드론 골짜기에 갖다 버림. 번제와 감사제.

30 에브라임과 므낫세에 초청장을 보냄(유월절 행사). 아셀, 므낫세, 스블론 중의 일부가 참여하고, 에브라임 등은 거절하다. 본디 가정의 행사였던 무교절을 국가적으로 축하하다. 무교절을 일 주일 더 연장하여 지키다.

31 히스기야는 바른 예배를 재건하고. 첫 결실을 드리다. 대제사장은 아사랴,

예물과 십일조를 맡은 책임자는 고나냐였다.

32 산헤립의 침공, 히스기야는 선지자 이사야와 함께 기도함. 히스기야의 말 "두려워하지 말라 우리와 함께한 자가 그들과 함께 하는 자보다 크니"(7)는 "우리와 함께 하는 이가 그와 함께 하는 자보다 많으니라"(왕하 6:16)를 조금 바꾸어 인용한 것 같다. 기도 응답(하나님께서 천사를 보내어 앗수르 군대 18만 5천명을 죽임). 히스기야가 병에서 치유 받음. 히스기야의 교만과 회개.

33 **[33:1-20 므낫세(부정적)]**(696-642): 바알 제단과 아세라 목상 세우고, 하늘의 일월성신을 섬기고, 힌놈의 아들 골짜기에서 아들들을 불 가운데로 지나가게 하였으나, 므낫세가 바벨론으로 끌려갔다 온 후에 회개 하였고, 산당에서 예배를 드렸다.

[33:21-25 아몬(부정적)] 므낫세에 이은 아몬(641-640)은 회개하지 않으므로 신하들이 죽였으며, 그 아들 요시야가 왕이 되었다.

✥ 34-35 요시야(긍정적)

34 요시야(639-609)는 성전 보수를 위하여 준비하였고, 대제사장 힐기야, 서기관 사반이 그의 종교개혁을 도왔다. 여선지자 훌다가 예언하다.

35 요시야의 유월절 준비. 법궤를 성전에 둠. 요시야가 느고의 군대와 접전하다가 느고의 충고를 거절하여 죽다(21절 이하).

3. 유다 왕국의 종말(36:1-21)

[36:1-21 여호아하스, 여호야김, 여호야긴, 시드기야(모두 부정적). 성전 파괴. 포로생활]

36 느고는 요시야의 아들 엘리야김을 여호야김(608-598)으로 개명하여 왕으로 세우다.

* 여호야긴(598-597), 시드기야(597-587). 바벨론의 예루살렘 정복과 포로생활이 시작되다.

3부 고레스(36:22-23): 고레스 칙령: 성전을 건설하라!

에 스 라

I. 서 론

1) 에스라와 느헤미야는 하나의 두루마리: 70인역에도 하나, 불가타(히에로니무스의 라틴어역)에선 느헤미야를 제이에스라서라고 함. 히브리어 대본 중에서 1448년의 대본에 처음으로 나눔. 역대상하와 같이 하나의 역사서.
2) 539년에 바벨론은 멸망하였고, 페르샤(바사)는 관대한 종교정책을 펴서 유대인들의 귀향을 허락하고 성전의 그릇까지 내어준다. 그래서 첫 번째 귀환자들이 538년에 예루살렘에 돌아와서 천신만고 끝에 성전을 짓는 얘기가 에스라 1-6장에 수록되었다.
3) 그 후 약 80년 뒤에 두 번째 귀환자들이 에스라를 중심으로 하여 돌아왔는데(458년), 에스라는 아닥사스다 I 세(464-424)의 명에 따라 제사와 토라를 가르친다. 아닥사스다는 고레스-캄비세스-다리우스-아하수에로를 이어 즉위한 왕이다. 특히 에스라는 이방인과의 결혼을 금한다. 이런 이야기가 에스라 7-10장에 수록되었다.
4) 에스라 이후 13년 뒤에 느헤미야가 유대 총독이 되어 예루살렘의 성벽을 건설한다(445년. 느 1-7장). 그와 동시에 그는 일련의 개혁 정책을 수행한다(느 8-13장).
5) 자료: 에스라서는 아람어로 된 여러 가지 편지들을 제시하고 있고, 느헤미야서는 느헤미야 개인의 회고록을 바탕으로 이루어진 것 같다.
6) 에스라와 느헤미야는 다음과 같은 구조를 갖고 있다.

A. 스 1:1-6:22	**반대를 무릅쓰고 성전을 다시 건설하다**
1:1-2:70	귀환
1:1-11	고레스 칙령과 성전 기물의 반환
2:1-70	귀환자 명단
3:1-6:22	성전 건축
3:1-4:22	건축 시작과 반발들
5:1-6:22	반대를 극복하고 성전을 봉헌함
B. 스 7:1-10:44	**법(토라)에 대한 의무**
7:1-8:36	에스라의 사명
7:1-28	바벨론에서 예루살렘으로 향한 에스라의 여정
8:1-36	에스라와 함께 귀환한 사람들
9:1-10:44	혼합결혼을 파기하다
9:1-15	혼합결혼의 문제
10:1-44	총회/결의/실행
A'. 느 1:1-7:4	**반대를 무릅쓰고 성벽을 건축하다**
1:1-2:10	느헤미야의 사명
2:11-7:4	성벽 건축
2:11-4:23	성벽 건축의 시작
5:1-19	사회적인 긴장들
6:1-7:4	건축을 계속하다
B' 느 7:5-10:39	**법(토라)에 대한 의무**
7:5-72a	문서기록: 처음 귀환자들
7:72b-10:39	언약갱신
7:72b-9:37	총회/ 토라를 읽다/ 참회예배
9:38[2)]-10:39	언약의 기록
A" 느 11:1-12:47	**재편성의 종결**
11:1-36	도시와 농촌에 정착시키다
12:1-47	제의종사자들과 그들의 부양
12:1-26	스룹바벨과 느헤미야 시대의 제의종사자들
12:27-43	성벽 봉헌

2) 개역개정판의 9:38은 히브리어판에서 10:1이다. 10:39는 히브리어판에서 10:40이다.

12:44-47	제의종사자들 부양
B" 느 13:1-31	**언약 체결**
13:1-3	이스라엘인이 아닌 자들을 원칙적으로 제외하다
13:4-29	의무를 지키기 위한 개별적 조처
13:4-14	제의를 외부의 영향에서 벗어나게 하다
13:15-22	성문을 봉쇄함으로써 안식일을 지키게 하다
13:23-29	사람들을 쫓아내다
13:30-31	요약

Ⅱ. 내 용

A. 유대인들이 돌아와 반대를 무릅쓰고 성전을 건축하다(1-6)

✤ 1:1-2:70 귀환

[1:1-11 고레스 칙령과 성전 기물의 반환]

1 *바사왕 고레스 원년의 조서(539): 귀환과 주변 사람들의 도움 요청. 유다, 베냐민, 레위인들에게 사면의 사람들이 보물과 예물을 주다. 두 번째 엑소더스의 사건.

*고레스왕이 야흐베의 전 그릇(5,400개)을 유대인 고위 관리 세스바살(세낫살. 대상 3:18 여호야긴의 아들, 유다 행정구역의 첫 총독)에게 줌: 바벨론인들이 없앤 모든 종교를 회복시키는 정책.

[2:1-70 귀환자 명단]

2 *귀향자 명단: 스룹바벨(여호야긴의 아들인 스알디엘의 아들), 여호사닥의 아들인 예수아 등 42,360명. 계보를 입증할 수 있어야 했기에, 세스바살(세낫살<대상 3:18>과 동일인인 듯하며, 스룹바벨의 숙부, 여호야긴의 아들인 듯하다)은 계보가 불분명한 제사장은 직분을 못 행하게 하고, 우림과 둠밈을 가진 제사장(대제사장)이 나타나기까진 지성물을 못 먹게 하다.

*다릭=금 드라크마, 마네=600그램=50세겔.

✤ 3:1-6:22 성전 건축

[3:1-4:22 건축 시작과 반발들]

3 *하나님의 단을 만들다: 예수아(대상 6:14 포로 전 마지막 제사장 여호사닥/요사닥의 아들)과 스룹바벨이 중심. 7월 1일(옛 설날)부터 모세의 토라대로 제사 드림. 7월 15일에 초막절을 드림.

*두로와 시돈 사람들에게 돈을 주어 레바논의 백향목을 운반하게 함. 예루살렘 귀환 약 1년 후(537)에 성전의 지대를 놓다: 레위인들은 공사 감독이 되었다. 노인은 통곡하나, 젊은이는 환호하다.

4 *사마리아인= 유대와 베냐민의 대적: 성전 건축에 가담하길 원하였으나 스룹바벨 등이 거절하여 적대관계가 생김.

*3개의 고소장: 아하수에로왕(크세르크세스: 485-465) 시대에 한 번(6절), 아닥사스다(아르탁크세르크세스: 464-424) 시대에 두 번(7절과 8-16절).
같은 소금을 먹는 사람들: 조약, 동맹관계에 있는 자들.
사마리아의 총독은 르훔.

* 다리오 I세(521-486) 2년까지 중단됨. 4:8-6:18은 아람어. 3개의 고소장은 537년의 성전 건축 시작과 맞지 않고 오히려 성벽 건축과 연관된 듯하나, 그와 비슷한 사건이 있었음을 암시해 준다.

[5:1-6:22 반대를 극복하고 성전을 봉헌함]

5 *선지자 학개와 잇도의 손자 스가랴가 성전 건축을 독려하고, 스룹바벨과 예수아가 실행하여 성전을 건축하다(520-515년).

*강 서편 총독 닷드내 등의 공정한 보고: 고레스의 명이 있었던가?

*하늘의 신(1:2; 5:12): 수리아에서 최고의 신을 일컫는 표현.

6 *악메다(바사의 사대 성읍<바벨론, 페르세폴리스, 수사> 중 하나)궁에서 고레스의 조서를 발견: 건축을 지원하게 하는 조서(높이와 너비를 60규빗으로 하라)가 다리오왕에게서 와서 515년 4월 3일에 봉헌. 1월 14 일에 유월절을 지킴. 15-21일은 무교절을 지킴. 22절의 '앗수르 왕'은 페르시아 왕을 가리킨다.

B. 에스라의 개혁(법에 대한 의무 7-10)

✤ 7:1-8:36 에스라의 사명

[7:1-28 바벨론에서 예루살렘으로 향한 에스라의 여정]

7 에스라: 아론의 후손. 아닥사스다(464-424)가 재위 7년(458)에 에스라에게 하나님의 토라대로 재판하고 가르치게 함. 위반하면 죽일 권리까지 부여하다. 돈너(H. Donner)는 에스라의 연대를 425년이라 봄.

[8:1-36 에스라와 함께 귀환한 사람들]

8 * 귀환자 명단: 스룹바벨의 고손자 핫두스 있어. 약 1500명. 레위 자손을 찾아 39명, 느디님 사람 220명 확보.

* 금식: 군대를 요청하지 않고 하나님께 의뢰함. 1월 12일에 아하와강을 떠나서 5월 1일에 예루살렘에 도착(7:9 참고). 수리아광야를 거친 여정은 1400-1500Km.

✤ 9:1-10:44 혼합결혼을 파기하다

[9:1-15 혼합결혼의 문제]

9 혼합 결혼: 우상 숭배와 혼혈의 위험. 에스라의 회개: 울타리를 주셨는데도 다시 하나님을 배신. 주의 계명은 혼합 결혼 금지.

[10:1-44 총회/결의/실행]

10 여히엘의 아들 스가냐의 제안: 이방 여자와 그 자녀를 내쫓기로 하자며 에스라를 격려. 에스라는 총회를 소집(9월 20일)하여, 담당자들을 결정하고 실태를 조사하다: 10월 1일부터 1월 1일까지. 110쌍의 이혼.

느 헤 미 야

I. 내 용

A'. 느헤미야가 파송받아 반대를 무릅쓰고 성벽을 건축하다(1:1–7:4)

✤ 느헤미야의 사명(1:1–2:10)

1 * 아닥사스다왕 20(19)년 기슬르(9)월: 446년 11월 예루살렘의 소식을 듣다. 수산궁의 술관원이 되다. '느헤미야'는 '야흐베께서 위로하셨다'는 뜻이다.

2 * 20년 1월(니산월): 근심. 열조의 묘실이 있는 성읍이 황무.

* 아닥사스다왕에게서 강 서편 총독에게와 삼림 감독에게 보내는 편지 받음: 통과증, 성전 초소, 성벽, 숙소를 지을 나무에다 군대사령관/마병까지 갖추어 총독으로 부임(12년; 5:14-19 참고).

* 호론 사람 산발랏(사마리아 총독), 암몬 사람 도비야(산발랏의 측근)의 근심.

✤ 성벽 건축(2:11–7:4)

[2:11–4:23 성벽 건축의 시작]

* 한밤의 순찰: 남쪽의 다윗성만 둘러보다. 골짜기문(남동쪽 언덕의 서쪽), 분문(질그릇 조각의 문. 하시드문. 동편에서 가장 남쪽), 샘문(북동쪽)과 왕의 못.

* 성벽 건축 제안: 호응. 산발랏, 도비야, 아라비아 사람 게셈의 위협. 사마리아인은 "권리도 없고 기억되는 바도 없다."

3[3] * 성벽 건축: 북동쪽에서 시작하여 시계 바늘 반대 방향으로 진행. 양문:

3) 히브리어판에서 3장은 38절까지 있다. 개역개정판의 4:1은 히브리어판에서 3:33이고, 4:23은 히브리어판에서 4:17이다.

제물로 드릴 양들을 거래.

* 어문: 북부의 어시장(느 13:16) 때문.
* "강 서쪽 총독의 관할에 속한": 총독의 관저 가까이에 그들의 건축 부분이 있는.
* 오벨: 다윗성과 성전 구역을 이어주는 부분.

4 * 산발랏의 분노: 소화된 돌을 흙무더기에서 다시 일으킬 건가? 절반 건축. 산발랏(사마리아), 아라비아, 암몬, 아스돗 사람들의 위협: 유다인들의 의기소침. 대적의 근처에 사는 유다인들의 피난 권유.

* 느헤미야 군대의 절반은 칼을 차고 절반은 일을 하고. 건축자들은 한 손으로 일, 한 손으로는 병기를 잡아.

[5:1–19 사회적인 긴장들]

5 * 동족 간에 이자 받는 것을 금지시키고, 전당 잡은 부동산을 돌려주고, 동산의 일부를 돌려주게 함. 느헤미야는 매일 소 한 마리, 양 여섯 마리를 잡아서 손님들에게 대접하고, 12년 동안 봉급을 받지 않았다.

* 12년 임기 후에 소환되었다가(13:6), 다시 총독 생활을 한다.

[6:1–7:4 건축을 계속하다]

6 * 산발랏, 도비야, 게셈 등이 오노 평지에서 느헤미야와 만나고자 하나 응하지 않음(암살 의도): 5번 편지. "유다 왕이 되려고 한다."

* 들라야의 아들 스마야: 성전 외소(성소)에 피난하자. 여선지 노아댜도 위협. 도비야의 친구들도…
* 성 재건의 완성: 52일만인 6월 25일(10월 초)에. 하나님이 이루신 것.

7 * 성벽을 건축한 후에 문짝을 달고, 각자가 자기 집 앞을 지키게 하다.

B'. 토라를 지킬 의무(7:5–10:39)

✣ 7:5–73a 문서기록: 처음 귀환자들

7[4] 성의 인구가 적은 것은 가옥이 적은 때문. 제사장, 레위인, 문지기 등이 거주.

4) 히브리어판에는 7:68이 없다. 따라서 7장은 72절까지다.

✤ 7:72b-10:39 언약갱신

[7:72b-9:37 총회/ 토라 낭독/ 참회예배]

7:72b "그런데 그 일곱 번째 달이 왔다. 그러자 이스라엘 자손들이 그들의 성들에 있었다."

8 *7월 1일: 에스라의 토라 낭독: 왼쪽에 일곱, 오른쪽에 6명씩 세우고, 나무 강단에 서서 모세 오경을 읽었고, 레위인들은 아람어로 통역해 주다(탈굼). 백성들이 우는 것을 말리고, 야흐베를 기뻐하는 것이 힘이라고 함.

*초막절(7월 15일)을 지킴: 초막을 짓고 1주일 동안 토라를 낭독함(신 31:10-11대로).

9 7월 24일에 금식: 토라 낭독, 죄를 자복. 이방 사람(사마리아 포함)과 절교. 레위사람들의 설교와 회개기도. 언약을 글로 적고 고관과 제사장, 레위인들이 인을 침.

[9:38-10:39 언약의 기록]

10 8가지 약속: 첫째, 이방인과 혼인하지 않음.

둘째, 안식일과 안식년을 지킴.

셋째, 성전세 1/3세겔 바치기.

넷째, 성전에 땔나무를 공급할 것.

다섯째, 토지소산의 맏물과 각종 과목의 첫 열매를 바칠 것.

여섯째, 맏아들과 생축의 처음 난 것을 바칠 것.

일곱째, 거제물, 과목의 열매, 새 포도주, 기름을 제사장들에게 바칠 것.

여덟째, 물산의 십일조를 레위인에게 바칠 것.

A''. 재편성의 종결(느 11:1-12:47)

✤ 도시와 농촌에 정착시키다(11:1-36)

11 백성의 1/10을 제비 뽑아서 자원한 사람들과 함께 예루살렘에서 살게 함. 명단.

✤ 제의종사자들과 그들의 부양(12:1-47)

[12:1-26 스룹바벨과 느헤미야 시대의 제의종사자들]

12 제사장, 레위인들의 명단.

[12:27-43 성벽 봉헌] 두 줄로 나누어 에스라가 한 떼를, 느헤미야가 한 떼를 이끌어 성전에서 만나다.

[12:44-47 제의종사자들 부양] 십일조를 바쳐서 곳간에 쌓아둠.

B''. 언약 체결(느 13:1-31)

✤ 이스라엘인이 아닌 자들을 원칙적으로 제외하다(13:1-3).

암몬, 모압 자손은 영원히 하나님의 회에 들어오지 못하게 되어 있는 토라대로 섞인 무리를 구별해 내었는데, 이는 그들이 사생자의 후손이고(신 23:2), 발람사건(신 23:3-6)이 겹쳤기 때문이었다.

✤ 의무를 지키기 위한 개별적 조처(13:4-29)

[13:4-14 제의를 외부의 영향에서 벗어나게 하다]

* 느헤미야가 제사장 엘리아십이 성전 곳간에 도비야를 위한 방을 둔 것을 청결하게 함.
* 느헤미야가 레위인 부양하는 일을 바로잡고, 레위인을 다시 불러 모음.

[13:15-22 성문을 봉쇄함으로써 안식일을 지키게 하다] 느헤미야가 안식일을 거룩히 지키도록 감독함: 성문을 지키게 함.

[13:23-29 사람들을 쫓아내다]

* 유다인이 아스돗, 암몬, 모압 여인을 취하여 자녀들이 히브리말을 못하는 일을 두고 머리털을 뽑으며 책망하다: '솔로몬을 보라!'
* 대제사장 엘리아십의 손자 요야다의 아들 하나가 산발랏의 사위가 되어 추방시킴.

[13:30-31 요약] 이방인의 영향력 제거, 제의종사자의 안정화.

에스더

I. 서 론

바벨론의 멸망 이후에도 바벨론/바사에 남아 있던 사람들의 이야기. 소수민족이 남의 나라에서 멸종당할 위험에 처했을 때에 하나님이 드러나지 않게 구원의 역사를 이루어 가신다는 것을 보여 주고, 부림절의 유래를 알게 해 준다. 정경으로서의 가치를 두고 논란이 있었고, 쿰란 문서에서 아무 언급이 없다는 점, 신약에 인용되지 않는다는 점, 종교개혁자들도 주석하지 않은 점, 민족주의적인 요소가 너무 강하다는 점 등이 에스더서의 가치를 의심하게 하지만, 소수민족에게는 이만큼 위로를 주는 책도 없다. 또한 '죽으면 죽으리라'고 한 에스더의 결단은 신자의 헌신이 어떤 것인가를 알게 해 준다.

❖ 에스더의 구조

A. 1:1-2:23	**발단**
1:1-2:4	왕과 왕비의 불화
2:5-20	에스더의 등장
2:21-23	모르드개의 등장
B. 3:1-8:17	**중심부**
3:1-15	유다인을 죽이려고 한 계기와 계획
4:1-17	모르드개의 구원 시도
5:1-8	아하수에로에게 간 에스더
5:9-8:2	모르드개를 높이고 하만을 낮추다
8:3-8	아하수에로에게 간 에스더

8:9–14 유다인의 보복 계획
8:15–17 유다인의 행운과 승리

C. 9:1–10:3 종결
9:1–19 유다인의 자기방어
9:20–32 부림절의 제정
10:1–3 모르드개가 존귀하게 되다

Ⅱ. 내 용

A. 발단(1–2)

[1:1–2:4 왕과 왕비의 불화]

1 아하수에로왕(485-465)이 수산궁에서 왕비 와스디를 쫓아내다. 남편으로 그 집을 주관하게 하다.

2 **[2:5–20 에스더의 등장]** 모르드개(마르둑과 관련)는 베냐민 지파 기스의 후손. 삼촌의 딸 하닷사(화석류; 에스더는 별/이슈타르)를 키우다. 느부갓네살왕(604-562) 때에 여호야긴왕과 함께(597) 그 집안이 포로로 끌려온 듯하다. 모르드개와 하닷사는 포로의 후손인 셈이다.

*끌려간 에스더. 내시 헤개의 마음에 들다. 요셉이야기와 유사함. 자기의 민족을 밝히지 않음. 일 년간 몸을 정결하게 하고 난 뒤에 후궁에서 왕궁으로 가 왕과 하룻밤을 같이 자고, 아침에 둘째 후궁으로 돌아가서 왕이 다시 부르지 않으면 평생을 외롭게 지내야 함. 에스더는 아무 것도 구하지 않고 왕에게 갔으나 사랑을 받아 왕후가 됨. 하나님의 숨은 배려.

[2:21–23 모르드개의 등장] 모르드개가 무슨 관직을 갖고 있다가, 왕의 내시 빅단과 데레스의 역적 모의를 알고 신고하여 막음: 체제의 수호자

B. 중심부(3:1–8:17)

[3:1–15 유다인을 죽이려고 한 계기와 계획]

3 * 아각 사람(아말렉의 왕의 후손) 함므다다의 아들 하만의 부상(浮上). 모르드개는 그 앞에 꿇지도 엎드리지도 않음(왕이나 하나님 앞에서만…).

* 유다인 전체를 멸하려 함. 니산(1)월 초하루에 제비(부르; 악카드어)를 뽑아서 아달 (12)월 13일에 죽이기로 결심. 제비가 근 일 년이나 뒤의 날짜로 떨어진 것은 하나님의 배려.
* 아하수에로왕의 허락: "그 법률이 만민의 것과 달라서 왕의 법률을 지키지 아니"한다며 모함을 하고, 게다가 은 일만 달란트(350톤)을 헌납하니, 왕은 반지를 내준다. 하만의 말은 진실과 거짓이 섞인 보고였다. 조서에는 12월 13일 하루에 전국의 유다인을 다 멸하게 하여, 출애굽 직전과 같이 민족이 말살될 처지에 놓임.

[4:1-17 모르드개의 구원 시도]

4 * 모르드개의 반응: 굵은 베, 재를 무릅쓰고 왕후에게 가려고 하다 실패.

* 에스더는 시녀와 내시 하닥을 통해 모르드개의 상황을 듣고 원인을 알아낸다. 궁전의 규례와 왕이 30일간 소원했던 점이 걸렸으나, 모르드개는 "하나님은 네가 잠잠하면 다른 방법으로도 우리를 건져내신다."고 하여 에스더로부터 "죽으면 죽으리이다."라는 답을 끌어낸다.

5 **[5:1-8 아하수에로에게 간 에스더]** 삼일 금식 후에 왕에게 간 에스더: 왕이 금 규를 내밀다: 하나님의 배려. 왕을 위한 잔치. 하만과 함께 오소서. 다시 한 번 더 왕과 하만을 초대.

[5:9-8:2 모르드개를 높이고 하만을 낮추다] 하만이 대궐문 앞에서 모르드개를 보고, 모르드개를 매달 50규빗의 나무를 세우고, 모르드개를 매달 허락을 왕에게 얻으려고 함.

6 * 하만이 모르드개에게 왕복과, 왕관을 착용하게 하고 왕의 말에 태워 길라잡이를 함: 왕이 우연히 역대 일기를 읽다가: 하나님의 배려.

* 하만의 아내 세레스와 친구들의 결론: 모르드개에게 질 것이다.

7 * 에스더의 간구: 내 생명과 내 민족을 내게 주소서. 원수는 하만.

* 하만의 간구: 유다 여자에게 매달리다가 궁중의 법도를 잊었다. 얼굴을 덮어씌운 하만. 자기가 만든 나무에 달리다.

8 **[8:3-8 아하수에로에게 간 에스더]** 에스더가 아하수에로에게서 반지를 받다.

[8:9-14 유다인의 보복 계획] 시완(3)월 23일에 새 조서를 내림: 유다인은 스스로 생명을 보호하여 유다인을 치려는 자들을 치고 재산을 몰수할 수 있다.

[8:15-17 유다인의 행운과 승리] 모르드개의 부상(浮上). 유다인을 두려워하여 유다인 되는 자가 많아짐.

C. 종결(9:1-10:3)

9 **[9:1-19 유다인의 자기방어]** 원수들에게 보복하는 유다인들: 하만의 재산은 건드리지 않아서 사울과는 반대. 수산에서 500인+300인. 각 도에서 75,000인 도륙.

[9:20-32 부림절의 제정] 유월절 한 달 전인 부림절의 유래를 설명. 부림절은 12월(아달월) 14-15일.

10 **[10:1-3 모르드개가 존귀하게 되다]** 모르드개는 왕의 다음이 되다. 유다인들을 안위하게 함.

욥 기

I. 서 론

바벨론 포로 이후의 지혜문학의 주류가 잠언이라면 욥기는 비주류에 속한다. 즉 하나님의 말씀을 지키는 사람은 잘 되고 그렇지 않은 사람은 잘못된다는 잠언의 사상에 반대하여 그렇지 않은 경우도 있다는 것을 보여 주는 것이 욥기다. 포로 이후엔 개인주의 사상(예레미야, 에스겔 때부터 시작됨)이 만연하여, 개인의 운명은 공동체와 무관하다는 생각을 하게 되었다. 그러면서 전통적인 믿음에 대해 의문을 제기하게 되었다. 전통적인 지혜의 틀은 현실과 맞지 않는 경우가 있다. 죄 없는 사람이 왜 고난을 당하는가? 혹은 작은 죄에 비해 벌이 너무 큰 경우가 있다는 것이다.

욥기에선 사단이 "욥이 어찌 까닭 없이 하나님을 경외하리이까?"(1:9)라고 하나님께 질문하여, 욥을 시험해 보기로 한 데서 욥의 고난이 시작되었다고 한다. 욥은 고난을 당하자 처음에는 모범적인 신앙인의 자세를 보여 주지만, 나중엔 탄식과 친구들과의 토론 속에서 자신의 결백을 주장하면서 하나님께 따지는 자세를 취한다. 학자들 중에는 1-2장과 42장이 산문으로 된 것에 주의하여, 이 부분들이 본래의 이야기인데 나중에 토론과 탄식 부분(운문)이 덧붙여졌다고 하는 사람도 있다.

욥은 에스겔 14장 14, 20절에서도 노아, 다니엘과 함께 신앙인의 모범으로 등장하는데, 그 이름의 뜻은 "아버지가 어디 계신가?"라는 뜻으로 보인다. 하나님은 "순전한 자나 악한 자나 멸망시키신다"(9:22)라는 욥의 탄식에 대한 해답은 주어지지 않고, 다만 하나님의 행위가 사람의 생각에 맞아야 한다는 사고가 잘못되었다는 것만이 분명해진다. 그리고 사람을 불쌍히 여길 줄 모르고 원리만 가지고 고난당한 사람을 정죄한 욥의 친구들은 하나님께 대든 욥보다 의롭지 못하다는 것을 확인해 주고 있다. 엘리후는 하나님이 주시는 고난이 교육용일 수 있다는 견해를 밝히지만, 욥만큼 의롭지는 못했다. 욥기는 주전 4-3세기에 씌어진 듯하다.

✤ 욥기의 구조

1부 서막(1-2)

2부 대화(3:1-42:6)

A. 욥의 독백(3)
B. 욥과 친구들의 첫 번째 대화(4-14)
C. 욥과 친구들의 두 번째 대화(15-21)
D. 욥과 친구들의 세 번째 대화(22-28)
E. 욥의 독백(29-31)
F. 엘리후의 말(322-37)
G. 하나님의 말씀과 욥의 말(38:1-42:6)

3부 종결(42:7-17)

Ⅱ. 내 용

1부 서막(1-2)

1 * 우스: 팔레스티나 동쪽(아라비아 전통)이거나 에돔 지역(애 4:21).
* 욥: 부자(양 7000, 낙타 3000, 소 500쌍), 자녀 많고(아들 7, 딸 3), 경건한 자.
* 야흐베와 사단: 하나님의 회의. 하나님의 아들들은 천상의 존재들. 사단은 그들 중의 하나. 사단은 욥의 경건이 하나님의 보상을 노린 것이라고 주장한다. 의심하고 들쳐보는 검사의 역할을 맡은 것이다. 하나님은 욥의 소유물을 칠 것을 허락하시다.
* 환난: 스바 사람은 소와 나귀를, 벼락이 양을, 갈대아인이 낙타를, 대풍이 자녀들을 침. "주신 이도 여호와시오. 거두신 이도 여호와시오니"(21): 하

나님을 원망하지 않음.

2 *사단: "가죽으로 가죽을 바꾸오니" 발바닥에서 정수리까지 악창이 나게 하심.

*아내를 꾸짖는 욥: 복도 주시고 재앙도 주시는 하나님.

*욥의 세 친구: 데만(에돔) 사람 엘리바스, 수아(유브라데 상류) 사람 빌닷, 나아마(베이루트와 다메섹 사이) 사람 소발의 방문과 통곡 7일.

2부 대화(3:1-42:6)

A. 욥의 독백(3)

3 *생일을 저주하는 욥: "어찌하여 내가 태에서 죽어 나오지 아니하였던가?"(11); "내가 두려워하는 그것이 내게 임하고 내가 무서워하는 그것이 내 몸에 미쳤구나."(25)

B. 욥과 친구들의 첫 번째 대화(4-14)

4 데만 사람 엘리바스: 네가 남은 격려했으나 "이 일이 네게 닥치매 네가 놀라는구나."(5); 계시의 내용: "사람이 어찌 하나님보다 의롭겠느냐?"(17) 계시의 체험은 12-17절에 소개된다.

5 "분노가 미련한 자를 죽이고"(2): 하나님과 따지는 것은 어리석은 일이다.
"재난은 티끌에서 일어나는 것이 아니며"(6): 재앙은 무슨 원인이 있다.
"나라면 하나님을 찾겠고 내 일을 하나님께 의탁하리라."(8)
"하나님께 징계 받는 자에게는 복이 있나니… 전능자의 징계를 업신여기지 말지니라."(17)

6 욥: 나의 분한이 무거워 "나의 말이 경솔하였구나."(2); 실수 인정.
"낙심한 자가 비록 전능자를 경외하기를 저버릴지라도 그의 친구로부터 동정을 받느니라. 내 형제들은 개울과 같이 변덕스럽고 그들은 개울의 물살 같이 지나가누나."(14-15): 너희가 친구냐?
"내가 언제 너희에게 무엇을 달라고 말했더냐?"(22)

7 7절부터 하나님께 호소: "내가 바다니이까 바다 괴물이니이까 주께서 어찌 하여 나를 지키시나이까?"(12)
"주께서 꿈으로 나를 놀라게 하시고 환상으로 나를 두렵게 하시나이다."(14)
"주께서 어찌하여 내 허물을 사하여 주지 아니하시며 내 죄악을 제거하여 버리지 아니하시나이까?"(21)

8 빌닷: "하나님이 어찌 정의를 굽게 하시겠으며"(3): 의로우신 하나님.
"네 자녀들이 주께 죄를 지었으므로 주께서 그들을 그 죄에 버려두셨나니"(4): 죄를 의심한다.
네가 만일 전능하신 이에게 빌면 "네 시작은 미약하였으나 네 나중은 심히 창대하리라."(7)
"우리는 어제부터 있었을 뿐이라 우리는 아는 것이 없으며 세상에 있는 날이 그림자와 같으니라"(9)

9 욥: 사람이 하나님께 변론하기를 좋아할지라도(3, 14-15): 하나님과 변론 희망.
"하나님이 온전한 자나 악한 자나 멸망시키신다"(22): 하나님의 섭리의 불가해성.
"하나님은 나처럼 사람이 아니신즉… 우리 사이에 손을 얹을 판결자도 없구나."(32-33)

10 "무슨 까닭으로 나와 더불어 변론하시는지 내게 알게 하옵소서"(2): 하나님께.
"주께서는 내가 악하지 않은 줄을 아시나이다."(7)
인간의 생성론: 흙을 뭉치듯(8-9), 부모를 통하여(10-12): 지혜자 욥.

11 소발: "하나님께서 너로 하여금 너의 죄를 잊게 하여 주셨음을 알라"(6): 욥이 자랑하는 것으로 보고, 결백을 주장하는 욥을 비판.

12 욥: "너희만 참으로 백성이로구나. 너희가 죽으면 지혜도 죽겠구나"(2): 조롱.
"그가 헐으신즉 다시 세울 수 없고"(14): 수수께끼 같은 하나님의 주권.

13 "너희가 하나님을 위하여 불의를 말하려느냐?"(7): 좋지 못한 동기 아닌가?
"하나님이 너희를 감찰하시면 좋겠느냐?"(9): 남의 일이라고 쉽게 말하지 말라.
"너희의 격언은 재 같은 속담이요 너희가 방어하는 것은 토성이니라."(12)
"곧 주의 손을 내게 대지 마시오며 주의 위엄으로 나를 두렵게 하지 마실

것이니이다."(21)

14 "그에게서 눈을 돌이켜 그가 품꾼 같이 그의 날을 마칠 때까지 그를 홀로 있게 하옵소서"(6): 체념하고 죽기를 바람.

C. 욥과 친구들의 두 번째 대화(15-21)

15 엘리바스: "네 죄악이 네 입을 가르치나니 네가 간사한 자의 혀를 좋아하는구나"(5): 고발자가 됨.

"사람이 어찌 깨끗하겠느냐?"(14): 반성을 촉구함. 죄를 추궁함.

"악인은 그의 일평생에 고통을 당하며"(20): 욥이 악인이었을 가능성을 제기함.

16 욥: "너희는 다 재난을 주는 위로자들이로구나": 거짓 위로, 거짓 친구, 거짓 교훈.

"나의 친구는 나를 조롱하고 내 눈은 하나님을 향하여 눈물을 흘리니 사람과 하나님 사이에와 인자와 그 이웃 사이에 중재하시기를 원하노니"(20-21): 하나님께 의지함.

17 "그러므로 의인은 그 길을 꾸준히 가고 손이 깨끗한 자는 점점 힘을 얻느니라 너희는 모두 다시 올지니라 내가 너희 중에서 지혜자를 찾을 수 없느니라"(9-10): 나는 의로운 사람이고, 너희 말은 힘이 되지 않는 거짓된 교훈이다.

18 빌닷: "울분을 터뜨리며 자기 자신을 찢는 사람아 너 때문에 땅이 버림을 받겠느냐"(4): 너 때문에 하나님의 섭리에서 예외를 인정할 수 없다. 친구를 버리고 추상적인 원리를 잡는다.

"악인의 빛은 꺼지고 그의 불꽃은 빛나지 않을 것이요."(5)

19 욥: "너희가 열 번이나 나를 학대하고도 부끄러워 아니하는구나"(3);

"나의 친구야 너희는 나를 불쌍히 여겨다오 나를 불쌍히 여겨다오 하나님의 손이 나를 치셨구나 너희가 어찌하여 하나님처럼 나를 박해하느냐?"(21): 같은 죄인끼리의 긍휼이 없다. 마치 하나님인 양 정죄할 수 있는가?

"내가 알기에는 나의 대속자가 살아 계시니 마침내 그가 땅 위에 서실 것이라 내 가죽이 벗김을 당한 뒤에도 내가 육체 밖에서 하나님을 보리라"(25-26): 죽음을 넘어서서도 하나님을 의지하는 마음을 표현함.

20 소발: "악인이 이긴다는 자랑도 잠시요 경건하지 못한 자의 즐거움도 잠깐이니라."(5); "자기의 똥처럼 영원히 망할 것이라"(7): 욥이 불쌍히 여겨 달라고 하지만 무시하고 죄인의 운명만 논한다.

21 욥: "어찌하여 악인이 생존하고 장수하며 세력이 강하냐?"(7): 너희 논리에 예외가 있지 않은가? 악인도 잘 살 수 있고, 의인도 망할 수 있다.

D. 욥과 친구들의 세 번째 대화(22-28)

22 엘리바스: "사람이 어찌 하나님께 유익하게 하겠느냐?"(2); "까닭 없이 형제를 볼모로 잡으며 헐벗은 자의 의복을 벗기며"(6): 욥을 전형적인 악인으로 몰아세운다.

"너는 하나님과 화목하고 평안하라."(21): 회개를 촉구한다.

23 욥: "내가 어찌하면 하나님을 발견하고 그의 처소에 나아가랴 어찌하면 그 앞에서 내가 호소하며 변론할 말을 내 입에 채우고 내게 대답하시는 말씀을 내가 알며 내게 이르시는 것을 내가 깨달으랴"(3-5): 친구는 상대하지 않고 하나님께만 아뢴다.

"내가 가는 길을 그가 아시나니 그가 나를 단련하신 후에는 내가 순금 같이 되어 나오리라"(10): 하나님의 의도를 짐작하고 하나님을 믿는다. 그러나 시련을 받는다고 다 새로워지는 것은 아니고 하나님을 만나야 한다.

24 "어찌하여 전능자는 때를 정해 놓지 아니하셨는고 그를 아는 자들이 그의 날을 보지 못하는고 어떤 사람은 땅의 경계표를 옮기며 양 떼를 빼앗아 기르며"(1-2): 악인의 번영을 두고 문제를 제기함.

25 빌닷: "보라 그의 눈에는 달이라도 빛을 발하지 못하고 별도 빛나지 못하거든 하물며 구더기 같은 사람, 벌레 같은 인생이랴"(5-6): 인생은 하나님의 섭리를 두고 말할 자격이 없다.

26 욥: "네가 힘없는 자를 참 잘도 도와 주는구나"(2): 친구로서 할 도리를 제대로 하였던가?

27 "나는 결코 너희를 옳다 하지 아니하겠고 내가 죽기 전에는 나의 온전함을 버리지 아니할 것이라"(5);

"악인이 하나님께 얻을 분깃, 포악자가 전능자에게서 받을 산업은 이것이라 그의 자손은 번성하여도 칼을 위함이요"(13-15): 오히려 친구를 경고함.

28 "은이 나는 곳이 있고 금을 제련하는 곳이 있으며…그러나 지혜는 어디서 얻으며 명철이 있는 곳은 어디인고?"(1,12): 지혜론. 참 지혜를 사모함. 고대의 광산에 대한 최고의 기록.

E. 욥의 독백(29-31)

29 과거를 회고: "나를 보고 젊은이들은 숨으며 노인들은 일어나서 서며"(8);

"이는 부르짖는 빈민과 도와 줄 자 없는 고아를 내가 건졌음이라"(12): 자신의 업적과 공로를 회상함.

30 현재의 상태: "이제는 나보다 젊은 자들이 나를 비웃는구나"(1);

"이는 하나님이 내 활시위를 늘어지게 하시고 나를 곤고하게 하심으로 무리가 내 앞에서 굴레를 벗었음이니라"(11): 친구들은 욥이 하나님에게서 버림받았다고 느끼고, 이전의 존경이 변하여 경멸이 된 것 아닐까? 욥이 쓰러진 자답게 비굴하거나 겸허하지 않고 옛날과 같은 당당함을 취하는 것이 견딜 수 없었던 게 아닐까?

31 "만일 내 마음이 여인에게 유혹되어 이웃의 문을 엿보아 문에서 숨어 기다렸다면?"(9): 자신의 깨끗함과 무죄함을 회상함.

"내가 언제 나를 미워하는 자의 멸망을 기뻐하고 그가 재난을 당함으로 즐거워하였던가?"(29)

F. 엘리후의 말(322-37)

부스: 우스 근방이거나 북아라비아의 드단, 데마의 지역.

고난의 새로운 의미: 불의를 그만 두라는 경고일 수도 있고, 선한 일로 다시 향하게 하려는 교육적인 것일 수 있다(33). 그러므로 교육 목표에 도달할 때까지 고난은 계속될 수 있다(34). 사람은 참으면서 기다려야 하

고(35) 하나님께 경배를 드려야 한다(36-37).

32 화를 내는 엘리후: 욥이 하나님보다 자기가 의롭다 하고, 욥의 친구들은 증거도 없이 욥을 정죄하므로(2-3).

33 "이는 사람에게 그의 행실을 버리게 하려 하심이며 사람의 교만을 막으려 하심이라"(17): 고난의 경고적 의미.

"그들의 영혼을 구덩이에서 이끌어 생명의 빛을 그들에게 비추려 하심이니라"(30): 고난의 교육적 의미.

34 "악한 일을 하는 자들과 한패가 되어 악인과 함께 다니면서"(8);

"하나님은 악을 행하지 아니하시며 전능자는 결코 불의를 행하지 아니하시고 사람의 행위를 따라 갚으사 각각 그의 행위대로 받게 하시나니"(10-12): 인과론. 욥을 악인으로 간주함.

"나는 욥이 끝까지 시험 받기를 원하노니 이는 그 대답이 악인과 같음이라"(36): 친구가 아닌 젊은이라서 더 심한 말을 한다.

35 "그대는 하늘을 우러러보라 그대보다 높이 뜬 구름을 바라보라"(5): 전능자의 하시는 모든 일에 참고 기다려라.

36 "그대는 분노하지 않도록 조심하며 많은 뇌물이 그대를 그릇된 길로 가게 할까 조심하라"(18): 회개하면 복 주신다.

37 "하나님이 이런 것들에게 명령하셔서 그 구름의 번개로 번쩍거리게 하시는 것을 그대가 아느냐?"(15): 하나님의 주권을 강조.

G. 하나님의 말씀과 욥의 말(38:1-42:6)

38 "무지한 말로 생각을 어둡게 하는 자가 누구냐"(2): 하나님은 인간들과 달리 꾸짖으실 수 있다.

"네가 눈 곳간에 들어갔었느냐 우박 창고를 보았느냐?"(22): 인간의 한계.

39 "말의 힘을 네가 주었느냐 그 목에 흩날리는 갈기를 네가 입혔느냐"(19): 천지를 경영하시는 하나님.

40 "트집 잡는 자가 전능자와 다투겠느냐?"(2): 하나님의 꾸지람.

* 욥: "나는 비천하오니 무엇이라 주께 대답하리이까 손으로 내 입을 가릴

뿐이로소이다 내가 한 번 말하였사온즉 다시는 더 대답하지 아니하겠나이다"(4-6): 하나님과 변론함의 한계를 인정함.

* 하나님: "네가 내 공의를 부인하려느냐 네 의를 세우려고 나를 악하다 하겠느냐 네가 하나님처럼 능력이 있느냐."(8-10)

41 "누가 먼저 내게 주고 나로 하여금 갚게 하겠느냐 온 천하에 있는 것이 다 내 것이니라 내가 그것의 지체와 그것의 큰 용맹과 늠름한 체구에 대하여 잠잠하지 아니하리라"(11-12): 하나님의 주권, 초월성.

42 * 욥: "나는 깨닫지도 못한 일을 말하였고 스스로 알 수도 없고 헤아리기도 어려운 일을 말하였나이다"(3);
"내가 주께 대하여 귀로 듣기만 하였사오나 이제는 눈으로 주를 뵈옵나이다 그러므로 내가 스스로 거두어들이고 티끌과 재 가운데에서 회개하나이다."(5-6)

3부 종결(42:7-17)

* 하나님: 욥의 친구들에게 "너희가 나를 가리켜 말한 것이 내 종 욥의 말같이 옳지 못함이니라"(7)라고 하시고, 욥에게 가서 번제를 드리게 하시고 욥이 기도해 주게 하심.
* 욥의 회복: 소유물은 갑절로, 인간관계는 회복되고, 아들 일곱, 딸 셋을 낳고 140년을 더 살며 손자 4대를 보았다.

시 편('트힐림': 찬양들)

I. 서 론

1) 150편으로 된 예배용 노래집. 신약에서 104곳이 넘게 인용됨.
2) 약 800년 동안, 즉 주전 10세기부터 2세기까지 생겨났던 듯하다. 대부분이 포로이후에 생겨났다. 이 때엔 개인적인 신앙고백이 더 큰 역할을 했다.
3) 칠십인역(셉투아진타)엔 151편, 수리아(페쉿타)역엔 155편의 시편이 있음. 구약 안의 시들: 모세의 노래(신 32:1-43; 시 78 참고); 또 다른 모세의 노래(출 15:1-18), 다윗의 노래(활 노래 삼하 1:17-27); 한나의 찬양(삼상 2:1-10); 하박국의 노래(합 3장).
4) 여러 가지 배경에서 생겨났으나, 시편은 예배에 씌어질 목적으로 편집되었다.
5) 유대인들은 '노래책'이라고 부르고, 헬라어역에선 '프살테리온'이라고 불렀는데, 이는 비파(57:8 참고)라는 뜻이다.
6) 다섯 권으로 분류: 오경에 맞춘 듯하다: 1-41; 42-72; 73-89; 90-106; 107-150.
7) 표제: 후대에 붙인 것. 저자나 상황을 추측함. 3-41; 51-65; 68-70에는 '다윗의 시', 42-49에는 '고라 자손의 마스길(시)', 72; 127에는 '솔로몬의 시', 73-83에선 '아삽의 시'란 표제가 붙어 있고, 111-117은 '큰 할렐시편'이라고 불리고, 146-150은 '작은 할렐시편'이라고 불리며, 120-134는 순례시라고 불린다.
8) '-의 시'라는 것이 저자를 가리키는지 시편 묶음의 원칙을 가리키는지는 확실하지 않다. 다만 다윗이 음악가요 시인이었다는 전승(삼상 16:17-20; 삼하 1:17-27; 23:1-7) 때문에 시편 전체가 '다윗의 시'로 불려졌던 것은 확

실하다. 성전 음악도 다윗에게로 거슬러 올라가는 전승이 있다(대상 25). 고라와 아삽은 그 후손들이 성전 성가대를 이루었던 집안의 조상들이다(대상 25:1-2,6;대하 20:19).

9) 표제에 자주 나오는 '영장'은 '찬송 인도자'나 '악장'을 가리키며, '셀라'는 예배 의식상의 응답이거나 쉼표이다. 히브리어판에는 제목이 한 절이나 두 절을 차지하므로 히브리어나 영어, 독일어판과 한국어판은 한두 절의 차이가 난다.

10) 알파벳시: 각 행의 첫 글자가 히브리어 알파벳의 순으로 되어 있는 시로서, 시 9/10; 25; 34; 37; 111; 112; 119; 145; 잠 31:10-31; 애 1-4 등이 여기에 속한다.

11) 유형별 구분:

a) **민족의 탄식시:** 44; 60; 74; 79; 80; 83; 85; 90; 137. 어려운 상황 가운데서 금식하며 기도하던 의식과 연관된 시(왕상 21:9; 렘 14:1-15:9; 호 6:1-6). 성전의 피괴 뒤엔 정기적인 탄식예배(5월 9일)가 있었던 듯하다(슥 7:1-8:19; 사 58). 하나님을 부르고, 간구/탄식, 기도, 확신(제사장의 확약 60:6-8; 대하 20:3-17)으로 이어진다.

"주께서 우리를 잡아먹힐 양처럼 그들에게 넘겨주시고 여러 민족 중에 우리를 흩으셨나이다."(44:11)

"주께서 주의 백성에게 어려움을 보이시고 비틀거리게 하는 포도주를 우리에게 마시게 하셨나이다."(60:3)

"우리의 표적은 보이지 아니하며 선지자도 더 이상 없으며 이런 일이 얼마나 오랠는지 우리 중에 아는 자도 없나이다."(74:9)

"우리는 우리 이웃에게 비방 거리가 되며 우리를 에워싼 자에게 조소와 조롱거리가 되었나이다."(79:4)

"우리의 연수가 칠십이요 강건하면 팔십이라도 그 연수의 자랑은 수고와 슬픔뿐이요 신속히 가니 우리가 날아가나이다."(90:10)

"우리가 바벨론의 여러 강변 거기에 앉아서 시온을 기억하며 울었도다."(137:1)

b) **개인의 탄식시:** 삼상 1:9-18; 사 37:14-35에 나타나듯이 개인이 성전에

서 하나님께 자기 사정을 아뢰고, 응답을 기다리고, 확신하는 감사로 넘어가는 과정에서 생겨났다고 볼 수 있다(22:19-24; 57:6-10). 하나님을 부르고, 탄식, 기도, 서원, 구원의 확신 등의 순서를 가지고 있다. 내용은 병, 원수 등이 많다. 궁켈(Hermann Gunkel)에 의하면 다음과 같은 시들이 여기에 속한다: 3; 5; 6; 13; 17; 22; 25; 26; 27:7-14; 28; 31; 35; 38; 39; 42; 43; 51; 54; 55; 56; 57; 59; 61; 63; 64; 69; 70; 71; 86; 88; 102; 109; 120; 130; 140; 141; 142; 143. 탄식보다는 신뢰가 더 많은 시를 의지시(신뢰시)라고 하는데, 23; 125편을 들 수 있다.

"여호와여 나의 대적이 어찌 그리 많은지요 일어나 나를 치는 자가 많으니이다."(3:1)

"여호와여 아침에 주께서 나의 소리를 들으시리니 아침에 내가 주께 기도하고 바라리이다."(5:3)

"내가 탄식함으로 피곤하여 밤마다 눈물로 내 침상을 띄우며 내 요를 적시나이다."(6:6)

"여호와여 어느 때까지니이까 나를 영원히 잊으시나이까 주의 얼굴을 나에게서 어느 때까지 숨기시겠나이까?"(13:1)

"나는 의로운 중에 주의 얼굴을 뵈오리니 깰 때에 주의 형상으로 만족하리이다."(17:15)

"내 하나님이여 내 하나님이여 어찌 나를 버리셨나이까 어찌 나를 멀리 하여 돕지 아니하시오며 내 신음 소리를 듣지 아니하시나이까?"(22:1)

"내가 죄악 중에서 출생하였음이여 어머니가 죄 중에서 나를 잉태하였나이다."(51:5)

"저녁과 아침과 정오에 내가 근심하여 탄식하리니 여호와께서 내 소리를 들으시리로다."(55:17)

"주의 인자하심이 생명보다 나으므로 내 입술이 주를 찬양할 것이라."(63:3)

"주의 집을 위하는 열성이 나를 삼키고 주를 비방하는 비방이 내게 미쳤나이다."(69:9)

"늙을 때에 나를 버리지 마시며 내 힘이 쇠약할 때에 나를 떠나지 마

소서."(71:9)

"내가 밤을 새우니 지붕 위의 외로운 참새 같으니이다."(102:7)

"여호와여 주께서 죄악을 지켜보실진대 주여 누가 서리이까?"(130:3)

"아침에 나로 하여금 주의 인자한 말씀을 듣게 하소서 내가 주를 의뢰함이니이다 내가 다닐 길을 알게 하소서 내가 내 영혼을 주께 드림이니이다."(143:8)

"여호와를 의지하는 자는 시온 산이 흔들리지 아니하고 영원히 있음 같도다."(125:1): 의지시

c) **민족의 감사시:** 66:8-12; 67; 124; 129; 출 15:1-18. 민족적인 감사를 할 기회가 별로 없던 포로 이후에 시편들이 모여졌기 때문에 수가 적다.

"그는 우리 영혼을 살려 두시고 우리의 실족함을 허락하지 아니하시는 주시로다."(66:9)

"하나님이여 민족들이 주를 찬송하게 하시며 모든 민족으로 주를 찬송하게 하소서."(67:5)

"우리의 영혼이 사냥꾼의 올무에서 벗어난 새 같이 되었나니 올무가 끊어지므로 우리가 벗어났도다."(124:7)

d) **개인의 감사시:** 18; 22:22-31; 30-32; 40:1-10; 52; 66:13-20; 116; 118. 보통 서원을 지키는 일과 연관됨. 하나님을 찬양하겠다는 예고, 찬양, 경험한 고난 및 구원의 고백, 찬양의 순서.

"나의 힘이신 여호와여 내가 주를 사랑하나이다."(18:1)

"그의 노염은 잠깐이요 그의 은총은 평생이로다 저녁에는 울음이 깃들일지라도 아침에는 기쁨이 오리로다."(30:5)

"내가 잊어버린 바 됨이 죽은 자를 마음에 두지 아니함 같고 깨진 그릇과 같으니이다."(31:12)

"내가 여호와를 기다리고 기다렸더니 귀를 기울이사 나의 부르짖음을 들으셨도다."(40:1)

"그러나 나는 하나님의 집에 있는 푸른 감람나무 같음이여 하나님의 인자하심을 영원히 의지하리로다."(52:8)

"하나님을 두려워하는 너희들아 다 와서 들으라 하나님이 나의 영혼을

위하여 행하신 일을 내가 선포하리로다."(66:16)

"여호와께서 나를 심히 경책하셨어도 죽음에는 넘기지 아니하셨도다."(118:18)

e) **찬양시:** 8; 29; 33; 68; 100; 104-106; 135; 136; 145-150. 하나님의 위엄과 자비를 찬양하며, 하나님은 창조주, 구원자, 역사의 주인으로 칭송된다.

"사람이 무엇이기에 주께서 그를 생각하시며 인자가 무엇이기에 주께서 그를 돌보시나이까?"(8:4)

"여호와의 소리가 암사슴을 낙태하게 하시고 삼림을 말갛게 벗기시니 그의 성전에서 그의 모든 것들이 말하기를 영광이라 하도다."(29:9)

"많은 군대로 구원 얻은 왕이 없으며 용사가 힘이 세어도 스스로 구원하지 못하는도다."(33:16)

"주께서 높은 곳으로 오르시며 사로잡은 자들을 취하시고 선물들을 사람들에게서 받으시며 반역자들로부터도 받으시니 여호와 하나님이 그들과 함께 계시기 때문이로다."(68:18)

"여호와가 우리 하나님이신 줄 너희는 알지어다 그는 우리를 지으신 이요 우리는 그의 것이니 그의 백성이요 그의 기르시는 양이로다."(100:3)

"여호와여 주께서 하신 일이 어찌 그리 많은지요 주께서 지혜로 그들을 다 지으셨으니 주께서 지으신 것들이 땅에 가득하니이다."(104:24)

"이르시기를 나의 기름 부은 자를 손대지 말며 나의 선지자들을 해하지 말라 하셨도다."(105:15)

"누가 능히 여호와의 권능을 다 말하며 주께서 받으실 찬양을 다 선포하랴."(106:2)

"여호와를 찬송하라 여호와는 선하시며 그의 이름이 아름다우니 그의 이름을 찬양하라."(135:3)

"홍해를 가르신 이에게 감사하라 그 인자하심이 영원함이로다."(136:13)

"호흡이 있는 자마다 여호와를 찬양할지어다 할렐루야."(150:6)

f) **예배(의식)시:** 감사 의식시(107; 118), 성전 입장 의식시(15; 24), 순례시(120-134: 명절에 예루살렘에 순례하면서 부른 노래) 등이 있다.

"그가 사모하는 영혼에게 만족을 주시며 주린 영혼에게 좋은 것으로 채워주심이로다."(107:9)

"그의 눈은 망령된 자를 멸시하며 여호와를 두려워하는 자들을 존대하며 그의 마음에 서원한 것은 해로울지라도 변하지 아니하며."(15:4)

"곧 손이 깨끗하며 마음이 청결하며 뜻을 허탄한 데에 두지 아니하며 거짓 맹세하지 아니하는 자로다."(24:4)

"내가 산을 향하여 눈을 들리라 나의 도움이 어디서 올까?"(121:1)

"상전의 손을 바라보는 종들의 눈 같이, 여주인의 손을 바라보는 여종의 눈 같이 우리의 눈이 여호와 우리 하나님을 바라보며 우리에게 은혜 베풀어 주시기를 기다리나이다."(123:2)

"우리의 영혼이 사냥꾼의 올무에서 벗어난 새 같이 되었나니 올무가 끊어지므로 우리가 벗어났도다."(124:7)

"여호와께서 시온의 포로를 돌려 보내실 때에 우리는 꿈꾸는 것 같았도다."(126:1)

"여호와께서 집을 세우지 아니하시면 세우는 자의 수고가 헛되며 여호와께서 성을 지키지 아니하시면 파수꾼의 깨어 있음이 헛되도다."(127:1)

"보라 형제가 연합하여 동거함이 어찌 그리 선하고 아름다운고."(133:1)

g) **시온시:** 46; 48; 76; 84; 87; 122; 132. 하나님의 성과 성전의 영광을 찬양함. 하나님의 산에 민족들이 몰려와서 치려 하지만 하나님이 그들을 물리치신다는 사상. 오늘에는 교회론과 연관이 있다. 우리의 시온은 교회기 때문이다.

"이르시기를 너희는 가만히 있어 내가 하나님 됨을 알지어다 내가 뭇 나라 중에서 높임을 받으리라 내가 세계 중에서 높임을 받으리라 하시도다."(46:10)

"터가 높고 아름다워 온 세계가 즐거워함이여 큰 왕의 성 곧 북방(차폰: 시리아의 올림프스)에 있는 시온 산이 그러하도다."(48:2)

"나의 왕, 나의 하나님, 만군의 여호와여 주의 제단에서 참새도 제 집을 얻고 제비도 새끼 둘 보금자리를 얻었나이다."(84:3)

"시온에 대하여 말하기를 이 사람, 저 사람이 거기서 났다고 말하리니

지존자가 친히 시온을 세우리라 하는도다."(87:5)

"사람이 내게 말하기를 여호와의 집에 올라가자 할 때에 내가 기뻐하였도다."(122:1)

"여호와여 일어나사 주의 권능의 궤와 함께 평안한 곳으로 들어가소서."(132:8)

h) **제왕시:** 2; 20; 21; 45; 72; 89; 101; 110; 132. 이스라엘의 임금은 하나님의 위탁을 받아 하나님의 법질서를 세우기 위하여 기름 부음 받은 자라는 사상과 메시야 사상이 표현됨.

"내가 여호와의 명령을 전하노라 여호와께서 내게 이르시되 너는 내 아들이라 오늘 내가 너를 낳았도다."(2:7): 예수님의 세례시에 들림.

"우리가 너의 승리로 말미암아 개가를 부르며 우리 하나님의 이름으로 우리의 깃발을 세우리니 여호와께서 네 모든 기도를 이루어 주시기를 원하노라."(20:5)

"그가 영원토록 지극한 복을 받게 하시며 주 앞에서 기쁘고 즐겁게 하시나이다."(21:6)

"왕은 사람들보다 아름다워 은혜를 입술에 머금으니 그러므로 하나님이 왕에게 영원히 복을 주시도다"(45:2): 아합왕의 결혼식 때에 부른 노래일 가능성이 있다('두로의 처녀들' 참고).

"하나님이여 주의 판단력을 왕에게 주시고 주의 공의를 왕의 아들에게 주소서."(72:1)

"내가 네 자손을 영원히 견고히 하며 네 왕위를 대대에 세우리라 하셨나이다."(89:4)

"아침마다 내가 이 땅의 모든 악인을 멸하리니 악을 행하는 자는 여호와의 성에서 다 끊어지리로다."(101:8)

"여호와는 맹세하고 변하지 아니하시리라 이르시기를 너는 멜기세덱의 서열을 따라 영원한 제사장이라 하셨도다."(110:4)

I) **하나님의 왕권 찬양시:** 47; 93; 96-99. 야흐베께서 세계를 통치하신다는 사상을 '야흐베 말락'(야흐베께서 통치하신다)이란 표현으로 나타내는 시들.

"하나님께서 즐거운 함성 중에 올라가심이여 여호와께서 나팔 소리 중에 올라가시도다."(47:5)

"모든 나라 가운데서 이르기를 여호와께서 다스리시니 세계가 굳게 서고 흔들리지 않으리라 그가 만민을 공평하게 심판하시리라 할지로다."(96:10)

"여호와께서 다스리시나니 땅은 즐거워하며 허다한 섬은 기뻐할지어다."(97:1)

"여호와께서 다스리시니 만민이 떨 것이요 여호와께서 그룹 사이에 좌정하시니 땅이 흔들릴 것이로다."(99:1)

j) **지혜시:** 1; 37; 49; 73; 112; 119(22x8=176); 127; 128; 139. 시편에서 지혜문헌으로 넘어가는 과정을 보여 주는 시들. 말씀의 가치를 높임.

"복 있는 사람은 악인들의 꾀를 따르지 아니하며 죄인들의 길에 서지 아니하며 오만한 자들의 자리에 앉지 아니하고."(1:1)

"내가 어려서부터 늙기까지 의인이 버림을 당하거나 그의 자손이 걸식함을 보지 못하였도다."(37:25)

"존귀하나 깨닫지 못하는 사람은 멸망하는 짐승 같도다."(49:20)

"하나님께 가까이 함이 내게 복이라 내가 주 여호와를 나의 피난처로 삼아 주의 모든 행적을 전파하리이다."(73:28)

"은혜를 베풀며 꾸어 주는 자는 잘 되나니 그 일을 정의로 행하리로다."(112:5)

"청년이 무엇으로 그의 행실을 깨끗하게 하리이까 주의 말씀만 지킬 따름이니이다."(119:9)

"여호와께서 집을 세우지 아니하시면 세우는 자의 수고가 헛되며 여호와께서 성을 지키지 아니하시면 파수꾼의 깨어 있음이 헛되도다."(127:1)

"네 집 안방에 있는 네 아내는 결실한 포도나무 같으며 네 식탁에 둘러앉은 자식들은 어린 감람나무 같으리로다."(128:3)

"내가 주의 영을 떠나 어디로 가며 주의 앞에서 어디로 피하리이까?"(139:7)

k) **참회시:** 6; 32; 38; 51; 102; 130; 143편. 교회에서는 일찍부터 이들을

증시하여 요일별로 하루에 하나씩 암송했을 정도였다.

1) **창조시:** 8, 19, 104편.

그러나 모든 시를 어떤 유형에다 맞춰 넣을 필요는 없다.

11) 평행법: a) 동의 평행법: 같은 내용을 반복함. 19:1

b) 반의 평행법: 앞줄과 반대되는 말을 뒷줄에서 함. 25:3

c) 종합 평행법: 첫째 줄과 둘째 줄의 내용을 종합하여 셋째 줄에서 서술함.

12) 각 시의 연대, 분류는 포오러, <u>구약성서개론</u>의 해당란을 참고하라.

13) 시편의 구조

1-2 **제왕시 2**	서시: 토라+메시야/ 시온/ 종말론적인 하나님 나라	
3-41 **송영 41:13**	1권 첫 번째 다윗시: 3-14,15-24,25-34,35-41 "여호와 이스라엘의 하나님을 영원부터 영원까지 송축할지로다 아멘 아멘"	
42-72 **제왕시 72** **송영 72:18-19** **간기(刊記)** 72:20	2권 고라의 시 42-49 아삽의 시 50 두 번째 다윗의 시 51-72 홀로 기이한 일들을 행하시는 여호와 하나님 곧 이스라엘의 하나님을 찬송하며 그 영화로운 이름을 영원히 찬송할지어다 온 땅에 그의 영광이 충만할지어다 아멘 아멘 이새의 아들 다윗의 기도가 끝나니라	시 42-83 엘로히스트시집
73-89 **제왕시 89** **송영 89:52**	3권 아삽의 시 73-83 고라의 시 84-89(86 다윗의 시) 여호와를 영원히 찬송할지어다 아멘 아멘	
90-106 **송영 106:48**	4권 혼합 90-92(유일한 모세시 90) 야흐베의 왕권 찬양시 93-100(제목 없음) 세 번째 다윗의 시 101-103 첫 번째 할렐루야 시 104-106 여호와 이스라엘의 하나님을 영원부터 영원까지 찬양할지어다 모든 백성들아 아멘 할지어다 할렐루야	
107-145	5권 찬양(토다) 107 네 번째 다윗의 시 108-110 두 번째 할렐루야 시 111-113 출애굽 시 114 세 번째 할렐루야 시 115-117 감사시 118 토라시(알파벳) 119 순례시 120-134	

	심판시	135-136
	시온시	137
	다섯 번째 다윗의 시	138-145
제왕시 144	찬양시	145
146-150	종결 할렐루야시(10번의 할렐루야) 150 추가로 10번의 할렐 명령	

잠 언

Ⅰ. 서 론

1) 잠언(מָשָׁל: '마샬': 비유, 수수께끼)은 삶의 지혜에 대한 증언. 주변 나라(애굽, 에돔 등)와도 연관이 있음.
2) 지혜문학에는 잠언 외에도, 전도서, 욥기, 시편의 지혜시들과 외경의 집회서, 지혜서 등이 있다.
3) 격언 양식: 간결한 시로 되어 있으면서 비유적인 의미를 담는다.
4) 잠언의 역할: 근동에선 젊은이들에게 노인들의 경험을 알려 주어 처세에 능하고 행복과 성공을 쟁취하게 하기 위한 것이었으나, 이스라엘에선 행복과 성공이 근본적으로 하나님을 의지하는 데 달렸다는 것을 알게 함(잠 1:7).
5) 가장 오래 된 지혜문학은 대중적인 속담이나 원칙 형식을 취하고 있으며 잠 10-22; 25-29장의 솔로몬이 저자로 지정되어 있는 잠언 모음이다.
6) 지혜론의 전통은 왕궁에서 세워졌다. 임금과 그 신하들이 지혜가 많아야 했기 때문이었다. 창 41:33; 사 19:11; 단 1:4 참고. 그래서 왕궁에선 지혜 학교가 있었던 것 같다.
7) 교육의 핵심은 신앙이었다(잠 1:7; 9:10; 15:33; 시 111:10). 그 다음으로는 자기 절제(잠 14:29-30; 15:18; 22:24), 대인 관계(11:12), 여자 문제(2:16-19), 돈 문제(11:28)였다. 인과론을 많이 거론하고 있다.
8) 바벨론 포로 이후에 지혜는 사람에 대한 하나님의 부르심, 하나님 계시의 중재자, 하나님의 법칙, 하나님의 구원이 사람에게 다가서는 인격, 하나님 자신이 나타나신 형태 등으로 인격적인 존재가 되었다(8:35). 그리하여 세계와 자연, 창조, 구원이란 큰 주제를 생각하고, 세계사와 구원사의 선을 생각

하게 되어 잠 8-9장, 욥 28장, 집회서 44-50장, 지혜서의 역사 관찰도 생겨나게 되었다. 이 과정에서 토라도 지혜와 같이 다루게 되었다.

9) 지혜 전통의 낙관적인 경향에 반대하여 욥기와 전도서가 나타났다.

10) 잠언의 구조

A. 1–9	다윗의 아들, 솔로몬의 잠언
B. 10:1–22:16	솔로몬의 잠언
C. 22:17–24:22	지혜자들의 잠언
D. 24:23–34	두 번째 지혜자들의 잠언
E. 25–29	히스기야의 신하들이 편집한 솔로몬의 잠언
F. 30	야게의 아들 아굴의 잠언
G. 31	르무엘왕의 잠언

Ⅱ. 내 용

A. 다윗의 아들, 솔로몬의 잠언(1–9)

1 "여호와를 경외하는 것이 지식의 근본이거늘 미련한 자는 지혜와 훈계를 멸시하느니라"(7): 잠언의 주제.

* "우리가 함께 전대 하나만 두자"(14): 악인의 꾐에 넘어가지 말라.
* 지혜가 길거리에서 부르며 광장에서 소리를 높이며": 여성인 지혜의 부름.

2 "은을 구하는 것같이 그것(지혜)을 구하며"(4): 야흐베 경외를 깨닫게 됨.

3 "너는 마음을 다하여 여호와를 신뢰하고 네 명철을 의지하지 말라."(5)

* "네 손이 선을 베풀 힘이 있거든 마땅히 받을 자에게 베풀기를 아끼지 말며."(27)

4 "지혜가 제일이니 지혜를 얻으라."(7)

5 "대저 음녀의 입술은 꿀을 떨어뜨리며 그의 입은 기름보다 미끄러우나."(3) "너는 네 우물에서 물을 마시며 네 샘에서 흐르는 물을 마시라."(15): 우물은 여성의 몸을 뜻함.

6 보증서지 말아라(1-5).

게으름 부리지 말아라(6-11): “개미에게로 가서 그 하는 것을 보고 지혜를 얻으라.”(6)

* 야훼의 미워하시는 것(16-19): 1) 교만한 눈 2) 거짓된 혀 3) 피 흘리는 손 4) 악한 계교를 꾀하는 마음 5) 악으로 달려가는 발 6) 거짓 증인 7) 형제 사이를 이간하는 자.
* 간음 경고(20-35): “사람이 불을 품에 품고서야 어찌 그의 옷이 타지 아니하겠으며.”(27)

7 음녀 경고: “이 여인은 떠들며 완악하며 그의 발이 집에 머물지 아니하여.”(11)

8 지혜의 초대와 약속(1-21): “너희가 은을 받지 말고 나의 훈계를 받으며 정금보다 지식을 얻으라.”(10)

* 지혜의 영원성(22-31): “여호와께서 … 곧 태초에 일하시기 전에 나를 가지셨으며.”(22)

9 지혜의 초대(1-6): “짐승을 잡으며 포도주를 혼합하여 상을 갖추고.”(2)

* 우매자의 초대(13-18): “도둑질한 물이 달고 몰래 먹는 떡이 맛이 있다.”(17)

B. 솔로몬의 잠언(10:1–22:16)

10 “불의의 재물은 무익하여도 공의는 죽음에서 건지느니라.”(2)

* “미움은 다툼을 일으켜도 사랑은 모든 허물을 가리느니라.”(12)

11 “지략이 없으면 백성이 망하여도 지략이 많으면 평안을 누리느니라.”(14)

* “인자한 자는 자기의 영혼을 이롭게 하고 잔인한 자는 자기의 몸을 해롭게 하느니라.”(17)
* “아름다운 여인이 삼가지 아니하는 것은 마치 돼지 코에 금 고리 같으니라.”(22)

12 “훈계를 좋아하는 자는 지식을 좋아하거니와 징계를 싫어하는 자는 짐승과 같으니라.”(1)

* “칼로 찌름 같이 함부로 말하는 자가 있거니와 지혜로운 자의 혀는 양약과 같으니라.”(18)

13 "망령되이 얻은 재물은 줄어가고 손으로 모은 것은 늘어가느니라."(11)

* "매를 아끼는 자는 그의 자식을 미워함이라 자식을 사랑하는 자는 근실히 징계하느니라."(24)

14 "소가 없으면 구유는 깨끗하려니와 소의 힘으로 얻는 것이 많으니라."(4)

* "노하기를 더디 하는 자는 크게 명철하여도 마음이 조급한 자는 어리석음을 나타내느니라."(29)

15 "채소를 먹으며 서로 사랑하는 것이 살진 소를 먹으며 서로 미워하는 것보다 나으니라."(17)

* "게으른 자의 길은 가시 울타리 같으나 정직한 자의 길은 대로니라."(19)

16 "사람의 행위가 여호와를 기쁘시게 하면 그 사람의 원수라도 그와 더불어 화목하게 하시느니라."(7)

* "사람이 마음으로 자기의 길을 계획할지라도 그의 걸음을 인도하시는 이는 여호와시니라."(9)

* "교만은 패망의 선봉이요 거만한 마음은 넘어짐의 앞잡이니라."(18)

17 "도가니는 은을, 풀무는 금을 연단하거니와 여호와는 마음을 연단하시느니라."(3)

* "차라리 새끼 빼앗긴 암곰을 만날지언정 미련한 일을 행하는 미련한 자를 만나지 말 것이니라."(12)

18 "무리에게서 스스로 갈라지는 자는 자기 소욕을 따르는 자라 온갖 참 지혜를 배척하느니라."(1)

* "노엽게 한 형제와 화목하기가 견고한 성을 취하기보다 어려운즉 이러한 다툼은 산성 문빗장 같으니라."(19)

* "아내를 얻는 자는 복을 얻고 여호와께 은총을 받는 자니라."(22)

19 "미련한 아들은 그의 아비의 재앙이요 다투는 아내는 이어 떨어지는 물방울이니라."(13)

* "사람은 자기의 인자함으로 남에게 사모함을 받느니라 가난한 자는 거짓말하는 자보다 나으니라."(22)

20 "포도주는 거만하게 하는 것이요 독주는 떠들게 하는 것이라 이에 미혹되는 자마다 지혜가 없느니라."(1)

*"처음에 속히 잡은 산업은 마침내 복이 되지 아니하느니라."(21)

21 "악인은 자기의 얼굴을 굳게 하나 정직한 자는 자기의 행위를 삼가느니라."(29)

*"지혜로도 못하고, 명철로도 못하고 모략으로도 여호와를 당하지 못하느니라."(30)

22 "겸손과 여호와를 경외함의 보상은 재물과 영광과 생명이니라."(4)

*"마땅히 행할 길을 아이에게 가르치라 그리하면 늙어도 그것을 떠나지 아니하리라."(6)

C. 첫 번째 지혜자들의 잠언(22:17-24:22)

23 "부자 되기에 애쓰지 말고 네 사사로운 지혜를 버릴지어다."(4)

*"네 마음으로 죄인의 형통을 부러워하지 말고 항상 여호와를 경외하라."(17)

*"포도주는 붉고 잔에서 번쩍이며 순하게 내려가나니 너는 그것을 보지도 말지어다."(31)

24 "대저 의인은 일곱 번 넘어질지라도 다시 일어나려니와 악인은 재앙으로 말미암아 엎드러지느니라."(16)

D. 두 번째 지혜자들의 잠언(24:23-34)

"네가 좀더 자자, 좀더 졸자, 손을 모으고 좀더 누워 있자 하니 네 빈궁이 강도 같이 오며 네 곤핍이 군사 같이 이르리라."(33-34)

E. 히스기야의 신하들이 편집한 솔로몬의 잠언(25-29)

25 "일을 숨기는 것은 하나님의 영화요 일을 살피는 것은 왕의 영화니라."(2)

*"너는 이웃과 다투거든 변론만 하고 남의 은밀한 일은 누설하지 말라."(9)

*"네 원수가 배고파하거든 음식을 먹이고 목말라하거든 물을 마시게 하라 그리 하는 것은 핀 숯을 그의 머리에 놓는 것과 일반이요 여호와께서 네게 갚아 주시리라."(21-22)

26 "개가 그 토한 것을 도로 먹는 것 같이 미련한 자는 그 미련한 것을 거듭 행하느니라."(11)

*"나무가 다하면 불이 꺼지고 말쟁이가 없어지면 다툼이 쉬느니라."(20)

27 "면책은 숨은 사랑보다 나으니라."(5)

*"철이 철을 날카롭게 하는 것 같이 사람이 그의 친구의 얼굴을 빛나게 하느니라."(17)

*"도가니로 은을, 풀무로 금을, 칭찬으로 사람을 단련하느니라."(21)

28 "중한 변리로 자기 재산을 늘이는 것은 가난한 사람을 불쌍히 여기는 자를 위해 그 재산을 저축하는 것이니라."(8)

*"사람이 귀를 돌려 율법을 듣지 아니하면 그의 기도도 가증하니라."(9)

29 "지혜로운 자와 미련한 자가 다투면 지혜로운 자가 노하든지 웃든지 그 다툼은 그침이 없느니라."(9)

*"묵시가 없으면 백성이 방자히 행하거니와 율법을 지키는 자는 복이 있느니라."(18)

*"사람을 두려워하면 올무에 걸리게 되거니와 여호와를 의지하는 자는 안전하리라."(25)

*"불의한 자는 의인에게 미움을 받고 바르게 행하는 자는 악인에게 미움을 받느니라."(27)

F. 야게의 아들 아굴의 잠언(30)

30 아굴: 두 가지 소원: "곧 헛된 것과 거짓말을 내게서 멀리 하옵시며 나를 가난하게도 마옵시고 부하게도 마옵시고 오직 필요한 양식으로 나를 먹이시옵소서."(8)

G. 르무엘왕의 잠언(31)

31 포도주를 경계함(2-7)

현숙한 아내에 대한 칭송(10-31): "고운 것도 거짓되고 아름다운 것도 헛되나 오직 여호와를 경외하는 여자는 칭찬을 받을 것이라."(30)

전 도 서

I. 서 론

1) 사람의 성공이나 행복이 자신의 행동에 달려 있다는 전통적인 지혜론에 회의론을 제기하는데, 현실 경험이 이와 어긋나는 경우가 많고, 좋은 일도 늘 계속되진 않으며, 결국은 다 죽고 만다는 인식에 부딪힌다. 그래서 사람의 행위로 복을 받는다는 것은 잘못된 이론이며 결국 행복이나 모든 것은 하나님께 달려 있다는 것을 인정하지 않을 수 없게 된다.

2) 전도자는 사람이 '해 아래'라는 제한된 공간 속에서 살고 있다는 것을 항상 전제하고 있다. 그래서 사람은 하나님이 하시는 일을 깨달을 수 없다는 것이다. 그러므로 사람이 할 일은 하나님을 경외하고(3:14; 5:7; 7:18) 삶을 즐기는 것 외엔 없다고 한다.

3) 전도자들의 '해 아래 새 것이 없다'(1:9)는 인식은 '새 하늘과 새 땅'(사 65:17)을 기대했던 예언자들의 인식과 상반된다. 그러나 해 아래 새 것이 없다는 절망이 있고 난 후에야 우리는 하나님께부터 오는 새 것(고후 5:17)을 기대할 수 있다.

4) 전도서는 원어로는 코헬렛(קֹהֶלֶת 설교자)이라고 하는데, 이는 카할(קָהַל 집회)을 소집하고 가르치며 이끄는 사람을 일컫는 말이다(12:9). 솔로몬왕이 잠언으로 유명하기에(왕상 8:1) 사람들은 이 책도 솔로몬이 썼다고 생각하였다. 그러나 아람어, 페르시아어 등의 외래어가 많이 들어 있어서 훨씬 후대, 즉 주전 3세기 정도의 저작으로 생각해야 할 것 같다. 그 때는 유다를 애굽의 프톨레마이오스(톨레미) 왕조가 다스리던 상황이어서 정의가 구현되지 않았다(4:1-3; 5:8-9; 8:2-4,9).

5) 헬라 문화의 영향을 받아서 헬라의 유랑 철학자들과 같이 사람을 가르치는 본서는 예루살렘 성전학교의 교과서로 씌어졌던 듯하다.

6) 다섯 두루마리(룻기, 아가, 애가, 에스더, 전도서) 가운데 하나로서 초막절에 낭송되었다.

7) 구조

A 1:2-3 테두리
 B 1:4-11 우주론(시)
  C 1:12-3:15 인간론
   D 3:16-4:16 사회비판 I
    E 5:1-7 종교적 비판(시)
   D' 5:8-6:10 사회비판 II
  C' 6:11-9:6 이념비판
 B' 9:7-12:7 윤리(마지막에 시)
A' 12:8 테두리

Ⅱ. 내 용

✜ 제목(1:1): 다윗의 아들 예루살렘 왕 솔로몬의 말씀이라.

A. 테두리(1:2-3)

1 세상의 모든 것은 헛되다: "전도자가 이르되 헛되고 헛되며 헛되고 헛되니 모든 것이 헛되도다"(2): 5:11 참고.

B. 우주론(시)(1:4-11)

* "한 세대는 가고 한 세대는 오되 땅은 영원히 있도다."(4)
* "무엇을 가리켜 이르기를 보라 이것이 새 것이라 할 것이 있으랴"(10): 자랑과 과시, 허영은 다 헛되다.

C. 인간론(1:12-3:15)

* 지혜를 찾는 것도 헛되다: "지혜가 많으면 번뇌도 많으니 지식을 더하는 자는 근심을 더하느니라."(18)

2 "지혜자도 우매자와 함께 영원하도록 기억함을 얻지 못하나니 후일에는 모
두 다 잊어버린 지 오랠 것임이라 오호라 지혜자의 죽음이 우매자의 죽음
과 일반이로다."(16): 출 16:18의 만나와 같이 많이 거둔 자도 남지 않고,
적게 거둔 자도 모자라지 않는다. 자기를 알아주기를 바라면 헛되지만, 섬
기려는 마음이면 의미가 있다.

* "사람이 먹고 마시며 수고하는 것보다 그의 마음을 더 기쁘게 하는 것은 없나니 내가 이것도 본즉 하나님의 손에서 나오는 것이로다."(24)

3 "범사에 기한이 있고 천하만사가 다 때가 있나니."(1)

* "하나님이 하시는 일의 시종을 사람으로 측량할 수 없게 하셨도다"(11).

D. 사회비판 I(3:16-4:16)

"또 내가 해 아래에서 보건대 재판하는 곳 거기에도 악이 있고 정의를 행하는 곳 거기에도 악이 있도다."(16): 인간의 본성이 악하니 기대할 게 없다.

4 "내가 다시 해 아래에서 행하는 모든 학대를 살펴 보았도다 보라 학대 받
는 자들의 눈물이로다 그들에게 위로자가 없도다 그들을 학대하는 자들의
손에는 권세가 있으나 그들에게는 위로자가 없도다"(1): 5:8 참고. 학대를
받던 사람도 권력을 잡으면 잔혹하게 된다.

* "또 두 사람이 함께 누우면 따뜻하거니와 한 사람이면 어찌 따뜻하랴 한 사람이면 패하겠거니와 두 사람이면 맞설 수 있나니 세 겹줄은 쉽게 끊어지지 아니하느니라."(11-12)

E. 종교적 비판(시)(5:1-7)

5 "너는 하나님의 집에 들어갈 때에 네 발을 삼갈지어다 가까이 하여 말씀을
듣는 것이 우매한 자들이 제물 드리는 것보다 나으니 그들은 악을 행하면

서도 깨닫지 못함이니라."(1)

* "너는 하나님 앞에서 함부로 입을 열지 말며 급한 마음으로 말을 내지 말라 하나님은 하늘에 계시고 너는 땅에 있음이니라 그런즉 마땅히 말을 적게 할 것이라."(2)
* "꿈이 많으면 헛된 일들이 많아지고 말이 많아도 그러하니 오직 너는 하나님을 경외할지니라."(7)

D'. 사회비판 II(5:8-6:10)

5 "너는 어느 지방에서든지 빈민을 학대하는 것과 정의와 공의를 짓밟는 것을 볼지라도 그것을 이상히 여기지 말라 높은 자는 더 높은 자가 감찰하고 또 그들보다 더 높은 자들도 있음이니라."(8): 내가 세상에 공의를 세우겠다고 생각하지 말라. 하나님께 맡겨라.

6 "어떤 사람은 그의 영혼이 바라는 모든 소원에 부족함이 없어 재물과 부요와 존귀를 하나님께 받았으나 하나님께서 그가 그것을 누리도록 허락하지 아니하셨으므로 다른 사람이 누리나니 이것도 헛되어 악한 병이로다."(2): 모우는 사람은 모우는 재미로, 쓰는 사람은 쓰는 재미로 살게 두자.

C' 이념비판(6:11-9:6)

7 "지혜자의 마음은 초상집에 있으되 우매한 자의 마음은 혼인집에 있느니라."(4)

* "옛날이 오늘보다 나은 것이 어찌이냐 하지 말라 이렇게 묻는 것은 지혜가 아니니라."(10) 옛날에도 불평했던 사람들이 이런 말을 한다. 결국 불평하는 사람은 늘 불평만 한다.
* 하나님께서 행하시는 일을 보라 하나님께서 굽게 하신 것을 누가 능히 곧게 하겠느냐(13)
* "형통한 날에는 기뻐하고 곤고한 날에는 되돌아 보아라 이 두 가지를 하나님이 병행하게 하사 사람이 그의 장래 일을 능히 헤아려 알지 못하게 하셨느니라."(14)

*"내가 깨달은 것은 오직 이것이라 곧 하나님은 사람을 정직하게 지으셨으나 사람이 많은 꾀들을 낸 것이니라."(29)

8 "누가 지혜자와 같으며 누가 사물의 이치를 아는 자이냐 사람의 지혜는 그의 얼굴에 광채가 나게 하나니 그의 얼굴의 사나운 것이 변하느니라."(1)

*"하나님의 모든 행사를 살펴보니 해 아래에서 행해지는 일을 사람이 능히 알아낼 수 없도다."(17)

B'. 9:7–12:7 윤리(마지막에 시)

9 "네 헛된 평생의 모든 날 곧 하나님이 해 아래에서 네게 주신 모든 헛된 날에 네가 사랑하는 아내와 함께 즐겁게 살지어다 그것이 네가 평생에 해 아래에서 수고하고 얻은 네 몫이니라."(9)

*"내가 다시 해 아래에서 보니 빠른 경주자들이라고 선착하는 것이 아니며 용사들이라고 전쟁에 승리하는 것이 아니며 지혜자들이라고 음식물을 얻는 것도 아니며 명철자들이라고 재물을 얻는 것도 아니며 지식인들이라고 은총을 입는 것이 아니니 이는 시기와 기회는 그들 모두에게 임함이니라."(11)

10 "죽은 파리들이 향기름을 악취가 나게 만드는 것 같이 적은 우매가 지혜와 존귀를 난처하게 만드느니라."(1)

*"주권자가 네게 분을 일으키거든 너는 네 자리를 떠나지 말라 공손함이 큰 허물을 용서 받게 하느니라."(4)

11 "너는 네 떡을 물 위에 던져라 여러 날 후에 도로 찾으리라."(1)

*"청년이여 네 어린 때를 즐거워하며 네 청년의 날들을 마음에 기뻐하여 마음에 원하는 길들과 네 눈이 보는 대로 행하라 그러나 하나님이 이 모든 일로 말미암아 너를 심판하실 줄 알라."(9)

12 "너는 청년의 때에 너의 창조주를 기억하라 곧 곤고한 날이 이르기 전에, 나는 아무 낙이 없다고 할 해들이 가깝기 전에."(1)

A'. 12:8 테두리. 헛되고 헛되도다.

✜ 부록(12:9-14): 하나님을 경외하고 그 명령을 지킬지어다(13)

"많은 책들을 짓는 것은 끝이 없고 많이 공부하는 것은 몸을 피곤하게 하느니라"(12): 지식이 있다고 잘난 척하지 말아라.

* "일의 결국을 다 들었으니 하나님을 경외하고 그의 명령들을 지킬지어다 이것이 모든 사람의 본분이니라"(13): 겸손히 하나님만 바라라!

아 가

I. 서 론

1) 내용이 남녀의 사랑 노래여서 중동의 혼인예식 때에 부른 노래극의 대사였을 것이라는 추측이 강하다. 남자는 솔로몬이나 임금으로, 여자는 귀족의 딸로 나타나기도 하고, 둘 다가 양치기나 포도원지기로 등장하기도 하며, 여자의 어머니와 형제들, 예루살렘의 처녀들, 젊은 남자의 친구들 등이 조연으로 등장한다는 식이다. 그러나 일관된 스토리의 진행이 없어서 아쉽다.

2) 이 내용이 성경에 들어온 이유는 여기의 남자를 하나님으로, 여자를 이스라엘로 해석하였기 때문이다. 기독교에서도 유대교의 전통을 따라서 남녀 관계를 그리스도와 신자와의 관계로 해석하였다. 기원이 어떠하였든 은유적인 해석을 하지 않으면 이 책은 설 자리가 없어지게 된다. 렘 2:2; 겔 16; 호 1-3; 엡 5:25,31-32 참고.

3) 아가서와 비슷한 노래들이 애굽과 아라비아의 문헌에도 나타난다. 성경도 이웃 나라와 같은 문화권 속에 있었으니 당연한 일이라 하겠다. '아가'란 '노래 중의 노래'란 뜻으로서 '가장 아름다운 노래'라는 뜻이다. 1:1에서 '솔로몬의 아가'라고 한 것은 솔로몬이 지혜문학을 대변하는 사람이기 때문이다.

4) 아가서의 구조(D. A. Dorsey)

A. 1:2–2:7 서로 사랑하고 동경함
- B. 2:8–17 남자가 여자에게 들로 나가자고 초대함
  - C. 3:1–5 여자의 꿈. 연인들이 함께 하다
    - D. 3:6–5:1 결혼
  - C'. 5:2–7:11 여자의 꿈. 서로 놀라워함. 연인들이 함께함
- B'. 7:12–8:4 여자가 남자를 들로 초대함

A'. 8:5–14 서로 사랑하고 그리워함

Ⅱ. 내 용

A. 서로 사랑하고 동경함(1:2–2:7)

1 "내게 입맞추기를 원하니 네 사랑이 포도주보다 나음이로구나."(2)

* 고벨화는 촘촘히 원뿔 모양으로 나는 노란 부처꽃.

* 엔게디: '염소의 샘'이란 뜻으로 사해 서쪽 언덕의 오아시스.

2 "나는 사론의 수선화요 골짜기의 백합화로다."(1)

B. 남자가 여자에게 들로 나가자고 초대함(2:8–17)

2 *"우리를 위하여 여우 곧 포도원(여자의 몸)을 허는 작은 여우를 잡으라 우리의 포도원에 꽃이 피었음이라."(15) 작은 여우는 젊은 남자를 뜻함.

C. 여자의 꿈. 연인들이 함께 하다(3:1–5)

3 "그들을 지나치자마자 마음에 사랑하는 자를 만나서 그를 붙잡고 내 어머니 집으로, 나를 잉태한 이의 방으로 가기까지 놓지 아니하였노라"(4): 하나님을 사모하는 마음의 끈을 늦추지 말라!

D. 결혼(3:6–5:1)

"볼지어다 솔로몬의 가마라 이스라엘 용사 중 육십 명이 둘러쌌는데"(3:7)

4 "내 누이, 내 신부야 네가 내 마음을 빼앗았구나 네 눈으로 한 번 보는 것과 네 목의 구슬 한 꿰미로 내 마음을 빼앗았구나."(9)

*"내 누이, 내 신부는 잠근 동산이요 덮은 우물이요 봉한 샘이로구나."(12)

5 "나의 친구들아 먹으라 나의 사랑하는 사람들아 많이 마시라"(5 :1)

C' 여자의 꿈. 서로 놀라워함. 연인들이 함께함(5:2–7:11).

여(착각): "내가 내 사랑하는 자를 위하여 문을 열었으나 그는 벌써 물러갔네

그가 말할 때에 내 혼이 나갔구나 내가 그를 찾아도 못 만났고 불러도 응답이 없었노라."(6)

*"여자들 가운데에 어여쁜 자야 너의 사랑하는 자가 남의 사랑하는 자보다 나은 것이 무엇인가 너의 사랑하는 자가 남의 사랑하는 자보다 나은 것이 무엇이기에 이같이 우리에게 부탁하는가"(9): 기독교가 불교나 이슬람보다 나은 것이 무엇인가?

6 "나는 내 사랑하는 자에게 속하였고 내 사랑하는 자는 내게 속하였으며."(3)

*"돌아오고 돌아오라 술람미 여자야 돌아오고 돌아오라 우리가 너를 보게 하라."(13)

"나는 내 사랑하는 자에게 속하였도다 그가 나를 사모하는구나"(7:10)

B'. 여자가 남자를 들로 초대함(7:12-8:4).

"우리가 일찍이 일어나서 포도원으로 가서 포도 움이 돋았는지, 꽃술이 퍼졌는지, 석류꽃이 피었는지 보자 거기에서 내가 내 사랑을 네게 주리라."(12)

8 "나의 사랑하는 자가 원하기 전에는 흔들지 말며 깨우지 말지니라"(8:4)

A'. 서로 사랑하고 그리워함(8:5-14)

"너는 나를 도장같이 마음에 품고 도장 같이 팔에 두라 사랑은 죽음같이 강하고 질투는 스올같이 잔인하며 불길같이 일어나니 그 기세가 여호와의 불과 같으니라."(6)

예언서 안내

1) 히브리어 '나비'(נָבִיא)는 악카드어 '나비움'에서 나온 말로서 '부름을 받은 사람'이라는 뜻이며, 엑스터시에 빠져서 보고 듣고 하는 사람을 뜻한다. 반면에 '호제'(חֹזֶה)는 '보는 사람'을 뜻하는 말로서 성경에선 선견자라고 했다(삼하 9:9; 24;11; 왕하 17:13; 사 1:1; 암 7:12). 때로는 '로에'(רֹאֶה: 보는 사람)라고도 했다. 선견자들은 직관과 환상을 통하여 무엇을 알려 주고 지시를 내린다(삼하 9:9; 24:11; 왕하 17:13; 사 1:1; 암 7:12). 나비는 이스라엘 말, 호제는 아람어였다. 예언자는 흔히 하나님의 사람이라고도 불려졌다. 놀라운 능력이 나타났기 때문이다(삼상 9:6; 왕상 17:18, 24; 왕하 1:9-10; 4:7; 신 33:1).

2) 삼상 10:5-11; 19:18-24(민 11:24-30)에 보면 무아경에 빠진 무리들을 발견하게 되는데, 이들은 공동체를 이루어 살면서 특별한 머리 모양(왕하 2:23; 민머리, 대머리)을 하고 염소 가죽으로 된 검은 색의 옷(슥 13:4; 왕상 19:13, 19; 왕하 1:8; 2:8, 13-14)을 입었던 것 같다. 혹은 가슴에 상처가 있었는지도 모른다(슥 13:6).

3) 성전에서는 백성들의 탄원을 듣고 하나님께 물어서 응답을 받아 주는 성전 예언자들이 있었고, 왕궁에서도 왕이 하나님의 뜻을 물을 때에 대답해 주는 궁전 예언자들이 있었던 것 같다(삼상 22:5; 삼하 7; 12; 24:11-25; 왕상 1; 22). 이들은 왕궁에서나 백성들에게서 대가를 받는 직업적인 예언자들이었다(삼상 9:7-8 참고). 그래서 이들은 하나님의 뜻보다는 사람의 생각을 전하여 사람들에게 아부하는 경향을 띠기 쉬웠다(렘 6:14). 그래서 나라가 망하는 데에 오히려 일조를 한 셈이 되었다(사 29:10; 렘 5:30-31; 14:13-14; 23:9-20; 겔 13장).

4) 어떤 예언자의 말과 행동이 기록이 된 예언자를 두고 문서예언자(고전적인 예언자)라 부른다. 이들은 약 750년에서 500년 사이에 활동하였는데, 이 기간은 이스라엘과 유다의 흥망과 재건이 있었던 시기였다. 이들은 하나님에게서 직접 부르심을 받았으므로(사 6; 렘 1; 겔 1-3; 암 3:8; 7:12-15) 사람에게 매이지 않고 하나님의 심판과 구원을 외칠 수 있었다. 그러나 그들의 말의 기록은 모두 다 그 예언자들에 의해 이루어진 것은 아니어서 포로기와 그 후에 현재의 모습을 이루게 된 것 같다.
5) 엘리야나 엘리사 등의 옛 예언자(vorklassische Propheten 고전적인 예언자 이전의 예언자)들은 정치에 직접 개입하여 피를 흘리기도 하였지만(왕상 18; 19:15-18; 왕하 9), 이들 문서예언자들에겐 대체로 말씀뿐이어서 백성 대신 속죄하는 정도밖에 할 수 없었다(렘 8:18-9:1; 13:17; 14:17; 겔 4:4-6; 사 52:13-53:12).
6) 문서예언자들은 자신들의 생각과 상반되는 하나님의 말씀을 전하기도 했다. 당시의 이스라엘 사람들은 하나님의 말씀대로 살지 않으면서 제사는 엄격히 드리는 이중적인 생활을 하고 있었다. 그래서 예언자들은 그들을 경고하여 회개하게 하려고 애를 썼으나, 회개하지 않는 사람들에 대해선 심판을 외칠 수밖에 없었다.
7) 예언의 양식: 예언자들은 자신을 하나님의 사자라고 여겼기에 흔히 "여호와께서 이같이 말씀하셨다."라고 예언을 시작하였다. 그 뒤로는 하나님이 개입할 것을 경고하는 부분(재난 경고)과 그 근거를 밝히는 부분(죄 지적)으로 이어지는데, 후자에서는 삶의 모든 죄상을 열거하고 있다. 예언자들은 사랑의 노래(사 5), 조가(암 5), 제사장의 가르침(암 4:4이하), 구원 약속(사 41:8-13, 14-16, 17-20), 법정의 고발과 변론(사 41:1-4, 21-29; 43:8-13) 등의 형식을 빌어서 말한 경우도 있었다. 어떤 경우에는 말과 함께 상징적인 행위도 연출하였다(렘 19; 겔 4).
8) 예언의 수집: 예언자 자신이나 그 제자가 당대에 기록하기도 하고(렘 36-45), 나중에 그 제자들이 스승의 행적을 포함하여 여러 가지를 덧붙여서 기록하기도 하였다고 본다. 그뿐 아니라 이사야와 같은 경우엔 수백 년 뒤의 사람(아마도 이사야 학파에 속한 사람)의 예언을 이사야의 예언에 집어넣기도

하였다. 아마 사람들은 예언서를 옛 기록으로만 보지 않고 지금도 살아 있는 말씀으로 생각했기에 그런 첨가가 가능했을 것으로 생각된다.

9) 외국에 대한 예언: 엘리야와 엘리사 같은 사람들도 외국 민족에 대해서 관여했지만(왕상 19:15; 왕하 8:7-15; 13:14-19), 문서예언자들은 더 포괄적으로 외국에 대해서 강대국, 약소국을 가리지 않고 심판과 구원을 선포하였다: 암 1-2; 사 13-23; 렘 45-51; 겔 25-32; 38-39; 습 2:4-15 등.

10) 분류: 이사야, 예레미야, 에스겔의 세 예언서를 대예언서, 나머지 12권을 소예언서라 부른다.

이 사 야

I. 서 론

1) 선지자 이사야(742-701): '여사야후'란 원명은 '야흐베께서 구원하셨다'라는 뜻으로서, 그는 아마 왕족이거나 귀족 출신인 것 같다. 그는 정치나 외교에 관한 세밀한 내막을 소상히 알고 있었고, 왕도 자유롭게 만날 수 있었다 (18-19; 39). 그는 시온(28:16)과 다윗의 선택(9:6-7)을 굳게 믿고 있었던 사람이었다. 그는 웃시야, 요담, 아하스, 히스기야의 네 왕에 걸쳐서 활동하였다(1:1). 흔히 그는 웃시야 왕이 죽던 해인 736(739)년에 부름을 받은 것으로 되어 있으나, 그것은 활동하던 도중에 웃시야가 죽어서 새로운 메시지를 받은 기사일 수도 있다. 왜냐하면 요담은 아버지 웃시야보다 먼저인 741년에 죽었다. 그러므로 그는 최소한 742년부터 활동을 시작했다고 생각된다. 그는 최소한 701년까지 예루살렘에서 활동하였다.
2) 배경: 이 때에 앗수르는 그 세력을 넓히기 시작하여 지중해와 애굽에까지 이르렀다(671년에 애굽을 점령한다). 유다는 친 앗수르 정책을 쓰다가(아하스) 반 앗수르 정책으로 선회한다(히스기야).
3) 이사야의 예언: 이사야는 스스로 안전을 꾀하는 모든 조처를 하나님이 거부하신다고 가르치며, 하나님의 성전이 있는 시온을 하나님이 지키실 테니 (31:4-5) 믿고 조용히 기다리라고 권한다(7:4-9; 28:16; 30:15). 소위 수리아-에브라임 전쟁(734-732)이 유다의 믿음을 시험하는 좋은 기회였으나, 아하스는 하나님을 믿지 않고 앗수르에 도움을 청한다. 이사야는 앗수르가 도움만 되지는 않을 것을 예견하였다(7-8).
4) 701년의 산헤립 침입: 앗수르가 유다 전역을 초토화하고 예루살렘만 외롭게

남는데, 하나님만 바란 히스기야왕은 극적인 구원을 얻는다(36-38). 앗수르는 하나님이 쓰시는 몽둥이지만(10:5-6), 하나님의 뜻을 넘어서는 오만한 행동을 하다가(10:7-15), 하나님의 산 시온에서 산산이 부서질 수밖에 없다(28:16; 31:8-9).

5) 하나님의 거룩하심을 선포한 예언자: 그는 소명 때에 하나님의 거룩하심에 압도당하는 체험을 한다(6). 그래서 그는 거룩한 백성이 되지 못한 유다와 예루살렘의 모든 부조리를 공격하였다(1:10-17; 3:13-15; 5:8-24; 10:1-2).

6) 구조: 이사야서는 예언전집이라고 해야 할 정도로 복잡한 구조를 가지고 있다. 예언자 이사야와 직접적인 관련이 있는 것은 오직 1-39장뿐이나, 그것도 약 500년에 걸쳐 씌어진 것 같다. 이사야의 활동 초기에 대해선 소위 '이사야 회고록'이라고 하는 6:1-8:18에 수록되어 있고, 말기에 대해선 22; 28-32; 36-39(주전 701년의 예루살렘 포위)에서 기록하고 있으며, 1-5; 9:8-12:6은 그 중간 시기에 씌어진 것으로 보인다. 13-23장은 이방 민족에 대한 예언을 담고 있고, 24-27장은 소위 '이사야 묵시록'으로서 저자가 누구인지 전혀 알 수 없는 가장 후대의 글이다. 33-35장은 역사와 어떻게 관련이 되는지 알 순 없으나 후대의 글임은 분명하다. 36-39장은 대부분 왕하 18-20장과 일치한다. 크게 나누어서 이사야는 1-12/13-23/24-27/28-32/33-35/36-39// 40-55// 56-66으로 나누어질 수 있다.

7) 40-55장은 소위 '제이이사야' 혹은 '두 번째 이사야'서로서 주전 6세기 바벨론 포로기 중반기에 등장한 것 같은 이름 없는 한 예언자가 말하고 있다. 그는 이스라엘의 해방과 예루살렘의 부흥을 예언하였다.

8) 56-66장은 포로에서 돌아온 이후의 예루살렘 공동체를 중심으로 한 예언인데, 내용이 매우 다양하다.

9) 이사야 자신도 두 번이나 그 예언을 기록해 두었다고 했는데(8:16; 30:8), 이사야서는 이사야 자신의 기록에다 제자들의 기록이 더해졌고, 그 이후로 '이사야 학파'의 기록들이 500년 동안이나 더해져서 오늘의 이사야서를 이루게 되었다고 본다.

Ⅱ. 내 용

A. 유다와 예루살렘에 대한 말씀 1-12장

✣ 1-12장의 구조

1:1 표제

1부 1:2-5:7의 교차대구법

a. 1:2-31 아들들. 이스라엘. 정의와 공의

b. 2:1-5 시온-예루살렘

c. 2:6-22 남자들의 교만

d. 3:1-15 하나님의 심판

c'. 3:16-4:1 여인들의 교만

b'. 4:2-5 시온-예루살렘

a'. 5:1-7 부정한 연인. 이스라엘. 정의와 공의

1 1:1 이사야의 활동 시기: 웃시야(787-736), 요담(756-741), 아하스(741-725), 히스기야(725-697) 시대. 이사야서의 서론으로서 이사야 말기에 씌어졌거나 그 후대에 씌어진 것 같다.

[a. 아들들. 이스라엘. 정의와 공의(1:2-31)] "오라 우리가 서로 변론하자 너희의 죄가 주홍 같을지라도 눈과 같이 희어질 것이요"(18)

* 소와 나귀보다 못한 이스라엘. 온 몸이 얻어맞은 상처뿐인 유다. 신실하던 성읍이 창기로 변해 버린 예루살렘.

2 **[b. 시온-예루살렘(2:1-5)]** 2:2-4는 미 4:1-3에도 나오는 내용으로서 미래의 이상향으로서의 예루살렘을 그리고 있다. 이는 이사야서의 주제다. 미가와 이사야서의 내용이 같은 것은 공통의 전승을 갖고 있었기 때문인지 모른다.

[c. 남자들의 교만(2:6-22)] "너희는 인생을 의지하지 말라 그의 호흡은 코에 있나니 셈할 가치가 어디 있느냐?"(22)

[d. 하나님의 심판(3:1-15)]

3 하나님의 심판으로 지도력을 잃은 지도자들, 아무도 지도자가 되지 않으려

는 상황. 토색, 음란의 결과 칼이 임한다.

[c'. **여인들의 교만(3:16-4:1)**] 시온 딸들의 교만과 그 결과(16-26)

4 [b'. **시온-예루살렘(4:2-5)**] 시온의 딸들의 더러움을 씻어 주시며 구름기둥과 불기둥으로 예루살렘 시민을 지키시는 하나님: 구원의 메시지. 출애굽 전통.

* 전승은 개별적인 이야기, 전통은 큰 흐름의 사상. 예를 들어 야곱의 압복강 이야기, 광야의 므리바 이야기는 전승이지만, 족장전통, 출애굽전통은 구약과 신약 전반에 걸쳐 나타나는 사상의 덩어리다.

5 [a'. **부정한 연인. 이스라엘. 정의와 공의(5:1-7)**] 포도원의 노래: "좋은 포도 맺기를 바랐더니 들포도를 맺었도다."(2); "정의(מִשְׁפָּט 미쉬파트)를 바라셨더니 도리어 포학(מִשְׂפָּח 미스파흐)이요 그들에게 공의(צְדָקָה 츠다카)를 바라셨더니 도리어 부르짖음(צְעָקָה 츠아카)이었도다."(7)

2부 5:8-10:19의 교차대구법

a. 5.8-24 새앙 선언

b. 5:25 후렴시

c. 6 일인칭 진술

d. 7 삼인칭 진술

c'. 8 일인칭 진술

b'. 9:8-21 후렴시

a'. 10:1-3(4). 5-9 재앙 선언

[a. **재앙 선언(5:8-24)**] "가옥에 가옥을 이으며 전토에 전토를 더하여 빈틈이 없도록 하고 이 땅 가운데에서 홀로 거주하려 하는 자들은 화 있을진저"(8); "악을 선하다 하며 선을 악하다 하며 흑암으로 광명을 삼으며 광명으로 흑암을 삼으며 쓴 것으로 단 것을 삼으며 단 것으로 쓴 것을 삼는 자들은 화있을진저."(20): 이런 악인들을 치기 위하여 하나님은 먼 나라들을 불러들이실 것이다.

[b. **후렴시(5:25)**] "그 노가 돌아서지 아니하였고 그 손이 여전히 펼쳐져 있느니라"

❖ 이사야 회고록(6:1-8:18)

[c. 일인칭 진술(6장)]

6 이사야의 소명: 높이 들린 보좌, 여섯 날개 달린 스랍들; "화로다 나여 망하게 되었도다 나는 입술이 부정한 사람이요 나는 입술이 부정한 백성 중에 거주하면서 만군의 여호와이신 왕을 뵈었음이로다"(5); 핀 숯; "누가 우리를 위하여 갈꼬"(8); "너희가 듣기는 들어도 깨닫지 못할 것이요"(9); "주여 어느 때까지니이까?"(11); "상수리나무가 베임을 당하여도 그 그루터기는 남아 있는 것 같이 거룩한 씨가 이 땅의 그루터기니라."(13: 남은 자 사상)

[d. 삼인칭 진술(7장)]

7 아람왕 르신과 이스라엘왕 베가의 침입: 수리아-에브라임 전쟁. 왕과 백성의 마음이 삼림이 바람에 흔들리듯 흔들리다. 이사야는 아하스왕에게 스알야숩을 데리고 가서, 두려워 말라고 하며 65년 내에 에브라임이 망할 것을 예언한다.

* "만일 너희가 굳게 믿지 아니하면 너희는 굳게 서지 못하리라"(9: 대하 20:20 참고); 징조를 구하라고 했으나 아하스는 거절한다.
* "보라 처녀가 잉태하여 아들을 낳을 것이요 그의 이름을 임마누엘이라 하리라"(14); 그 아이가 선악(이롭고 해로운 것)을 구별할 즈음에 두 왕이 폐한 바 되리라.
* "그럴지라도 여호와의 진노가 돌아서지 아니하며 그의 손이 여전히 펴져 있으리라"(12, 17, 21; 10:4에 나타나는 후렴)[5)]

[c'. 일인칭 진술(8)]

8 마헬살랄하스바스(노략이 급하고 약탈이 빠르리라): 이사야의 두 번째 아들. 엄마 아빠를 부를 줄 알기 전에 다메섹의 재물과 사마리아의 노략물이 앗수르왕 앞에 옮겨질 것이다. 실로아 수로를 버리고 르신과 베가를 좋아하는 이 백성에게 하나님은 유브라데의 하수를 끌어들일 것이다. 신접한 마술사에게 물을까? "산 자를 위하여 죽은 자에게 구하겠느냐?"

9 *해변 길과 요단 저편 갈릴리를 영화롭게 하시는 하나님: 수리아-에브라

---

5) 히브리어 원문에는 11, 16, 20절.

임 전쟁의 결과 앗수르에 끌려간 갈릴리지방 사람들을 위한 희망의 예언. "흑암에 행하던 백성이 큰 빛을 보고"(2: 마 4:15-16에 인용되다)

* "이는 한 아기가 우리에게 났고 한 아들을 우리에게 주신 바 되었는데 그의 어깨에는 정사를 메었고 그의 이름은 기묘자라, 모사라, 전능하신 하나님이라, 영존하시는 아버지라, 평강의 왕이라 할 것임이라."(6)

[b'. 9:8-21 후렴시] 심판을 받아도 각성할 줄 모르는 이스라엘: "벽돌이 무너졌으나 우리는 다듬은 돌로 쌓고 뽕나무들이 찍혔으나 우리는 백향목으로 그것을 대신하리라"(10)

* 머리는 장로, 꼬리는 거짓말을 가르치는 예언자.

10 **[a'. 10:1-3(4). 5-9 재앙 선언]** "불의한 법령을 만들며 불의한 말을 기록하며…과부에게 토색하고 고아의 것을 약탈하는 자는 화 있을진저."(1-2)

* 앗수르 사람은 진노의 막대기 이상의 일을 하려고 하니 화 있다. 앗수르 왕의 완악한 마음의 열매와 높은 눈의 자랑을 벌하리라. "도끼가 어찌 찍는 자에게 스스로 자랑하겠으며…."(15)

3부 10:20-11:16의 교차대구법

a. 10:20-27 이스라엘의 남은 자

b. 10:28-34 위험의 도래; 야흐베께선 교만한 자를 제거하신다.

a'. 11:1-16 줄기에서 나오는 싹: 야흐베 백성의 남은 자

[a. 이스라엘의 남은 자(10:20-27)] "이스라엘의 남은 자는... 여호와를 진실하게 의지하리니…네 백성이 바다의 모래 같을지라도 남은 자만 돌아오리니"(20-22)

[b. 위험의 도래: 야흐베께선 교만한 자를 제거하신다(10:28-34] "보라 주 만군의 여호와께서 혁혁한 위력으로 그 가지를 꺾으시리니 그 장대한 자가 찍힐 것이요 그 높은 자가 낮아질 것이며"(33)

[a'. 줄기에서 나오는 싹: 야흐베 백성의 남은 자(11:1-16)]

11 * "이새의 줄기에서 한 싹이 나며…여호와의 영 곧 지혜와 총명의 영이요 모략과 재능의 영이요 지식과 여호와를 경외하는 영이 강림하시리니…공

의로 그의 허리띠를 삼으며 성실로 그의 몸의 띠를 삼으리라."(1-5)

*"그 때에 이리가 어린 양과 함께 살며 표범이 어린 염소와 함께 누우며 송아지와 어린 사자와 살진 짐승이 함께 있어 어린 아이에게 끌리며."(6): 시온에 세워질 지상낙원(35; 65장에도 나옴)

12 감사의 노래: 1-12장의 마감. "주께서 내게 노하셨사오나 이제는 주의 진노가 돌아섰고 또 주께서 나를 안위하시오니 내가 주께 감사하겠나이다"(1)

B. 이방인에 대한 예언(13-23장)

✤ 13-23장의 구조

1부 13:1-14:32	**바벨론, 앗수르, 블레셋**
	바벨론(13:1-22)
	바벨론 왕(14:4-23)
	앗수르(14:24-27)
	블레셋(14:28-32)(날짜 14:28)
2부 15:1-20:6	**모압, 다메섹과 이스라엘, 앗수르, 구스, 애굽,**
	모압(15:1-16:14)
	다메섹과 이스라엘(17:1-11)
	앗수르에 대한 재난 예고(17:12-14)
	구스에 대한 재난 예고(18:1-7)
	애굽(19)
	애굽과 구스에 대한 예언으로서의 상징행위(20:1-6)
3부 21-23	**바벨론, 두마/에돔, 아라비아, 예루살렘, 두로와 시돈**
	바벨론(21:1-10)
	두마/에돔(21:11-12)
	아라비아(21:13-17)
	예루살렘(22:1-14,15-19,20-25)
	두로와 시돈(23:1-18)

13:1-14:23 [바벨론(13:1-22)] 바벨론이 "여호와의 날"(13:6)에 수치를 당

할 것이다(13:8): 종말론에 묵시론적인 요소가 가미됨(13:9-10)

* 메대 사람에 의해 바벨론은 소돔과 고모라같이 될 것이다(13:17-22).

[바벨론 왕(14:4-23)] "너 아침의 아들 계명성이여"(14:12): 바벨론 왕의 음부 행을 비꼬는 은유. 사단의 유래와 상관이 없음.

14:24-27 앗수르: 하나님의 산에서 격파되어 그의 멍에가 이스라엘에서 떠나갈 것이다.

14:28-32 블레셋: (날짜 14:28) 아하스왕(741-725)의 죽던 해에 디글랏빌레셀 III세(745-727)의 죽음을 두고 기뻐하지 말라는 말씀을 선포함: "뱀의 뿌리에서는 독사가 나겠고 그의 열매는 날아다니는 불뱀이 되리라."(29)

15-16 모압: 유다의 피난민을 받아들여야 할 모압(16:3-4)이 교만하여 유다의 피난민을 배척하므로 하나님의 심판을 받을 것이다(15장; 16:9-12).

17 [다메섹과 이스라엘(17:1-11)] 733년과 722년에 패망한 두 나라에 대한 예언. 남은 자는 있을 것이다.

[앗수르에 대한 재앙 선언(17:12-14)] "보라 저녁에 두려움을 당하고 아침이 오기 전에 그들이 없어졌나니 이는 우리를 노략한 자들의 몫이요 우리를 강탈한 자들의 보응이니라"(14)

18 [구스에 대한 재앙 선언(18:1-7)] 애굽 남쪽의 누비아. 주전 705년에 구스왕 샤바카는 애굽까지 점령하여 반앗수르 동맹을 강화한다. "조용히 감찰함이 쬐이는 일광 같고 가을 더위에 운무"(18:4) 같은 하나님이 언젠가는 개입하셔서 멸하실 것이다. 그 때엔 그들이 시온산에 예물을 바치게 될 것이다.

19 [애굽] "잔인한 주인"(4)은 앗수르의 사르곤 II세(722-705)나 샤바카(716-701)를 가리키는 듯하다. 소안(11)은 당시 애굽의 수도로서 나일 동부 삼각주에 있었다. 놉(13)은 멤피스로서 지금의 카이로 남방 수 킬로미터 되는 곳에 위치함. 장망성(18)은 헬리오폴리스(온: 태양의 성읍)를 자모 하나를 고쳐서 만든 이름.

* 결국엔 이스라엘, 애굽, 앗수르의 셋이 세계 중에서 복이 될 것이다(24-25).

20 [애굽과 구스에 대한 예언으로서의 상징행위(20:1-6)] 이사야가 3년간 벗은 몸으로 행하다. 애굽과 구스가 앗수르에 그런 모습으로 끌려갈 터이니 그

들을 의지하지 말라는 뜻. 713년에 아스돗을 비롯하여 반앗수르동맹의 기운이 일어났던 것을 두고 한 말씀인 듯하다. 애굽은 671년에 앗수르의 아살핫돈(681-669)에게 점령당하여 655년까지 앗수르의 지배 하에 있게 된다.

21 **[바벨론(21:1-10)]** 메대와 엘람(바사)의 공격(2). "함락되었도다 함락되었도다 바벨론이여 그들이 조각한 신상들이 다 부서져 땅에 떨어졌도다"(9): 실제와는 다름.

[두마/에돔(21:11-12)] 북아라비아의 오아시스. 밤(바벨론의 압제)이 오래 계속되는 것을 답답하게 여김.

[아라비아(21:13-17)] 드단과 데마(Tayma: 바벨론 마지막 왕 나보니두스가 은신한 곳). 이스마엘의 후손인 게달, 데마, 드단의 쇠망을 예언함.

22 **[예루살렘(22:1-14.15-19.20-25)]** "환상의 골짜기"(1)는 힌놈의 (아들의) 골짜기. 701년의 앗수르 침입을 이겨낸 뒤의 환호에 대한 비판: "네가 지붕에 올라감은 어찌함인고." 회개하지 않고 잔치를 벌이는 예루살렘 사람들(12-13).

* 국고를 맡은 셉나가 화려한 무덤을 꾸민 것을 책망하고 엘리아김이 대신할 것을 예언함(15-25).

23 **[두로와 시돈(23:1-18)]** 두로는 시돈 남쪽 40Km 지점에 있는 섬 위의 항구. 페니키아 성읍 중에서 가장 강했다. 여기서 개척한 식민지가 한니발과 포에니전쟁(로마와 카르타고간의 전쟁)으로 유명한 카르타고(지금의 튀니지)였다. 느부갓네살은 13년 동안 포위하고도 이 난공불락의 성을 점령하지 못함(572년. 겔 29:18-20). 알렉산더 대왕은 일곱 달만에 점령함(332).

* 깃딤(1)은 키프로스를 뜻함. 시홀(3)은 나일강을 뜻함.
* "처녀 딸 시돈"(12): 교만하고 아름다운 성읍이란 뜻.
* 두로는 기생의 노래(15): 우상, 주인이 많음.

C. 이사야 묵시록(24-27장: 다니엘, 요한계시록과 같은 부류)

24 **[하나님은 세계의 심판자시다]** 외적인 황폐와 내적인 황폐: 땅이 공허해지고(1), 제사장과 백성의 구분이 없어진다(2). 땅이 깨어진다(19).

[25-27 세계를 심판하시는 중에도 하나님의 백성은 보존하신다]

25 야흐베의 큰 잔치(6-8): "사망을 영원히 멸하실 것이라 주 여호와께서 모든 얼굴에서 눈물을 씻기시며 자기 백성의 수치를 온 천하에서 제하시리라"(8). 호 13:14; 고전 15:54; 계 7:17 참고.

26 "주께서 심지가 견고한 자를 평강하고 평강하도록 지키시리니."(3)

* "악인은 은총을 입을지라도 의를 배우지 아니하며."(10)
* "우리가 잉태하고 산고를 당하였을지라도 바람을 낳은 것 같아서 땅에 구원을 베풀지 못하였고…주의 죽은 자들은 살아나고 그들의 시체들은 일어나리이다."(18-20)

27 칼로 리워야단을 죽이심(1). 야흐베는 포도원지기(3).

D. 이스라엘과 유다에 대한 예언(28-32)

이 부분에는 재난과 새롭게 하심에 대한 예언이 번갈아 나오고 있다.

28:1-4 에브라임에 대한 재난 예고

  28:5-6 새롭게 하심

28:7-13.14-22 예루살렘에 대한 재난 예고

  28:23-29 보호

29:1-4 아리엘에 대한 재난 예고

  29:5-8 아리엘에 대한 보호

29:9-14.15-16 백성에 대한 재난 예고

  29:17-24 새롭게 하심

30:1-5.6-7.8-14.15-17 아들들에 대한 재난 예고

  30:18-26 새롭게 하심

30:27-33 앗수르에 대한 재난 예고

31:1-3 예루살렘에 대한 재난 예고

31:4-9 앗수르에 대한 재난 예고

  32:1-8 새롭게 하심

32:9-14 염려 없는 여인들에 대한 재난 예고

  32:15-20 새롭게 하심

28 **[28:1-4 에브라임에 대한 재난 예고]** 에브라임의 교만한 면류관은 쇠잔해 가는 꽃 같다(1-4).

[28:5-6 새롭게 하심] 그 날에 만군의 야흐베께서 남은 백성들에게 영화로운 면류관이 되실 것이다.

[28:7-13.14-22 예루살렘에 대한 재난 예고] 술 취한 예루살렘의 제사장과 예언자들(7-8)이 이사야를 조롱한다(9-13): "젖 떨어져 품을 떠난 자들에게 하려는가"

* 사망과 언약하였다는 무리들(14-19): "스올과 맹약하였은즉 넘치는 재앙이 밀려올지라도 우리에게 미치지 못하리니"

[28:23-29 보호] "곡식은 부수는가, 아니라 늘 떨기만 하지 아니하고 그것에 수레바퀴를 굴리고 그것을 말굽으로 밟게 할지라도 부수지는 아니하나니"(28): 심판과 징계에도 뜻이 있음.

29 **[29:1-4 아리엘에 대한 재난 예고]** 아리엘= 번제단의 화덕 = 예루살렘

[29:5-8 아리엘에 대한 보호] 대적의 패망(5-8): "밤의 환상같이 되리니."

[29:9-14.15-16 백성에 대한 재난 예고] "너희는 맹인이 되고 맹인이 되라"(9): 6:9-10의 예언대로

* "이 백성이 입으로는 나를 가까이 하며 입술로는 나를 공경하나 그들의 마음은 내게서 멀리 떠났나니 그들이 나를 경외함은 사람의 계명으로 가르침을 받았을 뿐이라"(13): 마 15:8-9에 인용됨.
* "지음을 받은 물건이 어찌 자기를 지은 이에게 대하여 이르기를 그가 나를 짓지 아니하였다 하겠으며"(16): 하나님은 토기장이다. 사 45:9; 렘 18:6; 롬 9:20-21.

[29:17-24 새롭게 하심] "마음이 혼미하던 자들도 총명하게 되며 원망하던 자들도 교훈을 받으리라 하셨느니라"(24)

30 **[30:1-5.6-7.8-14.15-17 아들들에 대한 재난 예고]** "맹약을 맺으나 나의 영으로 말미암지 아니하고 죄에 죄를 더하도다"(1): 주전 711년의 아스돗 점령과 701년의 예루살렘 포위의 사이에 애굽과 언약을 맺은 일을 책망.

* "우리에게 바른 것을 보이지 말라 우리에게 부드러운 말을 하라 거짓된 것을 보이라"(10)

* "조용히 있어야 구원을 얻을 것이요…말 타고 도망하리라 하였으므로 너희가 도망할 것이요"(15-17): 말에 대해선 시 147:10 참고.

[30:18-26 새롭게 하심] "주께서 너희에게 환난의 떡과 고생의 물을 주시나 네 스승은 다시 숨기지 아니하시리니 네 눈이 네 스승을 볼 것이며"(30): 스승은 하나님

[30:27-33 앗수르에 대한 재난 예고] 앗수르에 대한 심판(27-33).

31 **[31:1-3 예루살렘에 대한 재난 예고]** "애굽은 사람이요 신이 아니며"(3): 애굽을 의지하지 말라.

[31:4-9 앗수르에 대한 재난 예고] "앗수르는 칼에 엎더질 것이나 사람의 칼로 말미암음이 아니겠고"(8)

32 **[32:1-8 새롭게 하심]** "장차 한 왕이 공의로 통치할 것이요"(1): 의의 나라가 도래한다.

[32:9-14 염려 없는 여인들에 대한 재난 예고] "너희 염려 없는 여자들아 일 년 남짓이 지나면 너희가 당황하리니 포도 수확이 없으며 열매 거두는 일이 이르지 않을 것임이라"(10)

[32:15-20 새롭게 하심] "마침내 위에서부터 영을 우리에게 부어 주시리니 광야가 아름다운 밭이 되며 아름다운 밭을 숲으로 여기게 되리라"(15)

E. 앞날에 대한 예언들(33-35)

여기서도 재난 예고와 새롭게 하심의 약속은 계속해서 반복된다.

33:1 황폐하게 한 자에 대한 재난 예고
    33:2-6 새롭게 하심을 위한 기도
33:7-12 민족들에 대한 재난 예고
    33:13-16,17-24 새롭게 하심
34 에돔에 대한 재난 예고
    35 새롭게 하심

33 **[33:1 황폐하게 한 자에 대한 재난 예고]** 황폐하게 하는 자에게서 시온이 벗

어남: "네가 학대하기를 그치면 네가 학대를 당할 것이며"(1).

[33:2-6 새롭게 하심을 위한 기도] "여호와여 우리에게 은혜를 베푸소서 우리가 주를 앙망하오니 주는 아침마다 우리의 팔이 되시며 환난 때에 우리의 구원이 되소서"(2)

[33:7-12 민족들에 대한 재난 예고] "너희가 겨를 잉태하고 짚을 해산할 것이며 너희의 호흡은 불이 되어 너희를 삼킬 것이며"(11)

[33:13-16.17-24 새롭게 하심] "오직 공의롭게 행하는 자, 정직히 말하는 자, 토색한 물건을 가증히 여기는 자, 손을 흔들어 뇌물을 받지 아니하는 자, 귀를 막아 피 흘리려는 꾀를 듣지 아니하는 자, 눈을 감아 악을 보지 아니하는 자"(15)는 구원을 얻을 것이다. 시 15; 24 참고.

*"우리 절기의 시온 성을 보라."(20)

34 **[에돔에 대한 재난 예고]** 에돔에 대한 하나님의 심판: "여호와를 위한 희생이 보스라에 있고 큰 살육이 에돔 땅에 있음이라."(6)

*"너희는 여호와의 책에서 찾아 읽어 보라 이것들 가운데서 빠진 것이 하나도 없고 제 짝이 없는 것이 없으리니 이는 여호와의 입이 이를 명령하셨고 그의 영이 이것들을 모으셨음이라"(15).

35 **[새롭게 하심]** "광야와 메마른 땅이 기뻐하며 사막이 백합화같이 피어 즐거워하며"(1): 자연의 변화.

*장래의 구원: "여호와의 속량함을 받은 자들이 돌아오되 노래하며 시온에 이르러 그들의 머리 위에 영영한 희락을 띠고 기쁨과 즐거움을 얻으리니 슬픔과 탄식이 사라지리로다."(10)

F. 역사 부록 36-39장(왕하 18-20 참고): 이사야의 예언이 실제 이루어졌음을 보여 주고, 이사야의 삶에 대한 정보를 제공하기 위함.

36 랍사게(앗수르에 속한 지방 영토의 통치 책임을 맡은 사람들 가운데 하나)의 연설: 네가 이제 누구를 믿고 나를 반역하느냐(5)?

37 *히스기야(725-697)의 탄식: "아이를 낳으려 하나 해산할 힘이 없음 같도다."(3)

* 구스(애굽)왕 디르하가의 출전으로 다시 편지를 보낸 앗수르왕(9-13).
* 히스기야의 기도(14-20). 이사야의 답변: "처녀 딸 시온이 너를 멸시하며 조소하였고, 딸 예루살렘이 너를 향하여 머리를 흔들었느니라."(22)
* 야흐베의 사자가 앗수르군을 쳐서 185,000명이 하루아침에 죽고(페스트?), 산헤립은 니느웨로 돌아간다. 681년에 산헤립은 니스록묘에서 경배하던 중에 아들들 아드람멜렉, 사레셀에게 암살 당하고, 그의 아들 에살핫돈이 즉위한다(36-38).

38 히스기야의 병과 하나님의 도우심.

39 므로닥발라단의 사자에게 자랑하는 히스기야(1-4). 이사야의 예언: "모두 바벨론으로 옮긴바 되고 남을 것이 없으리라."(6)

G. 제이이사야(40-55)

✜ 서론

1) 바벨론에 포로로 와 있는 이스라엘 사람들은 과거에 하나님이 애굽에서 조상들을 이끌어 내셨던 일을 생각한다. 바벨론의 상황은 시 137편이 잘 대변하고 있다. 이때에 한 무명의 선지자가 등장하여 '내 백성을 위로하라'는 하나님의 말씀을 전한다(40:1). 이제 하나님은 완전히 새로운 일을 시작하신다(43:16-21; 48:6-8). 하나님은 자신의 영광을 위해(43:25; 48:9-11), 이스라엘의 왕으로서(43:15; 44:6) 나서실 뿐 아니라(포로 해방), 전 세계를 위해서 일어나신다(51;4-5). 40장 이하를 제일이사야와 구분하려 한 것은 중세부터였으나, 56장부터를 제삼이사야로 나눈 것은 둠(Bernhard Duhm)이었다.
2) 이 선지자는 바사왕 고레스를 하나님의 종이라 한다(44:28; 45:1-4).
3) 40-55장에서 가장 주목을 끄는 부분은 '하나님 종의 노래들'(42:1-4; 49:1-6; 50:4-11; 52:13-53:12)이다. 이 종이 누구냐를 두고는 많은 논란이 있었는데, 유대인들은 이스라엘이나 메시야로 해석하고, 기독교인들은 그리스도라고 해석한다. 그러나 본래 제이이사야를 두고 쓴 글일 가능성도 높다. 제이이사야의 주제는 하나님의 나라여서 신약성경과 직접적으로 연결된다.

4) 제이이사야의 구조

서론 40:1-11

I. 유일하신 하나님, 창조주인 야흐베는 역사를 주관하신다(40:12-48:19)
  1) 40:12-42:9 이방신은 아무 것도 아니고 내가 고레스를 불렀다.
     42:10-13 송영
  2) 42:14-44:22 참으시던 야흐베는 이제 이스라엘을 구원하신다.
     44:23 송영
  3) 44:24-45:7 세상의 창조주이신 야흐베는 고레스를 목자로 삼으셨다
     45:8 송영
  4) 45:9-48:19 토기장이 하나님은 바벨론을 심판하신다.

II. 새로운 출애굽(48:20-55:13)
  1) 48:20-49:12 너희는 바벨론에서 나오라
     49:13 송영
  2) 49:14-52:6 시온이 원망하지만 하나님은 변함이 없으시다
     52:7-12 송영
  3) 52:13-55:7 잠시 버리셨던 하나님이 다시 시온을 찾으신다

에필로그(55:8-11.12-13)

40 1-11절은 전체의 요약이자 서론:
* "너희는 내 백성을 위로하라."(1)
* 제이이사야의 소명을 다룬 부분은 6-8절이다. "말하는 자의 소리여 이르되 외치라 대답하되 내가 무엇이라 외치리이까 하니 이르되 …… 풀은 마르고 꽃은 시드나 우리 하나님의 말씀은 영원히 서리라."(8)
* "아름다운 소식을 시온에 전하는 자여 너는 높은 산에 오르라"(9): 나 1:15; 사 52:7; 롬 10:15 참고.

1) 40:12-42:9 이방신은 아무 것도 아니고 내가 고레스를 불렀다.

* 12-31절은 비할 데 없는 하나님의 전능하심: "너희가 나를 누구에게 비

교하여."(25): 우상에 대한 조롱(18-20).

*"오직 여호와를 앙망하는 자는 새 힘을 얻으리니."(31)

41 *고레스를 부르신 하나님(1-5): "누가 동방에서 사람을 일깨워서."(2): 바벨론의 마지막 왕 나보니두스(나보니드)는 아라비아의 오아시스 데마에 궁전을 짓고 하란의 달신을 숭배하는 제사장으로 살면서 정치는 아들 벨사살에게 맡겨 놓았다. 이로 인해 바벨론의 제사장들과 시민들은 마음이 왕에게서 돌아서서 페르시아의 왕 고레스를 지지하였고, 고레스의 침입 때에는 성문을 열어 환영하였다.

*우상을 만드는 과정의 우스꽝스러움(6-7): "땜질이 잘 된다 하니 그가 못을 단단히 박아 우상을 흔들리지 아니하게 하는도다."

*하나님은 지렁이 같은 야곱을 붙드신다(8-20): "너는 나의 종이라."(9)

*"두려워하지 말라 내가 너와 함께 함이라 놀라지 말라 나는 네 하나님이 됨이라 내가 너를 굳세게 하리라 참으로 너를 도와 주리라 참으로 나의 의로운 오른손으로 너를 붙들리라"(10)

*역사의 주인과 이방신의 차이점(21-29): "장차 당할 일을 우리에게 진술하라."(22). "내가 한 사람을 일으켜 북방에서 오게 하며."(25)

42 *야흐베 종의 노래(1-4)와 그 부록(5-9): "내 마음에 기뻐하는 자 곧 내가 택한 사람을 보라."(1) "상한 갈대를 꺾지 아니하며 꺼져가는 등불을 끄지 아니하고."(3)

42:10-13 송영 "항해하는 자들과 바다 가운데의 만물과 섬들과 거기에 사는 사람들아 여호와께 새 노래로 노래하며 땅 끝에서부터 찬송하라"(10)

2) 42:14-44:22 참으시던 야흐베는 이제 이스라엘을 구원하신다.

*하나님이 자기 백성을 해방하신다(10-25): "그 대적을 크게 치시리로다."(13) 그들을 버리지 아니하리니(16), 조각한 우상을 의지하며 부어 만든 우상을 향하여 너희는 우리의 신이라 하는 자는 물리침을 받아 크게 수치를 당하리라(17).

43 하나님이 야곱을 구원하시니 두려워 말라: 두려워 말라고 하시는 하나님이

(1,5) 물과 불에서 건지시며(2) 너희를 그의 종과 증인으로 삼으셨으니(10); 나는 너의 왕이요(15), 이 백성은 내가 나를 위하여 지었나니 나를 찬송하게 하려 함이니라(21).

44 * 여수룬: 정직한자. 야곱의 반대. 여수룬아 두려워 말라(1-5).

* 처음과 마지막이신 하나님 외에 다른 신은 없다(6-19). 우상을 만드는 자들은 그 나무로 우상도 만들고 땔감으로도 쓰고 빵도 굽는다.
* "내가 네 허물을 빽빽한 구름 같이, 네 죄를 안개 같이 없이하였으니 너는 내게로 돌아오라 내가 너를 구속하였음이니라"(22)

 # 송영(44:23): "여호와께서 이 일을 행하셨으니 하늘아 노래할지어다 땅의 깊은 곳들아 높이 부를지어다 산들아 숲과 그 가운데의 모든 나무들아 소리 내어 노래할지어다 여호와께서 야곱을 구속하셨으니 이스라엘 중에 자기의 영광을 나타내실 것임이라"

3) 44:24-45:7 세상의 창조주이신 야흐베는 고레스를 목자로 삼으셨다

* 구세주 야흐베(24-28): "네 구속자요 모태에서 너를 지은 나 여호와가 이 같이 말하노라 나는 만물을 지은 여호와라 홀로 하늘을 폈으며 나와 함께 한 자 없이 땅을 펼쳤고."(24)
* "고레스에 대하여는 이르기를 내 목자라 그가 나의 모든 기쁨을 성취하리라 하며 예루살렘에 대하여는 이르기를 중건되리라 하며 성전에 대하여는 네 기초가 놓여지리라 하는 자니라": 고레스는 그의 목자, 예루살렘을 중건하시는 야흐베.

45 * 야곱을 위하여 고레스를 부르신 하나님(1-7).

 # 45:8 송영. "하늘이여 위로부터 공의를 뿌리며 구름이여 의를 부을지어다 땅이여 열려서 구원을 싹트게 하고 공의도 함께 움돋게 할지어다 나 여호와가 이 일을 창조하였느니라"

4) 45:9-48:19 토기장이 하나님은 바벨론을 심판하신다.

*절대 주권을 가지신 야훼(9-13): "진흙이 토기장이에게 너는 무엇을 만드느냐 또는 네가 만든 것이 그는 손이 없다 말할 수 있겠느냐."(9)

*온 세계를 구속하시는 하나님(14-25): "땅의 모든 끝이여 내게로 돌이켜 구원을 받으라 나는 하나님이라 다른 이가 없느니라"(22).

46 *세계를 경영하시는 하나님과 비견될 자 없다: "벨은 엎드러졌고"(1): 벨은 마르둑이며 바알과 같다.

*"너희가 나를 누구에게 비기며."(5) 내가 동쪽에서 사나운 날짐승을 부르며(11).

47 처녀 바벨론의 심판: "네가 다시는 여러 왕국의 여주인이라 일컬음을 받지 못하리라."(5); "한 날에 갑자기 자녀를 잃으며 과부가 되는 이 두 가지 일이 네게 임할 것이라."(9)

*"네가 네 악을 의지하고 스스로 이르기를 나를 보는 자가 없다 하나니 네 지혜와 네 지식이 너를 유혹하였음이라"(10): 행 26:24 참고.

48 배신한 이스라엘에 베푸시는 은혜(1-11): "네 목은 쇠의 힘줄이요 네 이마는 놋이라"(4); "내 이름을 위하여… 내가 참고 너를 멸절하지 아니하리라."(9)

*"네가 나의 명령에 주의하였더라면 네 평강이 강과 같았겠고 네 공의가 바다 물결 같았을 것이며"(18)

II. 새로운 출애굽(48:20-55:13)

1) 48:20-49:12 너희는 바벨론에서 나오라

*이스라엘이 구속 받을 시간이 왔다(14-22): "너희는 바벨론에서 나와서… 여호와께서 그의 종 야곱을 구속하셨다 하라."(20)

49 *야훼 종의 노래(1-6)와 그 부록(7-13): "내 입을 날카로운 칼 같이 만드시고."(2); "내가 너를 이방의 빛으로 삼아"(6)

*"내가 잡혀 있는 자에게 이르기를 나오라 하며 흑암에 있는 자에게 나타나라 하리라 그들이 길에서 먹겠고 모든 헐벗은 산에도 그들의 풀밭이 있을 것인즉"(9): 해방의 약속.

 # 송영(49:13). "하늘이여 노래하라 땅이여 기뻐하라 산들이여 즐거이 노래

하라 여호와께서 그의 백성을 위로하셨은즉 그의 고난 당한 자를 긍휼히 여기실 것임이라"

2) 49:14-52:6 시온이 원망하지만 하나님은 변함이 없으시다

* 시온의 불평은 잘못된 것이다(14-21): "주께서 나를 잊으셨다"(14); "내가 너를 내 손바닥에 새겼고"(16).
* "나는 홀로 남았거늘 이들은 어디서 생겼는고"(21); 야흐베가 이스라엘을 해방시키신다: "그들이 네 아들들을 품에 안고 네 딸들을 어깨에 메고 올 것이며."(22)

50 * 허물은 이스라엘에게 있다(1-3): "너희는 너희의 죄악으로 말미암아 팔렸고."(1)

* 야흐베 종의 노래(4-9)와 그 부록(10-11): "학자들(제자들)의 혀를 내게 주사"(4); "나를 때리는 자들에게 내 등을 맡기며."(6)

51 * 나의 구원은 영원히 있다(1-8): "하늘이 연기 같이 사라지고."(6)

* 야흐베의 팔이여 깨소서(9-16): "학대자의 분노를 어찌하여 항상 종일 두려워하느냐."(13)
* 예루살렘아 깰지어다(17-23): "나의 분노의 큰 잔을 네 손에서 거두어서 네가 다시는 마시지 못하게 하고."(22): 그 때에는 죄를 지은 자에게 완전히 취할 때까지 술을 마시게 하여 옷을 벗거나 수치스러운 행동을 하게 하여 조롱하는 관습이 있었다.

52 * 시온아 깨어라(1-3): "예루살렘이여 일어나 앉을지어다."(2)

* 하나님의 개입(4-6).

 # 송영(52:7-12). 기쁜 소식(복음: 7-12): "네 하나님이 통치하신다 하는 자의 산을 넘는 발이 어찌 그리 아름다운가."(7): 나훔 1:15에서 인용한 것이고, 롬 10:15에서 인용됨.

3) 52:13-55:7 잠시 버리셨던 하나님이 다시 시온을 찾으신다.

53 52:13-53:12은 하나님 종의 노래: "그가 찔림은 우리의 허물 때문이요."(5)

54 시온에게 새 약속을 주신다: “홀로 된 여인의 자식이 남편 있는 자의 자식보다 많음이라.”(1)

55 하나님의 은혜로운 초대: “너희 모든 목마른 자들아 물로 나아오라”(1); “하늘이 땅보다 높음 같이 내 길은 너희의 길보다 높으며”(9);

에필로그(55:8-11.12-13). 잣나무는 가시나무를 대신하여 나며(13): 지상낙원의 건설

H. 제삼이사야(56-66)

1) 배경: 이스라엘의 귀국 후 20년쯤이 될 것 같다. 바벨론에 끌려가지 않았던 사람들 중에는 우상 숭배에 가담한 사람들도 있었고, 이방인들도 성전 공사에 가담하기도 하였다. 사마리아인들과는 적대관계가 있었고, 동족들 간에도 불화가 심했다. 현실은 제이이사야가 그린 포로 이후의 삶과는 너무나 거리가 멀었다.

2) 57:14-21; 60-62장에는 제이이사야와 매우 밀접한 메시지를 발견할 수 있다. 거기에는 시온의 영광이 제이이사야 이상으로 화려하게 그려져 있다. 그러나 나머지 부분에서는 실망한 모습을 발견할 수 있다. 49-55; 60-62장은 같은 저자가 (같은 시대에) 썼을지도 모른다. 제삼이사야의 저자가 한 사람이 아니라 여러 사람일 것이라는 견해도 대두되고 있다.

3) 제삼이사야의 구조

a. 이스라엘을 넘어서는 하나님의 백성(56:1-8)
  b. 잘못된 제의(56:9-57:13)
    c. 백성의 구원(57:14-21)
      d. 하나님을 잘못 찾는 백성(58:1-14)
        e. 책망과 백성의 고백(59:1-15a)
          f. 야흐베의 팔(59:15b-20)
            g. 시온의 빛(60)
              x. 영을 부어 주심(61)

g'. 시온의 빛(62)

f'. 야흐베의 팔(63:1–6)

e'. 백성의 탄식과 고백(63:7–64:11)

d. 하나님이 백성을 찾으심(65:1–16)

c'. 백성의 구원(65:17–25)

b'. 잘못된 제의(66:1–6)

a'. 예루살렘, 모든 민족들, 이스라엘 자손들, 모든 육체와 하나님의 영광(66:7–24)

56 **[a. 이스라엘을 넘어서는 하나님의 백성(56:1–8)]** 이방인도 하나님의 백성이 될 수 있다(1-8): 안식일 지키고 하나님의 언약을 지키는 이방인(6); 내 집은 만민의 기도하는 집이라(7).

[b. 잘못된 제의(56:9–57:13)] 거짓 목자들(9-12): "파수꾼들은 맹인이요 다 무지하며 벙어리 개들이라."(10)

57 우상 숭배하는 자들(1-13): "의인이 죽을지라도 마음에 두는 자가 없고."(1)

[c. 백성의 구원(57:14–21)] 그래도 하나님이 구원하신다(14-21): "내가 영원히 다투지 아니하며."(16)

58 **[d. 하나님을 잘못 찾는 백성(58:1–14)]** 참된 금식(1-13): "흉악의 결박을 풀어 주며."(6) 안식일 성수의 복(13-14).

59 **[e. 책망과 백성의 고백(59:1–15a)]** 구속자가 시온에 임한다: "오직 너희 죄악이 너희와 너희 하나님 사이를 갈라놓았고"(2); "우리가 곰 같이 부르짖으며 비둘기 같이 슬피 울며 정의를 바라나 없고 구원을 바라나 우리에게서 멀도다"(11)

[f. 야흐베의 팔(59:15b–20)] "…자기 팔로 스스로 구원을 베푸시며 자기의 공의를 스스로 의지하사 공의를 갑옷으로 삼으시며"(16-17); "구속자가 시온에 임하며."(20)

60 **[g. 시온의 빛(60)]** 장래 시온의 영광: "일어나라 빛을 발하라"(1); "네 아들들은 원방에서 오겠고 네 딸들은 안기어 올 것이라"(4); "다시는 낮에 해가 네 빛이 되지 아니하며."(19)

61 **[x. 영을 부어 주심(61)]** 제삼이사야의 소명(1-3): "주 여호와의 영이 내게

내리셨으니 이는 여호와께서 내게 기름을 부으사 가난한 자에게 아름다운 소식을 전하게 하려 하심이라 나를 보내사 마음이 상한 자를 고치며 포로된 자에게 자유를, 갇힌 자에게 놓임을 선포하며"(1): 눅 4:18 이하에서 인용되었다.

*새 언약(4-11): "오직 너희는 여호와의 제사장이라"(6); "그들과 영원한 언약을 맺을 것이라."(8)

62 [g'. **시온의 빛(62)**] 시온의 장래 영광: "너를 헵시바('헤프치바흐': 내가 그 여자를 기뻐한다)라 하며 네 땅을 쁄라('브울라': 결혼한 여자)라 하리니"(4); "사람들이 너를 일컬어 거룩한 백성이라 여호와께서 구속하신 자라 하겠고."(12)

63 [f'. **야흐베의 팔(63:1-6)**] 하나님의 에돔 심판(1-6): "내가 본즉 도와 주는 자도 없고 붙들어 주는 자도 없으므로 이상히 여겨 내 팔이 나를 구원하며 내 분이 나를 붙들었음이라"(5)

[e'. **탄식과 백성의 고백(63:7-64:11)**] 하나님 백성의 회개기노(63:7-64:12): "… 아브라함은 우리를 모르고 이스라엘은 우리를 인정하지 아니할지라도 여호와여, 주는 우리의 아버지시라 옛날부터 주의 이름을 우리의 구속자라 하셨거늘 여호와여 어찌하여 우리로 주의 길에서 떠나게 하시며"(63:16-17)

64 "무릇 우리는 다 부정한 자 같아서 우리의 의는 다 더러운 옷 같으며 우리는 다 잎사귀같이 시들므로 우리의 죄악이 바람같이 우리를 몰아가나이다"(6)"시온이 광야가 되었으며."(64:10)

65 [d'. **하나님이 백성을 찾으심(65:1-16)**] 심판과 은혜: "그들이 무덤 사이에 앉으며 은밀한 처소에서 밤을 지내며 돼지고기를 먹으며 가증한 것들의 국을 그릇에 담으면서."(4)

*"내가 택한 자가 이를 기업으로 얻을 것이요."(9); "보라 나의 종들은 먹을 것이로되 너희는 주릴 것이니라 보라 나의 종들은 마실 것이로되 너희는 갈할 것이라 보라 나의 종들은 기뻐할 것이로되 너희는 수치를 당할 것이라"

[c'. **백성의 구원(65:17-25)**] 새 하늘과 새 땅의 약속(17-25): "내가 예루살렘을 즐거워하며 나의 백성을 기뻐하리니"(19); "이리와 어린 양이 함께 먹

을 것이며…나의 성산에서는 해함도 없겠고 상함도 없으리라."(25)

66 [b'. **잘못된 제의(66:1-6)]** 예배에 대한 비판(1-4): "너희가 나를 위하여 무슨 집을 지으랴."(1) "소를 잡아 드리는 것은 살인함과 다름이 없이 하고."(3)

[a'. 예루살렘, 모든 민족들, 이스라엘의 자손들, 모든 육체와 하나님의 영광(66:7-24)] 시온은 구원하고 악인은 심판한다(5-17): "여호와의 말씀을 인하여 떠는 자들아": '떠는 자들'은 의인의 암호. "너희가 예루살렘에서 위로를 받으리니"(13); 그의 진노는 그의 원수에게 더하리라."(14); 온 세계가 야흐베를 경배하리라(18-24). "여호와께서 불과 칼로 모든 혈육에게 심판을 베푸신즉 여호와께 죽임당할 자가 많으리니"(16); "… 또 나의 명성을 듣지도 못하고 나의 영광을 보지도 못한 먼 섬들로 보내리니 그들이 나의 영광을 뭇 나라에 전파하리라"(19)

예레미야

I. 안 내

1) 예레미야는 요시야(639-609) 13년(627년)에 소명을 받아서, 여호아하스(609), 여호야김(608-598), 여호야긴(597), 시드기야(597-587)의 다섯 왕이 유다를 다스릴 때에 활동했으며, 주전 587년에 유다 멸망을 체험했다. 앗수르의 수도 니느웨는 612년에 바벨론과 메대에 점령당하였으나 대신에 바벨론이 세계의 지배자로 나타난 시대였다. 바벨론은 597년에 여호야긴을 사로잡아 가고, 587년에는 성전을 포함한 예루살렘을 철저히 파괴시켰다.
2) 예루살렘의 문제는 하나님을 믿기보다는 동맹국을 믿고 성전과 예배에 의존했다는 점이었다(7장 참고).
3) 예레미야는 예루살렘 북쪽으로 5Km 떨어진 아나돗(아비아달의 고향)의 제사장 가문 출신으로서 비교적 어린 나이(1:4-7)에 부름을 받은 것 같다. 이름의 뜻은 "여호와께서 높이신다", "여호와께서 기초를 놓으신다"라는 뜻인 듯하다. 그는 하나님의 명령으로 결혼을 하지 않았다(16:1-4).
4) 예레미야는 민중이 그의 예언에 반발하였고, 하나님은 비인간적인 무리한 요구를 하셨기 때문에 양자 사이에서 탄식을 하게 된다: 8:18-9:6; 11:18-23; 12:1-6; 15:10-18; 18:18-23; 20:7-10. 14-18. 그러나 예레미야는 하나님이 이스라엘과 새 언약을 맺으실 것을 약속하기도 했다: 31:31-34.
5) 예레미야는 세 부분으로 나누어지는데, 2-24장(또는 25:14까지)에선 예언자가 직접 전한 말씀이, 26-45장에는 예언자에 대해 3인칭으로 말하는 기록이, 46-51장은 이방민족들에 대한 말씀이 나타난다. 52장은 왕하 24:18-25:7을 옮겨 놓은 것이다.

1부 이스라엘과 유다에 대한 심판의 말씀(1-25)[시가]

A. 1	소명과 환상 보고
B. 2-6	이스라엘과 유다/예루살렘에 대한 '초기의 예언'
C. 7-10	여호야김 시대의 선포(608-598)
D. 11-13	예언자의 삶
E. 14-17.18-20	상징행위, '고백들', 예언자가 받는 핍박
F. 21-24	시드기야 시대의 선포(597-587)
G. 25	여호야김 시대의 선포(608-598)

2부 예레미야에 대한 이야기들과 바룩에 대한 예언(26-45)[산문]

A. 26-29	성전 설교와 거짓 예언자들과의 대결
B. 30-31	위로의 책
C. 32-33	밭을 사고 구원의 예언을 하다
D. 34	시드기야의 최후에 대한 예언과 노예해방 약속의 취소
E. 35	레갑사람들의 모범
F. 36-39	여호야김과 시드기야와의 갈등(예레미야의 수난사)
G. 40-43	그다랴의 암살과 애굽 도피
H. 44	애굽에 간 피난민들의 우상숭배
I. 45	바룩에 대한 구원 예언

3부 이방민족들에 대한 예언(46-51)[시가]

46-51	이방민족들에 대한 예언

역사적인 부록(52) [왕하 24:18-25:21. 27-30 참고]

Ⅱ. 내 용

1부 예루살렘과 유다에 대한 심판의 말씀(1-25)

A. 소명과 환상 보고(1)

1 *아나돗의 제사장 아들 예레미야의 말. 요시야(639-609) 13년(627)에 소명을 받다. 시드기야왕 11년(587)에 예루살렘이 정복당함.

*예레미야의 소명: "네가 배에서 나오기 전에 너를 성별하였고 너를 여러

나라의 선지자로 세웠노라"(5); "너는 그들 때문에 두려워하지 말라."(8) "보라 내가 내 말을 네 입에 두었노라. 보라 내가 오늘 너를 여러 나라와 여러 왕국 위에 세워 네가 그것들을 뽑고 파괴하며 파멸하고 넘어뜨리며 건설하고 심게 하였느니라."(9-10)

* 살구(아몬드)나무의 환상(11-12): 살구나무(שָׁקֵד 샤케드)와 지킨다(שֹׁקֵד 쇼케드)의 음이 비슷함.
* 끓는 가마가 기울어짐(13-16): 북에서의 침입. 우상 숭배 때문.
* 예레미야는 견고한 성읍, 쇠기둥, 놋성벽이 되게 하심(18).

B. 이스라엘과 유다/예루살렘에 대한 '초기의 예언'(2-6)

2 * 광야 시절은 신혼 시기였다. 이스라엘은 하나님의 첫 열매(1-3). 그런데 무엇 때문에 하나님을 떠났느냐? '광야의 여호와께서 어디 계시냐'고 묻지 않는 너희들(4-9). 깃딤 섬들(구브로 등의 서쪽 민족들), 게달(아라비아 사막 주민들)은 그들의 신들을 바꾸지 않았는데, 내 백성은 하나님의 영광을 무익한 것과 바꾸었다(10-11).

* 내 백성의 두 가지 악(13): 생수의 근원 되는 나를 버리고 터진 웅덩이(물 저장소)를 판 것.
* "모든 높은 산 위에서와 모든 푸른 나무 아래에서 너는 몸을 굽혀 행음하도다"(20): 이방 신에게 절을 하는 모습과 행음하는 모습을 뜻함.
* "이방 포도나무의 악한 가지가 됨은 어찌 됨이냐?"(21): 사 5장 참고.
* "처녀가 어찌 그의 패물을 잊겠느냐…오직 내 백성은 나를 잊었나니."(32)

3 "남편이 그를 다시 받겠느냐?"(1): 신 24:1-4 참고.

* "돌과 나무와 더불어 행음함"(9): 하나님과 백성의 관계는 혼인한 사이.
* "나는 너희 남편임이라"(14): 북이스라엘의 귀환 약속.

4 * "너희 묵은 땅을 갈고 가시덤불에 파종하지 말라"(3); "스스로 할례를 행하여 너희 마음 가죽을 베고."(4)

* "사자(느부갓네살)가 그 수풀에서 올라왔으며."(7)

* "주께서 이 백성과 예루살렘을 크게 속이셨나이다"(10): 평강을 외치는 예언자를 두고 하는 말?
* "슬프고 아프다…악을 행하기에는 지각이 있으나 선을 행하기에는 무지하도다"(19-22): 롬 16:19 참고.
* "초산하는 자의 고통 하는 소리 같으니 이는 시온의 딸의 소리라."(31)

5 * 예루살렘 거리에서 한 사람의 의인도 찾을 수 없다(1). "살진 수말 같이 각기 이웃의 아내를 따르며 소리지르는도다."(8: 가나안 풍습?)
* "새장에 새들이 가득함같이 너희 집들에 속임이 가득하도다"(27); "선지자들은 거짓을 예언하며 제사장들은 자기 권력으로 다스리며 내 백성은 그것을 좋게 여기니 마지막에는 너희가 어찌하려느냐?"(31)

6 * "베냐민 자손들아 예루살렘 가운데로부터 피난하라"(1); "샘이 그 물을 솟쳐냄같이 그(예루살렘)가 그 악을 드러내니"(7): 예루살렘의 패망.
* "여호와의 말씀을 그들이 자신들에게 욕으로 여기고 이를 즐겨 아니하니"(10); "그들이 (선지자, 제사장) 내 백성의 상처를 가볍게 여기면서 말하기를 평강하다 평강하다 하나 평강이 없도다."(14)
* "내가 또 너희 위에 파수꾼을 세웠으나 … 우리는 듣지 않겠노라 하였도다."(17) "내가 이미 너를 내 백성 중에 망대와 요새로 삼아 그들의 길을 알고 살피게 하였노라."(27)

C. 여호야김 시대의 선포(7-10)[608-598]

7 * 성전 설교(26장 참고): "너희는 이것이 여호와의 성전이라, 여호와의 성전이라, 여호와의 성전이라 하는 거짓말을 믿지 말라"(4); "너희는 … 실로에 가서 내 백성 이스라엘의 악에 대하여 내가 어떻게 행하였는지를 보라."(12)
* "그런즉 너는 이 백성을 위하여 기도하지 말라 … 내가 네게서 듣지 아니하리라"(16); "힌놈의 아들의 골짜기라 말하지 아니하고 죽임의 골짜기라 말하리니."(32)

8 "공중의 학은 그 정한 시기를 알고 산비둘기와 제비와 두루미는 그들이 올

때를 지키거늘 내 백성은 여호와의 규례를 알지 못하도다."(7)

9 *"어찌하면 내 머리는 물이 되고 내 눈은 눈물 근원이 될꼬 죽임을 당한 딸 내 백성을 위하여 주야로 울리로다."(1)

*"사람의 시체가 분토 같이 들에 떨어질 것이며 추수하는 자의 뒤에 버려져 거두지 못한 곡식단 같이 되리라"(22): 조가를 불러라!

10 *"그것이(열방의 신들) 둥근 기둥 같아서 말도 못하며 걸어다니지도 못하므로 사람이 메어야 하느니라 그것이 그들에게 화를 주거나 복을 주지 못하나니 너희는 두려워하지 말라."(5; 사 44:9-20 참고)

*"다시스에서 가져온 은박과 우바스에서 가져온 금으로 꾸미되 기술공과 은장색의 손으로 만들었고 청색 자색 옷을 입었나니 이는 정교한 솜씨로 만든 것이거니와 오직 여호와는 참 하나님이시오."(9-10)

*"슬프다 내 상처여 내가 중상을 당하였도다 그러나 내가 말하노라 이는 참으로 고난이라 내가 참아야 하리로다"(19): 탄식.

D. 예언자의 삶(11-13)

11 예레미야를 죽이려는 아나돗 사람들의 음모(18-23): "나는 끌려서 도살당하러 가는 순한 어린 양과 같으므로 그들이 나를 해하려고 꾀하기를 우리가 그 나무와 열매를 함께 박멸하자 그를 살아 있는 자의 땅에서 끊어서 그의 이름이 다시 기억되지 못하게 하자 함을 내가 알지 못하였나이다"(19): 사 53장과 유사함.

12 *예레미야의 질문: "악한 자의 길이 형통하며 반역한 자가 다 평안함은 무슨 까닭이니이까?"(1)

*"네가 보행자와 함께 달려도 피곤하면 어찌 능히 말과 경주하겠느냐."(5)

13 *베띠를 유브라데에 심게 하신 하나님. "내가 유다의 교만과 예루살렘의 큰 교만을 이같이 썩게 하리라"(9): 상징행위.

*"다윗의 왕위에 앉은 왕들과 제사장들과 선지자들과 예루살렘 모든 주민으로 잔뜩 취하게 하고"(13): 진노의 잔.

*"구스인이 그의 피부를, 표범이 그의 반점을 변하게 할 수 있느냐 할 수

있을진대 악에 익숙한 너희도 선을 행할 수 있으리라"(23): 이스라엘의 죄는 변하지 않는다.

E. 상징행위, '고백들', 예언자가 받는 핍박(14-17.18-20)

14 가뭄 재앙을 맞이하여 예레미야가 기도: "여호와여 우리의 죄악이 우리에게 대하여 증언할지라도 주는 주의 이름을 위하여 일하소서 우리의 타락함이 많으니이다."(7)

15 *"모세와 사무엘이 내 앞에 섰다 할지라도 내 마음은 이 백성을 향할 수 없나니 그들을 내 앞에서 쫓아 내보내라."(1)

*예레미야의 탄식: "내게 재앙이로다 나의 어머니여 어머니께서 나를 온 세계에 다투는 자와 싸우는 자를 만날 자로 낳으셨도다 내가 꾸어 주지도 아니하였고 사람이 내게 꾸이지도 아니하였건마는 다 나를 저주하는도다."(10)

*"주께서는 내게 대하여 물이 말라서 속이는 시내(와디) 같으시리이까?"(18)

*하나님의 대답: "그들은 네게로 돌아오려니와 너는 그들에게로 돌아가지 말지니라."(19)

16 *"너는 이 땅에서 아내를 맞이하지 말며 자녀를 두지 말지니라"(2): 심판의 징조.

*귀환 약속: "이스라엘 자손을 북방 땅과 그 쫓겨났던 모든 나라에서 인도하여 내신 여호와께서 살아 계심을 두고 맹세하리라."(15)

17 "무릇 사람을 믿으며 육신으로 그의 힘을 삼고 마음이 여호와에게서 떠난 그 사람은 저주를 받을 것이라 그는 사막의 떨기나무 같아서 좋은 일이 오는 것을 보지 못하고 광야 간조한 곳, 건건한 땅, 사람이 살지 않는 땅에 살리라."(5-6)

*그러나 "여호와를 의뢰하는 사람은 … 물가에 심어진 나무가 그 뿌리를 강변에 뻗치고 더위가 올지라도 두려워하지 아니하며 그 잎이 청청하며"(7-8): 시 1편 참고.

*안식일을 거룩하게 지키라(19이하).

18 *토기장이의 비유: 멸하려다가도 살리고, 살리려다가도 죽이는 하나님.

*"그들이 말하기를 오라 우리가 꾀를 내어 예레미야를 치자 제사장에게서 율법이, 지혜로운 자에게서 책략이, 선지자에게서 말씀이 끊어지지 아니할 것이니 오라 우리가 혀로 그를 치고 그의 어떤 말에도 주의하지 말자 하나이다."(18)

19 힌놈의 아들의 골짜기에 가서 오지병을 깨뜨리는 예레미야: "사람이 토기장이의 그릇을 한 번 깨뜨리면 다시 완전하게 할 수 없나니 이와 같이 내가 이 백성과 이 성읍을 무너뜨리리니."(11)

20 *성전 총감독 바스훌이 예레미야를 베냐민문 위층에 나무 고랑으로 채웠다가 하루 뒤에 풀어주다(2) - 마골밋사빕(사방의 두려움)이라 저주함.

*탄식: "여호와의 말씀으로 말미암아 내가 종일토록 치욕과 모욕 거리가 됨이니이다 내가 다시는 여호와를 선포하지 아니하며 그의 이름으로 말하지 아니하리라 하면 나의 마음이 불붙는 것 같아서 골수에 사무치니 답답하여 견딜 수 없나이다."(8-9)

*"내 생일이 저주를 받았더면, 나의 어머니가 나를 낳던 날이 복이 없었더면"(14): 욥 3장 참고.

F. 시드기야 시대의 선포(21-24)[597-587]

21 바벨론왕 느부갓네살의 침입(1-2): 예레미야는 항복을 권유(9).

22 *"너희는 죽은 자(요시야)를 위하여 울지 말며 그를 위하여 애통하지 말고 잡혀 간 자(여호아하스)를 위하여 슬피 울라 그는 다시 돌아와 그 고국을 보지 못할 것임이라."(10)

*"네(여호야김)가 백향목을 많이 사용하여 왕이 될 수 있겠느냐 네 아버지가 먹거나 마시지 아니하였으며 정의와 공의를 행하지 아니하였느냐 그 때에 그가 형통하였었느니라."(15)

*"이 사람 고니야(여호야긴)는 천하고 깨진 그릇이냐 … 어찌하여 그와 그 자손이 쫓겨나서 알지 못하는 땅에 들어갔는고."(28)

23 *"내가 다윗에게 한 의로운 가지를 일으킬 것이라"(5): 메시야 예언.
*"이 선지자들은 내가 보내지 아니하였어도 달음질하며 내가 그들에게 이르지 아니하였어도 예언하였은즉"(21); "꿈을 꾼 선지자는 꿈을 말할 것이요 내 말을 받은 자는 성실함으로 내 말을 말할 것이라 겨가 어찌 알곡과 같겠느냐."(28)
24 두 개의 무화과 광주리: 좋은 게 포로들.

G. 여호야김 시대의 선포(25)[608-598]

25 "이 민족들은 칠십 년 동안 바벨론의 왕을 섬기리라"(11): 단 9:24의 칠십 이레 참고. "너는 내 손에서 이 진노의 술잔을 받아가지고 내가 너를 보내는 바 그 모든 나라로 하여금 마시게 하라."(15)

2부 예레미야에 대한 이야기들과 바룩에 대한 예언 (26-45)[산문]

A. 성전 설교와 거짓 예언자들과의 대결(26-29)

26 *성전 연설: "내가 이 성전을 실로 같이 되게 하고 이 성을 세계 모든 민족의 저줏거리가 되게 하리라 하셨느니라"(6): 제사장들과 선지자들이 예레미야를 죽이려고 하되 백성과 고관들이 모레셋 사람 미가의 예를 들며 말리다. 사반의 아들 아히감이 예레미야를 보호하다: 마틴 루터가 종교개혁을 할 때에도 작센(Sachsen)공 선제후 프리드리히(Johann Friedrich)가 루터를 바르트부르그(Wartburg) 성에 보호함.
*우리야는 같은 예언을 하고 애굽으로 도망하였다가 잡혀 와서 죽임을 당함.
27 예레미야가 줄과 멍에를 목에 얽고 시드기야에게 바벨론의 멍에를 멜 것을 권유하다.
28 하나냐가 거짓 예언을 하다: 두 해가 차기 전에 포로들은 돌아오리라(3-4). 예레미야의 멍에를 꺾자 예레미야는 하나님이 쇠 멍에를 만드셨음을 선포하고, 하나냐의 죽음을 선포하여 두 달 뒤에 하나냐가 죽음.

29 예레미야의 편지: 바벨론 거민들에게 집 짓고 텃밭을 만들고 결혼하라고 포로민들에게 권유함. 바벨론에는 거짓 선지자 골라야의 아들 아합과 마아세야의 아들 시드기야가 활동하므로, 하나님이 저주거리가 되게 하심. 바벨론의 거짓 예언자 스마야가 예루살렘(제사장 마아세야의 아들 스바냐)에 편지하여 예레미야를 벌하라고 함. 예레미야가 저주하다.

B. 위로의 책(30-31)

30 구원 예언: "그 날에 내가 네 목에서 그 멍에를 꺾어 버리며 네 포박을 끊으리니 다시는 이방인을 섬기지 않으리라."(8)

31 *"라마에서 슬퍼하며 통곡하는 소리가 들리니 라헬이 그 자식 때문에 애곡하는 것이라."(15)

*"내가 나의 법을 그들의 속에 두며 그들의 마음에 기록하여"(33): 새 언약

C. 밭을 사고 구원의 예언을 하다(32-33)

32 시위대 뜰에 갇힌 예레미야에게 숙부의 아들 하나멜이 와서 밭을 사라고 하여 은 17 세겔을 줌. "사람이 이 땅에서 집과 밭과 포도원을 다시 사게 되리라."(15)

33 "너는 내게 부르짖으라 내가… 크고 은밀한 일을 네게 보이리라."(3)

D. 시드기야의 최후에 대한 예언과 노예해방 약속의 취소(34)

34 시드기야는 사롭잡혀서 바벨론왕을 보게 될 것이고 바벨론에 잡혀 갈 것이다(3). 예루살렘, 라기스, 아세가만 남다(7). 노비를 해방시켰다가 다시 부리는 사람들(11).

E. 레갑사람들의 모범(35)

35 레갑 족속은 조상 요나답(여호나답: 왕하 10:15)의 지시로 집도 짓지 않고

파종도 않고, 포도주도 마시지 않는데, 이 백성은 나를 듣지 아니하도다.

F. 여호야김과 시드기야와의 갈등(예레미야의 수난사: 36-39)

36 바룩이 두루마리를 성전 내의 서기관 그마랴의 방에서 낭독. 여후디가 여호야김 앞에서 낭독할 때에 왕이 잘라서 태움. 하나님은 여호야김을 저주하심: 그에게 다윗의 위에 앉을 자 없게 되고, 시체가 버려져서 낮에는 더위, 밤에는 추위를 당하리라. 바룩과 예레미야는 숨다. 예레미야가 다시 같은 말을 기록하다.

37 애굽의 바로 호브라의 군대가 출전하자 바벨론군은 포위를 잠시 풀고 물러감. 예레미야는 자기 고향으로 가려다가 수문장 이리야에게 체포되어 서기관 요나단의 집에 갇힘. 시드기야가 하나님의 뜻을 물으러 불렀다가 예레미야의 간청으로 그를 시위대 뜰에 둠.

38 고관들의 청으로 왕이 예레미야를 내어 주어 시위대 뜰에 있는 웅덩이에 집어넣음. 환관 구스인 에벳멜렉이 왕에게 간청하여 다시 꺼내어 감옥 뜰에 머물고 매일 떡 한 개씩을 배급 받다. 항복을 두려워하는 시드기야: 먼저 항복한 자들을 두려워함.

39 성의 함락(52:4-16; 왕하 25:1-12와 거의 같음). 시드기야는 체포당하고, 예레미야는 그다랴에게 맡겨짐. 구스인 에벳멜렉이 구원을 얻을 것을 예언.

G. 그다랴의 암살과 애굽 도피(40-43)

40 예레미야가 느부사라단에게 포로로 잡혀가다가 해방되어, 미스바에 있는 그다랴에게 나아감. 요하난은 느다냐의 아들 이스마엘(왕족)이 암몬왕 바알리스의 사주로 그다랴를 죽일 거라는 정보를 전했으나 그다랴는 믿지 않음.

41 이스마엘이 그다랴와 그 부하들, 바벨론 관리들, 북에서 온 순례자 70명을 죽이고 암몬으로 사람들을 데리고 도망하다가 요하난의 추적으로 8명만 도망함. 요하난 일행은 애굽으로 도피하다가 베들레헴에 머물다.

42 예레미야에게 하나님의 뜻을 묻고 그 뜻대로 하기로 요하난 일행이 약속했으나, 예레미야가 하나님께 기도한지 10일 후에 내린 하나님의 뜻은 이 땅

에 머물라는 것이었다. 애굽에 가면 전쟁이 따라갈 것이라 하셨으나(568년에 느부갓네살이 쳐들어감), 요하난 일행은 믿지 않음.

43 요하난이 다바네스(애굽 동쪽 국경의 첫 도시)로 예레미야와 바룩을 데리고 감. 예레미야는 다바네스 바로의 집(정부 청사) 마당에 큰 돌을 감추고 이곳에 느부갓네살이 그 보좌를 세울 것을 예언하다. 이전에 671년에 에살핫돈이 애굽을 점령한 적이 있었다.

H. 애굽에 간 피난민들의 우상숭배(44)

44 *우상 숭배하는 유다인들을 예레미야가 책망하니까 여인들은 하늘 여신(아스다롯)에게 제사 지낼 때에 오히려 우리가 풍요로웠고 그 제사를 중지하고부터 재난이 임했다고 대답한다.

*호브라의 죽음 예고(569년에 피살).

I. 바룩에 대한 구원 예언(45)

45 바룩의 탄식에 대한 하나님의 대답: "네가 너를 위하여 큰 일을 찾느냐 그것을 찾지 말라 보라 내가 모든 육체에 재난을 내리리라 그러나 네가 가는 모든 곳에서는 내가 너에게 네 생명을 노략물 주듯 하리라 여호와의 말씀이니라"(5)

3부 이방민족들에 대한 예언(46-51)[시가]

46 애굽에 대한 예언: 애굽이 갈그미스에서 패할 것을 예언(1-12): 605년.

*붓: 리비아. 루딤: 북아프리카의 한 민족. 바벨론의 침입에 대한 예언: 568년에 나일 삼각주까지 쳐들어옴.

47 블레셋에 대한 예언: 두로와 시돈도 블레셋의 우군. 선지자는 블레셋을 불쌍히 여긴다.

48 모압에 대한 예언: 모압의 교만을 꺾으시는 하나님.

49 *암몬에 대한 예언: 말감(밀곰)이 갓을 점령하다니.

*에돔에 대한 예언: 네 마음의 교만이 너를 속였도다(16).

*다메섹, 아라비아, 엘람에 대한 예언.

50 바벨론에 대한 예언: "온 세계의 망치가 어찌 그리 꺾여 부서졌는고."(23) - 이사야 14장 참고.

51 "바벨론은 여호와의 손에 잡혀 있어 온 세계가 취하게 하는 금잔이라 뭇 민족이 그 포도주를 마심으로 미쳤도다"(7); 메대가 바벨론을 친다(11-14). 예루살렘에 대한 복수(34-40). 유다는 거기서 나오라(45).

역사적인 부록(52)[왕하 24:18-25:21, 27-30 참고]

52 부록: 시드기야의 체포, 투옥. 예루살렘의 멸망. 여호야긴의 사면: 에윌므로닥 원년 37년만에. 왕하 24:18-25:7을 옮김.

애 가

Ⅰ. 서 론

1) 587년의 재난을 슬퍼하는 다섯 개의 시를 모은 책. 주제는 이스라엘 백성이 스스로 지은 죄 때문에 망하였지, 하나님이 잘못하신 게 아니라는 것이다. 절망적인 탄식(1:1-2)으로 시작하여 회개하고 하나님께 돌아가는 것(5:21-22)으로 끝나고 있다.
2) 이 시를 지은 곳은 유다 땅이며, 매년 성전 파괴기념일(5월 9일)에 열린 회개 및 탄식행사 때에 불렸던 노래였을 것이다.
3) 헬라어와 라틴어 번역본에서 예레미야 애가라는 제목이 붙었다.
4) 5장을 제외하곤 알파벳시, 3장은 66절, 나머지는 다 22절로 되어 있다. 즉흥적인 시가 아니라 의도적으로 정교하게 만든 것이었다.
5) 다섯 개의 명절 두루마리의 하나. 유대인들은 아브(5)월 9일에 이 책을 읽는다.

Ⅱ. 내 용

1 예루살렘이 울부짖으며 도움을 구한다.

* "슬프다 이 성이여 전에는 사람들이 많더니 이제는 어찌 그리 적막하게 앉았는고 전에는 열국 중에 크던 자가 이제는 과부 같이 되었고 전에는 열방 중에 공주였던 자가 이제는 강제 노동을 하는 자가 되었도다"(1)
* "그의 더러운 것이 그의 옷깃에 묻어 있으나 그의 나중을 생각하지 아니함이여 그러므로 놀랍도록 낮아져도 그를 위로할 자가 없도다."(9)

2 유다와 예루살렘의 황폐한 상태에 대한 탄식

* "슬프다 주께서 어찌 그리 진노하사 딸 시온을 구름으로 덮으셨는가 이스라엘의 아름다움을 하늘에서 땅에 던지셨음이여 그의 진노의 날에 그의 발판을 기억하지 아니하셨도다"(1):예루살렘은 하나님의 처소, 이름을 두시는 곳 등으로 불렸으나 여기선 발판으로 생각되었다. 하나님은 하늘에 앉으셔서 예루살렘 성전을 그 발판으로 삼으신다는 뜻이다.
* "주께서 그의 초막을 동산처럼 헐어 버리시며 그의 절기를 폐하셨도다 여호와께서 시온에서 절기와 안식일을 잊어버리게 하시며 그가 진노하사 왕과 제사장을 멸시하셨도다"(6): 여기선 성전이 하나님의 초막으로 간주되었다.
* "그들이 성읍 길거리에서 상한 자처럼 기절하여 그의 어머니들의 품에서 혼이 떠날 때에 어머니들에게 이르기를 곡식과 포도주가 어디 있느냐 하도다"(12).
* "네 선지자들이 네게 대하여 헛되고 어리석은 묵시를 보았으므로"(14)
* "너를 향하여 박수치며 딸 예루살렘을 향하여 비웃고 머리를 흔들며 말하기를 온전한 영광이라, 모든 세상 사람들의 기쁨이라 일컫던 성이 이 성이냐 하며"(15): 두로도 그와 비슷한 명칭을 가졌었다(겔 27:3-4 참고).
* "여호와여… 여인들이 어찌 자기 열매 곧 그들이 낳은 아이들을 먹으오며 제사장들과 선지자들이 어찌 주의 성소에서 죽임을 당하오리이까?"(20) 왕하 8:28-29 참고.

3 고난 가운데 있는 한 사람의 탄원과 위로.

* "내 마음에 담아 두었더니 그것이 오히려 나의 소망이 되었사옴은 여호와의 인자와 긍휼이 무궁하시므로 우리가 진멸되지 아니함이니이다"(21-22): 오히려 하나님을 찬양한다.
* "주께서 인생으로 고생하게 하시며 근심하게 하심은 본심이 아니시로다."(33)
* "살아 있는 사람은 자기 죄들 때문에 벌을 받나니 어찌 원망하랴 우리가 스스로 우리의 행위들을 조사하고 여호와께로 돌아가자."(39-40)

4 시온의 불행과 수치

* "이제는 딸 내 백성의 죄가 소돔의 죄악보다 무겁도다"(6): 스스로 죄를 인정한다.
* "우스 땅에 사는 딸 에돔아 즐거워하며 기뻐하라 잔이 네게도 이를지니 네가 취하여 벌거벗으리라."(21): 예루살렘이 망할 때에 기뻐하고 바벨론의 앞잡이가 되어 유다 남부 대부분을 점령한 에돔에 대한 분노. 시 137 참고.

5 심한 굴욕을 겪는 백성의 기도

* "대적들이 시온에서 부녀들을, 유다 각 성읍에서 처녀들을 욕보였나이다."(11)

에 스 겔

I. 안 내

1) 느부갓네살(604-562)이 597년에 예루살렘을 포위. 여호야긴이 항복하자 왕과 상류층들을 잡아갔는데, 에스겔도 그 중에 끼어 있었다.
2) '예헤즈켈'은 '하나님께서 힘 있게 하시기를'이란 뜻인 듯. 593년부터 바벨론에서 활동. 소명 보고가 길다(1-3장).
3) 두 시기로 구분: 1) 593-587년: 심판 예언(1-24장). 2) 587년 이후: 구원과 위로의 예언(33-48장). 25-32장은 이방에 대한 예언.
4) 하나님은 전적으로 다르신 분. 에스겔은 인자(덧없는 존재).
5) 상징행위가 많은 게 에스겔의 특징. 시문은 적다. 그의 제자들이 그의 예언과 행동을 기록한 듯.
6) 알레고리와 비유의 차이점: 비유는 누가 들어도 그 뜻을 알 수 있는 것(예: 탕자의 비유, 잃은 양의 비유 등). 알레고리는 누가 열쇠를 제공하지 않으면 그 의미를 알 수 없는 것(예: 겔 16장, 23장).
7) 구조

1부 심판 예언(1-24)

A. 소명 환상과 집안에서의 상징행위(1-5)
B. 이스라엘의 산들과 농촌에 대한 심판 예언(6-7)
C. 성전에 대한 환상 모음(8-11)
D. 이스라엘, 특히 예루살렘에 대한 심판 예언. 테두리는 예루살렘에 대한 상징행위(12-24)

2부 이방 민족들에 대한 예언(25-32)

A. 암몬, 모압, 에돔, 블레셋에 대한 심판 예언(25)

B. 두로에 대한 심판 예언 모음(26–28)

C. 애굽에 대한 심판 예언 모음(29–32)

3부 구원 예언(33–39)

A. 구원 예언의 서론이 되는 두 번째 소명기사(33:1–20)

B. 예루살렘 함락의 소식을 듣고 벙어리 상태에서 벗어나다(33:21–22)

C. 살아남은 자의 교만에 대한 책망(33:23–39)

D. 포로민들이 순종 않고 듣기만 좋아하다(33:30–33)

E. 이스라엘의 목자: 심판에서 구원으로(34)

F. 에돔에 대한 심판 예언(35–36:15)

G. 심판의 이유와 이스라엘의 회복(36:16–28)

H. 죽은 뼈들이 살아나다(37:1–14)

I. 유다와 요셉의 연합(37:15–28)

J. 마곡의 곡(38–39)

4부 새 나라의 헌법(40–48)

A. 성전의 크기(40–42)

B. 새 성전의 봉헌과 하나님의 임재(43:1–12)

C. 성전의 설비와 성전 제의, 종사자, 왕, 제사(43:13–46:24)

D. 성전에서 나오는 샘물(47:1–12)

E. 땅 분배(47:13–48:35)

Ⅱ. 내 용

1부 심판 예언(1–24)

A. 소명 환상과 집안에서의 상징행위(1–5)

1 에스겔이 30세 되던 해, 포로 된 지 5년만에(593) 그발강가에서 야흐베의 권능이 부시의 아들 제사장 에스겔에게 임하다(압류, 징발하다). 수레보좌를 뵙다: 바퀴 위에 네 생물(네 얼굴과 네 날개: 사람, 사자, 소, 독수리)이 있어서 신의 뜻대로 자유롭게 움직이고, 그 머리 위에 수정 같은 궁창이

있고 그 위에 보좌, 그 위에 사람의 모양 같은 한 형상(허리 이상은 단 쇠 같고, 속과 주위가 불 같고, 허리 이하도 불 같다)이 계셨다.

2 "내가 너를 이스라엘 자손 곧 패역한 백성, 곧 나를 배반하는 자에게 보내노라… 이 자손은 얼굴이 뻔뻔하고 마음이 굳은 자니라… 듣든지 아니 듣든지 그들 가운데 선지자가 있음을 알지니라"(3-5); "인자야 너는 비록 가시와 찔레와 함께 있으며 전갈 가운데 거할지라도 그들을 두려워하지 말고….'"(6)

3 "내가 입을 벌리니 그가 그 두루마리를 내게 먹이시며… 내가 먹으니 그것이 내 입에서 달기가 꿀 같더라"(2-3): 이사야, 예레미야, 에스겔은 모두 소명 때에 입과 관련된 체험을 한다. 계 10:10 참고.

* 델아빕에 이르러 7일을 보낸 후에 말씀이 임하다: "내가 너를 이스라엘 족속의 파수꾼으로 세웠으니"(17): 안 깨우치면 에스겔 책임, 안 들으면 그들 책임.
* 집에 들어가 묶임: 예루살렘의 포위를 상징. 에스겔이 벙어리가 되다.

4 * 토판에다가 예루살렘을 그리고, 사다리를 세우고, 흙으로 언덕을 쌓고, 성을 향하여 진을 치고, 공성퇴를 둘러 세우고, 철판을 세워 포위하라(2-3).
* 좌편으로 390일(다윗시대로 거슬러 올라감) 누워서 이스라엘의 죄를 담당하고, 우편으로 40일(포로시대) 동안 누워서 유다의 죄를 당하며 쇠똥으로 구운 떡을 먹어라.

5 머리털과 수염을 잘라서 1/3은 태우고(전염병과 기근), 1/3은 성읍 사방에서 칼로 치고, 1/3은 바람에 흩어라(사방에 흩고 칼로 좇는다).

B. 이스라엘의 산들과 농촌에 대한 심판 예언(6-7)

6 산의 산당들 사이에 시체가 떨어질 것.

7 "너는 쇠사슬을 만들라"(23).

* "환난에 환난이 더하고 소문에 소문이 더할 때에 그들이 선지자에게서 묵시를 구하나 헛될 것이며 제사장에게는 율법이 없어질 것이요 장로에게는 책략이 없어질 것이며."(26)

C. 성전에 대한 환상 모음(8-11)

8 포로 후 6년: 장로들과 함께 앉아 있을 때에 하나님이 에스겔을 예루살렘으로 데려가심: 성전 제단 문 어귀 북편에 투기의 우상, 각양 곤충과 가증한 짐승의 우상이 있었다. 바벨론의 목자신 담무스를 위하여 애곡하는 여인들. 동방 태양에게 절하다.

9 죽이는 무기를 잡은 일곱 천사들이 이마에 표 있는 자들만 빼고 다 죽임. 에스겔은 이스라엘의 남은 자를 모두 다 멸하려고 하느냐고 하나님께 부르짖음.

10 야훼의 영광이 성전을 떠나 그룹들 위에 머무르다가(18) 성읍 동편 산에 머무르고(11:23).

11 *야아사냐와 블라댜는 악한 고관인데, "이 성읍은 가마가 되고 우리는 고기가 된다"(3: 우리는 포로로 잡혀 가지 않은 선한 사람들이다)고 하다가, 에스겔이 예언하는 순간에 블라댜가 죽는다.

*"그들이 도달한 나라들에서 내가 잠깐 그들에게 성소가 되리라"(16): 하나님이 포로 땅에 같이 가신다. 에스겔에게 하나님은 "이스라엘 땅을 너희에게 주리라"(17)고 약속하신다.

*"그 속에 새 영을 주며 그 몸에서 돌 같은 마음을 제거하고 살처럼 부드러운 마음을 주어."(19: 렘 31장 참고) 에스겔이 이상에서 현실로 돌아옴.

D. 이스라엘, 특히 예루살렘에 대한 심판 예언. 테두리는 예루살렘에 대한 상징행위(12-24)

12 "인자야 너는 포로의 행장을 꾸리고 낮에 그들의 목전에서 끌려가라"(3); 성벽 구멍으로, 얼굴을 가리우고 땅을 보지 말라(5-6); "너는 떨면서 네 음식을 먹고 놀라고 근심하면서 네 물을 마시며"(18): 포로로 끌려갈 모습을 보여 줌.

*"날이 더디고 모든 묵시가 사라지리라 하는 너희의 이 속담이 어찌 됨이냐."(22): 예언자들의 예언을 조롱하는 자들. "다시는 더디지 않고 응하리라"(25)

13 "본 것이 없이 자기 심령을 따라 예언하는 어리석은 선지자에게 화가 있을 진저. 이스라엘아 너의 선지자들은 황무지에 있는 여우(폐허에 머물기를 좋아하는) 같으니라."(3)

* 자기 마음에서 나는 대로 예언하는 부녀들(17): 손목마다 부적을 꿰어차고 키가 큰 자나 작은 자의 머리를 위하여 수건을 만드는 여자들: "너희가 두어 움큼 보리와 두어 조각 떡을 위하여 나를 내 백성 가운데에서 욕되게 하여 거짓말을 곧이듣는 내 백성에게 너희가 거짓말을 지어내어 죽지 아니할 영혼을 죽이고 살지 못할 영혼을 살리는도다"(25).

14 * "선지자의 죄악과 그에게 묻는 자의 죄악이 같은즉 각각 자기의 죄악을 담당하리니"(10): 거짓 선지자를 분간하지 못하는 자들도 죄가 크다.

* "비록 노아, 다니엘, 욥, 이 세 사람이 거기 있을지라도 그들은 자기의 공의로 자기의 생명만 건지리라."(14) 예레미야 15:1에선 모세와 사무엘.

15 포도나무(예루살렘)는 아무 데도 쓸 데 없으니 화목으로 쓴다.

16 예루살렘의 근본은 가나안, 아비는 아모리, 어미는 헷 사람. 나던 날에 버려진 것을 키워서 결혼했더니, 아무에게나 값을 주며 행음한다. 네 언니는 사마리아, 네 동생은 소돔이다. 알레고리.

17 한 독수리(느부갓네살)가 레바논 백향목의 가지 끝(여호야긴)을 꺾어서 상고의 성읍(바벨론)에 두고, 그 땅의 종자를 취하여 옥토에 심었더니, 그 포도나무(시드기야)는 다른 독수리(애굽)를 향한다. 독수리는 그 포도나무의 뿌리를 뽑을 것이다. 알레고리.

18 속담: "아버지가 신 포도를 먹었으므로 그의 아들의 이가 시다."(2: 렘 31:29 참고) - "범죄하는 그 영혼은 죽으리라"(4); "내 율례를 따르며 내 규례를 지켜 진실하게 행할진대 그는 의인이니 반드시 살리라"(9)

* "내가 어찌 악인이 죽는 것을 조금인들 기뻐하랴"(23); "만일 의인이 그 의를 떠나 죄악을 행하고 인하여 죽으면 그 행한 죄악으로 인하여 죽는 것이요 만일 악인이 그 행한 악을 떠나 법과 의를 행하면 그 영혼을 보전하리라."(26-27)

19 유다 왕가에 대한 애가: 어미 사자(다윗 왕조; 요시야)가 새끼 사자 두 마리를 키웠는데, 하나는 애굽으로 끌려가고(여호아하스), 또 하나는 바벨론으

로 끌려갔다(여호야긴이나 시드기야). 포도나무(유다 왕가)가 뿌리째 뽑혀서 던져진다.

20 애굽 땅에서부터 이스라엘은 우상을 섬겼다(8). 광야에서도 규례와 안식일을 범했다(13). 가나안 땅에 들어가서도 우상 숭배에 빠졌다(28-29): 산당은 '바마'(בָּמָה), 다니는 자들은 '바임'(בָּאִים). 그러나 장차 이스라엘이 "높은 산에서 다 나를 섬기리니."(40)

*에스겔은 '비유로 말하는 자'라고 조롱 받다(49).

21 하나님이 칼을 뽑아 "의인과 악인을 네게서 끊을지라"(3): 모든 사람을 끊는다는 뜻.

*허리가 끊어지듯 탄식하라(6): 재앙 소문을 인하여.

*"손뼉을 쳐서 칼로 두세 번 거듭 쓰이게 하라"(14): 화가 난 표로 손뼉침.

*바벨론왕이 가진 칼의 진로(18이하): 랍바(암만)와 예루살렘 중에서 간점을 쳐서 예루살렘으로 향한다. 그러나 바벨론왕도 결국은 '불에 섶과 같이' 될 것이다(30이하).

22 예루살렘의 죄(1-16): 우상, 부모 업신여기기, 나그네, 고아, 과부를 학대하기, 피 흘림, 음란(어머니, 월경하는 여인, 이웃의 아내, 며느리, 자매), 이자놀이 등.

*풀무의 비유(17-22): 이스라엘의 모든 찌끼를 예루살렘에 모아 녹인다.

*유다 지도자들의 죄악(23이하): 선지자들의 반역함이 우는 사자 같고(25), 제사장들은 내 토라를 범하였고(26), 고관들은 이리 같다(27).

*"성 무너진 데를 막아서서 나로 하여금 멸하지 못하게 할 사람"(30)을 찾지 못했다.

23 오홀라와 오홀리바의 알레고리: 오홀라(사마리아)는 앗수르를 사모하다가 애굽으로 마음을 돌려 앗수르에 죽음을 당했고(5-10), 동생 오홀리바(예루살렘)는 앗수르, 바벨론 사람에 이어 애굽 사람을 연애하다가 바벨론에 죽임을 당하게 된다(11이하).

24 녹슨 가마의 비유: 녹슨 가마(예루살렘)에 든 고기들(사람들)을 모두 꺼내고 불을 때어 녹을 없애리라(1-14).

*'네 눈에 기뻐하는 것(아내)을 쳐서 빼앗으리니.'(16) 슬퍼하지도 말고 초

상집에서 먹는 음식을 먹지도 말라: 성전 파괴의 상징.

2부 이방 민족들에 대한 예언(25-32)

A. 암몬, 모압, 에돔, 블레셋에 대한 심판 예언(25)

25 유다가 잡힐 때에 기뻐한 암몬을 동방 사람에게 내어준다(1-7).
* 모압도 마찬가지 죄와 벌에 해당된다(8이하).
* 에돔이 유다를 쳤으므로 하나님이 갚으신다(12이하).
* 블레셋도 유다를 진멸하려 했으니 벌을 받는다(15이하).

B. 두로에 대한 심판 예언 모음(26-28)

26 두로가 예루살렘의 멸망을 보고 기뻐하므로 심판을 받을 것이다: 587년 이후 느부갓네살이 13년 동안 포위했으나 실패했다.

27 두로에 대한 애가: "두로야 네가 말하기를 나는 온전히 아름답다 하였도다"(3). 스닐=헤르몬. 깃딤=구브로/키프로스. 엘리사=구브로의 한 성읍. 룻=리디아. 붓=리비아. 야완=소아시아 해안. 두발/메섹=소아시아 산지. 도갈마=아르메니아. 헬본은 오늘날 다마스커스 북서쪽 32Km 지점에 위치한 포도산지 할본.

28 두로 왕에 대한 심판: "나는 신이라 내가 하나님의 자리 곧 바다 가운데에 앉아 있다 하도다…너는 사람이요 신이 아니거늘"(2): 사 31:3 참고. "너는 완전한 도장이었고 지혜가 충족하며 온전히 아름다웠도다."(12) 시돈도 비슷한 이유로 심판을 당한다.

C. 애굽에 대한 심판 예언 모음(29-32)

29 애굽에 대한 예언: "너는 자기의 강들 가운데 누운 큰 악어라 스스로 이르기를 나의 이 강은 내 것이라. 내가 나를 위하여 만들었도다 하는도다"(3): 바로의 상징이 악어.
*"애굽은 본래 이스라엘 족속에게 갈대 지팡이라"(6); "애굽 땅을 바벨론

왕 느부갓네살에게 넘기리니."(19)

30 "애굽의 교만한 권세도 낮아질 것이라."(6)

* 놉: 하부 애굽의 옛 수도로서 멤피스라고도 하는데, 오늘의 카이로 남방 35Km지점.
* 소안: 동부 나일 삼각주의 한 도시.
* 온=헬리오폴리스: 나일강이 두 개의 강으로 갈라지는 곳.
* 드합느헤스=다바네스: 동부 나일 삼각주 북쪽 끝의 국경도시.
* 하나님은 바로의 팔을 꺾고 바벨론의 팔을 드신다(20이하).

31 바로는 레바논 백향목: 마음이 교만하다.

32 젊은 사자가 아니라 큰 악어. 바벨론 왕의 칼이 임하여 음부에 내려간다. 거기엔 앗수르와 엘람이 있다.

3부 구원 예언(33-39)

A. 구원 예언의 서론이 되는 두 번째 소명기사(33:1-20)

33 예언자는 파수꾼: 나팔을 불지 않으면 파수꾼의 책임. 예루살렘 함락 소식을 듣다: 넉 달 걸린다.

B. 예루살렘 함락의 소식을 듣고 벙어리 상태에서 벗어나다(33:21-22): 포로된 지 12년 10월 5일에 듣다.

C. 살아남은 자의 교만에 대한 책망(33:23-39): 남은 사람들의 교만: 아브라함은 한 사람이라도 민족을 이루었는데…

D. 포로민들이 순종 않고 듣기만 좋아하다(33:30-33): 예언을 음악 정도로 여기는 사람들(30이하).

E. 이스라엘의 목자: 심판에서 구원으로(34)

악한 목자(왕)들: 자기만 먹이고 양 무리는 먹이지 않는다(2이하). 하나님은 선한 목자시니 좋은 꼴로 먹이신다(11이하).

* 양들 사이의 싸움: 부자들의 횡포(17이하).
* 다윗을 세워 목자로 삼으리라(24).

F. 에돔에 대한 심판 예언(35-36:15)

35 에돔에 대한 심판 예언: 이스라엘 기업이 황무하게 된 것을 기뻐한 에돔은 황무하리라.
36 이스라엘의 산들이 장차 과실을 맺을 것이다(8).

G. 심판의 이유와 이스라엘의 회복(36:16-28): "인자야 이스라엘 족속이 그들의 고국 땅에 거주할 때에 그들의 행위로 그 땅을 더럽혔나니 나 보기에 그 행위가 월경 중에 있는 여인의 부정함과 같았느니라"(17)

* "너희가 그들 가운데에서 더럽힌 나의 큰 이름을 내가 거룩하게 할지라"(23).
* 출바벨론의 약속(24) "새 영을… 새 마음을 너희에게 주되."(26: 렘 31:33-34 참고)

H. 죽은 뼈들이 살아나다(37:1-14): 골짜기의 뼈들이 에스겔의 예언으로 강한 군대가 되다(1-14). 뼈-힘줄-살-가죽(피부)-생기.

I. 유다와 요셉의 연합(37:15-28): 유다와 에브라임을 연결시키는 상징 행위(15이하).

J. 마곡의 곡(38-39)

38 곡과 마곡에 대한 예언: 38장과 39장은 묵시문학에 속하며, 종말에 대한

예언을 보여 준다. 곡과 마곡은 계 20:8-9에서 사단의 병력으로 등장한다. '세상 중앙(배꼽)'은 예루살렘을 가리킨다.

39 이스라엘이 병기를 불사르는 데 7년이 걸린다(9). '하몬곡'은 곡의 무리란 뜻으로서, 곡의 무리를 장사할 곳이다(11).

4부 새 나라의 헌법(40-48)

A. 성전의 크기(40-42): 미래의 성전을 그린다.

40 사로잡힌 지 25년(572)에 에스겔이 받은 환상(1).

*한 자는 팔꿈치에서 손가락까지의 길이에다 손바닥 너비를 더한 길이로서 52센티미터이고, 그 자로 여섯 자 되는 길이가 장대 하나이므로 3미터 12센티미터가 조금 넘는다.

*장대로 성전을 측량함: 담장, 바깥뜰, 안뜰, 제물 놓는 상과 제사장의 방, 뜰, 현관.

41 성전과 부속건물.

42 부속건물, 제사장의 옷, 성전구역의 크기.

B. 새 성전의 봉헌과 하나님의 임재(43:1-12)

43 야흐베께서 동문으로 돌아오시다. 영원히 거하실 것이다.

C. 성전의 설비와 성전 제의 종사자, 왕, 제사(43:13-46:24): 제단의 봉헌.

44 동쪽 문은 닫아 두어라. 제사장에 대한 규정. 왕은 우두머리란 뜻.

45 제사장과 레위인과 왕에게 주는 땅.

*왕의 의무(9): 미쉬파트(정의)와 츠다카(공의). 정직한 상거래. 제사.

46 이전과 후대의 관행과 달리 여기선 제사장들만이 성전 안뜰에 들어올 수 있고, 왕은 안식일과 월삭에 바깥뜰에서부터 문간에 발을 들여놓고 문벽

곁에 서 있어야 한다. 회중들은 문 바깥에서 엎드려 기도한다.

D. 성전에서 나오는 샘물(47:1-12)

47 제단에서 흘러내리는 물: 발목-무릎-허리-건너지 못할 물. 이 물은 사해까
지 살리게 되며 사해에선 고기가 잡힌다.

*열두 지파에게 땅을 나누어 주되 요셉 지파에겐 두 몫이 주어진다.

E. 땅 분배(47:13-48:35): 열두 지파에게 땅을 분배한다.

48 땅의 분배.

묵시문학 안내

1) 다니엘은 요한계시록과 함께 묵시문학적인 책이다. 묵시문학이란 주전 2세기에 생겨난 신앙적인 세계관, 역사관을 의미한다. 이는 유대교와 기독교에 막대한 영향을 끼쳤다.
2) 헬라문명의 탄생: 통일된 세계문화를 꿈꾸었고, 그것을 실현하려던 헬라의 통치자들을 신의 현현으로 보기도 하였다. 그래서 그들의 이름 뒤에 에피파네스(땅에 나타난 신), 소테르(구세주) 등의 별명이 붙기도 하였다. 알렉산더: 336-323. 333년 잇소스(Issos) 전투 이후로 팔레스티나를 장악히다. 알렉산너가 죽은 후에 그 후계자들도 그의 사상을 이어받았다.
3) 헬라의 지도자들은 많은 민족을 무력으로 지배하면서 각 민족 고유의 종교와 문화를 말살하는 정책을 썼다. 그래서 각 민족마다 반란이 일어났는데, 유다에선 마카베오의 반란(166-160)이 일어났다. 셀류시드왕조: 주전 200/198-135.
4) 경건한 유대인들은 세계와 인류의 역사가 사람의 힘으로 완성되는 것이 아니라 하나님만이 하실 수 있으리라는 입장을 취하였다. 지금의 권력자들은 그 자체의 모순과 불경건함, 비인간성 때문에 저절로 멸망할 것이고, 하나님은 죽은 자까지 살려서 심판하는 가운데서 새 세계를 창조하실 것이라고 믿었다. 옛 시대는 가고 새 시대가 도래할 것이라는 믿음이었다.
5) 이들 경건한 유대인들은 미래를 '은밀한 것을 드러내시는 하늘의 하나님'의 묵시를 통하여 알 수 있다고 믿었다. 그래서 사람들은 이들을 묵시(아포칼립테인/아포칼립시스)에서 따서 묵시론자라고 불렀다. 구약성서에서 묵시문학은 단 2; 7-12; 사 24-27; 겔 38-39; 욜 2-3; 슥 9-14 등에 나타나 있다.
6) 신약에선 묵시문학적인 요소가 이미 예수의 하나님 선포를 통하여 나타났다. 그러나 '인자'가 이미 예수의 인격 속에 나타났고, 죽은 자들의 부활이

나타나는 등으로 하나님의 나라는 시작되었으므로, 현재는 이미 영원 속에 들어 있다. 신약에선 막 13; 마 24; 눅 21장 외에도 어디든지 묵시문학적인 요소가 발견된다.

7) 유대교의 묵시록에는 에녹이나 노아 같은 옛 인물들이 과거의 시대를 정리하고 앞날을 말하는 형식의 서술이 나타나는데, 이스라엘뿐 아니라 전 세계의 역사가 마지막에 청산된다는 사상을 담고 있다.
8) 신약성경의 묵시문학은 예수 안에서 이미 성취된 희망에서 출발하여, 아직 닥치지 않은 완전한 성취를 주시하고 아직 견뎌야 할 때를 위하여 충고한다.
9) 묵시문학에선 전세계의 역사를 아직 닥치지 않은 종말 편에 서서 보게 한다. 성경의 묵시문학은 예수 공동체의 눈길을 눈물 없는 그 시대를 향하게 한다. 그리고 이를 위하여 늘 신화, 암호와 상징이 많이 동원된다.

다 니 엘

Ⅰ. 다니엘 안내

1) 두 부분으로 나눌 수 있다:

1-6: 다니엘과 그의 세 친구가 바벨론과 페르시아 궁전에서 하나님을 충성스럽게 섬긴 이야기.

7-12: 다니엘의 환상: 네 가지 왕국들의 등장을 보여 주는데, 마지막 네 번째 왕국은 168-165년의 안티오커스 Ⅳ세(175-164) 치하 때의 사건을 그리고 있다. 핍박자가 곧 사라지고 하나님의 나라가 도래할 것을 희망함(포오러, 이스라엘 역사, 295이하 참고).

2) 고대 교회는 다니엘을 요한계시록의 관점에서 해석함. 7장에서는 '인자와 같은 이'로 보이는 천상의 존재가 온다고 말하는데, 이 기대는 예수 그리스도 안에서 이루어진다.

3) 히브리어 성경에서 다니엘서는 성문서에 속한다. 이 책이 예언서가 아니라 묵시문학이고, 늦게 정경에 편입되었기 때문이다. 옛 전승들이 새로운 해석과 함께 섞였을 것이다. 2:4b-7:28이 포로기 이후의 언어였던 아람어로 기록된 것도 다니엘서의 성장을 암시한다.

4) 다니엘서의 주제는 하나님의 나라가 곧 다가온다는 것이며, 억압 속에서도 참고 견디라는 것이다.

5) 구조

1부	서론(1:1-2:4a)[히브리어]
2부	중심부(2:4b-7:28)[아람어]

2	꿈의 해석: 세계 제국의 몰락과 하나님 나라의 수립
3:1-30	의인(다니엘의 친구들)의 수난
4:1-3	송영(하나님 나라 인정)
4:4-33, 36-37	꿈과 해석(왕의 교만과 그 제거)
4:34-35	송영
5:1-28	손가락이 쓴 글씨와 그 해석
5:29-30	작은 송영
5:31-6:24	이야기: 다니엘의 수난
6:25-27	송영
7	환상과 해석
3부	확대된 부분[히브리어]
8	세계제국의 해체에 대한 환상(일인칭 보고)
9:1-19	이스라엘의 죄 고백(일인칭 보고)
9:20-27	가브리엘이 나타나 종말의 기한을 가르쳐 주다(일인칭 보고)
10:1-12:4	세계를 다스리는 천사의 출현: 세계제국, 종말의 사건들, 죽은 자의 부활에 대한 가르침(일인칭 보고)
12:5-13	종말과 부활에 대한 새로운 암시(일인칭 보고)

Ⅱ. 내 용

1부 서론(1:1-2:4a)[히브리어]

1 유다 왕 여호야김 3년(605)에 느부갓네살(605-562)이 예루살렘 포위, 여호야김이 사로잡혀갔다: 대하 36:5-7에도 나오는 바지만 역사적 신빙성이 적다. 이스라엘 왕족과 귀족 중 재주 있는 청년들을 3년 동안 교육하여 공무원으로 쓰려고 하였는데, 그 중에 다니엘(벨드사살), 하나냐(사드락), 미사엘(메삭), 아사랴(아벳느고)가 있었다. '다니엘'은 '하나님은 재판관이다', '하나냐'는 '야흐베께서 은혜를 베푸신다', '미사엘'은 '누가 하나님인가', '아사랴'는 '야흐베께서 도우신다'는 뜻을 가졌다. 고기와 포도주에는 늘

이방신들이 관련되어 있으므로 네 사람은 안 마시려 함. 10일 동안 시험 후에 고기와 포도주를 안 마시게 허락을 받음. 지혜와 총명이 뛰어남.

2 느부갓네살이 꿈을 꾸고 그 꿈을 알게 하라고 박사들에게 명령한다.

2부 중심부(2:4b-7:28)[아람어]

2 **[꿈의 해석]**: 세계 제국의 물락과 하나님 나라의 수립. 박사들이 왕의 명령의 불가함을 말하는 부분부터 아람어로 되어 있다. 왕은 진노하여 모든 박사들을 죽이려는 때에 다니엘이 기다려 달라고 하고 집에 가서 기도드리니, 하나님이 보여 주셨다. 신상을 보았는데, 그 머리는 금, 가슴과 팔은 은, 배와 넓적다리는 놋, 종아리는 철, 발은 철과 흙이 섞인 것이었다. 첫째 나라는 바벨론, 둘째는 메대, 셋째는 페르시아, 넷째는 헬라(프톨레마이오스/셀류시드)였다. 네 나라의 순서를 보면 영광과 권력은 갈수록 약해지나, 혹독함과 완고함은 더 강해진다는 것을 알 수 있다. 신상이 하나님의 돌에 의해 사라짐(35). 하나님의 돌은 하나님의 나라를 뜻한다. 왕이 다니엘에게 절하다. 모든 박사의 어른이 되다.

3:1-30 [의인(다니엘의 친구들)의 수난]

3 사드락, 메삭, 아벳느고가 왕이 세운 금신상의 낙성식 때에 절하지 아니하였으므로 평소보다 7배나 뜨거운 풀무에 던져지게 되지만, 머리털도 거슬리지 않았고, 그 속에는 네 사람이 걸어 다녔다. 천사가 함께 한 것이다. 왕은 건져내어 그들의 종교를 인정한다.

4 **[4:1-3 송영(하나님 나라 인정)]** 느부갓네살이 조서를 내려 하나님을 찬양함. **[4:4-33, 36-37 꿈과 해석(왕의 교만과 그 제거)]** 자기가 꿈을 꾸었는데, 땅의 중앙에 큰 나무가 있었고, 하늘에서 한 순찰자가 내려와 그루터기만 남기고 다 자르게 하였다. 다니엘의 해석은 느부갓네살이 7년을 사람들에게서 쫓겨나 들짐승처럼 지낼 것이라는 것이었는데, 왕은 이를 무시하고 1년을 지냈다. 1년 후에 그 일이 갑자기 닥쳐서 7년을 짐승처럼 지내다가 다시 회복되었다. 이 왕은 나보니두스(556-539)인 듯하다.

[4:34–35 송영] "그 권세는 영원한 권세요 그 나라는 대대에 이르리로다"(34)

5 [5:1–28 손가락이 쓴 글씨와 그 해석] 벨사살왕(553-539)이 잔치를 열고 예루살렘 성전에서 가져온 그릇으로 술을 마시며 우상들을 찬양하다가 벽에 손가락이 나타나 글자를 써는 것을 보았다. 다니엘을 불러 그 뜻을 알아맞히면 셋째 통치자가 되게 해 주겠다고 한다. 셋째 통치자란 왕과 왕비 다음으로 높은 자란 뜻이다. 메네 메네(세었다) 데겔(저울로 달았다) 우바르신(나뉘었다)으로 해석하였더니, 그 해석대로 그 날 밤에 왕이 암살당했다. 벨사살은 나보니두스의 아들로서 몇 해 동안 자리를 비운 아버지를 대신하여 나라를 다스렸다. 여기에 등장하는 이 왕은 아마 암살당한 왕 에윌므로닥(아멜-마르둑 562-560)인 듯하다. 벨사살은 고레스에게 처형당한다.

[5:29–30 작은 송영] "이에 벨사살이 명하여 그들이 다니엘에게 자주색 옷을 입히게 하며…"(29)

[5:31–6:24 이야기: 의인 다니엘의 수난]

6 다리오(522-486) 때에 전국의 세 총리 중 하나가 된 다니엘을 동료들이 모함하려고, 30일 동안에는 왕 외에 어떤 다른 신이나 사람에게 무엇을 구하지 못하게 하는 금령을 세우게 한다. 그러나 다니엘은 전과 같이 하루에 세 번씩(저녁, 아침, 정오) 예루살렘을 향하여 창문을 열고 큰 소리로 기도하여 사자 굴에 던져지게 된다. 그러나 하나님이 지키셔서 다니엘은 무사하고, 그를 모함한 사람들과 그 가족들은 사자 밥이 되었다.

[6:25–27 송영] "… 그는 살아 계시는 하나님이시요 영원히 변하지 않으실 이시며 그의 나라는 멸망하지 아니할 것이요 그의 권세는 무궁할 것이며"(26)

[7 환상과 해석]

7 독수리의 날개를 가진 사자(느부갓네살; 바벨론), 곰(메대), 표범(페르시아), 열 뿔을 가졌는데 새 뿔이 나온 넷째 짐승(헬라)을 다니엘이 환상으로 본다. 그러나 이 짐승은 죽임을 당해 불에 던져진다. 열 뿔은 셀류시드왕조를, 새 뿔은 안티오커스 Ⅳ세를 가리킨다. '인자 같은 이'가 하늘 구름을 타고 와서 옷은 눈같이 희고 머리털은 깨끗한 양털 같고 보좌와 바퀴는 불꽃같으신 하나님 앞에 인도되고, 권세와 영광과 나라를 받는다. 넷째 짐승은 법을

바꾸고 성도들을 세 때 반(일곱의 반, 불행의 시간) 동안 핍박할 것이다.

3부 확대된 부분(8:1-12:13)[히브리어]

[8 세계제국의 해체에 대한 환상(일인칭 보고)] 두 개의 뿔을 가진 숫양(메대/바사)을 서쪽에서 온 숫염소(헬라)가 짓밟고(주전 330년), 거기에서 한 작은 뿔(안티오커스 Ⅳ세)이 나와서 동쪽과 남쪽과 영화로운 땅을 향해 뻗어서 '군대의 주재' 되시는 하나님의 제사를 2300 주야 동안(1150일: 3년 두 달) 제하여 버렸다.

[9:1-19 이스라엘의 죄 고백(일인칭 보고)] 다니엘이 금식하며 참회하고 간구하다. "주여 들으소서 주여 용서하소서 주여 귀를 기울이시고 행하소서 지체하지 마옵소서 나의 하나님이여 주 자신을 위하여 하시옵소서 이는 주의 성과 주의 백성이 주의 이름으로 일컫는 바 됨이니이다"(19)

[9:20-27 가브리엘이 나타나 종말의 기한을 가르쳐 주다(일인칭 보고)] 그 기도를 듣고 가브리엘이 온다. 예레미야의 70주년을 가브리엘은 490년으로 해석한다. 25절에서 말한 왕은 포로 귀환 이후 첫 대제사장이었던 여호수아를 가리키는 듯하고, 26절에서 말한 '기름 부음을 받은 자'는 안티오쿠스 Ⅳ세에게 암살 당한 오니아스 Ⅲ세를 가리키는 것 같다. 마지막으로 남은 이레 동안의 반은 핍박이 절정에 이르는 기간이다.

[10:1-12:4 세계를 다스리는 천사의 출현: 세계제국, 종말의 사건들, 죽은 자의 부활에 대한 가르침(일인칭 보고)]

10 힛데겔(티그리스)강가에서 21일 동안 금식하다 본 환상: 천사가 바사국군과 싸우다 이스라엘의 수호천사인 미가엘의 도움을 얻어 오게 되었다. 천사는 '큰 은총을 받은 사람 다니엘아' 하고 부르면서 그동안의 사연을 말하고 다니엘의 입술을 만져 강건하게 해 준다.

11 애굽의 프톨레마이오스왕조(301-200/198) 198년부터는 수리아의 셀류시드 왕조가 유다를 지배하게 된다. 안티오커스 Ⅲ세(223-187)의 불명예스런 죽음 이후에 안티오커스 Ⅳ세가 등장하게 되어 유다는 극심한 탄압에 직면하게 된다. 결국은 마카베오의 난이 일어나고(166-160), 164년에 성전은 다시

정화된다. 지혜로운 자들이 쇠패할 때에 마카베오 가문의 사람들로 인해 조금 도움을 받을 것이나(34), 구원은 하나님이 몸소 간섭하시는 가운데서 나온다. 안티오커스 Ⅳ세는 164년에 병들어 죽는다.

12 "땅의 티끌 가운데 자는 자 중에 많이 깨어 영생을 얻는 자도 있겠고"(2).

* "지혜 있는 자는 궁창의 별과 같이 빛날 것이요 많은 사람을 옳은 데로 돌아오게 한 자는 별과 같이 영원토록 비취리라"(3).

[12:5-13 종말과 부활에 대한 새로운 암시(일인칭 보고)]

* "많은 사람이 연단을 받아 스스로 정결하게 하며 희게 할 것이나 악한 사람은 악을 행하리니 악한 자는 아무 것도 깨닫지 못하되 오직 지혜 있는 자는 깨달으리라."(10)
* "멸망케 하는 미운 물건을 세울 때(167)부터 1290일(3년 반)을 지낼 것이요"(11): 연기됨. 1335일까지 기다리는 사람은 복을 받는다(12).

호세아

I. 서 론

1) 문서예언자들 중에 유일하게 북이스라엘 출신으로서, 아모스보다 조금 늦게 750- 722년에 활동한다. 북왕국은 여로보암 II세(787-747) 때에 잠시 번영을 누리다, 그 뒤 25년 동안 여섯 왕이 들어서고 그 중 네 왕이 암살당한다.

2) 호세아서는 이스라엘이 망한 뒤에 유다에서 기록되었을 것이다.

3) 그 당시의 이스라엘 사람들은 야훼를 버리고 가나안의 다산 신들을 섬겼다. 이는 하나님을 배반한 음행에 속하는 것이다. 그러므로 이스라엘은 멸망할 것이다(7:3-13).

4) 그러나 형벌 뒤에 하나님은 이스라엘을 다시 받아 주실 것이다(11장).

5) 호세아의 혼인과 아이 이름 짓기는 상징행위였다(렘 16:1-9; 겔 24:15-24).

6) 1-3장은 전기, 4-14장은 예언.

7) '호세아'란 이름은 '그가 구원하신다'라는 뜻이다.

8) 구조

1부 호세아의 결혼을 통해 보여 주시는 하나님의 사랑(1:2-3:5)

1:2-2:3	호세아가 창녀와 결혼하다(상징행위)
2:4-25	야훼의 논고와 선고
3:1-5	호세아가 도망간 고멜을 찾아오다(상징행위)

2부 이스라엘의 죄(4:1-11:11)

4:1-3	이 책의 주제: 진실, 인애, 하나님을 아는 지식
4:4-9:9	종교와 정치에서 하나님을 잊었다. 예언을 거절하였다
9:10-11:11	역사신학적 회고

3부 12-14 근원적인 죄인은 돌아오라

12:1-15	야곱/이스라엘은 처음부터 죄인이었다
13:1-14:1	에브라임은 하나님을 종교와 정치에서 계속해서 배반했다
14:2-9	이스라엘은 회개해야 한다. 그러면 새 구원을 주실 것이다.

Ⅱ. 내 용

1부 호세아의 결혼을 통해 보여 주시는 하나님의 사랑(1:2-3:5)

[1:2-2:3 호세아가 창녀와 결혼하다(상징행위)]

1 여로보암 시대에 브에리의 아들 호세아가 받은 말씀. "너는 가서 음란한 여자(고멜: 신전창기)를 맞이하여 음란한 자식들을 낳으라."(2) 아들의 이름은 이스르엘: 이스르엘의 피를 예후에게 갚을 것이다: 예후혁명(왕하 9-10 참고)이 무슨 소용이냐?

*딸의 이름은 로루하마: 다시는 긍휼히 여기지 않겠다. 또 다른 아들의 이름은 로암미: 너희는 내 백성이 아니다. 그러나 "너희는 내 백성이 아니라 한 그 곳에서 그들에게 이르기를 너희는 살아계신 하나님의 아들들이라 할 것이라."(10)

2 "너희 형제에게는 암미라 하고 너희 자매에게는 루하마라 하라"(1); "그는 내 아내가 아니요, 나는 그의 남편이 아니라. 그가 그의 얼굴에서 음란(너울)을 제하게 하고 그 유방 사이에서 음행(부적)을 제하게 하라."(2)

[2:4-25 야흐베의 논고와 선고]

*하나님이 준 것으로 바알을 섬겼다(8, 12).

*"내가 그를 타일러 거친 들로 데리고 가서 말로 위로하고…애굽 땅에서 올라오던 날과 같이 하리라"(14-15): 다시 광야생활로 돌아가야 해.

*"내가 네게 장가들어 영원히 살되 공의와 정의와 은총과 긍휼히 여김으로 네게 장가들며"(19): 결혼 선물.

3 **[3:1-5 호세아가 도망간 고멜을 찾아오다(상징행위)]** 은 15개와 보리 한 호멜 반(330리터)으로 다시 고멜을 사다. "너는 많은 날 동안 나와 함께 지내고 음행하지 말며 다른 남자를 따르지 말라 나도 네게 그리하리라 하였노라."(3)

* "많은 날 동안 왕도 없고 지도자도 없고 제사도 없고 주상도 없고 에봇도 없고 드라빔도 없이 지내다가 그 후에 이스라엘 자손이 돌아와서."(4-5)

2부 이스라엘의 죄(4:1-11:11)

[4:1-3 이 책의 주제: 진실, 인애, 하나님을 아는 지식]

4 "이 땅에는 진실도 없고 인애도 없고 하나님을 아는 지식도 없고 오직 저주와 속임(거짓)과 살인과 도둑질(절도)과 간음뿐이요."(1-2): 십계명을 열거.

[4:4-9:9 종교와 정치에서 하나님을 잊었다. 예언을 거절하였다]

1) **4:4-19 종교적인 죄(1)**. 내 백성이 지식이 없어서 망한다(6); "깨닫지 못하는 백성은 망하리라."(14)

* "너희는 길갈로 가지 말며, 벧아웬(죄의 집: 벧엘)으로 가지 말며 여호와의 사심을 가리켜 맹세하지(브엘세바: 맹세의 샘) 말지어다."(15)

5 2) **5:1-7 종교적인 죄(2)**: "너희가 미스바에 대하여 올무가 되며 다볼 위에 친 그물이 됨이라": 미스바와 다볼은 성소가 있는 곳.

* 이스라엘의 교만: "이스라엘의 교만이 그 얼굴에 드러났나니 그 죄악을 말미암아 이스라엘과 에브라임이 넘어지고 유다도 그들과 함께 넘어지리라."(5)

3) **5:8-7:16 정치적인 죄(1)**

* "유다 지도자들은 경계표를 옮기는 자"(10): 수리아-에브라임(734-732) 전쟁 시에 유다가 북왕국의 일부를 차지.
* "에브라임이 사람의 명령 뒤따르기를 좋아하므로, 내가 에브라임에게는 좀 같으며 유다 족속에게는 썩이는 것 같도다"(11-12); "내가 에브라임에게는 사자 같고."(14)

6 이스라엘의 상투적인 신앙: "오라 우리가 여호와께로 돌아가자…그의 나타

나심은 새벽 빛 같이 어김없나니": 회개도, 죄의 고백도 없다.

*"너희 인애가 아침 구름이나 쉬 없어지는 이슬 같도다."(4)

*"나는 인애를 원하고 제사를 원치 아니하며, 번제보다 하나님을 아는 것을 원하노라."(6) 마 9:13; 12:7 참고.

*"그들은 아담처럼 언약을 어기고 거기에서 나를 반역하였느니라."(7)

7 "저희는 다 간음하는 자라 빵 만드는 자에게 달궈진 화덕과 같도다 저가 반죽을 뭉침으로 발효되기까지만 불 일으키기를 그칠 뿐이니라"(4): 잠시 중단되었다가 다시 반란을 일으키는 자들.

*'에브라임은 뒤집지 않은 전병'(8): 하나님을 공경하지 않아서 심판을 받다.

*"에브라임은 어리석은 비둘기같이 지혜가 없어서 애굽을 향하여 부르짖으며 앗수르로 가는도다."(11)

8 4) 8:1-14 **정치적인 죄(2).** "그들이 홀로 떨어진 들나귀처럼 앗수르로 갔고 에브라임이 값 주고 사랑하는 자들을 얻었도다"(9). "사마리아여 네 송아지는 버려졌느니라"(5): 단의 송아지는 벌써 빼앗겼다.

*"그들은 애굽으로 다시 가리라"(13): 출애굽을 되돌리시려는 하나님.

9 5) 9:1-9 **종교지도자들의 타락.** 명절에 야흐베와 바알을 구별하지 않는 이스라엘(1-7): 애굽과 놉이 저희의 무덤.

[9:10-11:11 역사신학적 회고]

1) 9:10-17 **우상숭배(바알브올)와 왕 숭배(길갈):** "아이 배지 못하는 태와 젖 없는 유방을 주시옵소서"(14): 자식을 낳지 않는 게 낫다.

*"그들의 모든 악이 길갈에 있다"(15): 왕을 처음으로 뽑은 곳.

10 2) 10:1-8 **우상 숭배:** "그들이 두 마음을 품었으니 이제 벌을 받을 것이라."(2)

*'벧아웬의 송아지': 벧엘의 송아지(5). "그들이 산더러 우리를 가리라 할 것이요"(8): 눅 23:30 참고.

3) 10:9-15 **기브아 시대부터 범죄하였다.** "이스라엘아 네가 기브아 시대로부터 범죄하더니"(9): 삿 19:22-30의 범죄. "너희 묵은 땅을 기경하라."(12)

11 4) 11:1-7 **애굽에서 구출한 하나님을 멀리한다.** "이스라엘이 어렸을 때에 내가 사랑하여 내 아들을 애굽에서 불러내었거늘"(1): 사랑해 주었는데…

5) 11:8-11 징벌을 면제함.

* "내가 어찌 너를 아드마같이 놓겠느냐"(8): 아드마와 스보임은 소돔, 고모라 같은 운명을 만난 도시들.

* "저희가 애굽에서부터 새같이, 앗수르에서부터 비둘기같이 떨며 오리니." (11)

3부 12-14 근원적인 죄인은 돌아오라

[12:1-15 야곱/이스라엘은 처음부터 죄인이었다]

12 "야곱은 모태에서 그 형의 발뒤꿈치를 잡았고, 또 힘으로는 하나님과 겨루되"(3): 시조부터 문제가 많다.

* "이스라엘이 아내 얻기 위하여 사람을 섬기며"(12): 비판.

[13:1-14:1 에브라임은 하나님을 종교와 정치에서 계속해서 배반했다]

13 "나 밖에 네가 다른 신을 알지 말 것이라 나 외에는 구원자가 없느니라."(4)

"그러므로 내가 그들에게 사자 같고 길가에서 기다리는 표범 같으니라"(7)

14 "이스라엘아 네 하나님 여호와께로 돌아오라."(1)

[14:2-9 이스라엘은 회개해야 한다. 그러면 새 구원을 주실 것이다]

* "우리가 앗수르의 구원을 의지하지 아니하며 말을 타지 아니하며 다시는 우리의 손으로 만든 것을 향하여 너희는 우리 신이라 하지 아니하오리니"(3)

* "누가 지혜가 있어 이런 일을 깨달으며 누가 총명이 있어 이런 일을 알겠느냐?"(9)

요 엘

Ⅰ. 서 론

1) 다른 성경에선 알려지지 않은 예언자. "여호와는 하나님이시다"란 뜻.

2) 활동시기: 9세기에서 4세기까지 주석가들의 의견이 분분함. 성전(515)과 성벽의 재건(445) 이후인 듯: 1:14; 2:7-9, 16-17 참고.

3) 야흐베의 날이 주제. 계기는 메뚜기 재앙. 징조 중에서 하나님의 영을 모든 백성에게 부어 주신다는 것이 가장 중요함.

4) 구조

1:1	제목
1:2-4	서론
1:5-20	애곡할 것을 권함
2:1-17	애곡과 회개를 권유하고, 외국의 침략을 두고 애곡을 권유함
2:18-19aα	서론(앞의 탄식과 연관해서)
2:19aβ -27	탄식에 대한 하나님의 응답: 비와 풍성한 수확 약속
2:28-3:17	탄식에 대한 하나님의 응답: 예루살렘을 보호하고 적국들을 물리치심
3:18-21	하나님의 응답의 요약

5) 요엘서에 나타난 다른 성경의 내용: 요엘은 다른 성경의 인용이 많기로 유명하다.

1:15	사 13:6; 겔 30:2
2:1–2	습 1:14–15; 출 10:14
2:3	겔 36:35
2:6	느 2:11
2:10	사 13:10, 13
2:11	말 3:2, 23; 암 1:2; 시 46:6
2:12	호 14:2–3; 렘 3:14, 22; 슥 1:3–4; 말 3:7
2:13b	욘 4:2; 출 34:6; 32:14
2:14a	암 5:15; 욘 3:9; 습 2:3
2:17	렘 24:9; 겔 20:17; 겔 36:15; 시 42:3, 10
2:20	렘 1:14; 겔 38:6, 15; 39:2
2:27	사 45:5–6, 17; 겔 6:7, 13; 습 3:15
2:28	겔 39:29
2:31b	말 3:23
2:32	옵 17
3:1	렘 33:15; 50:4, 20; 29:14; 겔 39:25
3:10	사 2:4; 미 4:3
3:16	암 1:2
3:17	사 8:18
3:18	암 9:13; 겔 47:1

Ⅱ. 내 용

1 **[1:1 제목]** 브두엘의 아들 요엘에게 하신 야흐베의 말씀.

[1:2–4 서론] 팟중이, 메뚜기, 느치, 황충의 재앙.

[1:5–20 애곡할 것을 권함] "그들이 내 포도나무를 멸하며 내 무화과나무를 긁어 말갛게 벗겨서 버리니."(7)

* "슬프다 그 날이여 여호와의 날이 가까웠나니 곧 멸망같이 전능자에게로부터 이르리로다"(15): 장래 멸망의 암시.
* "가축이 울부짖고…이는 꼴이 없음이라."(18)

2 **[2:1-17 애곡과 회개를 권유하고, 외국의 침략을 두고 애곡을 권유함]** 메뚜기를 군대에 비유하고 있음: "성중에 뛰어 들어가며 성 위에 달리며 집에 기어오르며 도둑같이 창으로 들어가니......."(9)

* "너희는 옷을 찢지 말고 마음을 찢고 너희 하나님 여호와께로 돌아올지어다."(13)

[2:18-19aα 서론(앞의 탄식과 연관해서)] "그 때에 여호와께서 자기의 땅을 극진히 사랑하시어 그의 백성을 불쌍히 여기실 것이라"(18)

[2:19aβ -27 탄식에 대한 하나님의 응답: 비와 풍성한 수확 약속] "그가 너희를 위하여 비를 내리시되…이른 비와 늦은 비가 예전과 같을 것이라."(23)

[2:28-3:17 탄식에 대한 하나님의 응답: 예루살렘을 보호하고 적국들을 물리치심] "그 후에 내가 내 영을 만민에게 부어 주리니 너희 자녀들이 장래 일을 말할 것이며 너희 늙은이는 꿈을 꾸며 너희 젊은이는 이상을 볼 것이며"(28; 히브리어 성경에선 3:1): 모두가 예언자가 된다(민 11:25-29; 행 2:16-21 참고).

3 '여호사밧 골짜기'(2): 대하 20장 참고. 드고아 들, 브라가 골짜기. 만국을 심판하는 곳으로서 판결 골짜기(14)와 동일하다.

* "보습을 쳐서 칼을 만들지어다. 낫을 쳐서 창을 만들지어다"(10): 사 2:4; 미 4:3을 뒤집은 것으로서, 열국을 심판하기 위하여 부르시는 말씀이다. 낫으로 곡식을 거두거나 포도주틀을 밟는다는 것은 심판을 상징함.
* "산들이 단 포도주를 떨어뜨릴 것이며 작은 산들이 젖을 흘릴 것이며…여호와의 성전에서 샘이 흘러나와"(18): 낙원의 표.. 에스겔 47장 참고.

[3:18-21 하나님의 응답의 요약] "그 날에 산들이 단 포도주를 떨어뜨릴 것이며 작은 산들이 젖을 흘릴 것이며 유다 모든 시내가 물을 흘릴 것이며 여호와의 성전에서 샘이 흘러 나와서 싯딤 골짜기에 대리라"(18)[겔 47 참고]

아 모 스

I. 서 론

1) 최초의 문서예언자로서 주전 800-750년에 살았던 드고아 출신의 농부인데, 북이스라엘의 벧엘에 가서 예언하다가 쫓겨난다(7:10-17).

2) 여로보암 II세(787-747) 시대는 북왕국이 번창하던 시기. 적군이 쳐들어와서 사람들을 사로잡아 갈 것을 예언하다.

3) 빈부의 격차가 심해지고, 상류층은 부패하였으며 빈민들은 착취를 당하는 상황이었고, 성대한 예배는 하나님을 모독하는 것에 불과했다(5:21-24).

4) 구조

제목과 서론(1:1–2)

1부 민족들에 대한 예언(1:3–2:16)

a. 1:3–5 아람

b. 1:6–8 블레셋

c. 1:9–10 두로

d. 1:11–12 에돔

e. 1:13–15 암몬

f. 2:1–3 모압

g. 2:4–5 유다

h. 2:6–16 이스라엘

2부 북이스라엘에 대한 예언(3:1–6:14)

a. 3:1–8 하나님의 개입 선포

b. 3:9–4:3 수도 사마리아에 대한 예언
c. 4:4–13 종교에 대한 책망과 하나님 만날 것을 촉구함
d. 5:1–17 조가의 형식을 갖춘 예언
e. 5:18–27 제의에 대한 책망
f. 6:1–14 수도에 대한 책망

3부 환상들(7:1–9:6)

a. 7:1–3 첫 번째 환상(메뚜기)
b. 7:4–6 두 번째 환상(불)
c. 7:7–9 세 번째 환상(다림줄)
d. 7:10–17 아마샤와 아모스의 갈등
e. 8:1–3 네 번째 환상(과일 광주리)
f. 8:4–14 심판의 이유
g. 9:1–4 다섯 번째 환상(성소의 파괴)
h. 9:5–6 하나님은 누구신가

4부 전체 이스라엘에 대한 구원 예언

a. 9:7–10 나라와 민족을 정결하게 하는 심판
b. 9:11–15 나라와 민족에 대한 구원 예언

Ⅱ. 내 용

1부 민족들에 대한 예언(1:3–2:16)

1 **[1:1 제목]** 웃시야(787-736)와 여로보암의 시대에 드고아의 (부유한) 목자(목축가) 아모스가 받은 묵시.

[1:2 서론] 하나님의 음성에 갈멜산(꽃, 나무, 포도원이 50km나 뻗어 있었다)이 마른다(2).

[a. 아람(1:3–5)] 길르앗을 핍박하였으므로 기르(아람의 고향)에 사로잡혀 갈 것이다.

[b. 블레셋(1:6–8)] 대규모의 노예무역으로 불의 심판을 받을 것이다.

[c. 두로(1:9–10)] 이스라엘인을 노예로 팔았으므로 불을 받을 것이다.

[d. **에돔(1:11-12)**] 이스라엘을 적대하였으므로 불을 받는다.

[e. **암몬(1:13-15)**] 길르앗을 핍박하였으므로 불을 받는다.

2 [f. **모압(2:1-3)**] 에돔왕의 뼈를 불살랐으므로 불을 받는다.

[g. **유다(2:4-5)**] 야흐베의 토라를 멸시하였으므로 불을 받는다.

[h. **이스라엘(2:6-16)**] 가난한 자와 여종의 권리를 짓밟았으므로 벌을 받는다. 선지자와 나실인도 거역했다(9-12): 하나님 토라의 상징.

* "곡식단을 가득 실은 수레가 흙을 누름같이 내가 너희 자리에 너희를 누르리니"(13): 신음하게 해 주겠다.

2부 북이스라엘에 대한 예언(3:1-6:14)

3 [**a. 하나님의 개입 선포(3:1-8)**] "…사자가 움킨 것이 없는데 어찌 수풀에서 부르짖겠으며…사자가 부르짖은즉 누가 두려워하지 않겠느냐 주 여호와께서 말씀하신즉 누가 예언하지 아니하겠느냐"(3-8): 예언자가 공연히 예언하는 것도 아니고 예언하지 않을 수 있는 것도 아니다.

[**b. 수도 사마리아에 대한 예언 사마리아의 궁들에 대한 심판 예언(3:9-4:3)**] "아스돗의 궁들과 애굽 땅 궁들"도 사마리아의 억압에는 질릴 것이다(9-11).

4 "사마리아 산에 있는 바산 암소들아"(1-3): 기름진 몸매가 미인이었던 때의 뚱뚱한 여자들이 코나 아랫입술이 꿰어 하르몬(헤르몬)산 너머로 끌려갈 것이다.

[**c. 종교에 대한 책망과 하나님 만날 것을 촉구함(4:4-13)**] "너희는 벧엘에 가서 범죄하며 길갈에 가서 죄를 더하며…"(4): 예배와 범죄를 병행하는 이스라엘.

* 하나님의 다섯 번에 걸친 경고가 무시된다: 후렴은 "너희가 내게로 돌아오지 아니하였느니라":

1) 양식의 부족(6절: 이가 깨끗하다)

2) 기근(7-8절: 물을 마시러 가서 만족하지 못하였다)

3) 농산물 재앙(9절: 곡식을 마르게하는 재앙, 깜부기 재앙, 팥중이)

4) 전염병, 전쟁(10절: 애굽의 열 재앙같이; 칼로 너희 청년들을 죽였으며)

5) 성읍을 무너뜨리기(11절: 소돔과 고모라같이).

5 [**d. 조가의 형식을 갖춘 예언(5:1–17)**] 1-17절은 교차대구법. 벧엘, 길갈, 브엘세바를 찾지 말라(5).

* "정의를 쓴 쑥으로 바꾸며 공의를 땅에 던지는 자들아"(7); 야흐베의 날은 어두움이다.

[**e. 제의에 대한 책망(5:18–27)**] 사자 피하다 곰이나 뱀을 만나는 것 같다(18-20): 불의를 행하는 자에게 야흐베의 날은 심판이다.

* "네 노랫소리를 내 앞에서 그칠지어다 네 비파 소리도 내가 듣지 아니하리라 오직 정의를 물같이, 공의를 마르지 않는 강같이 흐르게 할지어다"(23-24): 아모스의 주제는 정의.

* "내가 너희를 다메섹 밖으로 사로잡혀 가게 하리라"(27): 다메섹 너머의 앗수르로.

6 [**f. 수도에 대한 책망(6:1–14)**] "상아 상에 누우며 침상에서 기지개 켜며 양 떼에서 어린 양과 우리에서 송아지를 잡아서 먹고 비파 소리에 맞추어 노래를 지절거리며 다윗처럼 자기를 위하여 악기를 제조하며… 귀한 기름을 몸에 바르면서 요셉의 환난을 인하여는 근심치 아니하는 자로다."(4-6)

* "말들이 어찌 바위 위에서 달리겠으며 소가 어찌 거기서 밭 갈겠느냐 그런데 너희는 정의를 쓸개로 바꾸며 공의의 열매를 쓴 쑥으로 바꾸며."(12)

3부 환상들(7:1–9:6)

7 [**a. 첫 번째 환상(7:1–3 메뚜기)**] 예언자의 중보기도로 철회됨.

[**b. 두 번째 환상(7:4–6 불)**] 중보기도로 철회됨

[**c. 세 번째 환상(7:7–9 다림줄)**] 다림줄로 재고 성을 부숨: 이스라엘의 성소들과 여로보암의 집을 치시는데, 중보기도를 못함.

[**d. 아마샤와 아모스의 갈등(7:10–17)**] 벧엘의 제사장 아마샤와 드고아의 목자의 대결(10-17): "나는 선지자가 아니며 선지자의 아들도 아니라 나는 목자요 뽕나무를 재배하는 자로서"(14): 벧엘에서 추방함. 아모스가 저주함(17).

8 [**e. 네 번째 환상(8:1–3 과일 광주리)**] 끝이 이르렀다. 죄가 무르익었다.

[f. 심판의 이유(8:4-14)] "너희가 이르기를 월삭이 언제 지나서 우리가 곡식을 팔며 안식일이 언제 지나서 우리가 밀을 내게 할꼬 에바를 작게 하고 세겔을 크게 하여 거짓 저울로 속이며"(5): 종교의례를 지키며 부정을 일삼는다.

* "보라 날이 이를지라 내가 기근을 땅에 보내리니 양식이 없어 주림이 아니며 물이 없어 갈함이 아니요 여호와의 말씀을 듣지 못한 기갈이라"(11): 말씀이 없는 것도 심판의 일종.

9 **[g. 다섯 번째 환상(9:1-4 성소의 파괴)]** 벧엘의 성소에 있는 단의 기둥머리를 쳐서 문지방이 움직이게 하라(1): 벧엘의 성소에 대한 심판.

[h. 하나님은 누구신가(9:5-6)] "주 만군의 여호와는 땅을 만져 녹게 하사 거기 거주하는 자가 애통하게 하시며 그 온 땅이 강의 넘침 같이 솟아오르며 애굽 강 같이 낮아지게 하시는 이요 그의 궁전을 하늘에 세우시며 그 궁창의 기초를 땅에 두시며 바닷물을 불러 지면에 쏟으시는 이니 그 이름은 여호와시니라": 창조주요 역사의 주인이신 하나님.

4부 전체 이스라엘에 대한 구원 예언

[a. 나라와 민족을 정결하게 하는 심판(9:7-10)] "너희는 내게 구스 족속 같지 아니하냐 내가 이스라엘을 애굽 땅에서, 블레셋 사람을 갑돌에서, 아람 사람을 기르에서 올라오게 하지 아니하였느냐"(7: 출애굽 전통을 비판적으로 수용): 이스라엘을 이방 사람과 같이 취급하신다. 교만하지 말아라.

[b. 나라와 민족에 대한 구원 예언(9:11-15)] "그 날에 내가 다윗의 무너진 장막을 일으키고 그 틈을 막으며"(11): 다윗의 옛 대국을 다시 일으키고. "산들은 단 포도주를 흘리며 작은 산들은 녹으리라"(13): 욜 3:18 참고.

오 바 댜

I. 서 론

주전 587년에 예루살렘이 파괴당할 때에 에돔이 기뻐하고 오히려 해를 가했던 사실로 인해 에돔이 심판을 받을 것을 예언한 책. 에돔이 이때에 취한 행동은 겔 25:12-14; 35:1-5; 시 137:7에 앙금이 되어 남아 있다. 한편으로 지금은 폐허가 된 시온이 언젠가는 안전한 피난처가 되고 이스라엘이 옛 영토를 회복할 것을 예언한다. 오바댜에 대해선 "여호와를 섬기는 자", "여호와의 종"이란 뜻 외에는 아무 것도 알 수 없으나, 예루살렘 파괴 당시에 이를 목격하거나 동시대의 사람인 듯하다. 다른 예언서의 인용이 많은 것도 특징인데, 17절은 욜 2:32을 인용했고, 1-9절은 렘 49:7-16절과 유사하다. 렘 49장과 오바댜와의 관계는 우리가 잘 알 수 없다. 오바댜의 구조는 다음과 같다.

1부 에돔에 대한 심판 선언(2-15)

2-4	하나님의 선전포고
5-7	에돔에 대한 애가(에돔을 벌하심)
8-9	에돔에 대한 멸절 선언
10-11	에돔에 대한 논고
12-14	에돔에 대한 간접적인 비난
15	요약

2부 전체 이스라엘에 대한 구원 예언(16-21)

16-17	야흐베께서 열국들에게 선전포고를 내리신다
18	전체 이스라엘을 통하여 에돔을 멸하신다.
19-20	17절에 나온 구원 예언을 구체적으로 말씀하시다

21 요약

Ⅱ. 내 용

1부 에돔에 대한 심판 선언(2-15)

[2-4 하나님의 선전포고] 야흐베 사자의 말: "우리가 일어나서 그와 싸우자"(1): 하나님의 심판이 작정됨.

* "바위 틈에 거하며 높은 곳에 사는 자여…너의 마음의 교만이 너를 속였도다"(3); "네가 독수리처럼 높이 오르며 별 사이에 깃들일지라도 내가 거기서 너를 끌어내리리라"(4): 지형의 험준함을 의지하지 말라.

[5-7 에돔에 대한 애가(에돔을 벌하심)] "혹시 도둑이 네게 이르렀으며 강도가 밤중에 네게 이르렀을지라도 만족할 만큼 훔치면 그치지 아니하였겠느냐"(5): 에돔은 철저히 수탈당할 것이다.

[8-9 에돔에 대한 멸절 선언] "에서의 산에 있는 사람들은 다 죽임을 당하여 멸절되리라"(9): 주전 500년경 에돔 사람들은 나바테아 사람들에게 쫓겨서 서쪽 지역으로 밀려났다.

[10-11 에돔에 대한 논고] "외국인이 그의 성문에 들어가서 예루살렘을 얻기 위하여 제비 뽑던 날에 너도 그들 중 한 사람 같았느니라"(11)

[12-14 에돔에 대한 간접적인 비난] "네가 네 형제의 날 곧 그 재앙의 날에 방관할 것이 아니며 유다 자손이 패망하는 날에 기뻐할 것이 아니며 그 고난의 날에 네가 그 재물에 손을 대지 않을 것이며"(12)

[15 요약] "네가 행한 것이 네 머리로 돌아가리라"

2부 전체 이스라엘에 대한 구원 예언(16-21)

[16-17 야흐베께서 열국들에게 선전포고를 내리신다] "오직 시온 산에서 피할 자가 있으리니 그 산이 거룩할 것이요"(17): 욜 2:32 인용, 시온신학.

[18 전체 이스라엘을 통하여 에돔을 멸하신다] "요셉 족속은 불꽃이 될 것이요 에서 족속은 지푸라기가 될 것이라"

[19-20 17절에 나온 구원 예언을 구체적으로 말씀하시다] "사로잡혔던 이스라엘의 많은 자손은 가나안 사람에게 속한 이 땅을 사르밧까지 얻을 것이며"(20)

21 요약: 야흐베의 세계 왕국은 시온에서 시작된다.

요 나

I. 서 론

요나가 니느웨로 가지 않고 다시스로 간 이유는 그들에게 회개의 기회를 주고 싶지 않았기 때문이었다. 그러나 외국인이라고 해서 무조건 저주 받아야 하는 것은 아니며, 니느웨 사람들이나 이방인 뱃사람들이 오히려 선지자 요나를 부끄럽게 할 수도 있다. 이 책은 주전 5-4세기에 이방인들이 이스라엘 신앙을 가지기 시작하던 때에 일어난 일을 반영하고 있다. 역사적 인물인 아밋대의 아들 요나는 왕하 14:25에 의하면 여로보암 II세(787-747) 때에 활동한 예언자로서 이때엔 아직 니느웨가 저주의 대상이 되지 못했던 때이다. 요나의 물고기 뱃속에서의 체험은 신앙인들의 절망 체험을 상징하고, 그 가운데서의 회개와 구원을 의미한다. 또한 신약에선 예수님의 수난과, 탕자 비유에 나오는 큰 아들과 연관되기도 한다. 요나서의 구조는 다음과 같다.

1부 외적인 도피(1–2)

1:1–3	명령과 거역
1:4–16	배 위에서(선원들의 경건과 요나의 반항)
2:1–11	바다 속에서(요나의 굴복)

2부 내적인 도피(3–4)

3:1–3a	명령과 완전하지 않은 순종
3:3b–4:5	니느웨에서(죄인들의 회개와 요나의 반항)
4:6–11	요나의 굴복

Ⅱ. 내 용

1부 외적인 도피(1-2)

1 **[1:1-3 명령과 거역]** 니느웨에 가서 심판을 예고하라는 하나님의 명령을 어기고 요나는 욥바로 내려가 다시스로 가는 배를 탄다.

[1:4-16 배 위에서(선원들의 경건과 요나의 반항)] 요나의 불순종은 뱃사람들의 생명을 위험하게 한다. 요나는 이방인들보다 못하여 기도하지 않다가 이방인들의 질책을 받는다. 그리고 요나가 하나님의 뜻을 어긴 사건을 알고는 "네가 어찌하여 그렇게 행하였느냐?"라는 꾸중을 듣기도 한다.

2 **[2:1-11 바다 속에서(요나의 굴복)]** 바다에 던져진 요나는 하나님이 예비한 큰 물고기 뱃속에 들어간다. 물고기는 요나와 달리 하나님의 말씀에 순종한다. 간구와 감사의 기도를 드린 요나를 하나님은 다시 건지신다.

2부 내적인 도피(3-4)

3 **[3:1-3a 명령과 완전하지 않은 순종]** 니느웨의 발굴 결과 성의 지름은 5Km였고, 인구 밀도가 높은 주변까지는 30Km였다. 요나는 3일길(60-80Km)인 니느웨를 하룻길만 행하며 성의 없게 외쳤다.

[3:3b-4:5 니느웨에서(죄인들의 회개와 요나의 반항)] 그러나 니느웨 사람들은 짐승들까지 베옷을 입히며 회개한다. 요나는 니느웨 사람들의 회개에 매우 화가 나서 하나님께 불평하면서도, 혹시 니느웨가 망하지 않을까 기대하며 성 동편에 초막을 짓고 기다린다.

[4:6-11 요나의 굴복] 요나는 박(아주까리) 넝쿨이 3-5m까지 자라서 자기에게 그림자를 던져줄 때엔 좋아하다가, 벌레가 넝쿨을 씹어 마르게 하니 화를 낸다. 하나님은 박넝쿨보다 12만 명이 사는 이 성의 주민과 짐승들이 중요하지 않으냐며 요나를 나무라신다.

미 가

Ⅰ. 서 론

미가(미가야의 단축형: '누가 야흐베와 같은가?')는 주전 750-690년에 활동한 (가드)모레셋 출신의 예언자로서, 유다에서 활동하였다. 그는 불의한 사회상황, 특히 왕실과 종교지도자들을 신랄히 비판하였다. 예레미야가 재난을 선언했을 때에 사람들은 미가의 예언을 떠올리며 예레미야를 두둔하였을 정도였다. 미가는 5:2-4에서 다윗왕권과 연관 지어 희망을 제시한다. 미가서엔 후대의 예언들도 섞여 있다. 미가서의 구조는 다음과 같다.

1부 심판 선언(1:2–3:12)

1:2–7	이스라엘과 유다에 대한 심판 선언
1:8–16	닥쳐올 재난을 바라보며 예언자가 탄식함
2:1–5	부자들에 대한 심판 선언
2:6–11	부자들에 대한 예언자의 논쟁
2:12–13	이스라엘과 유다에 대한 구원 선언(남은 자 신학)
3:1–4	이스라엘 통치자들에 대한 심판 선언
3:5–8	구원 예언자들에 대한 심판 선언
3:9–12	예루살렘 지도자들에 대한 심판 선언

2부 구원 예언(4:1–5:14)

a. 4:1–5	민족들의 시온 순례
b. 4:6–8	남은 자에게 구원 있다
c. 4:9–13	바벨론으로부터의 해방
d. 5:1–4	메시야 시대의 선언
c'. 5:5–6	앗수르에서의 구원

b'. 5:7-9 구원 받은 남은 자와 민족들
a'. 5:10-15 모든 무기와 우상을 제거하기

3부 심판 선언(6:1-7:7)
6:1-8 가르침(역사 회고와 토라 예식)
6:9-16 예루살렘에 대한 심판 선언
7:1-7 예언자의 탄식과 경고

4부 구원 예언(7:8-20)
7:8-10 예루살렘의 의지시
7:11-13 예루살렘에 대한 구원 선언
7:14-17 예루살렘의 탄식시
7:18-20 예루살렘의 찬송

Ⅱ. 내 용

1부 심판 선언(1:2-3:12)

1 **[제목]** 미가는 요담(756-741), 아하스(741-725), 히스기야(725-697) 시대에 활동하였다(1).

[1:2-7 이스라엘과 유다에 대한 심판 선언] "(사마리아의) 그 새긴 우상들은 다 부서지고 그 음행의 값은 다 불살라지며 내가 그 목상들을 다 깨뜨리리니 그가 기생의 값으로 모았은즉 그것이 기생의 값으로 돌아가리라."(7): 신전창기들의 몸값으로 우상의 금은을 덧입힌 것이니, 앗수르 병사들이 창기에게 쓰게 될 것이다.

[1:8-16 닥쳐올 재난을 바라보며 예언자가 탄식함] "라기스는 딸 시온의 죄의 근본"(13): 르호보암이 만든 요새.

2 **[2:1-5 부자들에 대한 심판 선언]** "침상에서 죄를 꾀하며 악을 꾸미고 날이 밝으면 그 손에 힘이 있으므로 그것을 행하는 자는 화 있을진저"(1): 부도덕한 권력자들.

[2:6-11 부자들에 대한 예언자의 논쟁] "너희는 예언하지(침 흘리지) 말라"(6).

[2:12-13 이스라엘과 유다에 대한 구원 선언(남은 자 신학)] "내가 반드시 이스라엘의 남은 자를 모으고"(12): 희망의 약속.

3 **[3:1-4 이스라엘 통치자들에 대한 심판 선언]** "너희가 선을 미워하고 악을 기뻐하여 내 백성의 가죽을 벗기고 그 뼈에서 살을 뜯어"(2)

[3:5-8 구원 예언자들에 대한 심판 선언] "내 백성을 유혹하는 선지자들은 이에 물 것이 있으면 평강을 외치나 그 입에 무엇을 채워 주지 아니하는 자에게는 전쟁을 준비하는도다"(5): 계시의 밤을 만나 부끄러움을 당할 것이다. 미가의 소명(8).

[3:9-12 예루살렘 지도자들에 대한 심판 선언] "그들의 우두머리들은 뇌물을 위하여 재판하며 그들의 제사장은 삯을 위하여 교훈하며 그들의 선지자는 돈을 위하여 점을 치면서도"(11)

2부 구원 예언(4:1-5:14)

4 **[a. 민족들의 시온 순례(4:1-5)]** 4:1-3은 사 2:2-4과 거의 같은데, 무엇이 먼저인지, 어디서 나왔는지 학자들의 의견이 분분하다.

[b. 남은 자에게 구원 있다(4:6-8)] "발을 저는 자는 남은 백성이 되게 하며 멀리 쫓겨났던 자들이 강한 나라가 되게 하고 나 여호와가 시온 산에서 이제부터 영원까지 그들을 다스리리라 하셨나니"(7)

[c. 바벨론으로부터의 해방(4:9-13)] "이제 네가 성읍에서 나가서 들에 거주하며 또 바벨론까지 이르러 거기서 구원을 얻으리니"(10): 심판 후의 구원.

5 **[d. 메시야 시대의 선언(5:1-4)]** "베들레헴 에브라다야 너는 유다 족속 중에 작을지라도 이스라엘을 다스릴 자가 네게서 내게로 나올 것이라 그의 근본은 상고에, 영원에 있느니라."(2): 에브랏은 혈족 이름. 다윗 이전의 베들레헴에서 나올 것을 예언함으로써 다윗왕가에 대한 비판을 보이고 있다. 예수 그리스도에 적용이 됨.

[c'. 앗수르에서의 구원(5:5-6)] "앗수르 사람이 우리 땅에 들어와서 우리 궁들을 밟을 때에는 우리가 일곱 목자와 여덟 군왕을 일으켜 그를 치리니"

[b'. 구원 받은 남은 자와 민족들(5:7-9)] "야곱의 남은 자는 많은 백성 가운데 있으리니 그들은 여호와께로부터 내리는 이슬 같고 풀 위에 내리는

단비 같아서 사람을 기다리지 아니하며 인생을 기다리지 아니할 것이며"(7)

[a'. 모든 무기와 우상을 제거하기(5:10-15)] "… 그 날에 이르러는 내가 네 군마를 네 가운데에서 멸절하며 네 병거를 부수며"(10); "내가 네가 새긴 우상과 주상을 너희 가운데에서 멸절하리니"(13)

3부 심판 선언(6:1-7:7)

6 **[6:1-8 가르침(역사 회고와 토라 예식)]** 8절은 주전 8세기 예언의 요약: 정의(아모스), 사랑(호세아), 겸손(이사야).

[6:9-16 예루살렘에 대한 심판 선언] "그 부자들은 강포가 가득하였고 그 주민들은 거짓을 말하니 그 혀가 입에서 거짓되도다"(12)

7 **[7:1-7 예언자의 탄식과 경고]** "재앙이로다 나여 나는 여름 실과를 딴 후와 포도를 거둔 후 같아서 먹을 포도송이가 없으며 내 마음에 사모하는 처음 익은 무화과가 없도다… 그들의 가장 선한 자라도 가시 같고…"(1, 4): 의인을 찾아볼 수 없다.

* "너희는 이웃을 믿지 말며 친구를 의지하지 말며 네 품에 누운 여인에게라도 네 입의 문을 지킬지어다. 사람의 원수가 곧 자기 집 안 사람이로다"(5-6): 불신으로 망가지는 공동체들. 마 10:36에서 인용됨.

4부 구원 예언(7:8-20)

[7:8-10 예루살렘의 의지시] "나의 대적이여 나로 말미암아 기뻐하지 말지어다. 나는 엎드러질지라도 일어날 것이요 어두운 데 앉을지라도 여호와께서 나의 빛이 되실 것임이로다"(8): 포로 이후의 글인 듯.

[7:11-13 예루살렘에 대한 구원 선언] "네 성벽을 건축하는 날 곧 그 날에는 지경이 넓혀질 것이라"(11)

[7:14-17 예루살렘의 탄식시] "원하건대 주는 주의 지팡이로 주의 백성 곧 갈멜 속 삼림에 홀로 거주하는 주의 기업의 양 떼를 먹이시되 그들을 옛날 같이 바산과 길르앗에서 먹이시옵소서"(14)

[7:18-20 예루살렘의 찬송] "주와 같은 신이 어디 있으리이까 주께서는 죄악과 그 기업에 남은 자의 허물을 사유하시며…."(18)

나 훔

Ⅰ. 서 론

나훔의 뜻은 '위로'인데, 히브리어의 위로는 말로만 하는 것이 아니라 괴로움으로 가득찬 세상을 변화시키는 것을 의미함. 그가 활동한 시기는 노아몬(테베, 룩소르)이 앗수르의 앗수르바니팔에게 파괴된 주전 663년과 니느웨가 멸망한 612년 사이일 것이다. 앗수르는 하나님을 거스르는 악한 세상 권력의 대명사가 되었다. 나훔의 구조는 다음과 같다.

A. 1:2-8	하나님의 현현시
B. 1:9-2:3	유다와 앗수르에 대한 논쟁
C. 2:3-3:19	니느웨에 대한 세 번의 심판 예언
1) 2:3-13	멸망의 묘사-조롱 노래-하나님의 말씀
2) 3:1-7	조가-하나님의 말씀-조롱 노래
3) 3:8-19	비꼬는 비교-멸망 묘사-조롱 탄식

Ⅱ. 내 용

A. 하나님의 현현시(1:2-8)

1 "여호와는 노하기를 더디하시며 권능이 크시며 벌 받을 자를 결코 내버려두지 아니 하시느니라"(3): 앗수르를 용서하지 않으신다.

*"그로 말미암아 산들이 진동하며 작은 산들이 녹고 그 앞에서는 땅 곧 세계와 그 가운데에 있는 모든 것들이 솟아오르는 도다"(5)

B. 유다와 앗수르에 대한 논쟁(1:9-2:2)

* "여호와께 악을 꾀하는 한 사람이 너희 중에서 나와서 사악한 것을 권하는도다"(11): 701년의 산헤립을 암시.
* "아름다운 소식을 알리고 화평을 전하는 자의 발이 산 위에 있도다 유다야 네 절기를 지키고 네 서원을 갚을지어다"(15): 사 52:7에 영향을 준 말씀, 이미 니느웨가 망한 듯 말한다.

C. 2:3-3:19 니느웨에 대한 세 번의 심판 예언

1) **2:3-13 멸망의 묘사-조롱 노래-하나님의 말씀**

"전에는 수사자 암사자가 그 새끼 사자와 함께 거기서 다니되 그것들을 두렵게 할 자가 없었으며"(11): 니느웨를 사자들의 굴혈로 비유. 니느웨는 현재의 모술.

2) **3:1-7 조가-하나님의 말씀-조롱 노래.** "화 있을진저 피의 성이여 그 안에는 거짓이 가득하고 포악이 가득하며 탈취가 떠나지 아니하는도다"(1): 살인의 도성.

   * "이는 마술에 능숙한 미모의 음녀가 많은 음행을 함이라"(4): 음녀는 니느웨와 여신 이쉬타르를 뜻함.

3) **3:8-19 비꼬는 비교-멸망 묘사-조롱 탄식.** "네가 어찌 노아몬보다 낫겠느냐"(8): '아몬의 성'이란 뜻의 노아몬은 테베(룩소르)로서 상부 애굽의 수도였다. 그런데 663년에 앗수르의 왕 앗수르바니팔에게 점령당했다.

   * 붓: 오늘의 리비아지역에 살던 민족.
   * 루빔: 애굽의 서쪽 북아프리카에 있는 지방.
   * "네 모든 산성은 무화과나무의 처음 익은 열매가 흔들기만 하면 먹는 자의 입에 떨어짐과 같으리라"(12): 쉽게 무너지는 성들.
   * "네(앗수르왕) 상처는 고칠 수 없고 네 부상은 중하도다 네 소식을 듣는 자가 다 너를 보고 손뼉을 치나니 이는 그들이 항상 네게 행패를 당하였음이 아니더냐?"(19)

하 박 국

Ⅰ. 서 론

하박국이란 이름은 앗수르어나 바벨론어에서 어떤 원예식물을 가리키는 듯하다. 일반적으로 그는 예레미야와 같은 시대, 즉 여호야김 때에 살았으리라 짐작된다. 주전 605년(갈그미스에서 바벨론과 애굽이 싸웠던 해)과 597년 사이에 이 책이 씌어진 듯하다. 하박국은 먼저 하나님께 질문을 드려서 그 대답을 들은 선지자(성전예언자)였다. 중심 되는 질문은 바벨론 사람들의 출현이었다. 하박국의 구조는 다음과 같다.

A. 예언자의 탄식과 하나님의 대답(1:2-2:5)
- 1) 1:2-4 폭력과 피박에 대한 예언자의 탄식
- 2) 1:5-11 야흐베의 대답: 갈대아인을 징벌도구로 보내심
- 3) 1:12-17 하나님이 보내신 징벌도구의 폭력에 대한 탄식
- 4) 2:1-5 야흐베의 대답

B. 세계의 심판자이신 야흐베(2:6-20): 바벨론에 대한 네 가지 심판 예언
- 1) 2:6-8 권력욕과 탐욕
- 2) 2:9-14 큰 공사를 통한 수탈
- 3) 2:15-17 사람과 자연에 대한 무한한 폭력
- 4) 2:18-20 우상숭배

C. 현현시(3:1-19)
- 1) 2절: 2:2-5에 나타난 하나님의 응답이 실현되기를 간구함
- 2) 3-15절: 세계를 심판하러 오시는 하나님에 대한 환상
- 3) 16-19절: 환상을 본 후 예언자가 보인 반응

Ⅱ. 내 용

A. 예언자의 탄식과 하나님의 대답(1:2–2:5)

1) 1:2-4 폭력과 핍박에 대한 예언자의 탄식: "내가 부르짖어도 주께서 듣지 아니하시니"(2): 여호야김 때의 국내문제.
2) 1:5-11 야흐베의 대답: 갈대아인을 징벌도구로 보내심: "보라 내가 사납고 성급한 백성…갈대아 사람을 일으켰나니"(6): 국내문제에 대한 심판 도구인 바벨론.
3) 1:12-17 하나님이 보내신 징벌도구의 폭력에 대한 탄식: "주께서 눈이 정결하시므로 악을 참아 보지 못하시며…악인이 자기보다 의로운 사람을 삼키는데 잠잠하시나이까?"(13): 바벨론은 더 악한 사람들 아닙니까?
4) 2:1-5 야흐베의 대답: "보라 그의 마음은 교만하며 그 속에서 정직하지 못하나 의인은 그의 믿음으로 말미암아 살리라"(4): 바벨론을 심판하겠고, 의인은 살리겠다: 창 15:6; 롬 1:17 참고.

B. 세계의 심판자이신 야흐베(2:6–20): 바벨론에 대한 네 가지 심판 예언

1) 2:6-8 권력욕과 탐욕: "화 있을진저 자기 소유 아닌 것을 모으는 자여"(6): 바벨론.
2) 2:9-14 큰 공사를 통한 수탈: "피로 성읍을 건설하며 불의로 성을 건축하는 자에게 화 있을진저"(12)
3) 2:15-17 사람과 자연에 대한 무한한 폭력: "이웃에게 술을 마시게 하되 자기의 분노를 더하여 그에게 취하게 하고 그 하체를 드러내려 하는 자에게 화 있을진저"(15): 바벨론.
4) 2:18-20 우상숭배: "새긴 우상은 그 새겨 만든 자에게 무엇이 유익하겠느냐 부어 만든 우상은 거짓 스승이라 만든 자가 이 말하지 못하는 우상을 의지하니 무엇이 유익하겠느냐"(18)

C. 현현시(3:1–19)

1) 2절: 2:2-5에 나타난 하나님의 응답이 실현되기를 간구함: “주의 일을 이 수년 내에 부흥하게 하옵소서”(2): 빨리 그 일이 이루어지길 바라는 예언자.
2) 3-15절: 세계를 심판하러 오시는 하나님에 대한 환상: “하나님이 데만에서부터 오시며 거룩한 자가 바란 산에서부터 오시는도다(셀라) 그의 영광이 하늘을 덮었고 그의 찬송이 세계에 가득하도다”(3)
   * 구산: 미디안의 옆에 살던 광야 민족.
3) 16-19절: 환상을 본 후 예언자가 보인 반응: “비록 무화과나무가 무성치 못하며”(17): 하나님의 심판 가운데서도 찬양한다.

스바냐

I. 서 론

히스기야왕의 고손자. 스바냐란 "여호와께서 숨기셨다"란 뜻이며, 므낫세왕 치하의 상황을 드러내는 듯하다. 요시야왕은 개혁을 628년에 시작하여 622년에 토라책을 발견하는데, 스바냐는 요시야의 개혁 이전에, 나훔과 예레미야 사이에 예언한 듯하다. 그의 메시지는 야흐베의 날이 임한다는 것이었는데, 이는 남부 러시아의 스키타이족이 627년에 코커서스산맥을 넘어서 북앗수르를 거쳐 지중해 연안을 따라 애굽까지 이르며 약탈을 일삼은 역사와 연관이 있었다. 스바냐는 다음과 같은 구조를 갖고 있다.

A. 그 날의 심판의 핵심 대상은 예루살렘이다(1:2–18)

- 1) 1:2–6 세계적인 심판의 중심은 유다와 예루살렘이다
- 2) 1:7–13 가까운 야흐베의 날에 예루살렘을 심판할 것을 선언하심
- 3) 1:14–18 야흐베의 날은 세계 심판의 날이다.

B. 민족 대심판의 날(2:1–3:8)

- 1) 2:1–15 유다 백성에 대한 위협과 경고(2:1–3), 주변민족, 특히 니느웨가 과녁이 될 것이다.
- 2) 3:1–8 예루살렘은 폭력적인 도시, 세계 심판의 절정에 속한다.

C. 정화와 구원의 날(3:9–20)

- 1) 3:9–13 열국과 예루살렘의 정화
- 2) 3:14–20 심판 이후에 오는 예루살렘의 구원

Ⅱ. 내 용

A. 그 날의 심판의 핵심 대상은 예루살렘이다(1:2–18)

1) 1:2-6 세계적인 심판의 중심은 유다와 예루살렘이다: "내가 땅 위의 모든 것을 진멸하리라"(2): 야흐베의 날은 심판이다.
   * '그마림': '코메르'(이방 제사장)의 복수.
   * '말감': 암몬의 신 밀곰을 가리킴.
2) 1:7-13 가까운 야흐베의 날에 예루살렘을 심판할 것을 선언하심: "어문에서는 부르짖는 소리가"(10): 북쪽이 가장 약했다.
   * "막데스 거민들아"(11): 서쪽의 신시가지와 동/북쪽의 시가지를 나누는 계곡에 사는 사람들.
   * "여호와께서는 복도 내리지 아니하시며 화도 내리지 아니하시리라 하는 자를 등불로 두루 찾아 벌하리니"(12): 렘 5:12-13; 시 10; 14의 사람들.
3) 1:14-18 야흐베의 날은 세계 심판의 날이다: "그들의 은과 금이 여호와의 분노의 날에 능히 그들을 건지지 못할 것이며 이 온 땅이 여호와의 질투의 불에 삼켜지리니 이는 여호와가 이 땅 모든 주민을 멸절하되 놀랍게 멸절할 것임이라"(18)

B. 민족 대심판의 날(2:1–3:8)

1) 2:1-15 유다 백성에 대한 위협과 경고(2:1-3), 주변민족, 특히 니느웨가 타겟이 될 것이다: "여호와의 규례를 지키는 세상의 모든 겸손한 자들아"(3): 그들도 안전하다 할 수 없다. 야흐베를 찾으면 겨우 살아날 수 있다.
   * "가사는 버림을 당하며 아스글론이 폐허가 되며…"(4): 블레셋 국가들.
   * "내가 모압의 비방과 암몬 자손이 조롱하는 말을 들었나니 그들이 내 백성을 비방하고 자기들의 경계에 대하여 교만하였느니라"(8): 열국의 심판.
   * "니느웨(지금의 모술)로 황폐하게 하여 사막같이 메마르게 하리니…이는 기쁜 성이라 염려 없이 거주하며 마음 속에 이르기를 오직 나만 있고 나 외에는 다른 이가 없다 하더니"(13-15): 앗수르의 멸망.

2) 3:1-8 예루살렘은 폭력적인 도시, 세계 심판의 절정에 속한다: 예루살렘에 대한 비판: "방백들은 부르짖는 사자요 그의 재판장들은 이튿날까지 남겨 두는 것이 없는 저녁 이리요 그의 선지자들은 경솔하고 간사한 사람들이요 그의 제사장들은 성소를 더럽히고 율법을 범하였도다."(3-4)

C. 정화와 구원의 날(3:9-20)

1) 3:9-13 열국과 예루살렘의 정화: "그 때에 내가 네 가운데서 교만하여 자랑하는 자들을 제거하여 네가 나의 성산에서 다시는 교만하지 않게 할 것임이라 내가 곤고하고 가난한 백성을 네 가운데에 남겨 두리니."(11-12)
2) 3:14-20 심판 이후에 오는 예루살렘의 구원: "너의 하나님 여호와가 너의 가운데에 계시니 그는 구원을 베푸실 전능자이시라 그가 너로 말미암아 기쁨을 이기지 못하시며 너를 잠잠히 사랑하시며 너로 말미암아 즐거이 부르며 기뻐하시리라 하리라"(17)

학 개

I. 서 론

학개란 '명절에 태어난 사람'이란 뜻이다. 그는 주전 537년에 시작하였다가 곧 중단된 성전공사를 두고 520년에 공사를 재개하라고 예언한다. 그의 예언의 대상은 스룹바벨 총독과 대제사장 여호수아였다. 학개의 구조는 다음과 같다.

A. 1:1-15a	학개의 말에 스룹바벨과 여호수아와 백성이 감동되다.
B. 1:15b-2:9	이 성전에 계실 하나님은 세계를 진동시킬 것이다.
C. 2:10-19	성전이 세워지면 백성의 부정이 씻겨지고 구원이 시작된다.
D. 2:20-23	메시야 약속은 스룹바벨에게서 이뤄질 것이다.

II. 내 용

A. 1:1-15a 학개의 말에 스룹바벨과 여호수아와 백성이 감동되다.

다리오왕 2년 6월 1일: "이 성전이 황폐하였거늘 너희가 이 때에 판벽한 집에 거주하는 것이 옳으냐"(4): 야흐베의 집이 우선.

* "그러므로 너희로 말미암아 하늘은 이슬을 그쳤고 땅은 산물을 그쳤으며."(10) 공사 재개: 6월 24일(14).

B. 1:15b-2:9 이 성전에 계실 하나님은 세계를 진동시킬 것이다.

2 2년 7월 21일: "이제 이것이 너희에게 어떻게 보이느냐 이것이 너희 눈에

보잘것없지 아니하냐"(3): 잘 지어라.

* "모든 나라의 보배가 이르리니 내가 이 성전에 영광이 충만하게 하리라"(7): 다리우스 즉위 때의 소요 사태를 염두에 둔 듯.

C. 2:10-19 성전이 세워지면 백성의 부정이 씻겨지고 구원이 시작된다.

* 9월 24일: "시체를 만져서 부정하여진 자가 만일 그것들 가운데 하나를 만지면 그것이 부정하겠느냐 하니 제사장들이 대답하여 이르되 부정하리라 하더라"(13): 사마리아 사람들의 참여를 금함.
* "오늘부터는 내가 너희에게 복을 주리라."(19)

D. 2:20-23 메시야 약속은 스룹바벨에게서 이뤄질 것이다.

"스알디엘의 아들 내 종 스룹바벨아 여호와가 말하노라 그 날에 내가 너를 세우고 너를 인장으로 삼으리니 이는 내가 너를 택하였음이니라"(23): 다윗의 후손으로 대우. 그러나 이 일은 실현되지 않았다.

스 가 랴

I. 서 론

잇도(제사장)의 손자 스가랴가 주전 520-518년에 전한 말씀. 스가랴는 왕과 제사장 둘이서 나라를 다스려 나갈 것을 예언했으나 스룹바벨은 성전이 완공되기도 전에 역사에서 퇴장하였다. 9장 이하는 알렉산더 대왕의 원정 이후의 사건을 배경으로 하고 있다. 평화의 왕이 올 것을 예언하고(9-10), 그가 당할 고난을 언급하고 있다(11-13). 14장에선 예루살렘이 구원을 받고 새로워진다는 환상으로 끝을 맺고 있다. 9-11장은 제이스가랴, 12-14장은 제삼스가랴로 분류된다. 이들은 각각 프톨레마이오스 왕조(301-200/198), 셀류시드 왕조(200/198-135) 때의 상황을 반영하는 듯하다. 9-11장은 운문으로 되어 있고, 12-14장은 산문으로 되어 있어 다른 글임이 분명하다. 또한 제이스가랴 중에서도 9-10장은 희망을 말하고 있고, 11:4 이하에선 희망의 포기를 전하고 있다. 제삼스가랴에서도 12-13장은 하나님의 말씀을 담고 있으나, 14장은 구원의 전후사를 적고 있어서 부록이라고 여겨진다. 참고로, 하스몬 왕조는 주전 160-37년 동안, 헤롯 왕조는 주전 40/37년에서 주후 70년까지 유지되었다. 제일스가랴는 다음과 같은 구조를 갖고 있다.

A. 1:1–6 말씀 선포
B. 1:7–6:15 환상 모음
  1) 1:7–17 첫 환상: 기사들과 말들
  2) 1:18–21[6)] 두 번째 환상: 뿔들과 대장장이
  3) 2:1–13 세 번째 환상: 측량줄을 잡은 사람

6) 히브리어판에서는 1장이 17절까지만 있고, 1:18-21은 2:1-4로 되어 있다.

4) 3:1–10　　네 번째 환상A: 하늘 심판대에 선 여호수아
5) 4:1–14　　네 번째 환상B: 두 나무 사이의 등대
6) 5:1–4　　다섯 번째 환상: 날아가는 두루마리
7) 5:5–11　　여섯 번째 환상: 에바 속의 여자
8) 6:1–15　　일곱 번째 환상: 병거들과 말들
C. 7:1–8:23　　말씀 선포

Ⅱ. 내　용

1 다리오 왕(521-486) 2년 8월에 스가랴가 본 환상: 8가지 환상이 이어진다.

A. 말씀 선포(1:1-6)

"… 너희는 내게로 돌아오라 만군의 여호와의 말이니라 그리하면 내가 너희에게로 돌아가리라 만군의 여호와의 말이니라"(3)

B. 환상 모음(1:7-6:15)

1) 1:7-17 첫 환상: 기사들과 말들
여러 가지 색깔(홍, 자주, 백)의 말을 탄 사람들이 온 땅의 평온을 보고한다. 야흐베의 사자는 하나님이 예루살렘에 노하신 지 70년이 되었다며 호소한다. 하나님은 성전이 예루살렘에 지어질 것을 선언하신다.

2) 1:18-21[7] 두 번째 환상: 뿔들과 대장장이. 네 뿔은 세상의 권력을, 네 대장장이는 권력을 무너뜨릴 민족들을 상징한다.

2 3) 2:1-13 세 번째 환상: 측량줄을 잡은 사람. 예루살렘이 너무 커져서 '성곽 없는 성읍'과 같이 될 것이다.

*바벨론의 시온은 피해야 한다(7).

*"모든 육체가 여호와 앞에서 잠잠할 것은 여호와께서 그의 거룩한 처소에서 일어나심이니라 하라 하더라."(13)

3 4) 3:1-10 네 번째 환상A: 하늘 심판대에 선 여호수아. 사단을 책망하시고, 더러운 옷을 입고 있는 여호수아에게 새 옷(죄 사함)과 정한 관을 입히신다.

---

7) 히브리어판에서는 1장이 17절까지만 있고, 1:18-21은 2:1-4로 되어 있다.

*싹(메시아)을 나게 하신다. 예레미야 23:5에서 처음으로 메시야를 싹(가지)이라 부름.

4 5) 4:1-14 네 번째 환상B: 두 나무 사이의 등대. 순금등잔대: 일곱 등잔과 일곱 관: 49개의 불빛.

*"이는 힘으로 되지 아니하며 능력으로 되지 아니하고 오직 나의 영으로 되느니라 큰 산아 네가 무엇이냐 네가 스룹바벨 앞에서 평지가 되리라 그가 머릿돌을 내놓을 때에 무리가 외치기를 은총, 은총이 그에게 있을지어다 하리라."(6-7)

*두 감람나무는 기름 부음을 받은 두 사람으로서 온 세상의 주 앞에 모셔선 사람들, 즉 스룹바벨과 여호수아를 뜻했다.

5 6) 5:1-4 다섯 번째 환상: 날아가는 두루마리: 10×5m의 거대한 두루마리 안팎에 저주가 씌어졌는데, 도적들과 위증자(맹세하는 자)들에 대한 것.

7) 5:5-11 여섯 번째 환상: 에바 속의 여자: 에바 속에 여인(악)을 가두고 납으로 아귀를 막고 시날 땅으로 보낸다.

6 8) 6:1-15 일곱 번째 환상: 병거들과 말들: 사방으로 나간 말들 중에 북으로 간 말이 천사의 영을 쉬게 하다: 하나님의 영이 이스라엘 백성을 바벨론에서 데려옴.

*바벨론에서 헬대, 도비야, 여다야가 은금을 가지고 돌아왔으므로, 하나님의 명으로 스가랴는 그것으로 은금으로 된 면류관을 만들어 여호수아에게 씌운다. 싹이라는 사람이 나와서 성전을 지을 것이다.

C. 7:1-8:23 말씀 선포.

기슬래월은 9월이다. 벧엘의 사람들이 5월에는 성전 파괴를 애도하고 7월에는 그다랴의 암살을 애도하는 일을 계속할 것인가를 묻자, 그들이 하나님을 위해서가 아니라 스스로를 위해 한 것임을 책망함. 4월 9일에 성 함락, 5월 7일에 성전이 파괴됨. 진실한 재판, 인애, 긍휼이 중요하다(9). 고아, 과부, 나그네를 돌보고…

8 "내가 시온에 돌아왔은즉..예루살렘은 진리의 성읍이라 일컫겠고 만군의 여호와의 산은 성산이라 일컫게 되리라."(3)

*진실한 재판을 행하고, 모략을 하지 말라(16-17).

* "금식이 변하여 유다 족속에게 기쁨과 즐거움과 희락의 절기들이 되리니."(19)
* 시드기야 9년 10월 10일은 포위되기 시작한 날.

A. 제이스가랴(9-11)

✤ 구조

1) 9:1-8 예루살렘/유다를 둘러싼 이방민족들에 대한 심판 예언
2) 9:9-17 종말론적인 전쟁의 목적
3) 10:1-11:3 열국의 수령들과 목자들과의 전쟁
4) 11:4-17 목자 알레고리(대제사장이나, 15-17절은 프톨레미 통치자들)

9 1) 9:1-8 예루살렘/유다를 둘러싼 이방민족들에 대한 심판 예언: "내가 내 집을 둘러 진을 쳐서 적군을 막아 거기 왕래하지 못하게 할 것이라 포학한 자가 다시는 그 지경으로 지나가지 못하리니 이는 내가 눈으로 친히 봄이니라."(8)

2) 9:9-17 종말론적인 전쟁의 목적

* "시온의 딸아 크게 기뻐할지어다 예루살렘의 딸아 즐거이 부를지어다 보라 네 왕이 네게 임하시나니 그는 공의로우시며 구원을 베푸시며 겸손하여서 나귀를 타시나니 나귀의 작은 것 곧 나귀 새끼니라"(9): 전쟁하지 않는 평화의 왕.
* "시온아 내가 네 자식들을 일으켜 헬라 자식들을 치게 하며 너를 용사의 칼과 같게 하리라"(13): 프톨레마이오스와 셀류시드 왕조를 뜻함.
* "이 날에 그들의 하나님 여호와께서 그들을 자기 백성의 양 떼 같이 구원하시리니 그들이 왕관의 보석 같이 여호와의 땅에 빛나리로다"(16)

10 3) 10:1-11:3 열국의 수령들과 목자들과의 전쟁: "봄비가 올 때에 여호와 곧 구름을 일게 하시는 여호와께 비를 구하라 무리에게 소낙비를 내려서 밭의 채소를 각 사람에게 주시리라 드라빔들은 허탄한 것을 말하며 복술자는 진실하지 않은 것을 보고 거짓 꿈을 말한즉 그 위로가 헛되므로 백성

들이 양같이 유리하며 목자가 없으므로 곤고를 당하나니."(1-2)

* "내가 목자들에게 노를 발하며 내가 숫염소들을 벌하리라 만군의 여호와가 그 무리 곧 유다 족속을 돌보아 그들을 전쟁의 준마와 같게 하리니"(3)
* "내가 그들을 향하여 휘파람을 불어 그들을 모을 것은 내가 그들을 구속하였음이라 그들이 전에 번성하던 것 같이 번성하리라."(8)

11 4) 11:4-17 목자 알레고리(대제사장이나, 15-17절은 프톨레미 통치자들): "너는 잡혀 죽을 양떼를 먹이라…그들의 목자들은 그들을 불쌍히 여기지 아니하는도다"(4-5): 제사장들과 예언자들 대신 스가랴에게 위탁된다.

* "막대기 둘을 취하여 하나는 은총(기쁨)이라 하며 하나는 연합이라 하고 양떼를 먹일새."(7)
* "한 달 동안에 내가 그 세 목자를 제거하였으니 이는 내 마음에 그들을 싫어하였고 그들의 마음에도 나를 미워하였음이라."(8) 그러나 곧 은총이라는 막대기를 꺾고(백성과 맺은 언약을 파함), 그 다음에는 연합의 막대기도 꺾는다(유다와 이스라엘의 형제의 의를 끊음). 목자의 삯(은 30)을 토기장이에게 던지다.
* "화있을진저 양 떼를 버린 못된 목자여 칼이 그의 팔과 오른쪽 눈에 내리리니 그의 팔이 아주 마르고 그의 오른쪽 눈이 아주 멀어 버릴 것이라 하시니라."(17)

B. 제삼스가랴(12-14)

12 **[민족들이 예루살렘으로 쳐들어오나 실패한다. 영을 부어주심. 찔린 자에 대한 탄식]** "보라 내가 예루살렘으로 그 사면 모든 민족에게 취하게 하는 잔이 되게 할 것이라 예루살렘이 에워싸일 때에 유다에까지 이르리라."(2)

* "그 날에 여호와가 예루살렘 주민을 보호하리니 그 중에 약한 자가 그 날에는 다윗 같겠고 다윗의 족속은 하나님 같고 무리 앞에 있는 여호와의 사자 같을 것이라."(8)
* "그들이 그 찌른 바 그를 바라보고 그를 위하여 애통하기를 독자를 위하

여 애통하듯 하며 그를 위하여 통곡하기를 장자를 위하여 통곡하듯 하리로다"(10): 메시야의 수난. 사 52:13이하와 비슷하다.

13 **[부정과 우상숭배와 거짓 예언으로부터의 해방]** '하다드림몬'이란 페니키아의 식물의 신 이름으로서, 매년 가을에 사람들은 이 신의 죽음을 애도하였다. 그러나 하다드림몬이 609년에 죽었던 요시야를 애도하는 장소였을 수도 있다.

*"나는 선지자가 아니요 나는 농부라 내가 어려서부터 사람의 종이 되었노라 할 것이요 어떤 사람이 그에게 묻기를 네 두 팔 사이에 있는 상처는 어찌 됨이냐 하면 대답하기를 이는 나의 친구의 집에서 받은 상처라 하리라"(5-6): 거짓 예언자들이 수치를 당한다. 예언자들이 가슴에 상처를 내는 습관이 있었는지 모른다.

14 **[민족들의 침략. 함락 후의 구원. 예루살렘의 정결. 신의 현현. 민족들의 남은 자는 야흐베를 왕으로 모신다]** 야흐베의 날이 임하면 예루살렘이 멸망할 것이다(1). 그러나 야흐베께서 열국을 치시고 왕이 되실 것이며(3, 9), 생수가 예루살렘에서 흐를 것이다(8). 열국이 초막절을 지키러 올 것이다(16).

*"그 날에는 말방울에까지 여호와께 성결이라 기록될 것이라 여호와의 전의 모든 솥이 제단 앞 주발과 다름이 없을 것이니"(20): 대제사장의 이마에 붙이던 것(출 28:36)이 말방울에까지 붙게 되고, 보통 솥들도 거룩한 솥이 된다.

말 라 기

I. 서 론

말라기란 '나의 사자'란 뜻. 학개, 에스라, 느헤미야의 상황이 일부 나타난다: 생존의 문제, 유다에 속하지 않은 여인들과의 결혼 문제가 나타난다. 포로 귀환 이후에도 놀라운 변화는 나타나지 않아서 일반적으로 실망적인 분위기였고, 예배는 형식적이고, 토라는 자주 무시되었다. 에스라, 느헤미야보다 먼저인지 나중인지는 알 수 없으나 주전 5세기의 글이라는 설이 강하다. 논쟁 형식이 특징이며, 예배와 윤리에 대한 강한 요구가 들어 있다. 말라기의 구조는 다음과 같다.

1:1 제목	
A 1:2-5	야흐베는 이스라엘을 사랑하시고 에돔은 미워하신다
B1 1:6-2:9	제사장들에 대한 고발과 심판 선언
B2 2:10-16	유대인 상류층에 대한 고발(유대 여자를 내쫓고 외국 여자를 맞음)
B'1 2:17-3:5	고발과 심판 선언(사회고발, 빈민 착취)
B'2 3:6-12	회개 요구와 구원 선언(갈등: 십일조)
A' 3:13-4:3	종말론적인 심판의 선언: 의인의 구원과 악인의 멸절
3:22	첫 번째 에필로그(수 1:7, 13; 신 5:1; 11:32; 12:1; 26:12과 연관)
3:23-24	두 번째 에필로그(왕상 19; 사 66과 연관)

Ⅱ. 내 용

1 제목(1:1): 야흐베께서 말라기를 통해 이스라엘에 주신 경고.

A. 야흐베는 이스라엘을 사랑하시고 에돔은 미워하신다(1:2-5): "주께서 어떻게 우리를 사랑하셨나이까?": "내가 야곱을 사랑하였고 에서는 미워하였으며"(2-3).

B_1. 제사장들에 대한 고발과 심판 선언(1:6-2:9)

* "우리가 어떻게 주의 이름을 멸시하였나이까?": "너희가 더러운 떡을 나의 제단에 드리고"(6-7): 총독에게 바쳐보라!
* "너희가 내 단 위에 헛되이 불사르지 못하게 하기 위하여 너희 중에 성전 문을 닫을 자가 있었으면 좋겠도다": 사 1:13 참고.

2 "레위와 세운 나의 언약은 생명과 평강의 언약이라…너희는 옳은 길에서 떠나 많은 사람을 율법에 거스르게 하는도다"(5-8): 제사장이 자기 일을 성실히 하지 않았다.

B_2. 유대인 상류층에 대한 고발(2:10-16: 유대 여자를 내쫓고 외국 여자를 맞음)

* "유다는 여호와께서 사랑하시는 그 성결을 욕되게 하여 이방 신의 딸과 결혼하였으니"(11): 이방 여자와의 혼인 비판.
* "눈물과 울음과 탄식으로 여호와의 제단을 가리게 하는도다…그에게는 영이 충만하였으나 오직 하나를 만들지 아니하셨느냐 어찌하여 하나만 만드셨느냐 이는 경건한 자손을 얻고자 하심이니라"(13-15): 이혼 반대, 일부일처.

B'_1 고발과 심판 선언(2:17-3:5 사회고발, 빈민 착취)

3 "내가 내 사자를 보내리니 그가 내 앞에서 길을 준비할 것이요"(1): 세례요한에게서 성취되다.

* "내가 심판하러 너희에게 임할 것이라 점치는 자에게와 간음하는 자에게와 거짓 맹세하는 자에게와 품꾼의 삯에 대하여 억울하게 하며 과부와 고아를 압제하며 나그네를 억울하게 하며 나를 경외하지 아니하는 자들에게 속히 증언하리라 만군의 여호와가 말하였느니라"(5)

B'_2 회개 요구와 구원 선언(3:6-12 갈등: 십일조)

*“사람이 어찌 하나님의 것을 도둑질하겠느냐 그러나 너희는 나의 것을 도둑질하고도 말하기를 우리가 어떻게 주의 것을 도둑질하였나이까 하는도다 이는 곧 십일조와 봉헌물이라”(8): 십일조 준수.

A' 종말론적인 심판의 선언(3:13-4:3): 의인의 구원과 악인의 멸절

“이는 너희가 말하기를 하나님을 섬기는 것이 헛되니 만군의 여호와 앞에서 그 명령을 지키며 슬프게 행하는 것이 무엇이 유익하리요 지금 우리는 교만한 자가 복되다 하며 악을 행하는 자가 번성하며 하나님을 시험하는 자가 화를 면한다 하노라 함이라”(3:14-15)

4 “내 이름을 경외하는 너희에게는 공의로운 해가 떠올라서 치료하는 광선을 비추리니 너희가 나가서 외양간에서 나온 송아지 같이 뛰리라.”(2)

첫 번째 에필로그(4:4; 수 1:7, 13; 신 5:1; 11:32; 12:1; 26:12과 연관): “너희는 내가 호렙에서 온 이스라엘을 위하여 내 종 모세에게 명령한 법 곧 율례와 법도를 기억하라”

두 번째 에필로그(4:5-6; 왕상 19; 사 66과 연관): “내가 선지자 엘리야를 너희에게 보내리니 그가 아버지의 마음을 자녀에게로 돌이키게 하고 자녀들의 마음을 그들의 아버지에게로 돌이키게 하리라”(5-6): 헬레니즘에 물든 신세대와 구세대간의 대화를 가능하게 하는 선지자.

구약통독

문제은행

창 세 기

1. 하나님이 사람을 하나님의 형상으로 지으셨다는 말씀은 어디에 나오나요?
   ① 창 1:26 ② 창 1:27 ③ 창 1:28 ④ 창 1:25

2. 가인이 아벨을 죽이는 이야기는 창세기 몇 장에 나오나요?
   ① 2장 ② 3장 ③ 4장 ④ 5장

3. 홍수 이야기는 창세기 몇 장부터 시작하나요?
   ① 6장 ② 7장 ③ 8 ④ 9장

4. 무지개의 약속은 창세기 몇 장에 나오나요?
   ① 6장 ② 7장 ③ 8장 ④ 9장

5. 소돔과 고모라를 멸하는 기사는 창세기 몇 장에 나오나요?
   ① 19장 ② 21장 ③ 23장 ④ 25장

6. 아브라함이 이삭을 바치는 기사는 창세기 몇 장에 나오나요?
   ① 22장 ② 24장 ③ 26장 ④ 28장

7. 야곱이 밧단 아람으로 떠나는 기사는 창세기 몇 장에 나오나요?
   ① 25장 ② 26장 ③ 27장 ④ 28장

8. 야곱이 바로 앞에 섰을 때의 나이는 몇 살인가요?
   ① 120 ② 130 ③ 140 ④ 150

9. 사람의 타락 이야기는 창세기 몇 장에 나오나요?
   ① 1장 ② 2장 ③ 3장 ④ 4장

10. 홍수 이야기는 창세기 몇 장에 나오나요?
    ① 6-10장 ② 6-9장 ③ 6-8장 ④ 6-7장

11. 동물들을 사람이 잡아먹을 수 있게 한 것은 창세기 몇 장에 나오나요?
    ① 6장 ② 7장 ③ 8장 ④ 9장

12. 멜기세덱의 이야기는 창세기 몇 장에 나오나요?
    ① 13장 ② 14장 ③ 15장 ④ 16장

13. '브레쉬트'라는 말은 무슨 뜻인가요?

14. 하나님이 심히 좋았다고 하신 것은 무엇을 보고 하신 말씀인가요?
    ① 하늘과 땅 ② 동물들 ③ 인간 ④ 지으신 모든 것

15. 아브라함에게 할례를 베풀게 하신 것은 창세기 몇 장인가요?
    ① 17장 ② 18장 ③ 19장 ④ 20장

❖ 출애굽기

1. ② 2. ③ 3. ① 4. ④
5. ① 6. ① 7. ④ 8. ②
9. ③ 10. ② 11. ④ 12. ②
13. 처음에 14. ④ 15. ①

16. 야곱이 외삼촌에게 가려고 출발한 땅은 어디입니까?
① 헤브론 ② 브엘세바 ③ 그랄 ④ 드빌

17. "내가 너로 여자와 원수가 되게 하고 너의 후손도 여자의 후손과 원수가 되게 하리니"라는 말씀은 어디에 있나요?
① 창 3:15 ② 창 3:16 ③ 창 3:17 ④ 창 3:18

18. 데라는 어디서 죽었나요?

19. 요셉이 종으로 팔린 값은 얼마였습니까?
① 은 30개 ② 은 20개 ③ 은 25개 ④ 금 30개

20. 야곱이 하나님과 대면하여 보았다고 하여 붙인 지명은 무엇입니까?
① 마하나임 ② 얍복 ③ 숙곳 ④ 브니엘

21. 유다의 세 번째 아들은 누구입니까?
① 오난 ② 베레스 ③ 셀라 ④ 세라

22. 아브라함은 롯을 구출하기 위하여 메소포타미아군을 어디서 습격하나요?

23. 아브라함이 제사를 드릴 때에 타는 횃불이 고기 사이로 지난 것은 창세기 몇 장에 나타납니까?
① 15장 ② 17장 ③ 19장 ④ 21장

24. 아브람은 언제부터 아브라함이라 불렸습니까?
① 18장 ② 17장 ③ 16장 ④ 15장

25. 아브라함의 씨가 하늘의 별과 같고 바다의 모래와 같으리라고 하신 것은 창세기 몇 장입니까?
① 12장 ② 15장 ③ 17장 ④ 22장

26. 가인이 처음으로 지은 성의 이름은 무엇인가요?

27. 야곱이 브니엘이라는 이름을 붙이는 이야기는 창세기 몇 장에 나옵니까?
① 29장 ② 35장 ③ 36장 ④ 32장

28. 유다의 아들이 아닌 것은 누구인가요?
① 셀라 ② 엘 ③ 세라 ④ 엘리

29. 요셉이 여인의 유혹을 물리치는 이야기는 창세기 몇 장에 나옵니까?
① 36장 ② 37장 ③ 39장 ④ 40장

30. 비둘기가 방주에 물어온 나뭇잎은 무슨 나무의 잎인가요?

31. "여호와께서 아브람에게 이르시되 너는 너의 고향과 친척과 아버지의 집을 떠나 내가 네게 보여 줄 땅으로 가라."고 하는 말씀은 어디에 나옵니까?

16. ② 17. ① 18. 하란 19. ②
20. ④ 21. ③ 22. 단 23. ①
24. ② 25. ④ 26. 에녹 27. ④
28. ④ 29. ③
30. 올리브(감람나무)
31. 창 12:1

32. 오경이 아니라 육경이어야 한다고 주장하는 자들의 논지를 쓰시오.
33. 창 1:1-2:4a와 2:4b-25의 창조기사의 차이점을 서술하시오.
34. JEDP란 무엇을 가리킵니까?
35. 네 개의 강이 에덴에서 흘러나왔다는 이야기는 창세기 (　)장에 나옵니다.
36. 아브라함이 할례를 받은 기사는 창세기 (　)장에 나옵니다.
37. 네피림의 기사는 창세기 (　)장에 나옵니다.
38. 창세기 15장 6절은 하박국 (　)장 (　)절과 통하는 내용입니다.
39. 이삭이 그랄 사람들에게 우물을 빼앗기며 지은 이름들을 순서대로 쓰시오!
40. 창세기를 세 부분으로 나눈다면 어떻게 나누어야 합니까?
41. 하나님이 처음 세 날에 지으신 것들을 열거하시오!
42. 하나님이 네 번째 날에 지으신 것은 무엇인가요?
43. 하나님이 창조하실 때에 보시고 좋았다는 말씀이 없는 날은 언제인가요?
44. 창 2:6의 안개란 어떻게 번역해야 옳은가요?
45. 에덴정원에서 나온 네 개의 강 이름을 쓰시오!
46. 하나님이 아담의 돕는 배필로 처음 지으신 것은 무엇인가요?
47. 선악과란 어떻게 번역해야 옳은가요?
48. 하나님이 하와에게 내린 벌은 무엇입니까?
49. 하나님이 아담에게 내린 벌은 무엇인가요?
50. 하나님이 가인에게 하신 말씀: "네가 (　)을 행하면 어찌 낯을 들지 못하겠느냐? … 죄가 너를 원하나 너는 죄를 (　)지니라."
51. 가인은 에덴 동편 (　)땅에 거하면서 (　)을 낳았다.
52. 야발은 무엇을 하는 사람의 조상이 되었습니까?
53. 유발은 무엇을 하는 사람의 조상이 되었습니까?
54. 두발가인은 무엇을 하는 사람의 조상이 되었습니까?
55. 아담에서 노아까지 이르는 계보는 창세기 (　)장에 나옵니다.
56. 노아의 아버지 이름은 (　)입니다.
57. 방주의 길이는 (　)규빗, 1규빗은 (　)센티메터입니다.

32. 출애굽의 결과가 여호수아서에 나타남
33. 신명이 다름: 하나님/ 야흐베 하나님; 우주적인 창조와 작은 정원의 창조
34. 야흐베문서, 엘로힘문서, 신명기, 제사장문서
35. 2
36. 17
37. 6
38. 2, 4
39. 에섹, 싯나, 르호봇
40. 창 1-11, 12-36, 37-50
41. 빛, 궁창, 땅 / 바다/식물
42. 해, 달, 별
43. 두 번째 날
44. 지하수
45. 비손, 기혼, 유브라데, 힛데겔
46. 짐승들과 새들
47. 자신에게 유익한 것과 해로운 것을 구별하게 하는 과일
48. 고통과 임신, 남자의 지배를 받는 일
49. 죽음, 코(얼굴)에 땀 흘려 일하기
50. 선, 다스릴
51. 놋, 에녹
52. 가축을 치는 자
53. 수금과 통소를 잡은 자
54. 여러 가지 기구를 만드는 자
55. 5
56. 라멕
57. 300, 46~52

58. 방주와 배는 어떻게 다른가요?

59. 창세기 6장에 나타나는 '하나님의 아들들'이란 무엇인가요?

60. 노아는 방주를 (   )나무로 만들었다.

61. 홍수가 시작된 것은 노아가 몇 살 되던 해 몇 월 며칠이었습니까?

62. 땅에 물이 마른 것은 노아의 나이 (   )살 되던 해, (   )월 (   )일이었습니다.

63. 하나님이 "사람의 마음의 생각이 악할 뿐"이라 판단하신 것은 창세기 (   )장 과 (   )장에 나옵니다.

64. 가나안은 누구의 아들인가요?

65. 야벳은 가나안에서 어느 민족을 가리키는가요?

66. 창세기 1-5장까지의 중요한 내용을 열거하시오.

67. 창세기 6-11장까지의 중요한 내용을 열거하시오.

68. 아브라함의 형제 둘과 제수 한 사람의 이름을 쓰시오.

69. 아브라함의 아내 사래는 (   )살에 바로에게 끌려갔습니다.

70. 사라는 (   )살에 그랄 왕 아비멜렉에게 끌려갔습니다.

71. 아브람과 롯이 갈라서는 이야기는 창세기 (   )장에 나옵니다.

72. 바벨탑을 쌓은 사람들의 목적은 무엇이었습니까?

73. 아브라함의 후손이 애굽에서 400년 동안 살다가 나올 것이라는 예언은 창세기 (   )장에 나옵니다.

74. 아브라함의 믿음을 하나님이 의롭게 여기셨다는 말씀은 (   )장에 나옵니다.

75. 이스마엘이란 무슨 뜻인가요?

76. 하갈은 처음으로 천사를 만난 우물의 이름을 무엇이라 불렀습니까?

77. 아브라함이 세 천사를 만난 것은 (   )세 때였습니다.

78. "잇사갈"은 무슨 뜻을 지니고 있습니까?

79. 알론바굿이란 무슨 뜻인가요?

80. 디나의 강간 사건은 창세기 (   )장에 나옵니다.

81. 롯은 천사들에게 무엇을 대접하였습니까?

82. 롯은 어느 성으로 피난하였습니까?

58. 항해용이 아니며, 위까지 다 덮은 육면체다.
59. 천상의 존재
60. 고페르
61. 600살 2월 17일
62. 601살 2월 27일
63. 6, 8
64. 함
65. 블레셋
66. 1. 천지창조, 2. 에덴창조, 3. 타락, 4. 가인의 살인, 5. 족보
67. 창 6-9 홍수이야기, 창 10 족보, 창 11 바벨탑
68. 나홀, 하란, 밀가
69. 65
70. 89
71. 13
72. 이름 내기, 흩어짐을 면하기
73. 15
74. 창 15
75. 하나님이 들으셨다.
76. 브엘라해로이
77. 99세
78. 사카르는 삯(값)이라는 뜻
79. 통곡의 상수리
80. 34
81. 무교병
82. 소알

83. 롯의 두 딸은 순서대로 어떤 아이를 낳았습니까?

84. 아브라함을 예언자(선지자)라 부른 장은 창세기 몇 장인가요?

85. 하갈은 이스마엘과 함께 쫓겨났을 때에 어디에서 방황했습니까?

86. '여호와이레'란 무슨 뜻인가요?

87. 나홀은 몇 아들을 낳았습니까?

88. 아브라함은 아내를 매장하기 위하여 ( )에게서 은 ( )세겔을 주고 막벨라굴을 샀습니다.

89. 낙타는 한 번에 몇 리터를 마실 수 있습니까?

90. 아브라함은 후처 ( )를 통하여 ( )아들을 얻었습니다.

91. 야곱이 조용한 사람이었다는 말은 무슨 뜻인가요?

92. 브엘세바란 이름이 생겨난 두 가지 유래를 쓰시오.

93. 아브라함이 롯을 되찾아 왔을 때에 멜기세덱이 무엇을 가지고 영접하였습니까?

94. 에서는 ( )족속의 딸 중에서 둘을, ( )의 딸 중에서 한 아내를 취하였다.

95. 이삭은 에서가 ( )을 믿고 살겠다고 하였습니다.

96. 야곱이 베고 자던 돌기둥에 대해 설명하시오.

97. 군대의 추격을 받으나 도리어 그 뒤를 추격할 지파는 어디인가요?

98. 에서의 처음 두 아내의 이름을 쓰시오!

99. 아름다운 암사슴이라는 말을 들은 지파는 어디인가요?

100. 꿇어앉은 건장한 나귀는 어느 지파를 두고 하는 말인가요?

101. 사자 새끼라는 말을 들은 지파는 어디인가요?

102. 물어뜯는 이리라는 말을 들은 지파는 어디인가?

103. 애굽인들이 울었다고 하여 붙여진 지명은 무엇인가요?

104. 브엘세바의 뜻 두 가지를 쓰시오!

105. '나를 살피시는 분의 샘'이란 뜻의 샘 이름은 무엇인가요?

106. 천사는 이스마엘이 ( )같이 된다고 하였습니다.

107. 세 번째 날에 만드신 것은 무엇인가요?

108. 하나님이 여섯 번째 만드신 것은 무엇인가요?

83. 모압, 벤암미
84. 창 20
85. 브엘세바 광야
86. 야훼가 보신다.
87. 12명
88. 에브론, 400
89. 40리터
90. 그두라, 여섯
91. 완전한 사람
92. 1) 일곱 개의 샘: 아브라함이 계약시에 일곱 암양새끼를 따로 세움. 2) 맹세의 샘: 이삭과 맹세하였다고 하여
93. 떡과 포도주
94. 헷, 이스마엘
95. 칼
96. 맛체바, 원주민들의 우상
97. 갓
98. 아다, 오홀리바마
99. 납달리
100. 잇사갈
101. 유다
102. 베냐민
103. 아벨미스라임
104. 약속의 우물, 일곱 우물
105. 브엘라헤로이
106. 들나귀
107. 육지, 바다, 식물
108. 동물과 사람

109. 두 번째 창조기사는 어디서부터 시작합니까?

110. 하와가 보기에 선악과는 어떤 나무였습니까?

111. 하나님의 아들들과 사람의 딸들의 결혼이 주는 문제점은 무엇인가요?

112. 아브라함이 처음으로 나타나는 장은 창세기 ( )장입니다.

113. 아브라함을 도와 함께 싸운 족속들을 아는 대로 쓰시오.

114. 하갈이 처음으로 도망갔을 때에 천사를 만난 이야기는 창세기 ( )장에 나옵니다.

115. 아브라함이 세 천사를 만나 대접한 이야기는 창세기 ( )장에 나옵니다.

116. 하나님은 아담이 에덴에서 무엇을 하길 원하셨던가요?

117. 아브라함은 소돔 사람들을 구하기 위하여 몇 번 간구하였습니까?

118. '죽을 수밖에 없는 존재'라는 뜻의 이름을 가진 사람은 누구인가요?

119. 라반이란 이름은 무슨 뜻인가요?

120. 방주의 가로, 세로, 높이는 몇 규빗인가요?

121. 하나님이 보시기에 좋았다는 것은 무슨 뜻인가요?

122. 에덴에서 시작되는 네 개의 강 중에서 지금 존재하지 않는 두 강은 무엇입니까?

123. 하나님은 왜 가인의 제물은 용납하지 않으셨습니까?

124. 아브라함이 맏아들을 바치는 기사는 창세기 ( )장에 나온다.

125. 아브라함은 ( )세에 할례를 받았다.

126. 하갈은 어느 나라 여자였나요?

127. 노아의 언약의 증거물은 무엇인가요?

128. 노아는 홍수 후에 몇 년을 더 살았습니까?

129. 셋의 아들의 이름은 무엇이었습니까?

130. 아브라함은 아내를 누이라고 속인 이유에 대해 그랄왕에게 무엇이라 대답하였습니까?

131. 니므롯은 ( )의 아들입니다.

132. 시날 평지는 어디인가요?

133. 아브라함이 부름을 받아 떠난 때는 ( )살이었습니다.

134. 노아의 저주에서 셈은 누구를 뜻하는가요?

109. 창 2:4b
110. 먹음직도 하고 보암직도 하고 지혜롭게 할 만큼 탐스럽기도 함.
111. 하나님이 창조하지 않으신 종이 나타남.
112. 11
113. 마므레, 에스골, 아넬
114. 16
115. 18
116. 관리하며 지키는 것
117. 6번
118. 에노스
119. 희다.
120. 50/ 300/ 30
121. 목적에 맞는 기능을 지녔다
122. 비손, 기혼
123. 악을 행하였으므로
124. 21
125. 99세
126. 애굽
127. 무지개
128. 350년
129. 에노스
130. 이곳에서는 하나님을 두려워함이 없으니 내 아내로 말미암아 사람들이 나를 죽일까 생각하였음이요 또 그는 정말로 나의 이복 누이로서 내 아내가 되었음이니라 [20:11-12]
131. 구스
132. 바벨론
133. 75살
134. 이스라엘

135. 소돔, 고모라 외에 어떤 나라가 시날 왕등의 네 왕과 싸웠습니까?

136. 밀가는 몇 명의 아들을 낳았습니까?

137. 아브라함이 아들을 낳지 못하면 대를 잇게 된 사람은 다메섹 사람 (   )이었습니다.

138. 아브라함이 이스마엘을 낳은 때는 (   )세이었습니다.

139. 이삭의 아내를 구하는 이야기는 창세기 (   )장에 나옵니다.

140. 사라의 죽음과 장례는 창세기 (   )장에 기록되었다.

141. 야곱은 장자의 명분을 얻기로 하고 무엇을 형에게 주었습니까?

142. 에섹이란 무슨 뜻인가요?

143. 소돔, 고모라 등 다섯 도시 국가를 친 네 나라를 쓰시오!

144. 라헬이 곱고 아리따웠다는 말은 무슨 뜻인가요?

145. 레아의 시녀 실바가 낳은 아들 둘의 이름을 쓰시오!

146. 야곱의 아들 중에서 '삯'(값)이란 뜻의 이름을 지닌 사람은 누구인가요?

147. 브니엘이란 무슨 뜻인가요?

148. 엘람은 그 후에 어느 나라로 유명하게 된 곳인가요?

149. 육경을 주장하는 학자들 중 한 사람을 들으시오!

150. 사경을 주장하는 학자 중 한 사람을 들으시오!

151. 오경을 지지하는 학자를 한 사람만 쓰시오!

152. 톨르도트란 무엇인가요?

153. 아담은 (   )세에 죽었습니다.

154. '바벨'은 본디 무슨 뜻인가요?

155. 바벨을 건설한 사람은 누구인가요?

156. 아브라함의 아버지 이름은 무엇인가요?

157. 콩죽을 갖고 장자 명분을 사는 이야기는 창세기 (   )장에 나옵니다.

158. '내가 씨름했다'는 뜻을 가진 지파는 무엇인가요?

159. 사라는 몇 세에 죽었습니까?

160. 아브람은 무슨 뜻인가요?

161. 소돔과 고모라가 망하는 이야기는 창세기 (   )장에 나옵니다.

135. 아드마, 스보임, 소알
136. 8명
137. 엘리에셀
138. 86
139. 24
140. 23
141. 떡과 팥죽(콩죽)
142. 다툼
143. 시날, 엘람, 엘라살, 고임
144. 얼굴과 몸매가 다 아름답다.
145. 갓, 아셀
146. 잇사갈
147. 하나님의 얼굴
148. 페르시아
149. 벨하우젠, 스멘트, 폰라트
150. 마틴 노트
151. 포러, 렌토르프
152. P 문서의 특징. 족보, 계보, 내력, 이야기, 대략
153. 930세
154. 하늘의 문
155. 니므롯
156. 데라
157. 25
158. 납달리
159. 127세
160. 높은 아버지, 아버지는 높다
161. 19

162. 아브라함이 모리아산을 올라갈 때에 들었던 칼을 히브리어로 무엇이라 하는가?

163. "단"은 무슨 뜻을 지니고 있다고 봅니까?

164. 유다의 친구 아둘람 사람의 이름은 무엇인가요?

165. 형이 죽었을 때에 동생이 형수를 취하는 풍습을 무엇이라 합니까?

166. 다말이 낳은 아이들의 이름은 무엇인가요?

167. 요셉이 애굽의 총리가 되었을 때에 애굽인들은 그를 무엇이라 불렀습니까?

168. 야곱은 (　　)세에 애굽에 갔다가 (　　)세에 죽었다.

169. 야곱이 죽었을 때에 요셉의 나이는 (　　)세이었다.

170. 아브라함이 후처를 맞이하는 장면은 창세기 (　　)장에 나온다.

171. '사라'는 무슨 뜻인가요?

172. 다음 중 그두라의 소생이 아닌 것은 누구인가요?

① 미디안　② 욕산　③ 앗수르　④ 수아

173. 숙곳이란 무슨 뜻인가요?

174. 마하나임이란 무슨 뜻인가요?

175. 맹세의 우물이란 뜻의 지명은 어디인가요?

176. 베냐민이란 무슨 뜻입니까?

177. 술 맡은 관원장이 요셉을 잊은 후에 얼마 만에 바로가 꿈을 꾸었나요?

178. 이삭 대신에 죽은 짐승은 무엇인가요?

179. 유대인의 전승에 따르면 사라가 죽은 것은 이삭이 몇 살 때였던가요?

180. 방주의 높이는 몇 규빗인가요?

181. 멜기세덱은 어떤 신의 제사장이었습니까?

182. 이삭은 몇 살에 아이를 낳았나요?

183. 막벨라굴에는 지금 누구누구가 묻혀 있나요?

184. 이스마엘을 내쫓는 이야기는 창세기 (　　)장에 나옵니다.

185. 요셉의 두 아들 이름을 쓰시오!

186. 아벨 미스라임이란 무슨 뜻인가요?

187. 야곱은 (　　)에서 출발하여 애굽으로 가다가, (　　)에서 하나님을 뵈었다.

162. 마아칼레트
163. 딘<판단하다>에서 나옴
164. 히라
165. 수혼/형사취수
166. 베레스, 세라
167. 사브낫바네아
168. 130세, 147세
169. 56세
170. 25
171. 여주인
172. ③
173. 우릿간들
174. 군대의 진 두 개
175. 브엘세바
176. 오른쪽의 아들(남쪽의 아들)
177. 2년
178. 숫양
179. 37살
180. 30규빗
181. 지극히 높으신 하나님
182. 60살
183. 아브라함, 사라, 이삭, 리브가, 야곱, 레아
184. 21
185. 므낫세, 에브라임
186. 애굽인의 통곡
187. 헤브론, 브엘세바

188. 리브가는 누구의 딸인가요?

189. 에서는 전신이 (   ) 같았다.

190. 야곱이란 무슨 뜻입니까?

191. 이삭이 그랄에 가는 이야기는 창세기 (   )장에 나옵니다.

192. 르호봇이란 무슨 뜻인가요?

193. 에서는 몇 살에 장가들었습니까?

194. 이스마엘은 몇 아들을 두었나요?

195. 벧엘의 본디 이름은 무엇인가요?

196. 야곱은 벧엘에서 무엇이라 서원을 하였습니까?

197 레아가 처음으로 낳은 네 아들의 이름을 쓰시오!

198. 이스마엘은 몇 살에 죽었나요?

199. 실바의 아들들 이름을 쓰시오!

200. 빌하의 아들들 이름을 쓰시오!

201. 라헬이란 무슨 뜻인가요?

202. 요셉이란 무슨 뜻인가요?

203. 야곱이 도망한 후 (   )일 뒤에 라반이 알았고, (   )일을 추격하여 야곱을 따라 잡았다.

204. 족장사란 창세기 어디를 가리키는가요?

205. 야곱과 라반은 언약의 돌무더기를 각각 어떻게 불렀나요?

206. 이스라엘이란 무슨 뜻인가요?

207. 야곱은 세겜에 단을 쌓고 단의 이름을 무엇이라 불렀나요?

208. 세겜성에 들어가 성을 멸한 사람은 누구인가요?

209. 드보라가 죽어서 매장한 상수리나무를 무엇이라 불렀습니까?

210. 라헬은 자기의 두 번째 아들의 이름을 무엇이라 불렀던가요?

211. 이삭은 (   )세에 죽었습니다.

212. 아브라함은 (   )세에 죽었습니다.

213. 본디 '야곱'이란 이름은 무슨 뜻으로 보이나요?

188. 브두엘
189. 털옷
190. 남의 발뒤꿈치를 잡다. 속이다.
191. 26
192. 넓다
193. 40살
194. 열둘
195. 루스
196. 내 하나님, 성전, 십일조
197. 르우벤, 시므온, 레위, 유다
198. 137
199. 갓, 아셀
200. 단, 납달리
201. 암양
202. 그가 더할 것이다.
203. 3일, 7일
204. 12-50
205. 갈르엣, 여갈사하두다
206. 하나님이 다스리시기를
207. 엘엘로헤 이스라엘(하나님, 이스라엘의 하나님)
208. 시므온과 레위
209. 알론바굿
210. 베노니
211. 180
212. 175
213. '하나님께서 지키시기를'

214. 야곱은 라헬을 위하여 몇 년을 섬겼던가요?

215. 유다와 다말의 기사는 창세기 (   )장에 나옵니다.

216. 요셉의 처리를 두고 유다와 르우벤의 다른 입장에 대해 설명하시오!.

217. 유다의 처음 세 아들의 이름을 열거하시오!

218. 싯나란 무슨 뜻인가요?

219. 다말이 창녀로 분장하고 앉았던 곳은 (   )길곁 (   )문이었다.

220. 요셉은 몇 살에 아버지를 다시 만났던가요?

221. 요셉은 (   )옷을 입고, 손에는 (   )를 끼고, 목에는 (   )을 두르고, (   )를 탔다.

222. 요셉은 형제들이 다시 돌아올 때까지 누구를 감옥에 가두었던가요?

223. 야곱의 아들들 중에 '듣다'와 연관된 이름을 가진 아들은 누구인가요?

224. 에덴에서 나온 강 중에 금이 있는 하윌라 온 땅을 두른 강은 무슨 강인가요?

225. 에브랏은 무엇인가요?

226. 첩경의 독사라는 별명을 들은 지파는 어디인가요?

227. 레아가 마지막으로 낳은 두 아들의 이름을 쓰시오!

228. 야곱이 밧단 아람으로 갈 때에 적어도 (   )살 이상이었다.

229. 천사는 야곱의 어디를 쳤습니까?

230. 디나는 누구에게 강간을 당했습니까?

231. "하나님이 그들에게 복을 주시며 하나님이 그들에게 이르시되 생육하고 (   )하여 땅에 충만하라. 땅을 (   )하라."

232. 리브가의 유모 이름은 무엇인가요?

233. 라반과 야곱이 맹약한 장소에 대한 이름 셋을 써라!

234. 에서 후손의 족보는 창세기 (   )장에 나옵니다.

235. 원역사란 창세기 1장에서 어디까지를 가리키는가요?

236. 요셉은 (   )살에 애굽에 끌려갔습니다.

237. 야곱의 아들 중에서 '찬양하다'와 관련이 있는 이름은 무엇인가요?

238. 야곱의 아들 중에서 '씨름하다'와 관련이 있는 이름은 무엇인가요?

239. 야곱의 아들 중에서 '행복'과 관련이 있는 이름은 무엇인가요?

214. 14년
215. 38
216. 르우벤은 돌려보내려 함, 유다는 팔자고 함.
217. 엘, 오난, 셀라
218. 대적
219. 딤나, 에나임
220. 39살
221. 세마포, 인장반지, 금사슬, 바로의 버금수레
222. 시므온
223. 시므온
224. 비손
225. 유다지파의 한 족속으로서 베들레헴에 살았음.
226. 단
227. 잇사갈, 스불론
228. 77
229. 허벅지 관절
230. 하몰의 아들 그 땅의 추장 세겜
231. 번성, 정복
232. 드보라
233. 갈르엣, 여갈사하두다, 미스바
234. 36
235. 11장
236. 17세
237. 유다
238. 납달리
239. 아셀

240. 요셉의 아내는 온의 제사장 ( )의 딸 아스낫이었습니다.

241. 야곱의 아들 중에서 '행운'과 관련이 있는 이름은 무엇인가요?

242. 형들을 시험하던 요셉은 무엇을 계기로 형들을 용서하였던가요?

243. 요셉은 자기가 애굽에 온 것에 대하여 어떤 섭리가 있었다고 했습니까(둘)?

244. 야곱과 함께 애굽으로 이주한 사람의 숫자는 ( )명이었습니다.

245. 베들레헴은 ( )족속들이 살던 곳이었습니다.

246. 야곱의 축복은 창세기 ( )장에 나옵니다.

247. 야곱이 폭력의 도구라면서 욕을 한 아들들은 누구인가요?

248. 왕의 진수를 제공할 지파라고 한 지파는 누구인가요?

249. 야곱이 얼룩얼룩한 새끼를 낳게 하려고 무슨 나무 껍질을 양에게 보였나요?

250. 야곱의 아들 중에서 '베풀다'와 관련이 있는 이름은 무엇인가요?

251. 요셉은 ( )세에 죽었습니다.

252. 이삭이 출생한 것을 기록하는 장은 창세기 ( )장입니다.

253. 아브람의 이름을 아브라함이라 한 이유는 무엇입니까?

254. 하나님이 홍수로 세상을 멸하시기로 결심한 것은 무슨 이유에서였습니까?

255. 하나님이 다시는 땅을 저주하지 않기로 하신 이유는 무엇입니까?

256. 창세기 37장과 38장의 공통점은 무엇인가요?

257. 도단은 세겜에서 북으로 몇 킬로미터를 더 가야 하나요?

258. 창세기 12장부터 17장까지의 내용을 설명하시오.

259. 창세기 18장부터 25장까지의 내용을 설명하시오.

260. '다말'이란 이름은 히브리어로 무슨 뜻인가요?

261. 유다의 장인의 이름은 무엇인가요?

262. 야곱은 벧엘 외에 어디어디서 하나님을 뵈었던가요?

263. 에서는 야곱을 치려고 ( )명의 군사를 이끌고 오고 있었습니다.

264. 압복강에서 천사와 씨름한 이야기는 창세기 ( )장에 나옵니다.

265. 아비멜렉은 이삭과 언약을 맺을 때에 친구 ( )과 군대사령관 ( )을 데리고 왔습니다.

240. 보디베라
241. 갓
242. 형들이 베냐민을 사랑하는 것을 보고
243. 자기 가족의 생명을 살리심, 온 세계의 생명을 살리심.
244. 70
245. 에브랏
246. 49
247. 시므온과 레위
248. 아셀
249. 버드나무, 살구나무, 신풍나무
250. 스불론
251. 110
252. 21
253. 많은 사람의 아버지가 된다는 뜻으로서, 자손의 복을 받을 것을 암시함.
254. 땅에 사람의 죄악이 가득하고, 사람이 계획하는 것이 악할 뿐이므로
255. 사람이 어려서부터 계획하는 것이 악하므로
256. 물증을 제시하며 이것이 누구의 것인가 묻는 점
257. 25
258. 12-소명, 13-롯과 갈라짐, 14-롯을 구출함, 15-하나님이 아브라함과 언약을 맺음, 16-하갈, 17-할례
259. 18-세 천사, 19-소돔의 멸망, 20-그랄왕에게 아내를 빼앗김, 21-이삭의 출생과 이스마엘의 추방, 22-이삭 바치기, 23-사라 죽음, 막벨라, 24-며느리 구하기, 25-에서와 야곱의 출생
260. 대추야자
261. 수아
262. 하란, 브니엘, 세겜, 브엘세바
263. 400
264. 32
265. 아훗삿, 비골

266. 요셉이 형들에게 자기의 정체를 드러냈을 때에 앞으로 흉년이 얼마나 더 남았다고 하였던가요?

267. "우리가 일어나 벧엘로 올라가자 내 환난 날에 내게 응답하시며 내가 가는 길에서 나와 함께 하신 하나님께 내가 거기서 제단을 쌓으려 하노라 하매"라는 말씀은 창세기 ( )장에서 발견됩니다.

268. 창세기 15장 6절을 암기하시오.

269. 창세기 12장 1절을 암송하여 적으시오.

270. 창 22장 12절을 암송하여 적으시오.

271. 요셉의 아내는 ( )의 제사장 보디베라의 딸 ( )이었다.

272. 요셉은 아버지가 죽은 후에 불안해진 형들에게 무슨 말을 했던가요?

273. 르우벤은 누구와 통간하였던가요?

274. 야곱이 하나님의 사자들을 발견했다고 그 지방 이름을 ( )이라 했다.

275. 야곱의 축복에서 '담장을 넘은 가지'라는 말을 들은 지파는 어디인가요?

276. 아브라함이 며느리를 구하러 보내는 장면은 창세기 ( )장에 나온다.

277. 요셉을 보디발에게 판 사람들은 무슨 종족이었던가요?

278. 헤브론을 옛말로 무엇이라 하는가요?

279. 베냐민 대신에 자기를 종으로 삼으라고 요셉에게 말한 자는 누구인가요?

280. 라헬은 어디에서 죽었던가요?

281. 다음 사람들 중에서 레아의 아들이 아닌 사람은 누군가요?
① 단 ② 시므온 ③ 잇사갈 ④ 레위

282. 창세기에서 이삭만 다룬 장은 몇 장인가요?

283. 하나님은 에덴에 무엇을 두어 생명나무로의 길을 막으셨던가요?

284. 창세기를 히브리어로는 무엇이라 하는가요?

285. 라멕의 두 아내 이름은 무엇인가요?

286. 사람들은 누구를 낳은 후에 야흐베의 이름을 불렀던가요?

287. 아담은 셋을 몇 살에 낳았던가요?

288. 므두셀라를 낳은 사람은 누구인가요?

289. 노아는 몇 살에 셈, 함, 야벳을 낳았던가요?

266. 5년
267. 창 35
268. 아브람이 여호와를 믿으니 여호와께서 이를 그의 의로 여기시고
269. 여호와께서 아브람에게 이르시되 너는 너의 고향과 친척과 아버지의 집을 떠나 내가 네게 보여 줄 땅으로 가라.
270. 사자가 이르시되 그 아이에게 네 손을 대지 말라 그에게 아무 일도 하지 말라 네가 네 아들 네 독자까지도 내게 아끼지 아니하였으니 내가 이제야 네가 하나님을 경외하는 줄을 아노라.
271. 온, 아스낫
272. 당신들은 두려워하지 마소서. 내가 하나님을 대신하리이까? 내가 당신들과 당신들의 자녀를 기르리이다
273. 빌하
274. 마하나임
275. 요셉
276. 24
277. 미디안
278. 기럇 아르바
279. 유다
280. 베들레헴 조금 못 미쳐서
281.
282. 26
283. 그룹들과 두루 도는 화염검
284. 브레쉬트
285. 아다, 씰라
286. 에노스
287. 130살
288. 에녹
289. 500살

290. 홍수 때에 물은 며칠 동안 땅에 넘쳤던가요?

291. 바벨탑을 건설하던 사람들은 벽돌로 (　)을 대신하고, 역청으로 (　)을 대신하였다.

292. 데라는 몇 살을 살고 죽었나요?

293. 다음 중에서 아브라함이 머물지 않았던 곳은 어디인가요?
① 세겜 ② 벧엘 ③ 브엘세바 ④ 헤브론

294. 아브라함과 롯이 같이 살던 곳에는 가나안과 (　　)족속도 살고 있었다.

295. 소돔 등의 다섯 나라는 12년 동안 메소포타미아의큰 나라들을 섬기다가 13년째에 배반했고, 큰 나라들은 (　)년째에 쳐들어왔다.

296. 아브라함이 창세기 15장에서 하나님께 제사를 지낼 때에 바치지 않았던 것은 무엇인가요?
① 삼년 된 수양 ② 삼년 된 암염소 ③ 삼년 된 암소 ④ 삼년 된 숫소

297. 사래의 핍박을 피해 도망가던 하갈은 (　)길 샘물 곁에서 하나님의 사자를 만난다.

298. '이삭'이란 이름은 히브리어로 무슨 뜻인가요?

299. 아브라함은 세 천사를 맞아 고운 가루 몇 스아를 가져다가 사라에게 주어 빵을 만들게 하였던가요?

300. 아브라함이 천사들에게 대접하지 않은 것은 무엇인가요?
① 송아지고기 ② 무화과 ③ 버터 ④ 빵

301. 아비멜렉왕은 사라의 몸값으로 얼마를 아브라함에게 주었나요?

302. 하갈은 아들 이스마엘의 아내를 어느 나라에서 구하였던가요?

303. 나홀의 첩 (　　)는 아들 (　)을 낳았다.

304. 아브라함의 종은 주인의 며느리를 구하러 낙타 몇 마리를 끌고 하란으로 갔던가요?

305. 아브라함의 종은 물을 긷기를 마친 리브가에게 무엇을 주었던가요?

306. 리브가의 오라비와 어머니는 적어도 며칠을 더 머물다 가기를 원했던가요?

307. 이삭은 어머니가 죽고 난 후 몇 년 뒤에 결혼을 하였던가요?

308. 이삭은 아버지가 죽은 후에 어디에서 살았던가요?

309. 하나님은 이삭에게 언제 나타나셨던가요?

310. 합환채로 인해 생기게 된 야곱의 아들은 누구인가요?

290. 150일
291. 돌, 진흙
292. 205살
293. ②
294. 브리스
295. 14
296. ④
297. 술
298. 그가 웃을 것이다.
299. 세 스아(15Kg)
300. ②
301. 은 천 개
302. 애굽
303. 르우마, 넷
304. 열
305. 반세겔 중 금고리, 열 세겔 중 손목고리 한 쌍
306. 열흘
307. 3년
308. 브엘라해로이 근처
309. 이삭이 애굽에 가려고 그랄을 지날 때에
310. 잇사갈

311. 야곱이 에서에게 보낸 선물이 아닌 것은 무엇인가요?
① 수양이 20 ② 숫나귀가 20 ③ 암염소 200 ④ 젖 나는 낙타 30과 그 새끼들

312. 야곱은 세겜에 이르러 밭을 ( )의 아들들에게서 은 ( )개로 샀다.

313. 야곱은 벧엘에서 제단을 쌓고 그 제단의 이름을 무엇이라 하였나요?

314. 이삭은 어디서 죽었나요?

315. 요셉은 누구의 과실을 아버지에게 고했던가요?

316. 요셉은 어디서 도단(세겜)으로 심부름을 갔던가요?

317. 과부로 있던 다말은 유다가 양털을 깎으러 ( )에 온다는 얘기를 들었다.

318. 유다는 다말에게 화대로 무엇을 약속하였던가요?

319. 손목에 붉은 실을 매고 나온 아이는 누구인가요?

320. 베냐민을 못 데리고 돌아오면 자기 자식을 대신에 죽이라고 아버지에게 말한 자는 누구인가요?

321. 요셉이 오랜만에 만난 동생 베냐민에게 은 ( )과 옷 ( )벌을 주었다.

322. 요셉은 형들 중에 몇을 바로에게 인사시켰던가요?

323. 야곱이 해변에 거할 것이라 예언했던 지파는 무슨 지파인가요?

324. 그 산물로 왕의 수라상을 차릴 것이라 했던 지파는 무슨 지파인가요?

325. 요셉이 야곱의 장례를 위해 어디에서 많이 울어서 아벨 미스라임이란 말이 생겼을까요?

326. 아담은 처음에 무엇으로 치마를 만들었나요?

출 애 굽 기

1. 이스라엘이 출애굽 후에 성막을 세운 것은 언제였던가요?
① 첫째해 6월 1일 ② 둘째 해 1월 1일 ③ 둘째해 6월 1일 ④ 셋째 해 1월 1일

2. 모세의 소명을 기록하고 있지 않는 곳은 어디인가요?
① 출 3장 ② 출 4장 ③ 출 5장 ④ 출 6장

3. 출애굽기 12장에 나타난 유월절 규정에 맞지 않는 것은 무엇인가요?
① 쓴 나물과 함께 먹는다 ② 내장을 먹는다
③ 삶아 먹는다 ④ 머리를 먹는다

311. ②
312. 하몰, 100
313. 엘벧엘
314. 헤브론
315. 빌하와 실바의 아들들
316. 헤브론
317. 딤나
318. 염소 새끼
319. 세라
320. 르우벤
321. 300, 다섯
322. 다섯
323. 스불론
324. 아셀
325. 아닷
326. 무화과

❖ 출애굽기

1. ② 2. ③ 3. ③

4. 모세가 자기 이름을 생명책에서 지워 달라고 한 것은 출애굽기 몇 장에 수록되었나요?
   ① 23장 ② 30장 ③ 32장 ④ 38장

5. 미리암의 찬양은 출애굽기 몇 장에 나오는가요?
   ① 13장 ② 14장 ③ 15장 ④ 16장

6. 출애굽기의 히브리어 이름은 무슨 뜻을 갖고 있나요?

7. 광야에서 금송아지 사건이 일어난 것은 어디에 수록되었나요?
   ① 레위기 19장 ② 레위기 20장 ③ 민수기 16장 ④ 출애굽기 32장

8. 십계명은 어디에 나오는가요?
   ① 출애굽기 19장 ② 출애굽기 20장 ③ 출애굽기 21장 ④ 신명기 5장

9. 므리바 물에서 모세가 한 실수는 다음의 어떤 죄에 해당한다고 성경에 기록되었나요?
   ① 하나님의 영광을 드러내지 않았다 ② 하나님을 업신여겼다
   ③ 하나님의 이름을 드러내지 않았다 ④ 하나님의 거룩하심을 나타내지 않았다.

10. 이스라엘이 광야에서 금송아지를 만들어 섬긴 후에 형벌로 죽은 사람의 숫자는 얼마인가요?
    ① 약 3,000명 ② 약 2,500 ③ 약 2,000명 ④ 약 1,500명

11. 모세의 소명 장면에서 하나님은 모세가 무슨 말을 했을 때에 화를 발하셨던가요?

12. 열 번째 계명은 출애굽기 20장에 따르면 무엇을 탐내지 말라고 하였던가요? 거기에 열거되지 않은 것을 고르십시오.
    ① 아내 ② 나귀 ③ 소 ④ 말

13. 유월절은 언제인가요?
    ① 아브월 14일 ② 니산월 14일 ③ 아달월 14일 ④ 시완월 13일

14. 유월절 음식을 먹는 방식이 아닌 것은 무엇입니까?
    ① 자리에 앉아서 먹는다 ② 쓴 나물과 함께 먹는다
    ③ 온 가족이 다같이 먹는다 ④ 구워서 먹는다

15. 홍해가 갈라지게 된 것은 출애굽기 몇 장에 나타납니까?
    ① 14장 ② 15장 ③ 16장 ④ 17장

16. 언약법전이란 어디를 가리키는가요?

17. 모세의 아버지와 어머니의 이름을 쓰시오!

4. ③ 5. ③ 6. 이름들
7. ④ 8. ②, ④ 9. ④
10. ① 11. ①
11. 모세가 '보낼만한 자를 보내소서'라고 했을 때에
12. ④ 13. ② 14. ① 15. ①
16. 출 20:22-23:19
17. 아므람, 요게벳

18. 모세의 두 아들의 이름을 쓰시오!

19. 티끌이 이가 된 재앙은 몇 번째 재앙인가요?

20. 레위의 세 아들의 이름을 쓰시오!

21. 모세는 레위의 세 아들 중 어느 파에 속했나요?

22. 아론은 모세보다 ( )살 위였습니다.

23. 애굽 술사들이 '이는 하나님의 손가락'이라 했던 재앙은 무엇인가요?

24. 애굽 술객들에게도 발생한 재앙은 몇 번째 무슨 재앙인가요?

25. '야흐베'라는 이름을 하나님이 처음으로 계시하셨다고 하는 말씀은 출애굽기 ( )장에 나온다.

26. '마라'란 무슨 뜻인가요?

27. 이 사람 모세는 ( )함이 지면의 모든 사람보다 승하더라.

28. 이스라엘은 유월절 음식을 먹을 때에 양과 무교병과 함께 무엇을 먹게 되어 있나요?

29. "내가 내려가서 그들을 애굽인의 손에서 건져내고 그들을 그 땅에서 인도하여 아름답고 광대한 땅, 젖과 꿀이 흐르는 땅 곧 가나안 족속, ( ) 족속, 아모리 족속, ( ) 족속, 히위 족속, 여부스 족속의 지방에 데려가려 하노라."

30. 동태복수법이란 무엇인가요?

31. 한 규빗은 몇 센티미터인가요?

32. 하나님과 70장로의 성찬식은 출애굽기 ( )장에 나옵니다.

33. 법궤의 길이는 두 규빗 반, 너비와 높이는 ( )규빗입니다.

34. 번제단은 무슨 나무로 만들었던가요?

35. 제사장의 에봇에는 어디에 이스라엘 열두 지파의 이름을 달았던가요?

36. 회막을 만든 기술자는 유다 지파의 ( )과 단 지파의 ( )이었습니다.

37. '게르솜'의 '게르'는 무슨 뜻인가요?

38. 출애굽기의 열 가지 재앙은 요한계시록에서는 ( ) 가지 재앙으로 나타난다.

39. 제사십계명은 출애굽기 ( )장에 나옵니다.

40. 시내산 이야기는 출애굽기 ( )장에서 민수기 ( )장까지 이어집니다.

41. 유월절이란 문자 그대로 무슨 뜻인가요?

18. 게르솜, 엘리에셀
19. 세 번째
20. 게르손, 고핫(그핫), 므라리
21. 고핫, 그핫
22. 3살
23. 세 번째 재앙인 이
24. 여섯 번째 악성 종기
25. 6
26. 쓰다
27. 온유
28. 쓴 나물
29. 헷, 브리스
30. 이는 이로, 눈은 눈으로 하는 식으로 피해를 입은 대로 상대방에게 해를 가하는 법
31. 46-52 센티미터
32. 24
33. 1과 1/2규빗
34. 조각목 / 싯딤나무
35. 양 어깨에, 각각 한 개씩의 호마노를 달고 거기에 여섯 지파들의 이름을 각기 적음
36. 브살렐, 오홀리압
37. 이주노동자
38. 일곱
39. 34
40. 19, 10
41. 건너 뜀

42. 종려 칠십 주가 있던 곳은 어디인가요?

43. 이스라엘과 애굽인의 차이가 나타난 것은 몇 번째 재앙부터였던가요?

44. 출애굽을 앞두고 일어난 아홉 번째 재앙은 무엇인가요?

45. 출애굽기를 히브리어로는 무엇이라 하는가요?

46. 바로가 '이 땅에서 제사를 드리라'고 한 것은 몇 번째 재앙 직후인가요?

47. '내가 너희를 보낼테니 이 재앙을 그쳐 달라'고 바로가 사정한 재앙은 무엇인가요?

48. 모세의 두 번째 소명기사는 출애굽기 (   )장에 나옵니다.

49. 모세의 장인의 이름 셋을 쓰시오!

50. 이스라엘인들은 언제부터 언제까지 무교병을 먹어야 하나요?

51. 출애굽시의 바로는 (   )로서, 주전 (   )세기의 사람입니다.

52. 야흐베는 나의 깃발이라는 뜻의 단을 쌓은 곳은 어디인가요?

53. 제사장의 에봇에서 이스라엘 열두 지파의 이름을 새기는 곳은 어디인가요(보석이름)?

54. 1호멜은 몇 리터인가요?

55. 출애굽기 20장과 신명기 5장의 십계명은 어떤 점에서 다른가요?

56. 우박의 재앙은 몇 번째 재앙인가요?

57. 바로는 이스라엘 백성에게 (   )과 (   )을 건축하게 했습니다.

58. 미디안이란 지금의 어느 땅인가요?

59. "너희가 내게 대하여 제사장 나라가 되며 거룩한 백성이 되리라."는 말씀은 출애굽기 어디에 나오나요?

60. 모세의 시종은 (   )의 아들 여호수아였습니다.

61. "여호와로라 여호와로라 자비롭고 (   ), 노하기를 더디하고 인자와 (   )이 많은 하나님이로라."

62. "너희 장정만 가서 섬기라"라고 한 것은 몇 번째 재앙이 있은 이후인가요?

63. '너희의 양과 소는 남겨두고 사람만 갔다 오라'고 한 것은 며 번째 재앙이 내린 후인가요?

64. 모세의 아내의 이름을 쓰시오!

65. '만나' 혹은 '만후'는 본디 무슨 뜻인가요?

42. 엘림
43. 네 번째(파리)
44. 흑암
45. 셔모트
46. 네 번째(파리)
47. 일곱 번째 재앙(우박)
48. 6
49. 르우엘, 호밥, 이드로
50. 1월 14-21일
51. 라암세스 II, 13
52. 르비딤
53. 호마노
54. 220리터
55. 1. 안식일 계명의 근거, 2. 신명기에선 열 번째를 둘로 나눔
56. 일곱 번째
57. 비돔, 라암셋
58. 사우디 아라비아
59. 19:6
60. 눈
61. 은혜롭고, 진실
62. 일곱 번째(우박)
63. 여덟 번째 재앙(메뚜기)
64. 십보라
65. 이것이 무엇이냐?

66. 모세의 아내는 모세를 할례 때문에 (   )이라 불렀습니다.

67. 열 번째 계명을 둘로 나누는 사람들은 누구인가요?

68. 이스라엘은 출애굽 후 얼마 뒤에 시내산에 도착하였나요?

69. 모세가 부름을 받았을 때에 아론의 나이는 (   )세이었습니다.

70. 애굽의 술사들이 흉내낼 수 있었던 재앙은 무엇인가요?

71. 다섯 번째 재앙은 무엇인가요?

72. 여덟 번째 재앙은 무엇인가요?

73. 처녀의 몸값은 얼마였던가요?

74. 양을 훔친 사람은 (   )배, 소를 훔친 사람은 (   )배를 배상해야 한다.

75. "너는 (   )을 모독하지 말며, 백성의 지도자를 (   )하지 말라."

76. 모세란 애굽어로 무슨 뜻인가요?

77. 미리암이란 신약에서 어떤 이름으로 변하는가요?

78. 므리바의 다른 이름은 무엇인가요?

79. 이스라엘이 아말렉의 공격을 받은 곳은 어디인가요?

80. '여호와 닛시'란 무슨 뜻인가요?

81. 모세의 팔을 들어 내려오지 않게 도운 사람들을 쓰시오!

82. 진설병은 무슨 나무로 만들었나요?

83. 성막의 기름은 무엇으로 했던가요?

84. 십계명의 서론을 일계명으로 치는 사람들은 누구인가요?

85. 출 22:21을 암송하여 적으시오.

86. 출애굽기 14:13을 암송하여 적으시오.

87. 모세가 하나님의 산 호렙에서 불 붙는 떨기나무 가운데서 들리는 하나님의 음성을 들은 소명 이야기를 기록한 장은?
① 출애굽기 3장 ② 출애굽기 4장 ③ 출애굽기 5장 ④ 출애굽기 6장

88. '눈에는 눈으로 이에는 이로' 보복하는 법을 무엇이라 하는가?

89. 히브리와 아피루에 대해 설명하라!

90. 엘림에는 물샘 (   )과 종려나무 (   )그루가 있었다

66. 피 남편
67. 루터교와 카톨릭
68. 석 달째 되던 날(만 두 달 후)
69. 83
70. 물을 피로 만들기, 개구리가 올라오기
71. 돌림병으로 가축 죽음
72. 메뚜기
73. 은 50 세겔
74. 네, 다섯
75. 재판장, 저주
76. 아들
77. 마리아
78. 맛사
79. 르비딤
80. 야흐베는 나의 깃발
81. 아론과 훌
82. 조각목
83. 올리브유
84. 유대인
85. 너는 이방 나그네를 압제하지 말며 그들을 학대하지 말라 너희도 애굽 땅에서 나그네였음이라.
86. 모세가 백성에게 이르되 너희는 두려워하지 말고 가만히 서서 여호와께서 오늘 너희를 위하여 행하시는 구원을 보라 너희가 오늘 본 애굽 사람을 영원히 다시 보지 아니하리라.
87. ①
88. 동태복수법
89 고대근동 세계에 퍼져 있던 최하층 주민을 아피루라 했는데, 이것과 히브리와 연관이 있다는 학설이 제기되었으나 최근엔 무관하다고 밝혀짐. 다만 이스라엘인들이 종들을 부를 때에 히브리종이라 불렀고, 외국인이 이스라엘인을 낮추어 부를 때에 히브리인이라 불렀음]
90. 열둘, 70

91. 매일 아침 저녁으로 드리는 번제 제사는 (　　) 년된 (　　)으로 했다.

92. 하나님의 영광을 보여 달라고 모세가 떼를 쓰는 것은 출애굽기 (　)장에 나온다.

93. 유월절 양은 언제 구별해 두어야 하는가요?

94. 앞은 홍해, 뒤에는 애굽군이 몰려올 때에 모세가 한 말은 무엇인가요?

95. '얌 수프'(홍해)는 오늘날의 (　　)호수일 가능성이 높다.

96. 하나님을 두려워한 산파들의 이름을 쓰시오!

97. 결의법이란 무엇인가요?

98. 회막을 세우고 성별하였을 때에 회막 안에 (　　)이 가득하여 사람이 들어가지 못했다.

99. 오멜은 몇 리터인가?

100. 모세는 만으로 몇 살이 되었을 때에 바로의 궁에 들어가게 되었나요?

101. 모세가 하나님께 받은 두 가지 이적의 표징은 무엇인가요?

102. 모세는 화덕의 재 (　) 움큼을 날려서 사람과 가축에게 (　　　)가 나게 하였다.

103. 우박의 재앙으로 (　　)과 (　　)가 상하였다.

104. 우박의 재앙에도 피해를 입지 않은 것은 (　)과 (　)였다.

105. 메뚜기는 (　　)을 따라 들어왔다가 (　　)을 따라 홍해에 들어갔다.

106. 유월절에 먹을 짐승은 양이나 (　　) 가운데서 (　)년 되 수컷이었다.

107. 이스라엘이 출애굽한 날은 애굽에 체류한지 (　)년이 다 끝난 날이었다.

108. 나귀의 첫 새끼는 목을 꺾거나 (　　　)으로 대신하여 바친다.

109. 모세의 찬양은 출애굽기 (　　)장에 나온다.

110. 마라의 물은 어떻게 달게 되었나요?

111. 이스라엘이 신 광야에 도착한 것은 출애굽 후 몇 달 뒤인가요?

112. 만나는 일인당 얼마씩 거두었던가요?

113. '엘리에셀'이란 무슨 뜻인가요?

114. 모세가 천부장과 백부장 등을 세우게 된 것은 누구의 조언 덕분이었던가?

115. 이스라엘은 시내산에서 하나님의 강림을 며칠 동안 예비하였던가요?

116. 여종으로 산 종은 다시 팔지 못하고 며느리나 아내로 삼아야 하는데, 그렇지 아니하더라도 무엇 세 가지는 끊을 수 없나요?

91. 1, 수양
92. 33
93. 1월 10일
94. '너희는 두려워하지 말고 가만히 서서 여호와께서 오늘 너희를 위하여 행하시는 구원을 보라! 너희가 오늘 본 애굽 사람을 영원히 다시 보지 아니하리라'
95 빗터
96. 십브라, 부아
97. 형량을 정황을 보아 장로들이 의논해서 정하는 법
98. 구름
99. 2.2리터
100. 2-3년
101. 지팡이가 뱀이 되는 것과, 손에 나병이 생기는 것.
102. 두, 악성 종기
103. 삼, 보리
104. 밀, 쌀보리
105. 동풍, 서풍
106. 염소, 1
107. 430
108. 어린 양
109. 15
110. 하나님이 지정하신 나무를 던짐.
111. 한 달 반 후(두 번째 달 보름에)
112. 한 오멜
113. 나의 하나님은 도움이시다.
114. 이드로
115. 3일
116. 음식, 의복, 동침

117. 사람이 남종이나 여종을 놓아 보내야 하는 경우는 언제인가요?

118. 성막의 금등대는 무게가 얼마인가요?

119. 회막뜰의 울타리는 사방에 각각 몇 규빗이었던가요?

120. 언약궤는 길이가 2.5 규빗, 너비가 (   ) 규빗, 높이가 (   ) 규빗이었다.

121. 모세가 다시 돌을 깎아서 시내산에 올라간 출애굽기 (   )장에 나온다.

122. 성소에 쓸 물건을 만드는데, 유다 지파 브살렐과 (   ) 지파 (   )이 그 일을 맡았다.

123. 광야의 번제단은 가로 세로가 (   ) 규빗, 높이가 (   ) 규빗이었다.

124. 성소를 건립하는 모든 비용을 계산하고 관리한 것은 누구였던가요?

125. 성소 건축의 비용은 금이 (   ) 달란트 조금 넘었다.

126. 성소를 건립하는데 은은 (   ) 달란트가 조금 넘게 들었다.

127. 무교절은 언제인가요?

레위기

1. "너희는 나에게 거룩할지어다 이는 나 여호와가 거룩하고 내가 또 너희를 나의 소유로 삼으려고 너희를 만민 중에서 구별하였음이라."는 말씀은 어디에 나오나요?
   ① 레위기 16:26 ② 레위기 19:26 ③ 레위기 20:26 ④ 레위기 17:26

2. 레위기의 히브리어 이름은 무엇이며, 그 뜻은 무엇인가요?

3. 대 속죄일은 언제인가요?
   ① 1월 1일 ② 7월 1일 ③ 7월 10일 ④ 1월 15일

4. 서원을 갚을 때에 하는 제사를 무엇이라 하나요?

5. 나팔을 불게 되는 날은 언제인가요?
   ① 1월 10일 ② 1월 15일 ③ 7월 1일 ④ 7월 15일

6. 소제란 무엇인가요?

7. 욤 키푸르란 언제를 가리키나요?

8. 화목제란 무엇인가요?

9. 속죄제와 속건제의 차이점을 쓰시오!

10. 짐승 중에서 먹을 수 있는 것은 무엇인가요?

117. 한 쪽 눈을 상하게 하거나 이를 빠뜨리면
118. 한 달란트(35Kg)
119. 100 규빗
120. 1.5, 1.5
121. 34
122. 단, 오홀리압
123. 5, 3
124. 이다말
125. 29
126. 100
127. 1월 15-21일

✤ 레위기

1. ③ 2. '바이크라'이며, '그리고 그가 말씀하셨다'라는 뜻임. 3. ③
4 화목제 5. ③
6. 곡식을 바치는 제사로서, 때로는 번제와 같이 드리기도 하였는데, 그 곡식은 제사장 가문의 양식이 되었다.
7. 7월 10일, 즉 대속죄일
8. 오늘날의 감사제로서 제물을 친지들과 나누어 먹는다.
9. 무의식 중에 지은 죄는 속죄제, 고의로 범한 종교적인 죄는 속건제
10. 굽이 갈라지고, 되새김을 하는 짐승

11. 스스로 죽은 짐승은 왜 못 먹게 하였나요?
12. 아들을 낳은 산모는 모두 며칠 동안 부정하게 되나요?
13. 나병 환자의 처신 규정을 쓰시오!
14. 번제를 드릴 때에 씻어야 되는 부분은 어디인가요?
15. 아사셀 염소란 무엇인가요?
16. "네 이웃을 네 몸과 같이 사랑하라."는 말씀은 레위기 ( )장에 나옵니다.
17. 성결법전이란 레위기 ( )장을 가리킨다.
18. 초막절은 언제인가요?
19. 단언법이란 무엇인가요?
20. 제사장의 위임식은 며칠이나 걸렸나요?
21. 성결법전은 언제 만들어졌는가요?
22. 레 25:23을 암송하시오!
23. 레위기 19:18을 암송하시오!
24. 레위기는 모두 몇 장으로 구성되어 있는가요?
    ① 21장 ② 27장 ③ 32장 ④ 35장
25. 레위기에서 순종하면 받을 복과 불순종하여 받을 저주를 열거한 장은?
26. 광야에서 야훼를 저주하여 돌에 맞아 죽은 자는 단 지파 ( )의 외손자였다.
27. 전제란 무엇인가요?
28. 부정한 불을 드리다가 타죽은 인간들은 누구인가?
29. 물고기 중에서 정한 것은 어떤 것인가요?
30. 화목제를 드릴 때에 불로 태우는 부분은 어디인가요?
31. 아론의 네 아들을 열거하시오!
32. 아들을 낳으면 ( )일, 딸을 낳으면 ( )일 동안 부정하다.
33. 남자와 여자의 헌신값은 얼마인가요?
34. 한 호멜의 무게는 얼마인가요?
35. 화목제와 속죄제, 속건제 등에서 반드시 바치는 내장은 무엇인가요?
36. 레위기에서 화목제 희생 중에서 아론에게 주게 되어 있는 것은 어떤 부분인가요?

11. 피를 다 빼지 못하였으므로
12. 40일
13. 옷을 찢고, 머리를 풀고, 윗입술을 가리고 부정하다 부정하다 외침
14. 내장과 정강이
15. 유월절에 백성의 죄를 지고 광야에 가서 죽는 염소
16. 19
17. 17-26
18. 7월 15-21
19. 무조건적인 순종을 요구하는 것으로서 무슨 조건과 상황을 따지지 않는 법
20. 7일
21. 7/6세기
22. 토지를 영구히 팔지 말 것은 토지는 다 내 것임이니라 너희는 거류민이요 동거하는 자로서 나와 함께 있느니라.
23. 원수를 갚지 말며 동포를 원망하지 말며 네 이웃 사랑하기를 네 자신과 같이 사랑하라 나는 여호와이니라
24. ②
25. 26
26. 디브리
27. 붉은 포도주를 붓는 제사로서 늘 다른 제사, 특히 번제와 결부되었다
28. 나답, 아비후]
29. 지느러미와 비늘이 있는 것
30. 내장
31. 나답, 아비후, 엘르아살, 이다말
32. 33, 66.
33. 50, 30 세겔
34. 대략 150킬로그램
35. 콩팥
36. 요제로 바치는 가슴과 오른쪽 뒷다리.

37. 다음 중에서 정결한 짐승은 무엇인가요?
   ① 닭 ② 낙타 ③ 토끼 ④ 사반

38. 다음 중에서 정결한 것은 무엇인가요?
   ① 학 ② 배짱이 ③ 황새 ④ 악어

39. 다음 중에서 정결한 것은 무엇인가요?
   ① 도마뱀 ② 메뚜기 ③ 도마뱀 ④ 귀뚜라미

40. 살아 있는 새 두 마리를 취하여 한 마리는 잡아서 그 피를 다른 한 마리에 뿌려 날려 보내는 것은 무슨 의식인가요?

41. 화목제 희생의 고기는 언제 불살라 버려야 하는가요?

42. 다른 사람과 정혼한 여종과 행음하면 어떻게 해야 하나요?

43. 과목을 심으면 몇 년째부터 먹을 수 있나요?

44. 과목을 심으면 몇 년째 것을 하나님께 바쳐야 하나요?

45. 제사장의 딸이 행음하면 돌로 쳐 죽여야 한다는 것은 맞나요?
   ① 예 ② 아니오

46. 대제사장은 부모의 시체로도 부정해져선 안 되나요?
   ① 예 ② 아니오

47. 제사장은 반드시 처녀와 결혼해야 하나요?
   ① 예 ② 아니오

48. 코가 불완전한 자는 제사장이 될 수 없나요?
   ① 예 ② 아니오

49. 아내와 장모를 동시에 취하는 자는 불살라 죽여야 하나요?
   ① 예 ② 아니오

50. 몸에 무늬를 놓지 말라는 계명이 있나요?
   ① 예 ② 아니오

51. 제사장의 딸이 출가하였으면 과부가 되어도 친정에 와서 성물을 먹지 못하나요?
   ① 예 ② 아니오

52. 스스로 죽은 것을 먹은 자는 저녁까지 부정하다가 옷과 몸을 빨면 정하게 된다.
   ① 예 ② 아니오

53. 유출병이 있는 자가 만진 토기는 다 깨뜨리고, 나무그릇은 다 씻어야 하나요?
   ① 예 ② 아니오

37. ①
38. ②
39. ② ④
40. 나환자가 정결하게 되었다는 의식
41. 삼일째에
42. 속건제를 드린다.
43. 5년
44. 4년
45. ②
46. ①
47. ②
48. ①
49. ①
50. ①
51. ②
52. ①
53. ①

54. 아론이 성소에 들어오려면, 속옷, 고의, 띠, 관을 모두 세마포로 입어야 하나요?
① 예 ② 아니오

55. 우양의 지체가 더하거나 덜한 것은 막헌 예물로 쓸 수 있나요?
① 예 ② 아니오

민 수 기

1. 광야에서는 이스라엘 자손을 회막 주위에 진을 치게 하였는데, 아래에서 그 선두 지파가 맞는 것을 고르시오.
① 동: 르우벤, 서: 단, 남: 유다, 북: 에브라임
② 동: 에브라임, 서: 르우벤, 남: 유다, 북: 단
③ 동: 유다, 서: 에브라임, 남: 르우벤, 북: 단
④ 동: 단, 서: 에브라임, 남: 르우벤, 북: 유다

2. 아론의 축복은 어디에 나오는가요?
① 민 5:22-24 ② 민 6:22-24 ③ 민 7:22-24 ④ 민 6:24-26

3. 가나안에 정탐꾼을 보낸 것은 민수기 몇 장에 나오는가요?
① 13장 ② 14장 ③ 15장 ④ 16장

4. 고라의 반란 사건 직후에 모세와 아론을 원망한 회중이 벌을 받아 염병으로 죽은 수는?
① 15,000 ② 13,000 ③ 14,700 ④ 15,600

5. 기업이 없는 레위인이나 객과 고아와 과부를 위해 저축하는 소산물의 분량은 얼마인가요?
① 매년 소산의 십분의 일　② 매년 소산의 삼십분의 일
③ 매 삼년 소산의 십분의 일　④ 매년 소산의 이십분의 일

6. 시므리와 고스비를 죽여서 이스라엘의 염병을 중지시킨 사람은 누구인가요?
① 홉니 ② 비느하스 ③ 엘르아살 ④ 아비후

7. 발람의 이야기는 어디에 나오는가요?
① 민 20-22 ② 민 21-23 ③ 민 22-24 ④ 민 23-25

8. 칠십 장로를 소집하였을 때에 오지 않은 사람은 누구인가요?
① 엘랏 ② 엘닷 ③ 메롯 ④ 메닷

9. 메추라기를 일인당 10호멜씩 거두었다고 했는데 몇 리터인가요?

54. ①
55. ①

❖ 민수기
1. ③ 2. ④
3. ① 4. ③ 5. ③
6. ② 7. ③ 8. ② ④
9. 2200

10. 아론의 아들은 다음 중 누구인가요?
① 비느하스 ② 홉니 ③ 엘르아살 ④ 나답

11. 가나안 사람은 우리의 밥이라고 하는 말은 어디에 나오나요?
① 민 20장 ② 레위기 11장 ③ 민 11장 ④ 민 14장

12. 불뱀과 놋뱀에 대한 이야기는 어디에 나옵니까?
① 민 20장 ② 민 21장 ③ 민 22장 ④ 민 23장

13. "한 별이 야곱에게서 나오며 한 규가 이스라엘에게서 일어나서 ( )을 이쪽에서 저편까지 쳐서 무찌르고 또 ( )의 자식들을 다 멸하리로다."의 괄호에 들어가지 않는 것은 무엇입니까?
① 가인 ② 암몬 ③ 모압 ④ 셋

14. 다베라에 대해 설명하시오!

15. '기브롯 핫다아와'란 무슨 뜻인가요?

16. 고라의 반란은 민수기 ( )장에 나옵니다.

17. 이스라엘인들은 애굽에 있을 때에 생선과 오이와 ( )와 부추와 ( )와 마늘들을 먹었다고 불평하였다.

18. 아론의 싹 난 지팡이는 그 모습이 무엇과 닮았던가요?

19. 옷단 귀에 술을 만들고 청색 끈을 달게 한 이유는 무엇인가요?

20. 부정을 깨끗하게 하는 물은 어떻게 만들었는가요?

21. 발람의 꾀란 무엇인가요?

22. 아론은 몇 세에 죽었던가요?

23. 민수기의 히브리어 이름은 무슨 뜻인가요?

24. 정탐꾼들은 어디서 포도를 메고 돌아왔나요?

25. 나실인이 금해야 하는 것은 무엇인가요?

26. 하나님은 가데스 바네아에서의 불신 때문에 ( )세 이상은 가나안에 들어가지 못하게 하셨다.

27. 미리암이 나환자가 된 곳은 어디입니까?

28. 고라와 함께 난을 일으킨 사람들은 누구인가요?

29. 므낫세 지파 ( )의 딸들은 아들이 없으므로 딸들이 상속하도록 허락을 받았다.

30. 의심의 법이 나오는 것은 민수기 ( )장입니다.

10. ③, ④ 11. ④ 12. ②
13. ①, ②
14. 불타는 곳이란 뜻으로서, 백성이 악한 말로 불평하니 여호와의 불이 그들에게 붙어서 진 끝을 사름
15. 탐욕의 무덤
16. 16
17. 참외, 파
18. 왕의 규
19. 계명을 기억하여 음행하지 않게 함
20. 붉은 암송아지의 재를 탄 물
21. 이스라엘 남자들이 싯딤에서 모압 여자들과 행음하고 바알브올에게 절하게 사주한 것
22. 123세
23. 광야에서
24. 에스골 골짜기
25. 포도에서 난 것, 삭도
26. 20
27. 하세롯
28. 다단, 아비람, 온
29. 슬로브핫
30. 5

31. 발람의 길이란 무엇인가?

32. 시내산을 출발하는 기사는 민수기 ( )장에 나옵니다.

33. 민 23:19을 암송하시오!

34. 이스라엘은 아모리 왕 ( )을 ( )에서 정복하였다.

35. 출애굽 노정이 세밀하게 기록된 장은 민수기 ( )장이다.

36. 이스라엘은 바산왕 옥을 ( )에서 쳐서 물리쳤다.

37. 발람은 나귀 덕분에 천사의 칼을 몇 번이나 피했던가?

38. 모압은 대체로 ( )강과 ( )강 사이에 있는 나라였다.

39. 암몬은 대체로 ( )강과 ( ) 사이에 살았다.

40. 이스라엘이 발람을 죽인 것은 어디였던가?

41. 두 번째 인구조사에서 가장 많이 숫자가 줄어든 지파는 ( )이다.

42. 이스라엘의 족장과 간음하다가 죽은 미디안 여자의 이름은 무엇인가?

43. 발람은 ( )의 아들이었고, 유프라테스 강가 ( )에 살고 있었다.

44. 아랏 사람들이 쳐들어와서 그 성읍을 멸한 후에 이스라엘은 그 성을 무엇이라 불렀던가?

45. 미리암은 ( )광야 ( )에서 죽었다.

46. 레위인의 성읍은 모두 몇 개인가요?

47. 유월절을 앞두고 가족이 죽어서 시체로 부정해진 사람은 어떻게 해야 하나요?

48. 민수기에 나타난 각 진영의 우두머리가 되지 못하는 지파는 무엇인가요?
① 유다 ② 에브라임 ③ 갓 ④ 르우벤

49. 제사장의 축복을 암기하여 쓰시오!

50. 언약궤가 떠날 때에는 모세가 무엇이라 했던가요?

51. 언약궤가 쉴 때에는 모세가 뭐라고 했던가요?

52. 이스라엘이 광야에서 그리워하지 않은 음식물은 무엇인가요?
① 수박 ② 마늘 ③ 오이 ④ 생선

53. 만나는 ( )씨와 같고, 모양은 ( ) 같았다.

54. 하나님은 메추라기를 진 사방으로 하룻길 만큼의 지역에 ( ) 규빗 만큼 내리게 하셨다.

31. 하나님의 뜻을 좇지 않고 사리사욕을 좇는 길
32. 10
33. 하나님은 사람이 아니시니 거짓말을 하지 않으시고 인생이 아니시니 후회가 없으시도다 어찌 그 말씀하신 바를 행하지 않으시며 하신 말씀을 실행하지 않으시랴
34. 시혼 헤스본
35. 33
36. 에드레이
37. 세 번
38. 아르논, 세렛
39. 얍복, 아르논
40. 미디안
41. 시므온
42. 고스비
43. 브올, 브돌
44. 호르마
45. 신, 가데스
46. 48
47. 한 달 뒤에 유월절을 지킬 수 있음.
48. ③
49. 여호와는 네게 복을 주시고 너를 지키시기를 원하며 여호와는 그의 얼굴을 네게 비추사 은혜 베푸시기를 원하며 여호와는 그 얼굴을 네게로 향하여 드사 평강 주시기를 원하노라
50. 여호와여 일어나사 주의 대적들을 흩으시고 주를 미워하는 자가 주 앞에서 도망하게 하소서
51. 여호와여 이스라엘 종족들에게로 돌아오소서
52. ①
53. 깟, 진주
54. 두

55. 정탐꾼들은 가나안에서 네피림의 후손 ( )자손을 보았다고 했다.

56. 레위인들은 각 지파가 준 십일조의 얼마를 하나님께 거제로 바쳐야 하는가요?

57. 이스라엘은 왜 불뱀에 물리게 될 만큼 불평을 하였던가요?

58. 발람을 초대한 모압왕은 ( )의 아들 ( )이었다.

59. 모압왕은 발람을 맞으러 어디까지 마중을 나갔던가요?

60. 이스라엘은 싯딤에 머물다가 ( ) 숭배에 빠졌다.

61. 시딤에서 모압여자들과 행음하면서 우상숭배에 빠진 이스라엘은 염병으로 몇 명이 죽었던가요?

62. 미디안 여인과 간음하다가 비느하스에게 찔려 죽은 남자는 누구인가요?

63. 이스라엘이 미디안을 치러갈 때에 몇 명이 갔던가요?

64. 부지중에 사람을 죽인 자는 언제 도피성에서 자기 고향에 돌아갈 수 있나요?

신 명 기

1. "여호와께서 너희를 기뻐하시고 너희를 택하심은 너희가 다른 민족보다 수효가 많기 때문이 아니니라 너희는 오히려 모든 민족 중에 가장 적으니라."는 말씀은 어디에 나오는가요?
   ① 신 7장 ② 신 8장 ③ 신 9장 ④ 신 10장

2. 일 년에 세 번 야흐베 앞에 나오게 되어 있는 절기는 언제인가요?
   ① 나팔절 ② 무교절 ③ 수전절 ④ 장막

3. 왕이 많이 두지 말아야 할 것은 무엇인가요?
   ① 말 ② 은금 ③ 여자 ④ 군대

4. 사람을 나무에 매달아 죽인 경우에는 왜 그 날에 곧 내려서 장사 지내게 하였습니까?
   ① 유가족을 위하여 ② 나무를 더럽히므로
   ③ 시신이 더러워지니까 ④ 땅이 더러워지니까

5. 모세가 죽는 이야기는 어디에 나오나요?
   ① 신 31장 ② 신 32장 ③ 신 33 장 ④ 신 34장

6. 이전에 모압 땅에 거주하던 키 큰 족속을 무엇이라 하나요?

7. 내 조상은 방랑하던 아람 사람이라는 고백은 신명기 몇 장에 나오나요?
   ① 24장 ② 26장 ③ 28장 ④ 30장

55. 아낙
56. (십일조의) 십일조
57. 에돔을 돌아서 홍해길로 가다가 식물도 물도 없어서
58. 십볼, 발락
59. 아르논 가의 성읍
60. 바알브올
61. 이만 사천
62. 시므리
63. 12000명
64. 대제사장이 죽었을 때에

❖ 신명기

1. ① 2. ②, ④ 3. ①, ②, ③
4. ④ 5. ④ 6. 에밈
7. ②

8. 모세는 어느 산에서 죽었습니까?
   ① 비스가산 ② 느보산 ③ 호르산 ④ 호렙산
9. 곡식의 맏물을 바치며 드리는 고백은 신명기 몇 장에 나오는가요?
   ① 16장 ② 17장 ③ 26장 ④ 27장
10. 소위 '셰마'를 적으시오!
11. '셰마'는 몸의 어디에 붙이게 되어 있나요?
12. 모세의 축복은 신명기 ( )장에 나옵니다.
13. 신명기에 따르면 어떤 사람이 전쟁에 나가지 않아도 되었던가요?
14. 광야 생활은 어떤 의미를 가지고 있었습니까?
15. 왕에 대한 규정은 신명기 ( )장에 나온다.
16. 축복과 저주를 선포한 것은 신명기 ( )장에 나옵니다.
17. 하나님은 가나안 족속에게 애굽에서 내린 재앙 외에 무엇을 보내신다고 하셨던가요?
18. 신명기에서 말하는 '돌보이야 할 하층민'을 열거하시오!
19. 에돔과 애굽 사람은 ( )대 후에는 이스라엘 사람이 될 수 있다.
20. "너희의 하나님 여호와는 신 가운데 신이시며 ( ) 가운데 ( )시요 크고 능 하시며 두려우신 하나님이시라 사람을 외모로 보지 아니하시며 뇌물을 받지 아니하시고 고아와 과부를 위하여 ( )를 행하시며 ( )를 사랑하여 그에게 떡과 옷을 주시나니"
21. 가나안 정탐 때에 ( )의 아들 여호수아와 ( )의 아들 갈렙만 긍정적인 보고를 하였다.
22. 세렛 시내는 어디와 어디를 나누는 경계인가요?
23. "여호와는 ( )하는 불이시요, 질투하는 하나님이시니라."
24. 신명기 5장에서 안식일을 지켜야 하는 이유는 무엇인가요?
25. 이스라엘이 가장 수가 많은 민족이 아닌데도 하나님이 사랑하시는 이유는 무엇인가요?
26. 하나님이 가나안 땅을 차지하게 하시는 것은 무슨 이유에서인가요?
27. 광야에서 만나를 먹이신 이유는 무엇인가요?
28. 법궤는 무슨 나무로 만들었던가?

9. ③ 8. ①, ②
10. 이스라엘아 들으라 우리 하나님 여호와는 오직 유일한 여호와이시니 너는 마음을 다하고 뜻을 다하고 힘을 다하여 네 하나님 여호와를 사랑하라
11. 손목과 미간
12. 33
13. 두려워하는 자, 포도원을 사고 수확 못한 자, 집을 짓고 못 들어간 자, 약혼하고 결혼하지 못한 자.
14. 이는 너를 낮추시며 너를 시험하사 네 마음이 어떠한지 그 명령을 지키는지 지키지 않는지 알려 하심이라.
15. 17
16. 28
17. 왕벌
18. 고아, 과부, 나그네, 레위인
19. 3
20. 주, 주, 정의, 나그네
21. 눈, 여분네
22. 에돔, 모압
23. 소멸
24. 아랫사람과 동물들을 쉬게 함
25. 그들을 사랑하시고, 조상에게 한 맹세를 지키기 위하여
26. 1) 가나안인이 악하기 때문, 2) 조상에게 한 약속 때문.
27. 사람이 떡으로만 사는 게 아니고, 하나님의 입에서 나오는 모든 말씀으로 사는 것을 알게 하고, 그들을 낮추고 시험한 후에 복을 주려 하심.
28. 조각목, 싯딤나무

29. "이스라엘아 들으라 우리 하나님 여호와는 오직 유일한 여호와이시니"는 어디에 나오는가요?

30. "셰마"는 집의 어디에 붙이게 되어 있습니까?

31. 그리심과 에발 중에서 어느 것이 더 남쪽에 있는가요?

32. 신명기가 요시야의 종교개혁과 연관이 있다는 것은 신명기의 무엇을 보면 알 수 있는가요?

33. 신명기에서는 아론이 어디서 죽었다고 되어 있나요?

34. 범인을 모르는 살인사건이 생겼을 때에는 어떻게 해야 합니까?

35. 어미 새와 새끼가 함께 있으면 무엇을 놓아 주어야 합니까?

36. 신명기 법전이란 무엇인가요?

37. 신 8:3을 암송 하시오!

38. "사람이 떡으로만 사는 것이 아니요 여호와의 입에서 나오는 모든 말씀으로 사는 줄을 네가 알게 하려 하심이라"는 말씀은 어디에 나오는가요?
① 출애굽기 4:5 ② 레위기 10:12 ③ 민 15:6 ④ 신명기 8:3

39. 세일에 거주하다가 에돔 사람들에게 쫓겨난 민족의 이름은 무엇인가?

40. 암몬 사람들은 어느 족속을 몰아내고 그곳에 거주하였던가?

41. 애굽땅과 가나안땅이 다른 점은 무엇인가?

42. 신명기에서 가축을 집에서 잡아먹을 수 있으나 무슨 제사는 오직 한 곳에서만 드리게 되어 있었던가?

43. 왕에 대한 규정은 신명기 몇 장에 나와 있나요?

44. 포로로 잡은 여자와 결혼하고자 할 때엔 여자가 울 수 있도록 얼마 동안 기다려 주어야 하나요?

45. 신부가 처녀가 아니었다고 누명을 씌운 것이 드러날 때에는 남편이 신부의 아버지에게 얼마의 벌금을 주어야 하는가?

46. 가데스 바네아에서 세렛시내를 건너기까지 몇 년이 걸렸나요?

47. 사람이 아내를 맞으면 얼마 동안 집에서 쉬게 하였던가요?

48. 신명기에 의하면 제사장은 양과 소의 어떤 부위를 받게 되어 있는가?

49. 비스가란 무슨 뜻인가?

50. 모세의 축복에서 암사자 같다고 한 지파는 어디인가?

29. 신 6:4
30. 문설주 바깥 문
31. 그리심
32. 제사를 한 곳에서만 지내고, 사적인 도살을 허용함.
33. 모세라
34. 시체와 제일 가까운 성읍의 장로들이 멍에 매지 않은 암송아지를 흐르는 물에 끌고 가서 목을 끊고 하나님께 무죄하다고 맹세할 것.
35. 어미 새
36. 신 12:1~26:15
37. 너를 낮추시며 너를 주리게 하시며 또 너도 알지 못하며 네 조상들도 알지 못하던 만나를 네게 먹이신 것은 사람이 떡으로만 사는 것이 아니요 여호와의 입에서 나오는 모든 말씀으로 사는 줄을 네가 알게 하려 하심이니라
38. ④
39. 호리
40. 르바임/삼숨밈
41. 애굽은 물이 많지만, 가나안은 비를 흡수하는 땅이므로 하나님의 은총이 없으면 못 산다
42. 번제, 서원제, 거제, 낙헌제
43. 17
44. 한 달
45. 은 100세겔
46. 38년
47. 1년
48. 우양의 앞다리와 두 볼과 위
49. 꼭대기, 정상
50. 갓

51. 모세의 축복에서 '죽지 아니하고 살기를' 원했던 지파는 어디인가?

52. 갑돌 사람들은 가사주변의 (   )족속을 멸했다.

53. 헤스본 왕 시혼은 (   )에서 이스라엘을 대적하였다.

54. 헤르몬산을 시돈 사람들은 (   )이라 불렀고, 아모리족속은 (   )이라 불렀다.

55. 새들 중에서 못 먹는 것은 무엇인가요?

56. 포로로 잡은 여자는 어떻게 다루어야 하나요?

57. 새 집을 지을 때에는 지붕에 (   )을 만들어야 한다.

58. 열두 가지 저주를 기록한 것은 신명기 (   )장에 나온다.

59. 열두 가지 저주에 해당되지 않는 것은 무엇인가요?
① 맹인에게 길을 잃게 하는 자 ② 뇌물을 주어 무죄한 자를 죽이려는 자
③ 이웃의 경계표를 옮기는 자 ④ 부모를 경홀히 여기는 자

60. "(   ) 일은 우리 하나님 여호와께 속하였거니와 나타난 일은 영원히 우리와 우리 자손에게 속하였나니 이는 우리에게 이 율법의 모든 말씀을 행하게 하심이니라"

61. 토라는 언제 전체 백성에게 낭독하게 되어 있나요?

62. 여호수아의 본디 이름은 무엇인가요?

63. 모세의 축복에서 하나님이 자기 어깨사이에서 살게 하셨다는 지파는 무엇인가요?

64. 모세의 축복에서 들소의 뿔 같다고 한 지파는 무엇인가요?

65. 모세의 축복에서 뛰어나오는 사자 새끼라는 평을 지파는 어디인가요?

66. 모세의 축복에서 은혜가 족하고 야흐베의 복이 가득하다고 한 지파는 어느 지파인가요?

67. 느보산에서 모세는 북쪽으로 어디까지 볼 수 있었나요?

여 호 수 아

1. 아간이 감추었던 은과 금은 무엇입니까?
① 은 30세겔, 금 50세겔 ② 은 50세겔, 금 200세겔
③ 은100세겔, 금 50세겔 ④ 은 200세겔, 금 50세겔

2. 아간은 어느 지파 사람이었나요?
① 잇사갈 ② 스불론 ③ 에브라임 ④ 유다

51. 르우벤
52. 아위
53. 야하스
54. 시룐, 스닐
55. 맹금류
56. 머리와 손톱을 깎고 한 달간 울 기한을 준다.
57. 난간
58. 27
59. ②
60. 감추어진
61. 매 칠년 끝의 해, 즉 면제년의 초막절에
62. 호세아
63. 베냐민
64. 요셉
65. 단
66. 납달리
67. 단

❖ 여호수아

1. ④ 2. ④

3. 여호수아는 어느 지파 사람이었나요?
   ① 므낫세 ② 길르앗 ③ 에브라임 ④ 유다
4. 여호수아가 '나와 내 집은 여호와를 섬기겠다'고 한 것은 여호수아 몇 장에 수록되었나요?
   ① 24장 ② 25장 ③ 26장 ④ 27장
5. 여호수아는 몇 살에 죽었던가요?
   ① 100세 ② 110세 ③ 120세 ④ 130세
6. 여호수아가 헤브론과 예루살렘 등의 왕들과 기브온 전투를 벌인 것은 여호수아 몇 장에 나오는가요?
   ① 10장 ② 11장 ③ 12장 ④ 15장
7. 아간의 범죄로 같이 돌을 맞지 않은 것은 무엇인가요?
   ① 낙타 ② 소 ③ 딸 ④ 은
8. 세겜 언약은 여호수아 몇 장에 나옵니까?
   ① 24장 ② 26장 ③ 28장 ④ 30장
9. 이스라엘이 요단을 건너던 때는 무엇을 수확하던 때였습니까?
10. 이스라엘이 요단을 건널 때에 물이 어디에 쌓였던가요?
11. 여호수아가 회중들과 언약을 맺는 이야기는 여호수아 ( )장에 나옵니다.
12. 아간이 훔친 물건들을 열거하시오!
13. 정탐꾼은 라합집에서 나와서 산에서 며칠 동안 숨어 있었나요?
14. 메롬 물가의 전투는 여호수아 ( )장에 나옵니다.
15. "이 ( )을 네 입에서 떠나지 말게 하며 주야로 그것을 묵상하여 그 안에 기록된 대로 다 지켜 행하라 그리하면 네 길이 ( )하게 될 것이며 네가 형통하리라."
16. "오직 ( ) 극히 담대하여 나의 종 모세가 네게 명령한 그 율법을 다 지켜 행하고 우로나 좌로나 치우치지 말라 그리하면 어디로 가든지 ( )하리니"
17. 하솔왕 야빈을 격파하고 하솔을 불사른 이야기는 여호수아 ( )장에 나옵니다.
18. 요단강을 건넌 기념으로 돌을 세운 곳은 어디인가요?
19. '누구가 죽은 후에'로 시작하는 책들을 쓰시오!
20. 여호수아 1:7을 암송하여 적으시오.
21. 여호수아는 어디에 장사되었던가요?

3. ③ 4. ① 5. ②
6. ① 7. ① 8. ①
9. 곡식
10. 아담 성읍 변두리
11. 24
12. 시날산 외투 하나, 은 200, 금 50
13. 사흘
14. 11.
15. 율법책, 평탄
16. 강하고, 형통
17. 11
18. 길갈
19. 여호수아, 사사기, 사무엘하, 열왕기하
20. 오직 강하고 극히 담대하여 나의 종 모세가 네게 명령한 그 율법을 다 지켜 행하고 우로나 좌로나 치우치지 말라 그리하면 어디로 가든지 형통하리니
21. 딤낫 헤레스/딤낫 세라

22. 이스라엘에서 도피성의 수는 몇이었던가요?
① 셋 ② 여섯 ③ 일곱 ④ 열 둘

23. 르우벤, 갓, 므낫세 반 지파는 동족의 전투에 동참하기 위해 요단 서편으로 ( ) 명이 건너갔다.

24. "태양아 너는 ( )위에 머무르라! 달아 너도 ( )골짜기에서 그리하라!"

25. 유다 산지 서쪽 경사면을 히브리지명으로 무엇이라 부르는가요?

26. 하솔왕 야빈과의 ( ) 전투는 여호수아 ( )장에 나온다.

27. 요단강 서쪽의 도피성 셋을 쓰시오!

28. 요단강 동쪽 지파가 세운 제단을 사람들은 무엇이라 불렀던가요?

29. 신명기사란 가설을 말한 학자는 누구인가?

30. 드빌의 옛 이름은 무엇인가요?

31. 유대인들이 전기예언서라 부르는 것을 열거하시오!

32. 다음 중에서 도피성이 아닌 곳은 어디인가?
① 벧엘 ② 세겜 ③ 헤브론 ④ 게데스

33. 제사장들이 요단에 들어섰을 때에 강물은 사르단에 가까운 ( ) 근처에 쌓였다.

34. 라합은 정탐꾼들을 지붕 위 ( ) 가운데 숨겼다.

35. 요단강 한가운데서 취한 돌을 둥글게 세운 곳을 무엇이라 불렀나요?

36. 이스라엘이 요단을 건넌 것은 언제였던가?

37. 여리고를 돌 때에 제일 앞에 선 자들은 누구인가요?
① 레위인들 ② 무장한 자들 ③ 나팔 부는 제사장들 ④ 언약궤를 멘 제사장들

38. 여리고는 왜 모두 불태우라 했던가요?

39. 아이성과의 첫 전투에서 이스라엘군이 죽은 수는 몇인가요?

40. '아골'이란 무슨 뜻인가요?

41. 아이 사람은 모두 몇 명이 죽었던가요?

42. 예루살렘왕 ( )은 헤브론, 야르뭇, 라기스 등과 함께 이스라엘을 친다.

43. 여호수아 때에 태양과 달이 멈추었다는 것은 성경 외에 어디에 기록되었는가요?

44. 예루살렘 등 도시들의 다섯 왕이 도피한 굴은 어디인가요?

45. 이스라엘이 라기스를 칠 때에 게셀왕 ( )이 라기스를 도우러 왔다.

22. ②
23. 사만
24. 아얄론, 기브온
25. 세펠라
26. 메롬. 11
27. 게데스, 세겜, 헤브론
28. 엣
29. 마틴 노트
30. 기럇 세벨
31. 여호수아, 사사기, 사무엘상하, 열왕기상하
32. ①
33. 아담읍
34. 삼대
35. 길갈
36. 1월 10일
37. ②
38. 첫 열매니까
39. 36명
40. 불행
41. 일만 이천
42. 아도니세덱
43. 야살의 책
44. 막게다
45. 호람

46. 요단 동편의 세 도피성을 드시오!

47. 요단 동편의 지파들이 큰 단을 세운 것을 두고 서편의 지파들은 어디서 모여 회의를 하였던가요?

48. 세겜에서 언약을 맺은 후에 여호수아는 큰 돌을 (　　) 나무 아래에 세웠다.

사 사 기

1. 요담의 우화에 직접 등장하지 않는 나무는 무엇인가요?
   ① 포도나무 ② 백향목 ③ 가시나무 ④ 올리브나무

2. 기드온 이야기와 상관이 없는 것은 무엇인가요?
   ① 아비멜렉 ② 아비가일 ③ 여룹바알 ④ 아비에셀

3. 입다가 암몬 왕과 말할 때에 이미 이스라엘은 몇 년 동안 그 땅에 거주하였다고 하였던가요?
   ① 100년 ② 200년 ③ 300년 ④ 400년

4. 하나님이 가나안 족속을 다 쫓아내지 않으신 이유는 무엇인가요?
   ① 그들을 시험하시려고 ② 그들에게 벌을 주시려고
   ③ 그들에게 전쟁을 알게 하려고 ④ 하나님의 법을 잘 지키게 하기 위해서

5. 드보라가 바락과 함께 시스라를 맞아 싸우러 간 곳은 어디인가요?
   ① 다볼산 ② 게데스 ③ 가데스 ④ 기손강

6. 기드온은 어느 지파 출신인가요?
   ① 므낫세 ② 아셀 ③ 납달리 ④ 단

7. 세겜 사람들과 함께 아비멜렉을 왕으로 옹립한 족속은 누구인가요?
   ① 밀로 ② 에브랏 ③ 아비에셀 ④ 브엘

8. '발을 가린다'는 말은 무슨 뜻인가요?

9. 요담이 그리심 산에서 저주하지 않은 곳은?
   ① 세겜 ② 브엘 ③ 밀로 ④ 아로엘

10. 요담의 우화에 등장하는 나무들을 열거하시오!

11. 라맛 레히란 무슨 뜻인가요?

12. 베냐민 지파는 실로의 무희 (　)명을 데려와 아내로 삼았다.

13. 미가의 집에서 모세의 손자 (　)은 연봉으로 은 (　)개를 받았다.

46. 베셀, 길르앗 라못, 골란
47. 실로
48. 상수리

✤ 사사기

1. ② 2. ② 3. ③
4. ①, ③ 5. ① 6. ①
7. ①
8. 대변을 본다는 뜻.
9. ②, ④
10. 포도나무, 올리브, 무화과나무, 백향목, 가시나무
11. 턱뼈의 산
12. 200명
13. 요나단, 열

14. 기드온 때에 쳐들어온 외적의 장수 이름을 열거하시오.

15. 단지파의 북쪽 이주 후에 첫 제사장이 된 사람은 누구인가요?

16. '보김'이란 무슨 뜻인가요?

17. 첫 번째 사사는 누구입니까?

18. 에훗은 누구를 죽여서 나라를 되찾았습니까?

19. 드보라의 남편의 이름은 무엇인가요?

20. 기드온은 미디안과 싸우려고 모인 사람 중에서 몇 명을 돌려보냈습니까?

21. 미가와 그 신상 이야기는 사사기 몇 장에 나오는가요?

22. 베냐민 전쟁 이야기는 사사기 몇 장에 나오는가요?

23. 사사기 8:23을 암기하여 적으시오.

24. 드빌을 점령한 사사는 누구인가요?

25. 사사기의 부록이란 몇 장부터 몇 장까지인가요?

26. 소 모는 막대기로 블레셋 사람 600명을 죽인 사람은 누구인가요?

27. 가나안 왕 ( )의 군대장관 시스라는 ( )의 아내 야엘에게 죽임을 당했다.

28. 드보라의 노래에서는 이스라엘의 수를 몇 명이라 하였던가요?

29. 사사기의 프로그램을 쓰시오

30. 기드온은 어떤 별명을 가졌습니까?

31. 기드온은 ( )지파, ( )족속, 오브라 사람이었다.

32. 기드온이 300명을 가려뽑은 것은 어디였습니까?

33. 기드온은 지원을 거절하던 ( )과 숙곳의 주민을 징벌하였다.

34. 세겜의 바알을 사람들은 무엇이라 불렀던가요?

35. 기드온집안에 올무가 된 것은 무엇인가요?

36. 에브라엠 사람들은 입다에게 시비를 걸다가 ( )명이 죽었다.

37. 에브라엠 사람들은 무슨 발음을 못하여 어떻게 말했던가요?

38. 베들레헴의 ( )은 7년 동안 사사가 되었다.

39. 삼손은 ( )의 아들이었다.

40. 삼손은 ( ) 사람 30명을 죽여서 옷을 빼앗았다

14. 세바, 살문나, 오렙, 스엡
15. 요나단
16. 우는 사람들
17. 옷니엘
18. 에글론
19. 랍비돗
20. 31,700명
21. 17-18장
22. 19-21장
23. 기드온이 그들에게 이르되 내가 너희를 다스리지 아니하겠고 나의 아들도 너희를 다스리지 아니할 것이요 여호와께서 너희를 다스리시리라 하니라
24. 옷니엘
25. 17-21장
26. 삼갈
27. 야빈, 헤벨
28.. 4만
29. 타락-심판-회개-구원
30. 여룹바알
31. 므낫세, 아비에셀
32. 하롯샘
33. 브누엘
34. 바알 브릿
35. 금에봇
36. 42000
37. 쉽볼렛이라 못하고 십볼렛이라 하다.
38. 입산
39. 마노아
40. 아스글론

41. 삼손은 (   )의 기생에게 가서 자다가 성문을 뽑아서 (   )까지 걸어갔다.

42. (   )골짜기의 들릴라는 블레셋 고관들에게 은 (   )씩 받기로 하고 삼손을 배반하였다.

43. 단 지파는 북쪽의 (   )를 점령하여 단이라 불렀다.

44. 새 보금자리를 점령하러 가던 단 지파의 군대는 (   )명이었다.

45. 베냐민 지파가 열한 지파와 싸우다 죽고 남은 숫자는 (   )명이었다.

46. 삼손은 여우 (   )마리로 블레셋 들을 붙태웠다.

47. '엔학고레' 란 무슨 뜻인가요?

48. 살아남은 베냐민 지파를 위한 처녀들은 어디서 구했던가요?

49. 사사 드보라가 물리친 적군의 나라는 무엇인가요?

① 미디안 ② 아말렉 ③ 암몬 ④ 가나안

50. 여리고의 기생 라합과 결혼한 사람은 누구인가요?

51. 사사기는 (-   )세기의 이스라엘 삶을 보여준다.

52. 대사사란 무엇인가요?

53. 소사사와 대사사에 공히 속하는 사람은 누구인가요?

54. 옷니엘은 누구에게서 나라를 회복하였던가요?

55. 바락은 어느 지파와 함께 다볼산에 진 쳤던가요?

56. 기드온 때에 쳐들어온 이방인들은 누구인가요?

57. 기드온이 처음에 소집하였을 때에 참여한 사람수는 몇이던가요?

58. 기드온 때에 쳐들어온 이방인들의 수는 몇이던가요?

59. 세겜에서 아비멜렉에게 반기를 들라고 선동한 자는 누구인가요?

60. 삼손이 블레셋 사람을 죽인 후에 도피한 바위는 무엇인가요?

61. 사사기의 부록에는 무슨 내용을 담고 있는가요?

62. 에브라임의 끝물 포도가 (   )의 맏물 포도보다 낫지 아니하냐?

63. 아비멜렉은 어디에서 죽었던가요?

64. 아비멜렉은 왕이 된 후에 어디서 살았던가요?

65. 아들 삼십이 있어서 나귀 삼십을 탔던 사사는 길르앗의 (   )이었다.

41. 가사, 헤브론
42. 소렉, 1100
43. 라이스
44. 600
45. 600
46. 300
47. 부르짖는 자의 샘
48. 야베스 길르앗, 실로
49. ④
50 .살몬
51. 12/11
52. 전쟁 때에 나라를 구한 사사
53. 드보라, 입다
54. 구산 리사다임
55. 납달리와 스불론
56. 미디안, 아말렉, 동방사람들
57. 32000
58. 135000
59. 가알
60. 에담
61. 미가의 신상, 베냐민전쟁
62. 아비에셀
63. 데베스
64. 아루마
65. 야일

66. 입다는 (   )지방에서 잡류와 어울려 지내던 사람이었다.

67. 입다의 집은 (   )에 있었다.

68. 입다는 몇 년 동안 사사로 일했던가요?

69. 아들 사십과 손자 삼십이 있어서 어린 나귀 칠십 마리를 타고 다녔던 사사는 힐렐의 아들 (   )이었다.

70. 삼손이 하나님의 영을 처음으로 받은 것은 어디였던가?

71. 삼손이 관계를 가진 세 여자를 열거하시오!

72. 삼손은 나귀 턱뼈로 몇 명을 죽였던가요?

73. 삼손이 턱뼈로 블레셋 사람을 죽인 장소는 어떻게 불리게 되었던가요?

74. 삼손이 가사 기생의 집에서 헤브론까지 걸어간 거리는 대략 몇 Km인가요?

75. 삼손을 잡은 블레셋 사람들은 그를 어디로 끌고 갔던가요?

76. 블레셋 사람들은 삼손을 잡은 것을 어느 신에게 감사하였던가요?

77. 미가의 은 신상은 은 얼마가 든 것인가요?

78. 미가의 제사장이 된 사람은 모세의 손자, (   )의 아들, (   )이었다.

79. 에브라임에 살던 레위인의 첩은 (   ) 출신이었는데, 첩이 도망가서 (   )달 동안 고향에 머물렀다.

80. 베냐민 전쟁에서 이스라엘군은 (   )명이었고, 베냐민 군은 (   )명이었다.

81. 기드온은 누구와 함께 적진에 들어갔다가 보리떡 꿈 이야기를 들었던가요?

82. 드보라의 노래는 사사기 (   )장에 나온다.

83. 바락은 어느 지파 사람인가요?

84. 갈렙의 딸로서 옷니엘과 결혼한 여자는 누구인가요?

85. 유다지파에게 엄지손가락을 잘린 왕은 누구인가요?

86. 갈렙은 몇 살에 헤브론을 점령했던가요?

87. 유다 지파는 어느 지파와 함께 가나안과 싸우러 갔던가요?

88. 유다는 (   )을 쳐서 진멸하고 호르마라 불렀다.

89. 악고, 악십, 시돈 등을 점령했어야 했던 지파는 어느 지파인가요?

90. 바알헤르몬에서부터 하맛 어귀까지 레바논산에 살던 민족은 무엇인가요?

66. 돕
67. 미스바
68. 6
69. 압돈
70. 소라와 에스다올 사이의 마하네단
71. 딤나의 블레셋 여자, 가사의 기생, 들릴라
72. 1000명
73. 라맛레히
74. 60
75. 가사
76. 다곤
77. 200
78. 게르솜, 요나단
79. 베들레헴, 넉
80. 사십만, 26700
81. 부라
82. 5
83. 납달리
84. 악사
85. 아도니베섹
86. 85
87. 시므온지파
88. 스밧
89. 아셀
90. 히위

91. 모압왕 에글론은 (　　)과 (　　)자손들을 모아서 여리고를 점령하였다.

92. 왼손잡이 사사는 누구인가요?

93. 철병거 900승이 있어서 이스라엘을 20년 동안 핍박한 왕은 누구인가요?

94. '드보라' 란 무슨 뜻인가요?

95. 다볼산을 둘러싸고 있는 세 지파를 쓰시오.

96. 시스라는 군대를 이방 (　　)에서부터 기손강으로 모았다.

97. 가나안과 드보라 사이에 전쟁이 있기 직전에 겐 사람 헤벨은 자기 족속을 떠나 (　　)에 가까운 사아난님 상수리나무 곁에 장막을 쳤다.

98. 사사기 5장의 드보라의 노래에서는 야흐베가 어디서부터 오신다고 하였는지, 거기에 속하지 않는 것은 무엇인가요?

① 신광야 ② 시내산 ③ 세일 ④ 에돔

99. 바락은 누구의 아들인가요?

100. 메로스는 왜 드보라의 노래에서 저주를 받았던가요?

101. 미디안, 아말렉, 동방 사람들은 이스라엘이 파종한 때에 동쪽에서 쳐들어와 서쪽의 (　　)까지 휩쓸며 약탈했다.

102. 기드온에게 나타난 천사는 기드온이 바친 (　　)와 (　　)을 지팡이 끝에서 나온 불로 살랐다.

103. 왜 기드온은 아버지의 둘째 수소를 바쳐야 했던가요?

104. 기드온은 300명의 군사를 몇으로 나누었던가요?

105. 기드온은 세바와 살문나를 죽이고 낙타에 있던 무엇을 약탈하였던가요?

106. 기드온의 형들은 어디서 죽었던가요?

107. 기드온은 숙곳 장로 몇 명을 징벌하였던가요?

108. 기드온은 세바와 살문나 무리가 도망하여 어디에 있는 것을 쳤던가요?

109. 기드온의 장자는 누구였던가요?

110. 기드온이 백성에게서 받은 금귀고리는 모두 몇 세겔이었던가요?

111. '오렙'과 '스엡'은 각각 무슨 뜻인가요?

112. '바알브릿'이란 무슨 뜻인가요?

113. 아비멜렉은 거사 자금으로 얼마를 바알브릿묘에서 얻었던가요?

91. 암몬, 아말렉
92. 에훗
93. 야빈
94. 꿀벌
95. 잇사갈, 스불론, 납달리
96. 하로셋
97. 게데스
98. ①
99. 아비노암
100. 이스라엘과의 동맹을 어겼기 때문에
101. 가사
102. 고기와 무교병
103. 맏짐승은 다 하나님께 이미 바쳤으므로. 둘째가 가장 값 있었다.
104. 셋
105. 초승달 장식
106. 다볼산
107. 70
108. 갈골
109. 여델
110. 1700 세겔
111. 까마귀와 늑대
112. 언약의 바알
113. 은 70

114. 세겜의 성주로서 가알의 배반을 아비멜렉에게 고한 자는 누구인가요?

115. 세겜 망대에서 불에 타죽은 자는 모두 몇 명인가요?

116. 에브라임 산지 사밀에 거하며 이스라엘을 다스린 사사는 누구인가요?

117. 사사 야일과 그 자손들이 살던 성읍들을 무엇이라 하는가요?

118. 길르앗의 머리가 된 입다는 어디서 하나님께 기도하였던가요?

119. 암몬자손은 입다에게 어디서 어디까지를 자기들의 땅이라 주장했던가요?

120. 입다의 딸은 죽기 전에 얼마 동안 울 시간을 받았던가요?

121. 스불론 출신의 소사사는 누구인가요?

122. 삼손은 결혼식 잔치에 온 친구들과 무엇을 거는 내기를 하였던가요?

123. 삼손이 죽을 때에 같이 죽은 사람은 지붕에만도 몇 명이었던가요?

124. 삼손은 이스라엘의 사사로 몇 년이나 활동하였던가요?

125. 미가의 신상은 어느 왕에 의해 철거되는가요?

126. 베들레헴의 첩을 데리러 갔던 레위인은 며칠이나 그 집에 머물렀던가요?

127. 기브아에서 첩을 윤간한 불량배는 문자적으로는 무슨 뜻인가요?

128. 베냐민 전쟁 때에 이스라엘 사람들은 하나님의 뜻을 어디서 물었던가요?

129. 이스라엘은 베냐민과 싸우는 이틀 동안에 몇 명이 죽었던가요?

130. 베냐민 전쟁 당시의 대제사장은 누구였던가요?

131. 베냐민 전쟁 삼일 째에는 베냐민군 몇 명이 죽었던가요?

132. 600명 남은 베냐민 사람은 어디에 이르러 넉 달을 지냈던가요?

133. 베냐민 전쟁에 참여하지 않아서 남자들이 다 도륙을 당한 도성은 어디인가요?

134. 베들레헴의 첩을 조각 낸 사건으로 인해 이스라엘이 모두 모여 총회를 연 곳은 어디였던가요?

135. 사사기 부록의 결론은 무엇인가요?

룻 기

1. 나오미의 남편은 (　　)이었고, 룻의 남편은 (　　)이었습니다.

2. 룻과 보아스의 결혼을 두고 사람들은 보아스에게 룻이 누구와 같게 되기를 축복하였던가요?

114. 스불
115. 1000명
116. 돌라
117. 하봇야일
118. 미스바
119. 아르논에서 얍복과 요단까지
120. 두 달
121. 엘론
122. 베옷 30, 겉옷 30벌
123. 삼천 명
124. 20년
125. 디글랏빌레셀
126. 나흘
127. 악의 세력에 빠진 자들/벨리알의 아들들
128. 벧엘
129. 사만 명
130. 비느하스
131. 25000명
132. 림몬 바위
133. 야베스 길르앗
134. 미스바
135. 그 때에 이스라엘에 왕이 없어서 사람들이 각각 제 좋은대로 행하였다.

121. 엘론
122. 베옷 30, 겉옷 30벌
123. 삼천 명
124. 20년
125. 디글랏빌레셀
126. 나흘
127. 악의 세력에 빠진 자들/벨리알의 아들들
128. 벧엘
129. 사만 명
130. 비느하스
131. 25000명
132. 림몬 바위
133. 야베스 길르앗
134. 미스바
135. 그 때에 이스라엘에 왕이 없어서 사람들이 각각 제 좋은대로 행하였다.

❖ 룻기

1. 엘리멜렉, 말론
2. 레아와 라헬

3. 룻은 보아스의 밭에서 며칠이나 이삭을 주웠던가요?
4. 룻이 보아스에게 낳아준 아들의 이름은 무엇인가요?
5. 나오미의 남편과 두 아들의 이름을 쓰시오.
6. 다섯 개의 두루마리란 룻기와 에스더 외에 무엇인가요?
7. 룻기 1:16을 암송하여 적으시오.
8. 룻은 다윗 왕의 (   )가 되었다.
9. 룻의 동서 이름은 (   )이었다.
10. 룻은 보아스의 밭에서 첫 날에 몇 리터를 주웠던가요?
11. 룻기는 어떤 절기에 읽던 책인가요?
12. 룻기에 나오는 오르바의 남편은 누구인가?
    ① 엘리멜렉 ② 기룐 ③ 말론 ④ 게렌합북
13. 룻이란 무슨 뜻인가요?
14. 다섯 개의 두루마리란 무슨 성경을 말하는가요?
15. 한 에바는 몇 리터인가요?
16. 보아스의 아버지는 누구인가요?
17. 보아스는 성문에서 장로 몇 인을 초청하여 증인으로 삼았던가요?
18. 보아스는 타작마당에 들어온 룻에게 보리를 몇 번 되어 주었던가요?
19. '나오미'는 무슨 뜻인가요?
20. '마라'는 무슨 뜻인가요?
21. 옷자락으로 여인을 덮는다는 것은 무슨 뜻인가요?
22. 룻은 무슨 곡식을 추수할 때에 이삭을 주웠던가요?

사무엘 상·하

1. 한나의 찬양은 사무엘상 몇 장에 나오는가요?
   ① 1장 ② 2장 ③ 11장 ④ 12장
2. 사무엘이 사울에게 아말렉의 일로 책망한 것은 사무엘상 몇 장에 나오는가요?
   ① 13장 ② 14장 ③ 15장 ④ 16장

3. 약 50일
4. 오벳
5. 엘리멜렉, 말론, 기룐
6. 애가, 아가, 전도
7. 룻이 이르되 내게 어머니를 떠나며 어머니를 따르지 말고 돌아가라 강권하지 마옵소서 어머니께서 가시는 곳에 나도 가고 어머니께서 머무시는 곳에서 나도 머물겠나이다 어머니의 백성이 나의 백성이 되고 어머니의 하나님이 나의 하나님이 되시리니
8. 증조모
9. 오르바
10. 22리터
11. 오순절(칠칠절)
12. ②
13. 동지
14. 룻, 에스더, 전도, 아가, 애가
15. 22리터
16. 살몬
17. 10인
18. 여섯 번
19. 사랑스러운(우아한) 여인
20. 괴로운 여인
21. 혼인식을 거행한다는 뜻.
22. 보리와 밀

❖ 사무엘상하

1. ② 2. ③

3. 사무엘은 왕의 재목으로 보았으나 하나님은 그 외모와 신장을 보지 말라고 하시면서 이미 그를 버렸다고 선언하신 사람은 누구인가요?
① 사울 ② 길르압 ③ 스루야 ④ 엘리압

4. 다윗이 아둘람 굴에 피난해 있을 때에 같이 있던 무리는 몇 명이었던가요?
① 300 ② 400 ③ 500 ④ 600

5. 에벤에셀은 미스바와 어디 사이에 있는가요?
① 루스 ② 센 ③ 에그론 ④ 아스돗

6. 순종이 제사보다 낫다는 말은 사무엘상 몇 장에 나오는가요?
① 16장 ② 11장 ③ 13장 ④ 15장

7. 하나님이 다윗의 후손을 영원히 왕좌에 앉게 해 주시겠다고 한 약속은 사무엘하 ( )에 나옵니다.
① 5장 ② 7장 ③ 9장 ④ 11장

8. "나는 너희를 위하여 기도하는 죄를 결단코 범하지 않겠다."고 한 사람은 누구입니까?
① 엘리야 ② 야곱 ③ 이사야 ④ 사무엘

9. 나윗의 맏형은 누구인가요?
① 삼마 ② 아비나답 ③ 엘리압 ④ 수르

10. 다음 중에서 스루야의 아들이 아닌 것은 누구입니까?
① 아도니야 ② 요압 ③ 아비새 ④ 아사헬

11. 사무엘이 사울의 나라가 끝날 것이라 선언한 것은 사무엘상 몇 장에 나오나요?
① 15장 ② 13장 ③ 11장 ④ 14장

12. 다윗에게 아둘람에 있지 말고 떠나라고 한 사람은 누구인가요?

13. 요나단이 도망 다니는 다윗을 찾아와서 격려한 것은 어디였던가요?

14. 엘리 제사장 때에 법궤는 ( )에 있었습니다.

15. '이가봇'이란 무슨 뜻인가요?

16. 이가봇의 아버지 이름은 무엇입니까?

17. 법궤를 빼앗긴 장소는 어디인가요?

18. 블레셋은 법궤를 처음에 어디에 두었던가요?

19. 법궤가 두 번째와 세 번째로 옮긴 장소를 쓰시오!

20. 법궤는 벧세메스에서 어디로 옮겨졌던가요?

3. ④ 4. ② 5. ② 6. ④
7. ② 8. ④ 9. ③ 10. ①
11. ①
12. 갓
13. 십 황무지
14. 실로
15. 영광은 어디에 계신가?
16. 비느하스
17. 아벡
18. 아스돗
19. 가드, 에그론
20. 기럇여아림

21. '에벤에셀'이란 무슨 뜻인가요?

22. 사무엘은 어디를 돌아다니며 재판하였던가요?

23. 사무엘의 아들들은 어디에서 사사로 재판하였던가요?

24. 사울은 어디에서 기름 부음을 받았습니까(세 곳)?

25. '사울도 선지자 중에 있느냐'라는 속담이 생긴 연유 둘을 쓰시오!

26. 사울이 왕이 된 결정적 계기가 된 전투는 ( )과의 전투였습니다.

27. 사무엘의 은퇴식은 사무엘상 ( )장에 나옵니다.

28. 다윗의 세 형들을 열거하시오!

29. 아브넬은 사울의 숙부 ( )의 아들입니다.

30. 사울이 아각왕을 잡고 돌아오며 기념비를 세운 곳은 어디인가요?

31. 골리앗의 키는 ( )규빗 한 뼘이었습니다.

32. 사울의 맏딸의 이름을 쓰시오!

33. 다윗은 ( )의 제사장 ( )에게 가서 떡과 칼을 얻었습니다.

34. 다윗은 가드 왕 ( )에게 망명했습니다.

35. 마온의 부자 ( )은 ( )에 그 생업이 있었다.

36. 사울의 명으로 제사장들을 죽인 자는 에돔 사람 ( )이었습니다.

37. 다윗이 블레셋 사람에게서 건져 주었으나, 사울이 두려워 다시 나와야 했던 성은 어디인가요?

38. 아비가일의 남편의 이름은 ( )이었습니다.

39. 다윗은 어디서 사울을 살려주었던가요(두 곳)?

40. 사울은 ( )의 신접한 여인을 찾아갔습니다.

41. 다윗은 아말렉 족속을 추격하다가 ( )시내에서 200명을 남겨두었습니다.

42. 사울과 아들들의 시체는 ( )성벽에 박혔습니다.

43. 요압의 두 동생의 이름을 쓰시오!

44. 헬갓핫수림은 ( )에 있습니다.

45. 이스보셋을 죽인 자들은 누구인가요?

46. 아비가일이 다윗을 달래러 갈 때에 가져간 것이 아닌 것은 무엇인가요?
① 떡 200 덩이 ② 포도주 두 가죽부대 ③ 건포도 200 송이 ④ 양 다섯 마리

21. 도움의 돌
22. 라마, 미스바, 길갈, 벧엘
23. 브엘세바
24. 라마, 미스바, 길갈
25. 라마에서 돌아오다가 선지자들을 만나 예언함, 다윗을 잡으러 사무엘에게 갔다가 예언함.
26. 암몬
27. 12
28. 엘리압, 아비나답, 삼마
29. 넬
30. 갈멜
31. 여섯 규빗
32. 메랍
33. 놉, 아히멜렉
34. 아기스
35. 나발, 갈멜
36. 도엑
37. 그일라
38. 나발
39. 엔게디, 십황무지(하길라산 앞)
40. 엔돌
41. 브솔
42. 벧산
43. 아사헬, 아비새
44. 기브온
45. 레갑, 바아나
46. ③

47. 밧세바 사건은 암몬왕 ( )가 죽음으로 조문사절을 보낸 데서 비롯되었습니다.

48. 압살롬이 죽은 소식을 확실하게 다윗에게 전한 자는 누구인가요?

49. 압살롬의 난 직후에 일어난 반란은 ( )의 난이었습니다.

50. 사울의 후손 7명의 시신을 지킨 사람은 누구인가요?

51. "다윗이 블레셋 사람에게 이르되 너는 칼과 창과 ( )으로 내게 나아 오거니와 나는 ( )의 여호와의 이름 곧 네가 모욕하는 이스라엘 군대의 하나님의 이름으로 네게 나아가노라."

52. 나발은 다윗이 자기를 치려고 했다는 소식을 들은 후 며칠만에 죽었던가요?
① 즉시 ② 삼일 후 ③ 일 주일 후 ④ 열흘 후

53. 다윗의 처음 세 아내의 이름을 적으시오!

54. 분리의 바위라는 이름의 히브리어 지명은 무엇인가요?

55. 솔로몬은 다른 이름으로 ( )라 불렸습니다.

56. 사울의 고향은 ( )이었습니다.

57. "여호와의 구원은 사람의 많고 적음에 달리지 아니하였느니라."고 말한 사람은 누구인가요?

58. 다윗은 시글락에 있을 때에 어디를 주로 노략하였던가요?

① 여라무엘 ② 아말렉 ③ 기르스 ④ 그술

59. 다윗은 이스라엘을 치러 가는 블레셋과 함께 ( )에 갔다가, 돌아와 보니 ( )이 불타 있었습니다.

60. 아비아달 제사장은 솔로몬에게 쫓겨서 ( )으로 갔습니다.

61. 사울의 사망 소식을 전해 준 사람은 ( )사람이었고, 다윗이 지은 조가를 ( )라 부릅니다.

62. 요나단의 사후에 살아남은 아들 ( )을 시중들던 사울의 종은 ( )였습니다.

63. 다윗의 인구조사로 하나님이 전국을 염병으로 치셨는데, 예루살렘을 치려고 천사가 섰던 바위를 다윗이 ( )에게서 은 ( )세겔로 사서 성전터를 삼았습니다.

64. 하나님의 법궤는 블레셋에 갔다가 돌아와 ( )에 ( )년간 있었습니다.

65. "주의 여종의 허물을 사하여 주옵소서. 여호와께서 반드시 내 주를 위하여 든 든한 집을 세우시리니 이는 내 주께서 여호와의 싸움을 싸우심이요 내 주의 일생에 내 주에게서 악한 일을 찾을 수 없음이니이다."라는 말을 한 사람은 누구인가요?

47. 나하스
48. 구스 사람
49. 세바
50. 아야의 딸 리스바
51. 단창, 만군
52. ④
53. 미갈, 아히노암, 아비가일
54. 셀라하마느곳
55. 여디디야
56. 셀라
57. 요나단
58. ①
59. 아벡, 시글락
60. 아나돗
61. 아말렉, 활의노래
62. 므비보셋(므립바알), 시바
63. 아라우나, 50
64. 기럇여아림, 20
65. 아비가일

66. 순종이 제사보다 낫고 듣는 것이 ( )의 기름보다 나으니 이는 거역하는 것은 ( ) 죄와 같고 완고한 것은 사신 우상에게 절하는 죄와 같음이라.

67. 요압이 압살롬을 위해 고용하여 다윗에게 말하게 한 여인은 어디 출신의 여인이었던가요?

68. 사울은 엔돌의 무당에게서 한 노인에 대한 얘기를 들으면서 무엇으로 그 환영이 사무엘이라 판단하였던가요?

69. 엔돌의 여인은 사울 일행에게 무엇을 잡아서 대접하였던가요?

70. 다윗은 아말렉을 치고 돌아온 지 ( )만에 사울의 죽은 소식을 들었다.

71. 헤브론의 다윗은 ( )에 수도를 둔 이스보셋과 싸웠다.

72. 사무엘의 아버지 이름은 무엇인가요?

73. 레갑과 바아나는 누구의 아들들인가요?

74. 한나의 찬송은 누가복음 ( )장에 나오는 마리아의 찬양과 비슷합니다.

75. 사울은 암몬 왕 ( )의 침입을 물리치고 왕권을 확고히 하였습니다.

76. 사무엘은 하나님이 몇 번째 부르실 때에 비로소 바르게 대답하였던가요?

77. '메덱 암마'란 무엇인가요?

78. 밧세바가 다윗에게 낳은 두 번째 아들을 하나님은 무엇이라 부르셨습니까?

79. 엘리는 몇 살에 죽었던가요?

80. 다윗의 인구조사를 책망하여 하나님이 보낸 선지자는 누구인가요?

81. 길보아 전투에서 사울과 함께 죽은 왕자는 요나단 외에 누구인가요?

82. 사무엘에게는 동생이 몇 명 있었던가요?

83. 다곤상의 머리와 손목이 잘려나간 것은 어느 도시였던가요?

84. 사울은 어디에서 사무엘을 만나게 됩니까?

85. 왕 구한 죄를 지적하기 위해 비가 내린 것은 계절적으로 언제였습니까?

86. 다윗은 블레셋 사람의 양피 ( )으로 미갈을 얻었다.

87. 다윗이 시글락의 성주노릇을 한 것은 얼마의 기간이었습니까?

88. 다윗이 도망 다닐 때에 데리고 다니던 두 명의 아내 이름을 쓰시오.

89. 시글락에 있던 다윗의 가족을 약탈해 간 종족은 어느 종족이었던가요?

90. 사울의 죽음을 다윗에게 전한 자는 사울의 무엇을 가져왔던가요?

66. 숫양, 점치는
67. 드고아
68. 겉옷을 입었다는 것
69. 송아지
70. 사흘
71. 마하나임
72. 엘가나
73. 림몬
74. 1
75. 나하스
76. 네 번째
77. 섬김의 고삐
78. 여디디야
79. 98세
80. 갓
81. 아비나답, 말기수아
82. 다섯 명
83. 아스돗
84. 숩 땅 라마
85. 밀 베던 때
86. 200
87. 1년 4개월
88. 아히노암, 아비가일
89. 아말렉
90. 면류관, 팔찌(팔고리)

91. 아브넬은 이스보셋에게 어떻게 되는 친척인가요?

92. 아브넬은 누구와 통간을 하였던가요?

93. 사울의 시체를 수습하여 장례를 지낸 자들은 누구인가요?

94. 바알브라심은 무슨 뜻인가요?

95. 다윗이 두 줄 길이의 사람은 죽이고 한 줄 길이의 사람은 살린 것은 어느 나라 사람들이었던가요?

96. 다윗이 총독을 두어 다스리게 한 나라는 어느 나라인가요?

97. 다윗은 어느 나라의 메덱 암마를 빼앗았던가요?

98. 세바의 난은 어느 성에서 진압되었습니까?

99. 기브온 사람들의 일로 다윗은 누구의 다섯 아들을 내어주었습니까?

100. 암몬 왕으로서 다윗의 신하들을 모욕한 자는 누구인가요?

101. 소박을 보내어 이스라엘을 치게 한 자는 누구인가요?

102. 바르실래는 자기 대신에 아들 (　　)을 다윗에게 추천하였다.

103. 압살롬이 일 년에 한 번 머리를 깎으면 그 무게가 (　　)세겔이었다.

104. 다윗의 인구 조사로 말미암아 죽은 이들은 (　　)명이었다.

105. 다윗이 인구조사로 말미암아 벌을 받게 되었을 때에 제사를 드린 곳은 어디인가요?
① 므깃도 ② 예루살렘 ③ 벧엘 ④ 단

106. 다윗이 블레셋을 물리치고 하나님이 물을 쪼갬같이 대적을 흩으셨다고 하여 붙인 장소 이름은 무엇인가요?

107. 다윗을 치려다가 오히려 금방패까지 빼앗긴 하닷에셀은 어느 나라 왕인가요?

108. 암몬왕 나하스의 아들로서 그 뒤를 이어 왕이 되었다가 다윗과 전쟁을 한 왕의 이름은 무엇인가요?

109. 법궤를 빼앗긴 소식을 들었을 때에 태어난 아기는 이가봇이고, 그의 형은 (　　　　)이었고, 후자는 (　　　　)의 아버지였다.

110. 사무엘의 아들로서 뇌물을 받은 사사들은 누구인가요?

111. 요나단이 (　　　　)에 있는 블레셋의 수비대를 쳐서 전쟁이 발발한다.

112. 다윗은 법궤를 가져오려다 사고를 만나서 (　　)사람 (　　　　)의 집에 두었다가 다시 예루살렘으로 가져온다.

91. 오촌아저씨
92. 사울의 첩 아야의 딸 리스바
93. 야베스 길르앗 사람들
94. 바알이 무너짐(돌파 당함)
95. 모압
96. 다메섹 아람과 에돔
97. 블레셋
98. 아벨
99. 메랍
100. 하눈
101. 하닷에셀
102. 김함
103. 200
104. 7만
105. ②
106. 바알브라심
107. 소바
108. 하눈
109. 아히돕, 아히야
110. 요엘, 아비야
111. 게바
112. 가드, 오벧에돔

113. 다윗시대의 관직 중에서 사관은 오늘날의 무엇에 해당하는가요?

114. 요나단의 아들로서 두 다리를 다 저는 사람은 누구인가요?

115. 므비보셋의 아들 이름은 무엇인가요?

116. 밧세바의 남편은 어느 성에서 죽었던가?

117. 압살롬은 그술왕 (   )의 딸 (   )의 아들이었다.

118. 아히도벨은 몇 명만 있으면 다윗을 죽일 수 있다고 하였던가?

119. 압살롬은 암논을 죽인 지 (   )년만에 복권되었고, (   )년만에 반란을 일으켰다.

120. 다윗이 압살롬의 측근에 첩자로 심어놓은 두 젊은이들은 누구인가?

121. 다윗이 기브온에서 목을 매달라고 내준 일곱 명의 어머니들은 누구인가?

122. 한나는 사무엘 이후에 몇 아들 (   ), 딸 (   )을 더 낳았다.

123. 사무엘의 아버지 (   )는 (   )지파 사람이었다.

124. 사무엘이 어릴 때에, 이스라엘이 블레셋과의 싸움에서 몇 명이 죽었던가?

125. 블레셋은 법궤를 돌려보내며 무엇을 예물로 보냈던가?

126. 사울이 하나님께 버림을 당하게 되는 계기 둘을 써라!

127. 셀라하마느곳이란 무슨 뜻인가?

128. 마온은 (   )광야에 접한 곳이다.

129. 다윗의 아내였던 미갈은 누구와 재혼하였던가요?

130. 다윗이 가드왕 아기스에게 머문 날수는 얼마인가?

131. 길르앗 야베스 사람들은 사울과 세 아들의 시체를 (   )성벽에서 훔쳐내어 야베스의 (   )나무 밑에 장사지냈다.

132. 헬갓핫수림이란 이름이 생기게 된 과정을 써라!

133. 뽕나무 위에서 걸음 걷는 소리가 날 때에 적을 치라고 한 것은 블레셋이 어디로 쳐들어왔을 때였던가?

134. 다윗은 소바왕 (   )을 격파하였고, 하맛왕 (   )의 예물을 받았다.

135. 다윗은 요나단의 아들 므비보셋을 로드발 암미엘의 아들 (   )의 집에서 데려왔다.

136. 압살롬은 머리털이 상수리나무에 걸려 그 타던 (   )가 도망하여 (   )에게 죽임을 당했다.

113. 비서실장
114. 므비보셋
115. 미가
116. 랍바
117. 달매, 마아가
118. 12000
119. 7, 11
120. 아히마아스, 요나단
121. 메랍, 리스바
122. 셋, 둘
123. 엘가나, 에브라임
124. 삼만 명
125. 금쥐 다섯, 금독종 다섯
126. 사무엘 대신에 제사드림, 아말렉을 멸하지 않음
127. 분리의 바위
128. 유다
129. 발디(엘)
130. 1년 4개월
131. 벧산, 에셀
132. 기브온에서 다윗과 이스보셋의 군대가 용사 12명씩을 내어 서로 허리를 찔러 죽이게 함
133. 르바임 골짜기
134. 하닷에셀, 도이
135. 마길
136. 노새, 요압

137. 엘가나에게는 한나와 ( )라는 두 아내가 있었다.

138. '사무엘'이란 무슨 뜻인가요?

139. '사울'이란 무슨 뜻인가요?

140. 엘가나는 사무엘을 하나님께 바치면서 수소 몇 마리를 바쳤던가요?

141. 한나는 해마다 실로에 가서 작은 ( )을 사무엘에게 주었다.

142. "엘리 집의 죄악은 제물로나 ( )로나 영원히 속죄함을 얻지 못하리라."

143. 사무엘이 어릴 때에 블레셋은 아벡에 진 쳤고, 이스라엘은 ( ) 곁에 진을 쳐서 전투를 벌였다.

144. 법궤를 빼앗길 때에 이스라엘은 ( )명이 죽었다.

145. 사무엘은 어디서 금식하고 회개의 기도를 드렸던가요?

146. 왕정의 문제점과 불합리성을 사무엘이 설명한 것은 사무엘상 ( )장에 나온다.

147. 사울은 사무엘을 처음 만날 때에 무엇을 예물로 가져 갔던가요?

148. 사울이 사무엘을 처음 만난 곳은 ( )였고, 거기에 ( )명 가량이 함께 모여 식사를 했다.

149. 사무엘은 사울이 ( )에 있는 라헬의 묘실 곁에서 두 사람을 만나 암나귀들을 찾았다는 소식을 들을 것이라 했다.

150. 사무엘은 사울이 다볼의 상수리나무에서 세 사람을 만날 것이라 했는데, 거기에 속하지 않는 것은 누구인가요?
① 무화과 세 뭉치를 가진 자 ② 포도주 한 가죽 부대를 가진 자
③ 떡 세 덩이를 가진 자 ④ 염소 새끼 셋을 이끈 자

151. 미스바에서 왕을 뽑을 때에 베냐민 지파 중에서 ( ) 가족이 뽑혔고, 그 중에서 기스의 아들 사울이 뽑혔다.

152. 사무엘은 백성이 누가 쳐들어오는 것을 보고 왕을 요구했다고 했나요?

153. 사울은 상비군 3000명을 뽑아서 2000명은 자기와 함께 ( )와 벧엘에 있게 하였다.

154. 사울은 상비군 중에 천 명을 ( )과 함께 ( )에 있게 하였다.

155. 요나단이 게바에 있는 블레셋 수비대를 쳐서 일어난 전투에서 ( )에서 사울을 따르는 자는 ( )명 가량 뿐이었다.

156. 사울의 아내 이름은 ( )이었다.

137. 브닌나
138. 그의 이름은 하나님이다.
139. 간구하여 얻은 자
140. 세 마리
141. 겉옷
142. 예물
143. 에벤에셀
144. 삼만
145. 미스바
146. 8
147. 은 1/4세겔
148. 라마, 30
149. 셀사
150. ①
151. 마드리
152. 암몬왕 나하스
153. 믹마스
154. 요나단, 기브아
155. 미그론, 600
156. 아히노암

157. 사무엘이 사울에게 책망하다가 옷이 찢어진 것은 (　　)에서였다.

158. 이새는 수금 타는 자로 불려가는 다윗에게 무엇을 주어 사울에게 바치게 하였던가요?

159. 이새는 다윗 형들의 안부를 묻기 위하여 다윗을 통하여 천부장에게 무엇을 보내었던가요?

160. 골리앗의 무리가 쳐들어 왔을 때에 이스라엘은 어디에 진을 쳤던가요?

161. 골리앗의 무리는 어디에 진을 쳤던가요?

162. 사울은 다윗에게 준다던 맏딸을 누구에게 주었던가요?

163. 여부스 사람들은 누구라도 다윗을 막아낼 수 있다고 하였던가요?

164. 다윗이 처음으로 법궤를 모시러 갈 때에 몇 명을 데리고 갔던가요?

165. 미갈에게는 왜 자식이 없었던가요?

166. 다윗은 누구의 병거 100승의 말만 남기고 다 다리의 힘줄을 끊었던가요?

167. 시바의 아들은 열 다섯, 종은 (　)명이었다.

168. 밧세바의 남편 우리아는 어느 민족이었던가요?

169. 암논에게 다말을 강간할 방법을 가르쳐 준 친구는 누구인가요?

170. 암논은 다말을 범한 후 몇 년 뒤에 죽임을 당하나요?

171. 암논은 (　　)에서 압살롬에게 죽임을 당한다.

172. 압살롬의 난 때에 다윗은 용병대장 가드 사람 (　)의 도움을 받았다.

173. 다윗의 친구 (　)사람 후새는 (　)사람 아히도벨의 계교를 꺾는다.

174. 밧세바는 아히도밸의 손녀요, (　　)의 딸이었다.

175. 다윗은 (　　)에서 시므이의 저주를 받았다.

176. 아히도벨이 압살롬에게 권한 계략은 무엇이었던가요(두 가지)?

177. 다윗이 압살롬을 피해 마하나임으로 피신했을 때에 도운 사람이 아닌 것은 누구인가요?
① 소비　② 이드라　③ 마길　④ 바르실래

178. 다윗은 마하나임에서 압살롬과 전투를 벌일 때에 누구누구를 대장으로 삼았던가요(셋)?

179. 압살롬에게는 본디 아들 (　)과 딸 (　)가 있었으나, 그가 죽었을 때엔 아들이 남지 않았다.

157. 길갈
158. 떡, 포도주 한 가죽부대, 염소 새끼
159. 치즈 열 덩이
160. 엘라골짜기
161. 에베스담밈
162. 아드리엘
163. 맹인과 저는 사람
164. 삼 만
165. 다윗이 법궤 앞에서 춤추는 것을 경멸함.
166. 소바왕 하닷에셀
167. 20
168. 헷
169. 요나답
170. 2년
171. 바알하솔
172. 잇대
173. 아렉, 길로
174. 엘리암
175. 바후림
176. 1) 다윗의 후궁들과 동침 2) 만이천명으로 다윗만 죽이기
177. ②
178. 요압, 아비새, 잇대
179. 셋, 하나

180. 므비보셋은 어떻게 다윗의 슬픔에 동참하였던가요(세 가지)?

181. 압살롬의 난이 끝났을 때에 바르실래의 나이는 몇이었던가요?

182. 기브온 사람들은 사울의 후손 일곱을 어디서 목매달았던가요?

183. 다윗은 블레셋과의 싸움에서 (　　)에게 죽을 뻔했으나 (　　)가 다윗을 도와 그를 죽였다.

184. 사무엘하 22장은 시 몇 편과 거의 같은가요?

185. 다윗의 용사들 중에 혼자서 800명을 죽인 사람은 누구인가요?

186. 녹두나무밭 한가운데서 적군 블레셋을 혼자서 막아낸 사람은 누구인가요?

187. 눈 올 때에 함정에 내려가 사자를 죽인 사람은 누구인가요?

188. 헷 사람 우리아는 (　　) 명의 용사 중에 들어가는 사람이었다.

189. 다윗이 요압을 시켜서 인구 조사를 한 결과 이스라엘은 (　　)만, 유다는 (　　)만이었다.

190. 갓선지자가 다윗에게 제시한 벌이 아닌 것은 무엇인가요?
① 칠 년 기근　② 석 달을 대적에게 쫓김
③ 삼일 전염병　④ 삼십 일 메뚜기 재앙

열 왕 기

1. 솔로몬에게 쫓겨나 아나돗으로 돌아간 제사장은 누구인가요?
① 아비멜렉 ② 아비아달 ③ 아히멜렉 ④ 아비에셀

2. 솔로몬이 성전 건축을 시작한 것은 출애굽 후의 몇 년 된 때이었던가요?
① 380년 ② 480년 ③ 500년 ④ 580년

3. 솔로몬이 성전을 봉헌한 것은 열왕기상 몇 장에 기록되었나요?
① 5장 ② 6장 ③ 7장 ④ 8장

4. 엘리야가 바알의 선지자들과 대결을 벌인 것은 열왕기상 몇 장에 수록되었나요?
① 17장 ② 18장 ③ 19장 ④ 20장

5. 여호야긴왕은 옥에서 몇 년만에 풀려났나요?
① 20년 ② 27년 ③ 30년 ④ 37년

6. 다메섹에 갔다가 거기 있는 제단을 보고 그대로 예루살렘에 제단을 세우게 한 왕은 누구인가요?
① 아하스 ② 아하시야 ③ 아마샤 ④ 웃시야

180. 발을 맵시내지 않음, 수염을 깎지 않음, 옷을 빨지 않음.
181. 80
182. 기브아
183. 이스비브놉, 아비새
184. 18편
185. 요셉밧세벳 혹은 아디노
186. 삼마
187. 브나야
188. 37
189. 80, 50
190. ④

❖ 열왕기

1. ②　2. ②　3. ④
4. ②　5. ④　6. ①

7. 아람왕 벤하닷을 물에 적신 이불로 죽이고 대신하여 왕이 된 사람은 누구인가요?
① 오므리 ② 하닷사 ③ 하닷 ④ 하사엘

8. 북이스라엘의 왕 중에서 제일 오래 다스린 왕은 누구인가요?
① 여로보암 ② 여로보암 II세 ③ 요람 ④ 요아스

9. 엘리야가 하나님의 산에서 하나님의 음성을 듣기까지 체험한 현상들의 순서는?
① 지진, 불, 바람 ② 바람, 불, 지진 ③ 지진, 바람, 불, ④ 바람, 지진, 불

10. 르호보암의 손자는 누구인가요?
① 아비야 ② 아사랴 ③ 여호사밧 ④ 아사

11. 솔로몬의 유명한 재판이 기록된 장은 무엇입니까?
① 대하 7장 ② 대상 15장 ③ 왕상 3장 ④ 왕상 8장

12. 솔로몬이 성전을 건축하기 시작한 것은 왕상 몇 장에 나옵니까?
① 6장 ② 7장 ③ 8장 ④ 9장

13. 하나님은 솔로몬의 죄를 지적하기 위하여 몇 번 나타나셨습니까?
① 한 번 ② 두 번 ③ 세 번 ④ 네 번

14. 나아만이 구원을 받는 이야기는 어디에 나오나요?
① 왕상 22장 ② 왕상 21장 ③ 왕하 5장 ④ 왕하 10장

15. 솔로몬이 일천 번제를 드린 곳은 어디인가요?

16. 엘리야가 아합을 피해 숨었던 시내는 어디인가요?

17. "엘리야가 모든 백성에게 가까이 나아가 이르되 너희가 어느 때까지 둘 사이에서 머뭇머뭇 하려느냐 여호와가 만일 하나님이면 그를 따르고 바알이 만일 하나님이면 그를 따를 지니라 하니 백성이 말 한마디도 대답하지 아니하는지라."는 열왕기상 (　　)장에 나오는 말씀이다.

18. 예후는 바알 신자들을 도륙할 때에 레갑의 아들 (　　)과 손을 잡았습니다.

19. 요시야는 제사장 (　　)가 성전에서 발견한 성경책을 보고 그 뜻을 여선지자 (　　)에게 물었는데, 그는 (　　)의 아내였습니다.

20. 아사의 아들로서 유다의 왕위를 계승한 왕은 누구인가요?

21. 엘리야의 승천 기사는 열왕기하 (　　)장에 수록되었다.

22. 예후는 하나님께로부터 자손 몇 대까지 보장을 받았던가요?

23. 예후는 이세벨에게 문안하러 가는 아하시야의 형제들 (　　)명을 모두 죽였습니다.

24. 이세벨이란 무슨 뜻인가요?

4. ② 5. ④ 6. ①
7. ④ 8. ② 9. ④
10. ④ 11. ③ 12. ①
13. ② 14. ③
15. 기브온
16. 그릿
17. 18
18. 여호나답
19. 힐기야, 훌다, 살룸
20. 여호사밧
21. 2
22. 4대
23. 42명
24. 똥은 어디에?

25. 이세벨의 피가 담장에 튀었다는 것은 무슨 뜻인가요?

26. 여호사밧의 아들로서 그의 뒤를 이은 사람은 누구인가요?

27. 하사엘은 벤하닷의 병에 대해 묻기 위해 엘리사에게 낙타 ( )필의 선물을 갖고 갔습니다.

28. 한 스아는 몇 리터인가요?

29. 한 세겔은 몇 그램인가요?

30. 엘리사를 잡으러 온 아람 군대는 어느 성을 포위하였습니까?

31. 게하시는 나아만에게 무엇을 얼마나 받았던가요?

32. 나아만은 요단보다 나은 강으로서 아람의 무슨 강을 예로 들었던가요?

33. 엘리사는 무엇으로 백 명을 먹였던가요?

34. 엘리사를 놀리다가 아이들이 죽은 사건은 어디서 일어났습니까?

35. 수넴 여인은 엘리사의 방에 무엇을 진설하였습니까?

36. 모압 원정을 수행하였던 이스라엘 왕은 누구였던가요?

37. 엘리사는 무엇으로 여리고의 물을 깨끗하게 하였습니까?

38. 엘리야는 승천하던 날에 어디로 다녔는지 행선지를 열거하시오!

39. 엘리야의 승천을 보고 엘리사는 무엇이라 고함을 질렀습니까?

40. 바알세붑이란 무슨 뜻인가요?

41. 여호사밧이 건조하였던 다시스배는 어디서 파선하였던가요?

42. 철로 된 뿔을 가지고 와서 아합의 승리를 예언하였던 자는 누구인가요?

43. 아합은 어디서 전투하다가 죽었던가요?

44. 나봇의 포도원 이야기는 열왕기상 ( )장에 기록되었습니다.

45. 아람과 두 번에 걸쳐 싸운 기사는 왕상 ( )장에 기록되었습니다.

46. 아람왕 벤하닷은 ( )명의 왕을 거느리고 사마리아를 침공하였습니다.

47. 아합은 각 지방 고관의 청년들 ( )명을 선두로 세웠습니다.

48. 오바댜란 무슨 뜻인가요?

49. 여리고를 다시 쌓은 사람의 이름은 무엇인가요(하나님의 형제란 뜻)?

50. 다윗은 노년에 수넴 여자 ( )의 시중을 받았습니다.

25. 남자들의 소변과 자기 피가 섞인 불명예스러운 죽음이라는 뜻
26. 여호람
27. 40필
28. 5-7리터
29. 12그램
30. 도단
31. 은 두 달란트, 옷 두 벌
32. 아바나, 바르발
33. 보리떡 20개, 채소 한 자루
34. 벧엘
35. 침상, 책상, 의자, 촛대
36. 여호람
37. 소금
38. 길갈, 벧엘, 여리고, 요단, 요단 건너편
39. 내 아버지여 내 아버지여 이스라엘의 병거와 그 마병이여
40. 파리 바알
41. 에시온게벨
42. 시드기야
43. 길르앗 라못
44. 21
45. 20
46. 32
47. 232
48. 야훼의 종
49. 아히엘 혹은 히엘
50. 아비삭

51. 아도니야는 (　)에서 잔치를 하다가 솔로몬왕 등극의 소식을 들었습니다.

52. 소위 솔로몬당을 열거하시오!

53. 아도니야에게 솔로몬 등극의 소식을 전해 준 사람은 누구인가요?

54. 다윗은 유언으로 누구를 죽이라 하였던가요?

55. 다윗은 유언으로 누구를 선대하라 하였던가요?

56. 엘리사는 도단에 쳐들어온 아람군을 어떻게 하였던가요?

57. 솔로몬의 감역관을 지낸 사람은 누구인가요?

58. 솔로몬은 잠언 (　)개, 노래 (　)개를 지었습니다.

59. '평지의 뽕나무'라 했을 때에 '평지' 란 어디를 말합니까?

60. 엘리사는 죽은 아이 위에 몇 번 엎드려 살렸던가요?

61. 솔로몬은 두로 왕 히람에게 (　)땅을 주었습니다.

62. 애굽왕 바로가 딸에게 지참금으로 준 성은 무엇인가요?

63. 스바란 지금의 어느 나라인가요?

64. 솔로몬은 후궁이 (　), 첩이 (　)명이었습니다.

65. 솔로몬 때에 아람의 (　)과 에돔의 (　)이 반역을 했습니다.

66. 여로보암에게 자기 옷을 찢어 열 조각을 준 선지자는 (　)였습니다.

67. 르호보암이 북쪽 지파들을 치려고 할 때에 말린 선지자는 누구인가요?

68. 여로보암의 아들로서 대를 이은 왕은 누구인가요?

69. 아사왕은 어머니 (　)가 아세라 상을 세웠다고 폐위시켰습니다.

70. 르호보암 때에 애굽왕 (　)이 쳐들어와 왕궁의 보물들을 약탈해 갔습니다.

71. 르호보암의 아들로서 그 뒤를 이은 왕은 (　)입니다.

72. 아사왕은 바아사가 라마를 지으려던 자재를 가지고 무슨 성을 지었던가요?

73. 바아사의 아들로서 반란에 죽은 왕은 누구인가요?

74. 바아사의 아들을 죽이고 7일 동안 왕이 된 자는 누구인가요?

75. 유다왕 (　)은 외가가 사독의 후손이었다.

76. 엘리야는 갈멜산에서 번제물에 물을 몇 번 붓게 하였던가요?

77. 아합의 두 아들을 열거하시오.

51. 에느로겔
52. 브나야, 나단, 사독, 시므이, 레이
53. 요나단
54. 시므이, 요압
55. 바실래(바르실래)의 아들들
56. 사마리아에 인도하여 잘 먹여서 보냄
57. 아도니람
58. 3,000개, 1,005개
59. 세펠라
60. 두 번
61. 가불
62. 게셀
63. 예멘
64. 700명, 300
65. 르손, 하닷
66. 아히야
67. 스마야
68. 나답
69. 마아가
70. 시삭
71. 아비얌 혹은 아비야
72. 미스바와 게바
73. 엘라
74. 시므리
75. 요담
76. 480년
77. 아하시야, 요람 혹은 여호람

78. 요아스를 할머니 (   )에게서 구원하여 키웠다가 왕으로 세운 사람은 (   )였습니다.

79. 요아스는 자기의 은인의 아들 (   )를 돌로 쳐 죽였습니다.

80. 남쪽의 아마샤는 북쪽의 (   ) 왕과 싸우다 졌고, 신하들의 배반을 피해 (   )로 도망했다가 거기서 죽었습니다.

81. 예후라는 이름을 가진 예언자는 (   )의 아들이었고, 왕이 된 사람은 (   )의 손자였습니다.

82. 벤하닷이 두 번째 침공 때에 평지인 (   )으로 쳐들어왔는데, 이스라엘의 7,000명이 나가 물리쳤고, 아람군은 모두 (   )명이 죽었습니다.

83. 엘리사에게 대머리라고 놀리다가 죽은 아이의 숫자는 (   )명이었다.

84. 예후 혁명에 대해 아는 바를 모두 쓰시오.

85. 엘리야가 로뎀나무 밑에서 기도한 것은 열왕기상 몇 장에 나오나요?

86. 나아만은 자기 왕이 (   )의 당에서 머리를 숙일 때에 자기도 숙여야 한다고 하였다.

87. 요나는 이스라엘이 (   )에서 아라바까지 회복할 것이라고 하였는데, 그 예언이 이루어졌다.

88. 여호야긴을 옥에서 나오게 한 바벨론 왕은 누구인가요?

89. "누가 주의 이 많은 백성을 재판할 수 있사오리이까 듣는 마음을 종에게 주사 주의 백성을 재판하여 선악을 분별하게 하옵소서."라는 말씀은 열왕기상 (   )장에 나온다.

90. 그달리야(그다랴) 총독은 (   )의 손자요, (   )의 아들이었다.

91. 예후 왕조는 4대, (   )년을 통치하였다.

92. 수넴 여인은 (   )년 동안 기근을 피하여 (   )으로 가 있었다.

93. 요아스 시절에 (   )이 (   )를 점령하고 위협하여 보물을 바쳤습니다.

94. 유다에서 반역으로 죽음을 당한 왕들을 열거하시오!

95. 요아스에게 바른 말을 하다가 죽임을 당한 제사장의 이름은 (   )입니다.

96. 엘리사의 임종시에 통곡하였던 이스라엘의 왕은 (   )였습니다.

97. 여로보암 II세는 787년부터 (   )년까지 다스렸습니다.

98. 웃시야의 다른 이름은 (   )였습니다.

78. 아달랴, 여호세바/여호야다
79. 스가랴
80. 요아스, 라기스
81. 하나니, 님시
82. 아벡, 127,000
83. 42
84. 1-나봇의 포도원에서 여호람을 죽임, 2-이블르암 근처에서 아하시야를 쳐 므깃도에서 죽게 함, 3-이스르엘에서 이세벨을 죽임, 4-사마리아에 있던 아합의 후손 70명을 죽임, 5-이스르엘에 있던 아합의 측근을 다 죽임, 6-아하시야의 형제 42명이 이세벨에게 문안 오는 것을 죽임, 7-레갑의 아들 여호나답과 연합하여 바알의 숭배자들을 몰살시킴, 8-바알의 당을 변소로 만듦
85. 19
86. 림몬
87. 하맛
88. 에윌므로닥
89. 3
90. 사반, 아히감
91. 98
92. 7, 블레셋
93. 하사엘, 가드
94. 아달랴, 요아스, 아마샤, 아몬
95. 스가랴
96. 요아스
97. 747
98. 아사랴

99. 웃시야의 아들 요담은 (　)년에 아버지보다 먼저 죽었습니다.

100. 염곡에서 에돔 사람 10,000명을 죽인 왕은 (　)입니다.

101. 웃시야는 (　)년에 죽었습니다.

102. 수리아-에브라임 전쟁 때에 유다를 침공한 왕은 (　)와 (　)이었습니다.

103. 수리아-에브라임 전쟁 때에 아람을 멸한 왕은 (　)였습니다.

104. 이스라엘의 마지막 왕은 (　)의 아들 호세아였습니다.

105. 아하스는 다메섹에 가서 그 제단을 그려서 제사장 (　)에게 만들게 하였습니다.

106. 북이스라엘은 앗수르의 (　)왕에게 망했습니다.

107. 호세아는 애굽왕 (　)에게 도움을 호소하다 망했습니다.

108. 북이스라엘 사람들을 앗수르 전역으로 끌고간 왕은 (　)였습니다.

109. 북이스라엘 사람들은 앗수르에 망한 뒤에 세계 각 나라 사람들과 섞여서 바벨론의 신 (　)을 섬기고, 굿의 (　)을 섬겼습니다.

110. 히스기야는 놋뱀을 철거하면서 (　)이라 불렀습니다.

111. 주전 701년 산헤립은 (　)를 포위하면서, (　)를 보내어 항복을 권하였습니다.

112. 히스기야에게 위문사절을 보낸 바벨론왕은 (　)이었습니다.

113. 히스기야의 수로는 (　)미터가 넘었습니다.

114. 요시야왕은 (　)년에 죽었습니다.

115. 앗수르의 니느웨는 (　)년에 망했습니다.

116. 요시야의 종교개혁은 (　)년에 일어났습니다.

117. 북이스라엘은 (　)에게 점령을 당하고 (　)에게 끌려갔습니다.

118. 요시야가 없앤 우상들을 아는 대로 열거하시오.

119. 요시야의 아들로서 석 달 만에 애굽에 끌려가 죽은 왕은 누구인가요?

120. 갈그미스 전투는 (　)년에 있었고, 여기서 바벨론의 황태자 (　)이 이겼습니다.

121. 바벨론은 갈그미스 전투 이후 4년 뒤에 애굽을 침공했으나, 성공하지 못하여, 유다왕 (　)으로 하여금 바벨론에 반기를 들게 하였습니다.

122. 여호야긴을 자기와 함께 식사하게 한 바벨론 왕은 (　)이었습니다.

123. 여호야긴왕과 함께 바벨론에 끌려간 사람은 모두 (　)명이었습니다.

99. 741
100. 아마샤
101. 736
102. 베가, 르신
103. 불 혹은 디글랏빌레셀 III세
104. 엘라
105. 우리야
106. 살만에셀 V세
107. 소
108. 사르곤 II세
109. 숙곳브놋, 네르갈
110. 느후스단
111. 예루살렘, 랍사게
112. 므로닥발라단(부로닥발라단)
113. 500
114. 609
115. 612
116. 628
117. 살만에셀 V세, 사르곤 II세
118. 바알, 해달, 열두 궁성, 별들, 태양의 말들, 태양의 수레
119. 여호아하스
120. 605년, 느부갓네살
121. 여호야김
122. 에윌므로닥
123. 18,000

124. 시드기야의 전 이름은 (   )였습니다.

125. 솔로몬은 성전건축을 위하여 히람에게서 무슨 나무를 지원 받았던가?

126. 솔로몬의 성전 봉헌은 왕상 (   )장에 수록되었습니다.

127. 솔로몬은 아내를 따라 모압의 (   ), 시돈의 (   )신을 섬겼습니다.

128. 여로보암의 아들 (   )은 (   )에게 죽임을 당했습니다.

129. "너희는 가서 나와 백성과 온 유다를 위하여 이 발견한 책의 말씀에 대하여 여호와께 물으라 우리 조상들이 이 책의 말씀을 듣지 아니하며 이 책에 우리를 위하여 기록된 모든 것을 행하지 아니하였으므로 여호와께서 우리에게 내리신 진노가 크도다."라는 말씀은 어디에 나오나요?

130. 여로보암의 집을 몰살한 왕은 누구인가요?

131. 오므리는 (   )를 죽이고 반란하여 (   )와 4년간 싸웠습니다.

132. 예후는 (   )에서 반란을 일으켜 이스르엘로 와서 왕 (   )을 죽였다.

133. 아달랴를 죽이고 요아스를 옹립한 제사장은 누구인가요?

134. 북이스라엘의 마지막 왕은 누구인가요?

135. 산헤립의 유다 침공 때에 애굽에서 도우러 나온 왕은 누구인가요?

136. 아합의 출전 문제로 미가야는 거짓 선지자 (   )와 싸웠습니다.

137. 여호사밧이란 무슨 뜻인가요?

138. 요압은 에돔에서 몇 달을 머물며 남자들을 다 죽였던가요?

139. 솔로몬이 왕궁을 짓는 데 (   )년이 걸렸습니다.

140. 여로보암의 수도 셋을 쓰시오.

141. 엘리야란 무슨 뜻입니까?

142. 애굽에 대항하다가 즉위 3개월만에 바로에 의해 폐위된 왕은 누구인가요?
① 여호아하스 ② 여호야다 ③ 여호야김 ④ 여호야긴

143. 성전에서 토라책을 발견하여 요시야 임금에게 고한 사람은?
① 사반 ② 여후디 ③ 여호야다 ④ 힐기야

144. 유다 왕 여호람 때에 반란을 일으킨 곳은 어디인가요?

145. 다음 중에서 예후가 살해한 유다왕의 이름은?
① 요아스 ② 요람 ③ 아마샤 ④ 아하시야

146. 느부갓네살이 황태자일 때에 애굽과 싸운 전투의 이름은 무엇인가요?

124. 맛다니야
125. 백향목, 잣나무
126. 8
127. 그모스, 아스다롯
128. 나답, 바아사
129. 왕하 22:13
130. 바아사
131. 시므리, 디브니
132. 길르앗 라못, 요람(여호람)
133. 여호야다
134. 호세아
135. 디르하가
136. 시드기야
137. 야훼께서 심판하신다
138. 여섯 달
139. 13
140. 세겜, 디르사, 브누엘
141. 나의 하나님은 야훼이다
142. ①
143. ④
144. 에돔, 립나
145. ④
146. 갈그미스전투

147. 예루살렘성은 (　　)월 (　　)일에 함락되었다.

148. 산헤립은 (　　)의 신전에서 경배하다가 아들들에게 살해당했다.

149. 이세벨은 어느 도시에서 죽임을 당했던가요?

150. 모압 왕 (　　)는 이스라엘에 반역하여 전쟁을 촉발하였다.

151. 열왕기상에서 소위 아람 전쟁 이야기는 (　　)장과 (　　)장에 나타난다.

152. 웃시야는 몇 년간 나라를 다스렸던가요?

153. 솔로몬에게는 (　　) 마네 들어가는 작은 방패 (　　)개가 있었다

154. 남북 이스라엘이 나누어진 것은 주전 (　　)년이었다.

155. 오므리는 본디 (　　)에서 전투하던 야전사령관이었다.

156. 이세벨의 본디 이름은 무엇인가요?

157. 북이스라엘이 망한 연대는 언제인가요?

158. 엘리사가 요구한 갑절이란 무슨 뜻인가요?

159. 모압왕 메사를 정복하러 출정한 이스라엘의 왕과 유다왕은 누구인가요?

160. 예후는 무엇을 변소로 만들었던가요?

161. 오므리왕조는 몇 년 동안 통치하였던가요?

162. 스발와임 사람들이 섬긴 신들을 쓰시오!

163. 요시야가 토라책을 발견한 것은 몇 년이었던가요?

164. 요시야의 아들들을 순서대로 열거하시오!

165. 아합의 측근으로서 궁전을 담당하였던 장관은 누구인가요?

166. 이스라엘 왕 브가히야를 죽인 자는 누구인가요?

167. 바벨론에서 북왕국 이스라엘로 이주한 사람은 무슨 신을 섬겼던가요?

168. 수리아-에브라임 전쟁은 언제 일어났던가요?

169. 아사랴(웃시야)의 재위 연대를 쓰시오!

170. 나아만은 은 몇 달란트를 엘리사에게 가져왔던가요?

171. 디글랏빌레셀 Ⅲ세는 언제 다스리던 자인지 재위 연대를 쓰시오!

172. 하나니의 아들 (　　)는 북왕국의 왕 (　　)를 꾸짖었다.

173. 르호보암의 어머니는 (　　) 사람 나아마였다.

147. 4, 9
148. 니스록
149. 이스르엘
150. 메사
151. 20, 22
152. 52년
153. 3, 300
154. 926
155. 깁브돈
156. 이즈불
157. 722/721
158. 남들보다 두 배의 상속분
159. 여호람, 여호사밧
160. 바알의 신전
161. 37년
162. 아드람멜렉, 아남멜렉
163. 622
164. 요하난, 여호야김(엘리아김), 시드기야(맛다니야), 살룸(여호아하스)
165. 오바댜
166. 베가
167. 숙곳브놋
168. 734-732
169. 787-736
170. 10
171. 745-727
172. 예후, 바아사
173. 암몬

174. 북왕국에서는 초막절을 언제로 잡았던가요?

175. 에돔의 하닷은 애굽의 왕비 (　　)의 아우와 결혼하여 (　　)을 낳았다.

176. 나단의 아들로서 솔로몬의 내각에 들어간 자들은 누구인가요?

177. 놋쇠 대장장이인 (　　)은 아버지는 두로인, 어머니는 (　　　) 지파 사람이었다.

178. 고르(호멜)의 1/10을 (　　)이라 하고, 이것의 1/6을 (　　)이라 한다.

179. 은 한 달란트는 몇 세겔인가요?

180. 가드, 에그론, 립나를 지도의 위에서 아래로 순서대로 쓰시오.

181. 느부갓네살이 왕이 된 것은 주전 (　　)년이다.

182. 요시야가 종교개혁을 하다가 성경을 발견한 것은 주전 (　　)년이다.

183. '그마림'이란 무슨 뜻인가요?

184. 솔로몬은 어디에서 기름 부음을 받았던가요?

185. 성전 건축을 시작한 해는 솔로몬 즉위 후 (　　)년째 되던 해였다.

186. 솔로몬이 건축한 성이 아닌 것은 무엇인가요?
① 다드몰 ② 게셀 ③ 게바 ④ 아래 벧호론

187. 여로보암의 아들 중에서 병으로 죽은 자는 누구인가요?

188. 이세벨의 아버지는 (　　)이라는 시돈왕이었다.

189. 엘리야는 자기 혼자 남았다고 하였지만, 하나님은 바알에게 무릎을 꿇지 않은 자가 (　　)명이나 있다고 하셨다.

190. 하나님은 호렙산에서 누구(3인)를 기름 부으라고 하셨나요?

191. 아합은 어떤 방식으로 회개하였던가요?

192. 예후왕조를 끝낸 사람은 누군가요?

193. 아하시야는 이층에서 떨어져서 (　　)의 신 바알세붑에게 물으러 사람을 보냈다.

194. 엘리사는 무슨 악기를 연주하면서 하나님의 음성을 들었던가?

195. 엘리사 시대에 사마리아를 포위한 아람군이 도망쳤다는 것을 알아낸 사람은 누구였던가요(어떤 사람 몇 명)?

196. 하맛에서 사마리아로 온 사람들은 (　　)를, 아와에서 온 사람들은 닙하스와 (　　)을 섬겼다.

174. 8월 15일
175. 다브네스, 그누밧
176. 아사리아, 사붓
177. 히람, 납달리
178. 밧(에바), 힌
179. 3000
180. 에그론-가드-립나
181. 604
182. 622
183. 이방 제사장들, 코메르의 복수
184. 기혼샘
185. 4
186. ③
187. 아비야
188. 엣바알
189. 7000
190. 하사엘, 예후, 엘리사
191. 금식, 베옷, 천천히 걸음.
192. 살룸
193. 에그론
194. 거문고
195. 나환자 네 명
196. 닙하스, 다르닥

197. 여호아하스는 (　　　)에서 바로 느고에게 사로잡혀서 애굽으로 끌려갔다.

198. 느부갓네살은 (　　　)년에 애굽 원정을 감행했으나 실패했다.

199. 여호야긴 왕이 끌려갈 때에 함께 끌려간 사람은 몇 명인가요?

200. 시드기야는 어디서 바벨론군에게 사로잡혔던가요?

201. 아도니야 당에 속한 사람들을 열거하시오!

202. 다윗은 왜 솔로몬에게 요압을 죽이라 했던가요?

203. 솔론몬 때에 요압 대신에 군대장관이 된 자는 누구인가요?

204. 솔로몬은 히람에게서 백향목과 잣나무를 받는 대신에 해마다 무엇을 주었던가요?

205. 솔로몬의 성전은 길이가 (　)규빗, 너비가 이십 규빗, 높이가 (　) 규빗이었다.

206. 성전 낭실 앞에 세운 기둥의 이름인 '야긴'은 무슨 뜻인가요?

207. 낭실 앞의 기둥 이름인 '보아스'는 무슨 뜻인가요?

208. 솔로몬 성전 앞에 있던 바다는 지름이 몇 규빗인가요?

209. 히람이 청동으로 주물을 만들 때에 어디의 흙으로 틀을 만들었던가요?

210. 솔로몬의 성전봉헌식은 며칠동안 축제로 거행되었던가요?

211. 솔로몬은 히람왕에게 갈릴리 땅의 성읍 몇을 내주었던가요?

212. 히람왕은 솔로몬에게 금을 몇 달란트 보냈던가요?

213. 솔로몬에게는 외국인 노동자를 감독하는 감독이 (　　)명 있었다.

214. 스바 여왕은 솔로몬에게 금을 얼마나 가져왔나요?

215. 솔로몬은 금 (　　) 세겔이 들어가는 큰 방패 (　　)개 있었다.

216. 솔로몬의 세입금은 금으로 몇 달란트였던가?

217. 솔로몬이 애굽에서 사들인 병거의 가격은 한 대에 은 (　　)세겔이었다.

218. 여로보암은 애굽왕 (　　)에게 망명하여 솔로몬이 죽기까지 머물렀다.

219. 아사왕은 그 모친이 만든 아세라상을 어디서 불살랐던가요?

220. 여로보암의 집이 완전히 망할 것을 예언한 선지자는 누구인가요?

221. 바아사 집안이 완전히 망할 것을 예언한 선지자는 누구인가요?

222. 오므리집안이 완전히 망할 것을 예언한 예언자는 누구인가요?

223. 시므리는 (　　)의 왕궁을 불사르고 죽었다.

197. 립나
198. 601
199. 18000명
200. 여리고 평지
201. 아비아달, 요압
202. 아브넬과 아마사를 죽인 일 때문에
203. 브나야
204. 밀 이만 석과 맑은 기름 20석
205. 육십, 삼십
206. 그가 일으켜 세우신다
207. 그의 안에 힘이 있다.
208. 10규빗
209. 숙곳과 사르단 사이의 흙
210. 14일
211. 20
212. 120 달란트
213. 550
214. 120 달란트
215. 600, 200
216. 666 달란트
217. 600
218. 시삭
219. 기드론 시냇가
220. 아히야
221. (하나님의 아들) 예후
222. 엘리야
223. 디르사

224. 히엘은 여리고의 터를 쌓을 때에 맏아들 아비람을 잃었고, 성문을 달 때에 막내 아들 ( )을 잃었다.

225. 엘리야는 사르밧 과부의 죽은 아들 위에 몇 번 엎드려 살렸던가요?

226. 1 세아는 대략 몇 킬로그램인가?

227. 엘리사는 엘리야의 부름을 부름을 받고 소를 몇 마리 잡아서 잔치를 벌였던가요?

228. 아합왕은 대략 몇 명의 예언자들에게 길르앗 라못으로 출정할 일에 대해 물었던 가요?

229. 아하시야의 신하들은 엘리야의 외모에 대해 어떻게 설명하였던가요?

230. 모압왕은 본디 해마다 어느 만큼의 조공을 이스라엘에 바쳤던가요?

231. 이스라엘과 유다의 연합군은 모압에서 며칠 동안 물을 얻지 못했던가요?

232. 엘리사의 죽은 생도 아내는 아들에게는 몇이나 있었던가요?

233. 아람이 쳐들어와서 사마리아가 포위되었을 때에 나귀 머리 하나가 은 몇 세겔이었던가요?

234. 예후는 평화냐고 묻는 요람왕에게 무엇으로 혁명의 명분을 말했던가요?

235. 예후의 장관으로서 요람왕의 시체를 나봇의 밭에 던지 자는 누구인가요?

236. 이세벨은 요람을 죽이고 들어오는 예후를 무엇이라 불렀던가요?

237. 여호야다는 혁명을 일으킨 후에 바알의 제사장 ( )을 죽인다.

238. 엘리사가 죽을 때에 요아스왕에게 동편으로 활을 쏘게 한 것은 아람군을 ( )에서 칠 것을 보여 준 것이었다.

239. 유다왕 중에서 아버지를 죽인 원수는 죽이되 그 아들들은 살려 두었던 왕은 누구인가요?

240. 아람을 세 번 쳐서 파한 이스라엘의 왕은 누구인가요?

241. 남쪽의 아마샤와 북의 요아스는 어디에서 서로 싸웠던가요?

242. 엘랏을 건축한 유다왕은 누구인가요?

243. 예후왕조의 마지막 왕은 누구인가요?

244. 북왕국은 호세아왕이 잡힌 후에 몇 년을 더 버티었던가요?

245. 사마리아가 함락된 것은 유다왕 ( )의 ( )년 때이었다.

246. 앗수르의 산헤립은 히스기야에게 얼마의 조공을 원했던가요?

224. 스굽
225. 세 번
226. 5 킬로그램
227. 두 마리
228. 400명
229. 털이 많은데, 허리에 가죽띠를 띠었다.
230. 새끼 양 10만의 털, 수양 10만의 털.
231. 7일 동안
232. 둘
233. 80
234. 이세벨의 음행과 술수
235. 빗갈
236. 시므리
237. 맛단
238. 아벡
239. 아마샤
240. 요아스
241. 벧세메스
242. 아사야(웃시야)
243. 스가랴
244. 3년
245. 히스기야, 6
246. 은 300달란트, 금 30 달란트

247. 산헤립은 히스기야에게 말 탈 사람도 없을 것이라며, 말 (　　)필을 주겠다고 하였다.

248. 이사야는 히스기야의 상처에 무엇을 바르게 하였던가요?

249. 므낫세왕은 유다에서 몇 년을 다스리게 되나요?

250. 미동의 집이란 무엇을 하던 곳인가요?

251. 요시야왕을 죽인 자는 누구인가요?

252. 여호야김왕은 느부갓네살을 섬긴 지 몇 년만에 배반하였던가요?

253. 시드기야왕은 어디서 눈이 뽑혔던가요?

역 대 기

1. (　　), 노아, 셈, 함과 야벳은 조상들이라.
2. 역대기에선 다윗이 왜 성전을 못 지었다고 기록하였나요?
3. 솔로몬이 성전을 건축한 곳은 역대기에 의하면 (　　)산에 있는 (　　)의 타작마당이었습니다.
4. 역대하 (　　)장에 의하면 여호사밧은 (　　)뜰에서 찬양과 기도로 적군들을 물리쳤습니다.
5. 역대하 36장에서는 바벨론 포로로 말미암아 땅이 (　　)년 동안 안식을 누렸다고 하였습니다.
6. '여호사밧 골짜기'란 역대하 (　　)장에 나타난 사건을 전제하는 말입니다.
7. 역대기의 특징을 쓰시오.
8. 다윗은 헤브론에서 (　　)명, 예루살렘에서 (　　)명의 아들을 낳았습니다.
9. 암몬을 도우러 왔다가 다윗에게 패한 왕은 하닷에셀의 (　　)이었습니다.
10. 찬양대 지휘자들의 이름을 열거하시오.
11. 다윗에게는 나단 외에 선견자 (　　)이 있었습니다.
12. 솔로몬, 여로보암 때의 선견자로는 실로 사람 (　　)가 있었습니다.
13. 다윗의 자매 두 사람을 쓰시오!
14. 아비야는 여로보암과 전쟁할 때에 (　　)산에서 (　　)언약을 강조하였습니다.
15. 역대기에 의하면 아사 왕 때에 구스 왕 (　　)가 백만을 이끌고 쳐들어왔습니다.

247. 2000
248. 무화과 반죽
249. 55년
250. 여인들이 아세라를 위하여 휘장을 짜는 처소.
251. 느고
252. 3년
253. 립나

❖ 역대기

1. 라멕(대상 1:4)
2. 다윗이 피를 많이 흘렸으므로
3. 모리아, 오르난(대하 3장)
4. 20, 여호와의 전 새
5. 70
6. 20
7. 1-남쪽 중심의 역사, 2-역사가 아니라 주석서, 3-다윗-솔로몬을 미화함, 4-레위인, 예언자들을 중시, 5-예배와 음악 중시
8. 6명, 13명
9. 소박
10. 아삽, 헤만, 여두둔
11. 갓
12. 아히야
13. 스루야, 아비가일
14. 스마라임, 다윗
15. 세라

16. 아사왕은 예언자ㅋ ( )의 말을 듣고 우상을 제거하였습니다.
17. 아사왕은 자기를 비난한 예언자 ( )를 투옥하였습니다.
18. 아합왕의 출전을 앞두고 ( )와 ( )가 상반되는 예언을 하였습니다.
19. 여호사밧은 아합을 도와 출전한 일을 두고 ( )에게 책망을 받았습니다.
20. 여호사밧은 세 나라의 군대가 물러간 후에 ( )골짜기에서 찬양하였습니다.
21. 아달랴의 남편으로서 엘리야에게 편지로 책망을 받은 왕은 ( )이었습니다.
22. 아마샤는 은 ( )달란트로 이스라엘 군사를 고용했다가 돌려보냈습니다.
23. 요아스는 아마샤와 자신의 결전을 무엇으로 비유하였던가요?
24. 역대기에 의하면 야곱의 아들 중에서 장자의 명분을 가진 자는 ( )이다.
25. 웃시야왕은 ( )가 살아 있는 동안 하나님을 경외하였습니다.
26. 웃시야왕은 성전에서 분향하려다가 제사장 ( )에 의해 쫓겨났습니다.
27. 아하스왕 때에 유다의 포로를 북에서 돌려보내게 한 선지자는 ( )이었습니다.
28. 요시야를 죽인 바로는 ( )였습니다.
29. 역대하 20장에서 외적의 침입을 맞아 레위인 ( )이 승리를 예언하였습니다.
30. "우리 조상들이 여호와의 말씀을 ( ) 아니하고 이 책에 기록된 모든 것을 ( ) 아니하였으므로 여호와께서 우리에게 쏟으신 진노가 크도다 하니라."
31. "우리 하나님이여 그들을 징벌하지 아니하시나이까 우리를 치러 오는 이 큰 무리를 우리가 대적할 능력이 없고 어떻게 할 줄도 알지 못하옵고 오직 주만 바라보나이다."라는 말씀은 어디에 나오나요?
32. 역대상 1장에 의하면 노아의 아버지는 ( )이요, 할아버지는 ( )입니다.
33. "너희는 너희 하나님 여호와를 신뢰하라 그리하면 견고히 서리라 그의 선지자들을 신뢰하라 그리하면 형통하리라 하고"라는 말은 누가 한 말인가요?
34. 역대상에 의하면 다윗의 두 번째 아들은 ( )이다.

에 스 라

1. "말하기를 나의 하나님이여 내가 부끄럽고 낯이 ( ) 감히 나의 하나님을 향하여 얼굴을 들지 못하오니 이는 우리 죄악이 많아 ( )에 넘치고 우리 허물이 커서 하늘에 미침이니이다"라는 기도를 올린 사람은 누구인가요?

16. 오뎃
17. 하나니
18. 미가야, 시드기야
19. 하나니의 아들 예후
20. 브라가
21. 여호람
22. 100
23. 가시나무가 백향목에게 사돈 맺자고 함
24. 요셉
25. 스가랴
26. 아사랴
27. 오뎃
28. 느고
29. 아하시엘
30. 지키지, 준행하지(대하 34:21)
15. 여히엘의 아들 스가냐
16. 515년 4월 3일
17. 아하와
18. 1.1-5.1
19. 60
20. 다리우스, 아닥사스
21. 스알디엘, 요사닥(여호사닥)
22. 50
23. 42360
24. 539년
25. 464-424
26. 에살핫돈
27. 이스라엘 자손이 혼합결혼을 했다는 소식을 듣고.
28. ①
29. 미드르닷, 세스바살
30. 유대인들의 귀환에서 성전 건축까지.
31. 에살핫돈
31. 대하 20:12
32. 라멕, 므두셀라
33. 여호사밧
34. 다니엘

❖ 에스라

1. 뜨거워서, 정수리 [에스라(스 9:6)]

2. 바벨론은 (　　)년에 망했습니다.
3. 첫 귀환자들이 돌아온 것은 (　)년이고, 에스라는 (　)년에 돌아왔습니다.
4. 포로에서 귀환한 자들의 첫 총독은 (　)이었습니다.
5. '같은 소금을 먹는 사람들'이란 무슨 뜻인가요?
6. 고레스왕의 칙령은 다리우스 왕 때에 (　)궁에서 발견되었습니다.
7. 에스라 무리가 이방 여자와 결혼한 사람들에게 이혼시키기로 결의한 결과로 석 달 만에 몇 쌍이 이혼하였던가요?
8. 에스라는 어느 왕 때에 학사 겸 제사장으로 임명을 받았던가요?
9. 귀환자들 가운데 예수아는 포로 전 마지막 제사장 (　)의 아들이었습니다.
10. 마네는 몇 그램을 뜻하는가요?
11. 에스라 시대에 강 서편 총독을 지내다가 공정한 보고를 하여 유대인들에게 유익하게 한 사람은 누구인가요?
12. 에스라는 아론의 몇 대손인가요?
13. 에스라가 수리아 광야를 가로질러 돌아온 거리는 대체로 몇 Km나 되는가요?
14. 에스라와 함께 귀국한 사람 중에 스룹바벨의 고손자 (　)가 있었다.
15. 에스라가 이방 여인과의 혼인 문제를 거론하자 이방 여자를 내쫓자고 제안한 사람은 누구인가요?
16. 두 번째 성전은 몇 년 몇 월에 봉헌되었던가요?
17. 에스라는 어느 강가에서 금식을 하였던가요?
18. 에스라 일행은 몇 월 며칠에 바벨론을 출발하여 몇 월 며칠에 예루살렘에 도착하였던가요?
19. 바사왕은 성전의 높이와 너비를 몇 규빗으로 하라고 하였던가?
20. 바사의 왕은 고레스–캄비세스–(　　　　)– 아하수에로–(　　　　)의 순으로 이어진다.
21. 포로에서 돌아와 성전을 짓기 시작한 사람들의 중심은 (　　　　)의 아들 스룹바벨과 (　　　　)의 아들 여호수아였다.
22. 은 한 마네는 몇 세겔인가요?
23. 포로에서 돌아온 자유민은 몇 사람이었던가요?

2. 539
3. 538, 458
4. 세스바살 혹은 세낫살
5. 조약관계에 있는 사람들
6. 악메다
7. 110쌍
8. 아닥사스다
9. 여호사닥(요사닥)
10. 600그램
11. 닷드내
12. 16대손
13. 1500Km
14. 핫두스
15. 여히엘의 아들 스가냐
16. 515년 4월 3일
17. 아하와
18. 1.1-5.1
19. 60
20. 다리우스, 아닥사스
21. 스알디엘, 요사닥(여호사닥)
22. 50
23. 42360

24. 고레스 칙령은 언제 나온 것인가요?

25. 아닥사스다 1세는 언제 다스렸던가요(연대)?

26. 사마리아 사람들은 누가 자기들을 가나안에 이주시켰다고 하였던가요?

27. 에스라는 무슨 일로 속옷과 겉옷을 찢으며 머리털과 수염을 뜯었던가요?

28. 바사의 사대 성읍에 포함되지 않는 도시는 무엇인가요?
① 뎁아빕 ② 바벨론 ③ 페르세폴리스 ④ 악메다

29. 고레스는 창고지기 (　　)에게 명하여 성전 그릇들을 (　　)에게 내주게 하였다.

30. 에스라 1-6장까지는 무슨 이야기가 기록되었나요?

31. 오스납발은 누구를 가리키나요?

느 헤 미 야

1. 느헤미야를 핍박한 사람은 (　) 사람 산발랏과 (　)사람 도비야와 아라비아 사람 (　)이었습니다.

2. 제사장들이 건축한 문은 어느 문이었던가요?

3. 느헤미야는 (　)년의 임기를 채우고 페르시아로 귀환했다가 다시 돌아왔습니다.

4. 도비야를 위해 성전 곳간에 방을 만든 제사장은 (　)이었습니다.

5. 느헤미야는 무슨 일로 사람을 때리고 머리카락을 뽑았던가요?

6. "그들에게 이르기를 우리는 (　)의 손에 팔린 우리 형제 유다 사람들을 우리의 힘을 다하여 (　)거늘 너희는 너희 형제를 팔고자 하느냐 더구나 우리의 손에 팔리게 하겠느냐 하매 그들이 잠잠하여 말이 없기로."

7. 느헤미야가 성을 재건한 것은 몇 년이었던가요?

8. 산발랏과 게셈은 느헤미야에게 어디서 만나자 하였던가요?

9. 느헤미야는 어느 왕의 술 관원이었던가요?

10. 예루살렘 성벽은 여우가 올라가도 무너질 것이라 한 사람은 누구인가요?

11. 학사 에스라와 함께 단 위에 서서 토라책을 읽은 사람은 에스라 외에 몇 사람이었습니까?

12. 느헤미야에게 성전 외소로 피난하자고 꾄 사람은 누구인가요?

13. 느헤미야의 성벽 공사는 며칠 만에 끝났던가요?

24. 539년
25. 464-424
26. 에살핫돈
27. 이스라엘 자손이 혼합결혼을 했다는 소식을 듣고.
28. ①
29. 미드르닷, 세스바살
30. 유대인들의 귀환에서 성전 건축까지.
31. 에살핫돈

✣ 느헤미야

1. 호론, 암몬, 게셈
2. 양문
3. 12년
4. 엘리아십
5. 아이들이 아스돗 방언만 하고 히브리어를 못하여서
6. 이방인, 도로 찾았(느 5:8)
7. 주전 445년
8. 오노 평지
9. 아닥사스다
10. 도비야
11. 13명
12. 스마야
13. 52일

14. 느헤미야는 예루살렘에 온 직후에 밤에 혼자 골짜기문에서 출발하여 두 개의 문을 지나 왕의 못까지 둘러보았는데, 그 두 문은 무엇인가요?

15. "하나님의 율법책을 낭독하고 그 뜻을 해석하여 백성으로 그 낭독하는 것을 다 깨닫게 하매 백성이 율법의 말씀을 듣고 다 우는지라" 하는 말씀이 나오는 곳은 어디인가요?
① 느헤미야 5장 ② 느헤미야 6장 ③ 느헤미야 7장 ④ 느헤미야 8장

16. 느헤미야란 무슨 뜻인가요?

17. 느헤미야는 유다 총독으로 오기 전에 관직 이름이 무엇이었던가요?

18. 느헤미야 때의 대제사장은 누구인가요?

19. 엘룰월은 몇 월인가요?

20. 느헤미야의 개혁을 세 가지만 써라!

21. 에스라가 토라를 읽을 때에 그의 오른편에 선 사람은 (　　　　)명이고, 왼편에 선 사람은 (　　　　)명이었다.

22. 느헤미야의 동생의 이름은 무엇인가요?

23. 느헤미야에게 대적한 여선지자는 (　　　　)였다.

24. 느헤미야는 왕의 삼림 감독 (　　　　)에게 보내는 공문을 왕에게서 받았다.

25. 느헤미야의 상에서 같이 먹은 민장들의 숫자는 몇인가요?

26. 느헤미야 시대에 북에는 사마리아, 동쪽에는 (　　)사람들이, 남쪽에는 아라비아 사람들, 서쪽에는 (　　)사람들이 적으로 둘러싸고 있었다.

27. 산발랏의 사위가 된 사람은 누구의 아들인가요?

28. 도비야는 누구의 사위가 되었던가요?

29. 느헤미야는 성벽을 중수하고 난 후에 동생 하나니와 충성스러운 (　　)에게 예루살렘을 다스리게 하였다.

30. 느헤미야가 초막절을 지키게 할 때에 동원된 나무가 아닌 것은 무엇인가요?
① 화석류나무 ② 종려나무 ③ 무화과나무 ④ 들감람나무

31. 에스라가 사람들 앞에서 토라를 낭독한 것은 언제였던가요?

32. 느디님 사람이란 무엇인가요?

33. 느헤미야는 옷을 털며 무엇을 지키지 않는 사람은 그와 같이 그 집과 산업에서 털려질 것이라 하였던가요?

14. 분문, 샘문
15. 4
16. 야흐베께서 위로하셨다
17. 술관원
18. 엘리아십
19. 6월
20. 1) 안식일 준수 2) 동족간에 이자 금지 3) 이방 여인과의 혼인 금지
21. 6, 7
22. 하나니
23. 노아댜
24. 아삽
25. 150명
26. 암몬, 아스돗
27. 요야다
28. 스가냐
29. 하나냐
30. ③
31. 7월 1일
32. 성전 노예
33. 동족에게서 이자를 받는 자

34. 오벨이란 어디를 가리키나요?

35. 느헤미야 때의 사람들이 모압과 암몬 사람들을 백성에서 구별해 낸 것은 무슨 까닭인가요?

에 스 더

1. 에스더는 내시 (　)의 마음에 들어서 특별대우를 받았습니다.
2. 하만이 유다인을 모두 죽이기로 한 날은 12월 (　)일이었고, 부림절은 (　)일이었습니다.
3. 하만은 (　)사람으로서, 아내의 이름은 (　)였습니다.
4. 니산, 아달, 시완은 각각 몇 월인가요?
5. 에스더서에 나오는 하만은 (　) 사람, (　)의 아들이었습니다.
6. "이 때에 네가 만일 잠잠하여 말이 없으면 유다인은 다른 데로 말미암아 (　)과 (　)을 얻으려니와 너와 (　) 집은 멸망하리라 네가 왕후의 자리를 얻은 것이 이 때를 위함이 아닌지 누가 알겠느냐 하니"
7. 아각 사람이란 무슨 종족이란 뜻인가요?
8. 모르드개와 에스더는 어느 지파 출신인가요?
   ① 에브라임 ② 므낫세 ③ 베냐민 ④ 유다
9. 아하수에로왕은 인도부터 구스까지 (　　　　) 지방을 다스리는 왕이었다.
10. 에스더의 본디 이름은 무엇인가?
11. 에스더는 바벨론의 무슨 신의 이름을 딴 것인가요?
12. 에스더의 유대 이름의 뜻은 무엇인가요?
13. 에스더가 부리는 내시의 이름은 무엇인가?
14. 모르드개라는 이름은 어떤 신의 이름을 딴 것인가?
15. 다음 중 명절 두루마리가 아닌 것은?
    ① 예레미야 애가 ② 에스더 ③ 다니엘 ④ 전도서
16. 하만이 모르드개를 달아죽이기 위하여 대를 만들었다는 사실을 왕에게 고한 내시는 누구인가?
17. 와스디를 쫓아내도록 권한 대신은 누구인가?

34. 옛 다윗성과 성전구역을 이어 주는 구역
35. 모압왕이 발람을 시켜서 이스라엘을 저주한 사실 때문에

✣ 에스더

1. 헤개
2. 13일, 12월 14-15일
3. 아각, 세레스
4. 1월, 12월, 3월
5. 아각, 함므다다
6. 놓임, 구원, 네 아버지(에 4:14)
7. 아말렉
8. ③
9. 127
10. 하닷사
11. 이쉬타르
12. 화석류
13. 하닥
14. 마르둑
15. ③
16. 하르보나
17. 므무간

18. 아하수에로왕은 몇 세기에 살던 사람인가?

19. 왕을 암살하려다 모르드개의 고발로 실패한 자들은 누구인가요?

20. 하만은 유다인을 죽이는 댓가로 왕에게 얼마를 헌납하려 했던가요?

21. 에스더는 모르드개의 부탁으로 왕을 만나려 가기 전에 얼마 동안 왕을 못 보았던가요?

22. 모르드개가 시키는 대로 새 조서를 쓴 것은 몇 월이었던가요?

23. 모르드개가 시키는 대로 쓴 새 조서에는 무엇이라 적혀 있었나요?

24. 유다인들은 수산성에서만 적대자들 몇 명을 죽였나요?

25. 유다인들은 전국에 있는 적대자들 몇 명을 죽였나요?

욥 기

1. "사람들이 너를 낮추거든 너는 교만했노라고 말하라 하나님은 겸손한 자를 구원하시리라"고 말한 사람은 누구인가요?
   ① 솔로몬 ② 다윗 ③ 르우엘 ④ 엘리바스
2. 욥기에서 산문으로 된 부분은 어디인가요?
3. 욥기는 언제 씌어졌나요?
4. 욥의 소와 나귀는 ( )사람이, 낙타는 ( )사람이 탈취하였습니다.
5. 욥기의 주제를 요약하시오!
6. "그러나 내가 가는 길을 그가 아시나니 그가 나를 단련하신 후에는 내가 순금같이 되어 나오리라"고 욥이 말한 것은 욥기 ( )장에 나옵니다.
7. 욥과 다툰 네 사람의 이름을 쓰시오.
8. 욥의 친구들 중에 욥과 두 번만 다툰 사람은 누구인가요?
9. 욥의 친구들은 합해서 모두 몇 번 욥을 힐문하였던가요?
10. 지혜의 근원을 묻는 장으로서, 고대 탄광의 기록을 전하는 것은 욥기 몇 장인가요?
11. 우스는 어느 나라에 있었던가요?
12. 욥의 세 친구를 적으시오!
13. "나의 친구는 나를 ( )하고 내 눈은 하나님을 향하여 ( )을 흘리니 사람과 하나님 사이에와 ( )와 그 이웃 사이에 중재하시기를 원하노니."

18. 주전 5세기
19. 빅단(빅다나), 데레스
20. 은 10000달란트
21. 30일
22. 시완월/ 3월
23. 유다인은 자기들을 치려는 자들을 죽일 수 있고, 재산을 몰수할 수 있다.
24. 800명
25. 75000명

✣ 욥기

1. ④
2. 1, 2, 42
3. 주전 4-3세기
4. 스바, 갈대아
5. 말씀을 지키는 사람은 잘되고 그렇지 않은 사람은 잘못된다는 잠언의 사상에 반대하여 그렇지 않은 경우도 있다는 것을 보여 준다. 의인도 고난을 받을 수 있고, 악인도 부를 누릴 수 있다. 불행을 당한 사람을 의심해선 안 되고 불쌍히 여겨야 한다.
6. 23
7. 빌닷, 소발, 엘리바스, 엘리후
8. 소발
9. 8회
10. 28
11. 에돔
12. 엘리바스, 빌닷, 소발
13. 조롱, 눈물, 인자(욥 16:21~22)

14. "내가 주께 대하여 귀로 듣기만 하였사오나 이제는 눈으로 주를 뵈옵나이다."라는 말씀은 어디에 나오는가요?

15. "내 형제들은 (   )과 같이 변덕스럽고 그들은 (   )의 물살 같이 지나가누나."

16. "내가 알기에는 나의 구속자가 살아계시니 후일에 그가 땅에 설 것이라"는 욥기 몇 장에 기록되었는가요?
① 19장 ② 20장 ③ 21장 ④ 29장

17. 자기가 받은 계시를 이야기하면서 욥을 비판한 자는 누구인가?

18. 욥을 두 번만 공격한 친구는 누구인가요?

19. 욥은 친구들에게 무엇을 바랐던가요?

20. "네 시작은 미약하였으나 네 나중은 심히 창대하리라"는 말은 누가 한 말인가?

21. 엘리후는 욥의 고난을 어떻게 해석했던가요?

22. 욥기는 몇 장으로 이루어졌는가요?

23. 욥이란 무슨 뜻인가요?

24. 욥은 하나님을 뵙고 무엇이라 말했던가요(누 가지)?

25. 엘리후는 (   )족속, (   )의 아들이었다.

26. "사람이 어찌 깨끗하겠느냐 여인에게서 난 자가 어찌 의롭겠느냐?"라고 한 사람은 누구인가요?

27. 욥은 어디에 살던 사람이었나요?

28. "(   )이 진펄 아닌 데서 크게 자라겠으며 (   )가 물 없는데서 크게 자라겠느냐"[빌닷의 말]

29. "너희만 참으로 사람이로구나 너희가 죽으면 (   )도 죽겠구나"[욥의 말]

30. "하나님의 위로와 은밀하게 하시는 말씀이 네게 작은 것이냐, 어찌하여 네 마음에 불만스러워하며 네 눈을 번뜩거리며, 네 영이 하나님께 분노를 터뜨리며 네 입을 놀리느냐"라는 말은 누가 한 것인가요?

31. "나의 친구는 나를 (   )하고 내 눈은 하나님을 향하여 눈물을 흘리니"[욥의 말]

32. "너 때문에 땅이 버림을 받겠느냐 바위가 그 자리에서 옮겨지겠느냐"라는 빌닷의 말은 무슨 뜻인가요?

33. "네가 의로운들 전능자에게 무슨 기쁨이 되겠으며 네 행위가 온전한들 그에게 무슨 이익이 되겠느냐"라는 말을 한 사람은 누구인가요?

14. 욥 42:5
15. 개울, 개울
16. ①
17. 엘리바스
18. 소발
19. 불쌍히 여기기
20. 빌닷
21. 교육적인 것
22. 42
23. 아버지는 어디 계신가?
24. 1) 대답하지 않겠습니다. 2) 귀로 듣던 하나님을 눈으로 뵙는다. 회개한다.
25. 람, 바라겔
26. 엘리바스
27. 우스
28. 왕골, 갈대
29. 지혜
30. 엘리바스
31. 조롱
32. 너 때문에 의인이 잘 살고 악인이 재난을 만난다는 만고불변의 법칙을 깰 수 없다.
33. 엘리바스

34. "그러나 내가 가는 길을 그가 아시나니 그가 나를 단련하신 후에는 내가 순금 같이 되어 나오리라"라는 말은 욥기 (　)장에 기록되었다.

35. "나는 욥이 끝까지 시험 받기를 원하노니, 이는 그 대답이 악인과 같음이라"는 누가 한 말인가요?

36. 엘리바스는 어디 사람인가요?

37. 빌닷은 어디 사람인가요?

38. 소발은 어디 사람인가요?

39. 그 후에 욥이 (　)년을 살며 아들과 손자 (　)대를 보았고.

시 편

1. "눈을 양털같이 내리시며 서리를 재같이 흩으시며 우박을 떡 부스러기 같이 뿌리시나니 누가 능히 그의 추위를 감당하리요?"라는 말씀이 있는 곳은 어디입니까?
① 욥 38장 ② 시 147 ③ 욥 42장 ④ 시 148편

2. "여호와께 감사하라 그는 선하시며 그 인자하심이 영원함이로다"라는 말을 매절마다 후렴으로 반복하는 시편은 무엇인가요?
① 100편 ② 126편 ③ 136편 ④ 149편

3. "네 집 안방에 있는 네 아내는 결실한 포도나무 같으며 네 식탁에 둘러앉은 자식들은 어린 감람나무 같으리로다"라는 구절은 어디에 나오는가요?
① 시 128편 ② 시 123편 ③ 시 109편 ④ 시 68편

4. "사람이 내게 말하기를 여호와의 집에 올라가자 할 때에 내가 기뻐하였도다"라는 구절이 들어 있는 시편은 무엇입니까?
① 시 105편 ② 시 130편 ③ 시 122편 ④ 시 132편

5. "우리의 영혼이 사냥꾼의 올무에서 벗어난 새 같이 되었나니 올무가 끊어지므로 우리가 벗어났도다"라는 구절은 시 몇 편에 나오나요?
① 시 94편 ② 104편 ③ 114편 ④ 124편

6. 시편에 새벽을 깨우겠다는 말씀이 들어 있는 곳은 무엇입니까?
① 50; 100편 ② 57; 108편 ③ 37; 57편 ④ 110; 128편

7. 요셉이 감옥에 있을 때에 여호와의 말씀이 그를 연단하였다는 구절은 어디에 나오나요?
① 창 41장 ② 출 10장 ③ 시 105편 ④ 대상 15장

34. 23
35. 엘리후
36. 데만
37. 수아
38. 나아마
39. 140, 4

❖ 시편

1. ② 2. ③ 3. ① 4. ③
5. ④ 6. ② 7. ③

8. "사람이 무엇이관대 주께서 저를 생각하시며 인자가 무엇이관대 주께서 저를 권고하시나이까"라고 한 것은 시 몇 편에 나옵니까?
   ① 5편 ② 8편 ③ 15편 ④ 18편

9. "주의 궁정에서의 한 날이 다른 곳에서의 천 날보다 나은즉 악인의 장막에 사는 것보다 내 하나님의 성전 문지기로 있는 것이 좋사오니"라는 말씀은 시 몇 편에 나오는가요?

10. "여호와가 우리 ( )이신 줄 너희는 알지어다 그는 우리를 지으신 이요 우리는 그의 것이니 그의 ( )이요 그의 기르시는 양이로다."

11. "주의 말씀은 내 발에 등이요 내 길에 빛이니이다"라는 말씀은 시 몇 편에 나오는가요?

12. "보라 형제가 연합하여 동거함이 어찌 그리 선하고 아름다운고"라는 말씀은 시 몇 편에 나오는가요?

13. 바벨론 포로시의 상황을 가장 잘 보여주는 시편은 무엇입니까?

14. "어리석은 자는 그의 마음에 하나님이 없다 하는도다"로 시작하는 시편은 무엇인가요?

15. "하나님이여 사슴이 시냇물을 찾기에 갈급함 같이 내 영혼이 주를 찾기에 갈급하니이다"라는 말씀은 시편 ( )편에 나옵니다.

16. "내가 산을 향하여 눈을 들리라 나의 도움이 어디서 올까"라는 말씀은 시 몇 편에 나오는가요?

17. "내가 여호와의 명령을 전하노라 여호와께서 내게 이르시되 너는 내 아들이라 오늘 내가 너를 낳았도다"라는 말씀은 시 몇 편에 나오는가요?

18. "나의 힘이신 여호와여 내가 주를 사랑하나이다"는 시 몇 편에 나오나요?

19. 시편은 신약에서 최소한 ( )곳에서 인용되었습니다.

20. 프살테리온이란 무슨 뜻인가요?

21. 시편의 다섯 권을 분류하시오.

22. 순례시는 어디를 가리키는가요?

23. 시 1편은 어떤 유형의 시에 속하는가요?

24. 시 2편은 어떤 유형의 시에 속하는가요?

25. 시 3편은 어떤 유형의 시에 속하는가요?

26. 137편은 어떤 유형의 시에 속하는가요?

8. ②
9. 84편(10절)
10. 하나님, 백성(시 100:3)
11. 119편
12. 133편
13. 137편
14. 14, 53편
15. 42
16. 121:1
17. 2편
18. 18편
19. 104
20. 비파로서 시편의 헬라어판의 이름이 되었다.
21. 1-41/ 42-72/ 73-89/ 90-106/ 107-150
22. 120-134
23. 지혜시
24. 제왕시(메시야시)
25. 개인의 탄식시
26. 민족의 탄식시

27. 8편은 어떤 유형의 시에 속하는가요?

28. 15편은 어떤 유형의 시에 속하는가요?

29. "호흡이 있는 자마다 여호와를 찬양할지어다"라는 말씀은 시 몇 편에 나오는가요?

30. "내가 밤을 새우니 지붕 위의 외로운 참새 같으니이다"는 시 몇 편에 나오는가요?

31. "우리의 표적은 보이지 아니하며 선지자도 더 이상 없으며 이런 일이 얼마나 오랠는지 우리 중에 아는 자도 없나이다"는 시 몇 편에 나오는가요?

32. "여호와여 어느 때까지니이까 나를 영원히 잊으시나이까?"라는 말씀은 시편 몇 편에 나오는가요?

33. "내가 여호와를 기다리고 기다렸더니 귀를 기울이사 나의 부르짖음을 들으셨도다."는 말씀은 시 몇 편에 나오는가요?

34. "여호와께서 집을 세우지 아니하시면 세우는 자의 수고가 헛되며"라는 말씀은 시 몇 편에 나오는가요?

35. 민족의 탄식시 중의 둘만 예를 드시오!

36. "우리의 연수가 칠십이요 강건하면 팔십이라도…"는 시 몇 편에 나오는가요?

37. "여호와여 주의 장막에 머무는 자 누구오며 주의 성산에 사는 자 누구오니이까"라는 말씀은 시 (　　)편에 나온다.

38. "우리가 너의 (　　)로 말미암아 (　　)를 부르며 우리 하나님의 이름으로 우리의 (　　)을 세우리니 여호와께서 네 모든 (　　)를 이루어 주시기를 원하노라."

39. "여호와는 선하시니 그의 인자하심이 영원하고 그의 성실하심이 대대에 이르리로다"라는 말씀은 시편 어디에 나오나요?

40. 시 23편은 몇 절로 되어 있나요?

41. "내 영혼아 네가 어찌하여 낙심하며 어찌하여 내 속에서 불안해 하는가 너는 하나님께 소망을 두라 그가 나타나 도우심으로 말미암아 내가 여전히 찬송하리로다"라는 말씀은 시 몇 편에 나옵니까?

42. "내가 죄악 중에서 출생하였음이여 어머니가 죄 중에서 나를 잉태하였나이다."라는 말씀은 시 몇 편에 나옵니까?

43. "나의 왕, 나의 하나님, 만군의 여호와여 주의 제단에서 참새도 제 집을 얻고 제비도 새끼 둘 보금자리를 얻었나이다"라는 말씀은 시 (　)편에 나타난다.

44. "우리가 너의 승리로 말미암아 개가를 부르며 우리 하나님의 이름으로 우리의 깃발을 세우리니 여호와께서 네 모든 기도를 이루어 주시기를 원하노라."는 말씀은

27. 찬양시(창조시)
28. 예배시
29. 150편
30. 102편
31. 74편
32. 13편
33. 40편
34. 127편
35. 44, 60, 74, 79, 80, 83, 85, 90, 137
36. 90편
37. 15
38. 승리, 개가, 깃발, 기도(시 20편)
39. 100:5
40. 6절
41. 42/43편
42. 51편
43. 84편
44. 20편

시 (　　)편에 나타납니다.

45. 시 14편과 거의 같은 시는 (　　)편이다.

46. "그의 눈은 망령된 자를 멸시하며 여호와를 두려워하는 자들을 존대하며…"라는 말씀은 시 몇 편에 나오는가요?

47. "너희는 가만히 있어 내가 하나님 됨을 알지어다"라는 말씀은 시 몇 편에 나오는가요?

48. "청년이 무엇으로 그의 행실을 깨끗하게 하리이까?"라는 말씀은 시 몇 편에 나오는가요?

49. 시 51:10을 암송하시오!

50. "내게 줄로 재어 준 구역은 아름다운 곳에 있음이여 나의 기업이 실로 아름답도다"라는 말씀은 시 (　　)편에 나온다.

51. "여호와의 율법은 완전하여 영혼을 소성시키며 여호와의 증거는 확실하여 우둔한 자를 지혜롭게 하며"라는 말씀은 시 몇 편에 나오나요?

52. 시 1:1-2를 암송하시오!

53. 시 23편은 어떤 유형의 시에 속하는가요?

54. 창조시를 하나 드시오!

55. 참회시 일곱 개를 열거하시오!

56. 시온시 일곱 개를 열거하시오!

57. 개인의 탄식시와 감사시가 붙은 예를 하나만 드시오!

58. 성전에 들어갈 수 있는 자격을 논한 시 둘을 쓰시오!

59. 야흐베의 왕권을 찬양하는 시를 전부 열거하시오!

60. 찬양시와 감사시의 차이점은 무엇인가요?

61. 37편과 73편은 어떤 시에 속하는가요?

62. 아합왕의 결혼식시로 추측되는 시는 무엇인가요?

63. "다윗의 시"라고 되어 있는 시에 대해 설명하시오!

64. "여호와의 산에 오를 자가 누구며 그의 거룩한 곳에 설 자가 누구인가 곧 손이 깨끗하며 마음이 청결하며 뜻을 허탄한 데에 두지 아니하며 거짓 맹세하지 아니하는 자로다"라는 말씀은 시 몇 편에 나오나요?

65. 모세의 시라고 제목이 붙은 시는 몇 편인가?

45. 53
46. 15편
47. 46편
48. 119편
49. 하나님이여 내 속에 정한 마음을 창조하시고 내 안에 정직한 영을 새롭게 하소서
50. 16
51. 19
52. 복 있는 사람은 악인들의 꾀를 따르지 아니하며 죄인들의 길에 서지 아니하며 오만한 자들의 자리에 앉지 아니하고 오직 여호와의 율법을 즐거워하여 그의 율법을 주야로 묵상하는 도다
53. 탄식시(의지시)
54. 8, 19, 104
55. 6, 32, 38, 51, 102, 130, 143
56. 46, 48, 76, 84, 87, 122, 132.
57. 22, 40
58. 15, 24
59. 47, 93, 96-99
60. 감사시에는 독특한 사연이 들어있음
61. 지혜시
62. 45편
63. 1) '다윗에게', '다윗을 위하여' 라고 번역할 수 있으니 반드시 저자라 할 수 없다 2) 그런 이름의 시집이 있었을 것이다. 3) 문체, 언어, 배경이 다윗시대와 전혀 맞지 않는 게 많다.
64. 24
65. 90

66. 할렐루야시편을 열거하라!
67. 트힘림이란 무슨 뜻인가?
68. "너는 멜기세덱의 서열을 따라 영원한 제사장이라"고 한 것은 시 몇 편인가?
69. 119편은 몇 절로 되어 있는가?
70. "나는 의로운 중에 주의 얼굴을 뵈오리니 깰 때에 주의 형상으로 만족하리이다" 라는 말씀은 시 몇 편에 나오는가요?
71. "여호와께서 다스리시니 만민이 떨 것이요, 여호와께서 그룹 사이에 좌정하시니 땅이 흔들릴 것이로다"
72. "내가 어려서부터 늙기까지 의인이 버림을 당하거나 그의 자손이 걸식함을 보지 못하였도다"
73. 제왕시를 둘 이상 드시오!
74. 지혜시를 두 개 드시오!
75. "그의 ( )에게 입맞추라 그렇지 아니하면 진노하심으로 너희가 ( )에서 망하리니 그의 진노가 급하심이라 여호와께 피하는 모든 사람은 다 복이 있도다"
76. "내가 누워 자고 깨었으니 여호와께서 나를 붙드심이로다"라는 구절은 시 몇 편에 나오나요?
77. "주께서 내 마음에 두신 기쁨은 그들의 ( )과 새 포도주가 풍성할 때보다 더하니이다"
78. "여호와여 주의 분노로 나를 ( )하지 마시오며 주의 ( )로 나를 징계하지 마옵소서"
79. "하나님은 의로우신 재판장이심이여 매일 분노하시는 하나님이시로다"라는 말씀은 시 ( )편에 나온다.
80. 시 9편과 10편이 하나의 시라는 것은 무엇으로 알 수 있나요?
81. 다음 중에서 알파벳시가 아닌 것은 무엇인가요?
   ① 시 119 ② 시 25 ③ 애 4 ④ 시 113
82. "깨끗한 자에게는 주의 깨끗하심을 보이시며 사악한 자에게는 주의 거스르심을 보이시리니"라는 말씀은 시 몇 편에 나오는가요?
   ① 시 21 ② 시 45 ③ 시 89 ④ 시 18
83. "왕이 여호와를 의지하오니 지존하신 이의 인자함으로 흔들리지 아니하리이다"라는 말씀은 시 몇 편에 나오나요?
   ① 시 33 ② 시 55 ③ 시 97 ④ 시 21

66. 111-113, 115-117, 146-150
67. 찬양들
68. 110
69. 176
70. 17
71. 99
72. 37
73. 2, 20, 21, 45, 72, 89, 101, 110, 132
74. 1, 37, 49, 73, 112, 119, 127, 128, 139
75. 아들, 길
76. 3편
77. 곡식
78. 책망, 분노
79. 7
80. 알파벳시로 되어 있어서.
81. ④
82. ④
83. ④

84. "내 겉옷을 나누며 속옷을 제비뽑나이다"라는 말씀은 시 몇 편에 나오나요?

85. "허물의 사함을 받고 자신의 죄가 가려진 자는 복이 있도다"라는 말씀은 시 (　　) 편 1절에 나온다.

86. "여호와의 소리가 암사슴을 낙태하게 하시고 삼림을 말갛게 벗기시니 그의 성전에서 그의 모든 것들이 말하기를 영광이라하도다"라는 말씀은 시 (　　) 편 9절의 말씀이다.

87. "그의 마음의 소원을 들어 주셨으며 그의 입술의 요구를 거절하지 아니하셨나이다"라는 말씀은 시 몇 편에 나오나요?
① 시 21　② 시 18　③ 시 27　④ 시 20

88. "내가 여호와께 피하였거늘 너희가 내 영혼에게 새 같이 네 산으로 도망하라 함은 어찌함인가"라는 시는 시 (　　)편에 나온다.

89. "그의 노여움은 잠깐이요 그의 은총은 평생이로다 저녁에는 울음이 깃들일지라도 아침에는 기쁨이 오리로다"라는 말씀은 시 (　　)편 5절의 말씀이다.

90. "의인은 고난이 많으나 여호와께서 그의 모든 고난에서 건지시는도다 . 그의 모든 뼈를 보호하심이여 그 중에서 하나도 꺾이지 아니하도다"라는 말씀은 시 (　　)편에 나온다.

91. "비열함이 인생 중에 높임을 받는 때에 악인들이 곳곳에서 날뛰는도다"라는 말씀은 시 (　　)편에 나온다.

92. "나는 그들이 병들었을 때에 굵은 베 옷을 입으며 금식하여 내 영혼을 괴롭게 하였더니 내 기도가 내 품으로 돌아왔도다"라는 말씀은 시 (　　)편에 나오나요?

93. "내가 사랑하는 자와 내 친구들이 내 상처를 멀리하고 내 친척들도 멀리 섰나이다"라는 말씀은 시 (　　)편 11절에 나온다.

94. 사람을 하나님보다 조금 못하게 지으셨다고 고백한 시는 몇 편인가요?

95. "내가 여호와께 바라는 한 가지 일 그것을 구하리니 곧 내가 내 평생에 여호와의 집에 살면서 여호와의 아름다움을 바라보며 그의 성전에서 사모하는 그것이라"라는 말씀은 시 몇 편에 나오나요?

96. "내가 신뢰하여 내 떡을 나눠 먹던 나의 가까운 친구도 나를 대적하여 그의 발꿈치를 들었나이다"라는 말씀은 시 (　　)편 9절에 나온다.

97. "내가 잠잠하고 입을 열지 아니함은 주께서 이를 행하신 까닭이니이다"라는 말씀은 시 (　　)편 9절에 나온다.

98. "악인의 죄가 그의 마음속으로 이르기를 그의 눈에는 하나님을 두려워하는 빛이

84. 22편
85. 32
86. 29
87. ①
88. 11
89. 30
90. 34
91. 12
92. 35
93. 38
94. 8편
95. 27.편
96. 41
97. 39
98. 36

없다 하니, 그가 스스로 자랑하기를 자기의 죄악은 드러나지 아니하고 미워함을 받지도 아니하리라 함이로다"라는 말씀은 시 (　　)편에 1절에 나온다.

99. "많은 군대로 구원 얻은 왕이 없으며 용사가 힘이 세어도 스스로 구원하지 못하는도다. 구원하는 데에 군마는 헛되며 군대가 많다 하여도 능히 구하지 못하는도다"라는 말씀은 시 (　　)편에 나온다.

100. "내가 나의 영을 주의 손에 부탁하나이다 진리의 하나님 여호와여 나를 속량하셨나이다"라는 말씀은 시 (　　)편 5절에 나온다.

101. "악을 행하는 자들 때문에 불평하지 말며 불의를 행하는 자들을 시기하지 말지어다"라는 말씀은 시 (　　)편 1절에 나온다.

102. 아삽의 시는 어디에 수록되었나요?

103. "우리가 종일 주를 위하여 죽임을 당하게 되며 도살할 양 같이 여김을 받았나이다"라는 말씀은 시 (　　)편 22절에 나온다.

104. "하나님이 그 성 중에 계시매 성이 흔들리지 아니할 것이라 새벽에 하나님이 도우시리로다"라는 말씀은 시온시인 (　　)편 5절에 나온다.

105. "내 하나님이여 내 영혼이 내 속에서 낙심이 되므로 내가 요단 땅과 헤르몬과 미살 산에서 주를 기억하나이다 주의 폭포 소리에 깊은 바다가 서로 부르며 주의 모든 파도와 물결이 나를 휩쓸었나이다"라는 말씀은 시 (　　)편 6-7절에 나온다.

106. 고라의 시는 어디에 수록되었나요?

107. "존귀하나 깨닫지 못하는 사람은 멸망하는 짐승 같도다"라는 말씀은 고라자손의 시 중에 (　　)편 20절의 말씀이다.

108. "하나님이 하늘에서 인생을 굽어 살피사 지각이 있는 자와 하나님을 찾는 자가 있는가 보려 하신즉 각기 물러가 함께 더러운 자가 되고 선을 행하는 자 없으니 한 사람도 없도다"라는 말씀은 시 (　　)편 2-3절의 말씀이다.

109. "그 때에 내가 말하기를 내가 왔나이다 나를 가리켜 기록한 것이 두루마리 책에 있나이다"라는 말씀은 시 (　　)편 7절에 나온다.

110. "두로의 딸은 예물을 드리고 백성 중 부한 자도 네 얼굴 보기를 원하리로다. 왕의 딸은 궁중에서 모든 영화를 누리니 그의 옷은 금으로 수 놓았도다"는 제왕시 중에서 (　　)편 12-13절의 말씀이다.

111. "하나님께서 구하시는 제사는 상한 심령이라 하나님이여 상하고 통회하는 마음을 주께서 멸시하지 아니하시리이다"라는 말씀은 시 (　　)편 17절에 나온다.

99. 33
100. 31
101. 37
102. 50, 73-83
103. 44
104. 46
105. 42
106. 42-49, 84-85, 87-89
107. 49
108. 53
109. 40
110. 45
111. 51

112. "두려움과 떨림이 내게 이르고 공포가 나를 덮었도다. 나는 말하기를 만일 내게 비둘기 같이 날개가 있다면 날아가서 편히 쉬리로다"라는 구절은 시 (   )편에 나온다.

113. "그들이 급히 흐르는 물 같이 사라지게 하시며 겨누는 화살이 꺾임 같게 하시며, 소멸하여 가는 달팽이 같게 하시며 만삭되지 못하여 출생한 아이가 햇빛을 보지 못함 같게 하소서"라는 말씀은 시 (   )편에 나온다.

114. "넘어지는 담과 흔들리는 울타리 같이 사람을 죽이려고 너희가 일제히 공격하기를 언제까지 하려느냐"라는 말씀은 시 (   )편에 나온다.

115. "터가 높고 아름다워 온 세계가 즐거워함이여 큰 왕의 성 곧 북방에 있는 시온산이 그러하도다"라는 구절은 시온시인 (   )편 2절의 말씀이다.

116. "주께서 택하시고 가까이 오게 하사 주의 뜰에 살게 하신 사람은 복이 있나이다 우리가 주의 집 곧 주의 성전의 아름다움으로 만족하리이다"라는 말씀은 시 (   )편 4절에 있다.

117. "주의 집을 위하는 열성이 나를 삼키고 주를 비방하는 비방이 내게 미쳤나이다"라는 말씀은 시 (   )편 9절에 있다.

118. "네가 이 일을 행하여도 내가 잠잠하였더니 네가 나를 너와 같은 줄로 생각하였도다 그러나 내가 너를 책망하여 네 죄를 네 눈 앞에 낱낱이 드러내리라 하시는도다"라는 말씀은 아삽의 시 중에서 (   )편 21절의 말씀이다.

119. "이 사람은 하나님을 자기 힘으로 삼지 아니하고 오직 자기 재물의 풍부함을 의지하며 자기의 악으로 스스로 든든하게 하던 자라 하리로다 그러나 나는 하나님의 집에 있는 푸른 감람나무 같음이여 하나님의 인자하심을 영원히 의지하리로다"라는 말씀은 시 (   )편 7-8절의 말씀이다.

120. "찬송하라 하나님을 찬송하라 찬송하라 우리 왕을 찬송하라 하나님은 온 땅의 왕이심이라 지혜의 시로 찬송할지어다"라는 말씀은 하나님의 왕권을 찬양하는 시인 (   )편 6-7절의 말씀이다.

121. "그들은 먹을 것을 찾아 유리하다가 배부름을 얻지 못하면 밤을 새우려니와, 나는 주의 힘을 노래하며 아침에 주의 인자하심을 높이 부르오리니 주는 나의 요새이시며 나의 환난 날에 피난처심이니이다"라는 말씀은 시 (   )편에 나온다.

122. "하나님이여 나를 어려서부터 교훈하셨으므로 내가 지금까지 주의 기이한 일을 전하였나이다. 하나님이여 내가 백발이 될 때에도 나를 버리지 마시며"라는 말씀은 시 (   )편 17-18절에 있다.

123. "내 영혼이 사자들 가운데에서 살며 내가 불사르는 자들 중에 누웠으니 곧 사람

112. 55
113. 58
114. 62
115. 48
116. 65
117. 69
118. 50
119. 52
120. 47
121. 59
122. 71
123. 57.

의 아들들 중에라 그들의 이는 창과 화살이요 그들의 혀는 날카로운 칼 같도다 . 하나님이여 주는 하늘 위에 높이 들리시며 주의 영광이 온 세계 위에 높아지기를 원하나이다"라는 말씀은 시 (　　)편에 나온다.

124. "볼지어다 이들은 악인들이라도 항상 평안하고 재물은 더욱 불어나도다. 내가 내 마음을 깨끗하게 하며 내 손을 씻어 무죄하다 한 것이 실로 헛되도다"라는 말씀은 지혜시 가운데 하나요 아삽의 시라는 제목이 붙은 시 (　　)편에 나온다.

125. "하나님이여 주께서 우리를 버리지 아니하셨나이까 하나님이여 주께서 우리 군대와 함께 나아가지 아니하시나이다 .우리를 도와 대적을 치게 하소서 사람의 구원은 헛됨이니이다"라는 말씀은 시 (　　)편에 나온다.

126. "그들은 죄악을 꾸미며 이르기를 우리가 묘책을 찾았다 하나니 각 사람의 속 뜻과 마음이 깊도다. 그러나 하나님이 그들을 쏘시리니 그들이 갑자기 화살에 상하리로다"라는 말씀은 시 (　　)편 6-7절에 나온다.

127. "그는 벤 풀 위에 내리는 비 같이, 땅을 적시는 소낙비 같이 내리리니, 그의 날에 의인이 흥왕하여 평강의 풍성함이 달이 다할 때까지 이르리로다"라는 구절은 제왕시 중에서도 '솔로몬의 시'라는 제목이 붙은 (　　)편에 나온다.

128. "주께서 말씀을 주시니 소식을 공포하는 여자들은 큰 무리라"는 말씀은 시 (　　)편 11절에 나온다.

129. "나의 유리함을 주께서 계수하셨사오니 나의 눈물을 주의 병에 담으소서 이것이 주의 책에 기록되지 아니하였나이까"라는 말씀은 시 (　　)편에 기록되었다.

130. "주의 인자하심이 생명보다 나으므로 내 입술이 주를 찬양할 것이라"는 말씀은 시 (　　)편에 나온다.

131. 주의 (　　　)의 생명을 들짐승에게 주지 마시며 주의 (　　) 자의 목숨을 영원히 잊지 마소서[시 74]

132. 무릇 높이는 일이 동쪽에서나 서쪽에서 말미암지 아니하며 (　)에서도 말미암지 아니하고, 오직 (　　)이신 하나님이 이를 낮추시고 저를 높이시느니라[시 75]

133. 그의 인자하심은 영원히 끝났는가, 그의 (　　)하심도 영구히 폐하였는가, 하나님이 그가 베푸실 은혜를 잊으셨는가, 노하심으로 그가 베푸실 (　　)을 그치셨는가 하였나이다[시 77]

134. 출애굽과 광야생활, 땅 정복 후의 역사까지를 시로 읊은 것은 몇 편인가요?
① 시 92 ② 시 87 ③ 시 78 ④ 시 69

135. "나는 너를 (　　　)땅에서 인도하여 내 여호와 네 하나님이니 네 (　　)을 크게 열라 내가 채우리라 하였으나, 내 백성이 내 소리를 듣지 아니하며"[시 81:10-11]

124. 73
125. 60
126. 64.
127. 72
128. 68
129. 56
130. 63
131. 멧비둘기, 가난한
132. 남쪽, 재판장
133. 약속, 긍휼
134. ③
135. 애굽, 입

136. 소위 '엘로히스트시집'이란 어디를 가리키는가요?

137. 주는 미디안에게 행하신 것같이, ( )시내에서 시스라와 야빈에게 핸하신 것 같이 그들에게도 행하소서[시 83:9]

138 "인애와 ( )가 같이 만나고 의와 ( )이 서로 입맞추었으며, ( )는 땅에서 솟아나고 의는 하늘에서 굽어보도다"[시 85:10-11]

139. "나는 라합과 ( )이 나를 아는 자 중에 있다 말하리라 보라 블레셋과 두로와 ( )여 이것들도 거기서 났다 하리로다"[시 87:4]

140. "그들이 주의 종들의 시체를 공중의 새에게 밥으로, 주의 성도들의 육체를 땅의 짐승에게 주며, 그들의 피를 예루살렘 사방에 물 같이 흘렸으나 그들을 매장하는 자가 없었나이다"와 같이 애가와 비슷한 분위기의 구절은 시 ( )편에 나온다.

141. "나는 무덤에 내려가는 자 같이 인정되고 힘없는 용사와 같으며, 죽은 자 중에 던져진 바 되었으며 죽임을 당하여 무덤에 누운 자 같으니이다 주께서 그들을 다시 기억하지 아니하시니 그들은 주의 손에서 끊어진 자니이다"라는 말씀은 시 ( )편에 기록되었다.

142. "천 명이 네 왼쪽에서, 만 명이 네 오른쪽에서 엎드러지나 이 재앙이 네게 가까이 하지 못하리로다"라는 말씀은 시 ( )편에 나온다.

143. "여호와여 나의 발이 미끄러진다고 말할 때에 주의 ( )하심이 나를 붙드셨사오며, 내 속에 ( )이 많을 때에 주의 위안이 내 영혼을 즐겁게 하시나이다"[시 94:18-19]

144. "여호와께서 다스리시니 만민이 떨 것이요 여호와께서 ( ) 사이에 좌정하시니 땅이 흔들릴 것이로다"[시 99:1]

145. "그가 네 모든 죄악을 사하시며 네 모든 병을 고치시며, 네 생명을 파멸에서 속량하시고 인자와 ( )로 관을 씌우시며, 좋은 것으로 네 소원을 만족하게 하사 네 청춘을 ( ) 같이 새롭게 하시는도다"

146. "우리의 연수가 칠십이요 강건하면 팔십이라도 그 연수의 자랑은 수고와 슬픔뿐이요 신속히 가니 우리가 날아가나이다"라는 말씀은 시 ( )편에 나온다.

147. "오라 우리가 여호와께 노래하며 우리의 구원의 반석을 향하여 즐거이 외치자"라는 말씀은 시 ( )편 1절에 나온다.

148. "나는 광야의 올빼미 같고 황폐한 곳의 ( ) 같이 되었사오며, 내가 밤을 새우니 지붕 위의 외로운 ( ) 같으니이다"[시 102:6-7]

149. "의인은 종려나무 같이 번성하며 레바논의 백향목 같이 성장하리로다. 이는 여

136. 시 42-83편
137. 기손
138. 진리, 화평, 진리
139. 바벨론, 구스
140. 79
141. 88
142. 91
143. 인자, 근심
144. 그룹
145. 긍휼, 독수리
146. 90
147. 95
148. 부엉이, 참새

호와의 집에 심겼음이여 우리 하나님의 뜰 안에서 번성하리로다. 그는 늙어도 여전히 결실하며 진액이 풍족하고 빛이 청청하니"라는 말씀은 시 (　　)편에 나온다.

150. 3권의 마지막 시로서 메시야시로 분류되는 시는 (　　)편이다.

151. "젊은 사자들은 그들의 먹이를 쫓아 부르짖으며 그들의 먹이를 하나님께 구하다가, 해가 돋으면 물러가서 그들의 굴 속에 눕고"라는 말씀은 시 (　　)편에 나온다.

152. 시 107편에서 감사하는 조건이 아닌 것은 무엇인가요?
① 광야에서 길을 찾은 것　② 전쟁에서 살아난 것
③ 풍랑에서 살아난 것　④ 감옥에서 나온 것

153. "나는 사랑하나 그들은 도리어 나를 대적하니 나는 (　　)할 뿐이라"[시 109:4]

154. '할렐루야'란 무슨 뜻인가요?

155. 성경에서 가장 짧은 장은 무엇인가요?

156. "그의 경건한 자들의 죽음은 여호와께서 보시기에 귀중한 것이로다"는 말씀은 시 (　　)편에 나온다.

157. "건축자가 버린 돌이 집 모퉁이의 머릿돌이 되었나니, 이는 여호와께서 행하신 것이요 우리 눈에 기이한 바로다"라는 말씀은 시 (　　)편에 나온다.

158. "해 돋는 데에서부터 해 지는 데에까지 여호와의 이름이 찬양을 받으시리로다"라는 말씀은 시 (　　)편에 나온다.

159. "여호와께서 내 주께 말씀하시기를 내가 네 원수들로 네 발판이 되게 하기까지 너는 내 오른쪽에 앉아 있으라 하셨도다"라는 말씀은 시 (　　)편에 나온다.

160. "(　　)은 내 목욕통이라 에돔에는 내 신발을 벗어 던질지며 (　　) 위에서 내가 외치리라 하셨도다"[시 108:9]

161. "고난 당하기 전에는 내가 그릇 행하였더니 이제는 주의 말씀을 지키나이다"라는 말씀은 시 119편 (　　)절에 나온다.

162. "너 속이는 (　　)여 무엇을 네게 주며 무엇을 네게 더할꼬, 장사의 날카로운 화살과 (　　) 나무 숯불이리로다"[시 120:3-4]

163. "네 집 안방에 있는 네 아내는 결실한 포도나무 같으며 네 식탁에 둘러 앉은 자식들은 어린 감람나무 같으리로다"라는 말씀은 시 (　　)편에 나온다.

164. "실로 내가 내 영혼으로 고요하고 평온하게 하기를 젖 뗀 아이가 그의 어머니 품에 있음 같게 하였나니 내 영혼이 젖 뗀 아이와 같도다"라는 말씀은 시 (　　)편에 나온다.

149. 92
150. 89
151. 104
152. ②
153. 기도
154. 너희는 야훼를 찬양하라!
155. 시 117편
156. 116
157. 118
158. 113
159. 110
160. 모압, 블레셋
161. 67.
162. 혀, 로뎀
163. 128
164. 131

165. 의인이 나를 칠지라도 (   )로 여기며 책망할지라도 머리의 (   ) 같이 여겨서 내 머리가 이를 거절하지 아니할지라 그들의 재난 중에도 내가 항상 기도하리로다[시 141편]

166. "여호와여 주께서 죄악을 지켜보실진대 주여 누가 서리이까"라는 말씀은 시 (   ) 편에 나온다.

167. "눈물을 흘리며 씨를 뿌리는 자는 기쁨으로 거두리로다. 울며 씨를 뿌리러 나가는 자는 반드시 기쁨으로 그 곡식 단을 가지고 돌아오리로다"라는 말씀은 시 (   ) 편에 나온다.

168. "여호와여 주께서 죄악을 지켜보실진대 주여 누가 서리이까"라는 말씀은 시 (   ) 편에 나온다.

169. "젊은 자의 자식은 장사의 수중의 화살 같으니, 이것이 그의 화살통에 가득한 자는 복되도다 그들이 성문에서 그들의 원수와 담판할 때에 수치를 당하지 아니하리로다"라는 말씀은 시 (   )편에 나온다.

170. "(   )의 손을 바라보는 종들의 눈 같이, (   )의 손을 바라보는 여종의 눈 같이 우리의 눈이 여호와 우리 하나님을 바라보며 우리에게 은혜 베풀어 주시기를 기다리나이나"

171. 시 137편에서는 바벨론과 (   )을 저주하고 있다.

172. "내가 주의 영을 떠나 어디로 가며 주의 앞에서 어디로 피하리이까 내가 하늘에 올라갈지라도 거기 계시며 스올에 내 자리를 펼지라도 거기 계시니이다"라는 말씀은 시 (   )편에 나온다.

173. 시편에 나오는 마지막 시온시는 (   )편이다.

174. "아침에 나로 하여금 주의 인자한 말씀을 듣게 하소서 내가 주를 의뢰함이니이다 내가 다닐 길을 알게 하소서 내가 내 영혼을 주께 드림이니이다"라는 말씀은 시 (   )편에 나온다.

175. "귀인들을 의지하지 말며, 도울 힘이 없는 (   )도 의지하지 말지니"[시 146]

176. "우리 아들들은 어리다가 장성한 나무들과 같으며 우리 딸들은 궁전의 양식대로 아름답게 다듬은 모퉁잇돌들과 같으며, 우리의 곳간에는 백곡이 가득하며 우리의 양은 들에서 천천과 만만으로 번성하며"라는 말씀은 시 (   )편에 나온다.

165. 은혜, 기름
166. 130
167. 126
168. 130
169. 127
170. 상전, 여주인
171. 에돔
172. 139
173. 132
174. 143.
175. 인생
176. 144

잠 언

1. "너는 마음을 다하여 여호와를 신뢰하고 네 ( )을 의지하지 말라."(잠3:5)
   ① 명철 ② 지식 ③ 지혜 ④ 힘
2. "너는 마음을 다하여 여호와를 신뢰하고 네 명철을 의지하지 말라"는 말씀은 잠언 어디에 나오나요?
   ① 3장 ② 13장 ③ 23장 ④ 7장
3. "마음의 ( )은 사람에게 있어도 말의 ( )은 여호와께로부터 나오느니라."
4. "교만은 패망의 선봉이요 거만한 마음은 넘어짐의 앞잡이니라"는 말씀은 잠언 ( ) 장에 나옵니다.
5. 모든 지킬 만한 것 중에 더욱 네 ( )을 지키라 생명의 근원이 이에서 남이니라.
6. "귀를 막고 가난한 자가 부르짖는 소리를 듣지 아니하면 자기가 부르짖을 때에도 들을 자가 없으리라"는 말씀은 잠언 몇 장에 나옵니까?
7. 야호베께서 제일 미워하시는 것 두 가지를 적으시오!
8. "( )를 아끼는 자는 그의 자식을 미워함이라 자식을 사랑하는 자는 근실히 징계하느니라."
9. "지혜로도 못하고, 명철로도 못하고 ( )으로도 여호와를 당하지 못하느니라."
10. "( )은 숨은 사랑보다 나으니라."
11. 아굴의 두 가지 소원을 열거하시오!
12. "( )가 없으면 백성이 ( )히 행하거니와 율법을 지키는 자는 복이 있느니라."
13. "( )이 없으면 백성이 망하여도 ( )이 많으면 평안을 누리느니라."
14. "속이는 저울은 여호와께서 미워하시나 공평한 추는 그가 기뻐하시느니라"는 말씀은 잠언 ( )장에 나옵니다.
15. "누가 현숙한 여인을 찾아 얻겠느냐 그의 값은 진주보다 더하니라"는 말씀은 잠언 몇 장에 나오나요?
16. 중한 변리로 자기 재산을 늘이는 것은 누구를 위해 저축하는 셈이 됩니까?
17. 잠언 1:7을 암기하시오.
18. "내 아들아 여호와의 징계를 경히 여기지 말라 그 ( )을 싫어하지 말라."
19. 지혜는 ( )보다 귀하니 네가 사모하는 모든 것으로도 이에 비교할 수 없도다.

❖ 잠언

1. ① 2. ①
3. 경영, 응답(잠 16:1)
4. 16
5. 마음
6. 21
7. 교만한 눈, 거짓된 혀
8. 매(잠 13:24)
9. 모략(잠 21:30)
10. 면책(잠 27:5)
11. 1-헛된 것과 거짓말을 내게서 멀리 하옵시며, 2-가난하게도 마옵시고 부하게도 마옵시고 오직 필요한 양식으로 나를 먹이시옵소서!
12. 묵시, 방자(잠 29:18)
13. 지략, 지략(잠 11:14)
14. 11
15. 31
16. 3
17. 여호와를 경외하는 것이 지식의 근본이거늘 미련한 자는 지혜와 훈계를 멸시하느니라.
18. 꾸지람
19. 진주

20. "너는 네 우물에서 물을 마시며"란 무슨 뜻인가요?

21. 거만한 자를 책망하지 말라 그가 너를 (　　　　) 두려우니라.

22. 그 부리는 사람에게 이에 초 같은 자는 누구인가요?

23. 평온한 마음은 육신의 생명이나 (　　　　)는 뼈를 썩게 하느니라.

24. 왕 앞에 서게 되는 사람은 어떤 사람이라 했던가?

25. 잠언 30장은 (　　　　)의 잠언이고, 31장은 (　　　　)왕의 잠언이다.

26. 나무가 다하면 불이 꺼지고 (　　　　)가 없어지면 다툼이 쉬느니라

27. 포도주를 보지도 말라는 말은 잠언 (　　　　)장에 나온다.

28. 게으른 자의 길은 (　　　　) 같으나 정직한 자의 길은 (　　　　)니라

29. 미움은 다툼을 일으켜도 사랑은 모든 (　　　　)을 가리느니라

30. "고운 것도 거짓되고, 아름다운 것도 (　　), 오직 여호와를 (　　)하는 여자는 칭찬을 받을 것이라."

31. 작고도 지혜로운 것 중에 들어가지 않는 것은 무엇인가요?
   ① 도마뱀 ② 개미 ③ 벌 ④ 메뚜기

32. 잘 걸으며 위풍 있게 다니는 것 중에 속하지 않는 것은 무엇인가요?
   ① 말 ② 숫염소 ③ 사냥개 ④ 왕

33. 세상을 진동시키며 세상이 견딜 수 없게 하는 게 아닌 것은 무엇인가요?
   ① 종이 임금 된 것　② 여종이 주모를 이은 것
   ③ 미련한 자가 임금 된 것　④ 미움 받는 여자가 시집 간 것

34. "사람을 (　　　　) 올무에 걸리거니와 여호와를 의지하는 자는 안전하리라."

35. "가난한 자와 (　　)한 자가 섞여 살거니와 여호와께서는 그 모두의 눈에 빛을 주시느니라."

36. 자기의 (　　)을 믿는 자는 미련한 자요, 지혜롭게 행하는 자는 구원을 얻을 자니라.

37. 스올과 (　　)은 만족함이 없고, 사람의 (　　)도 만족함이 없느니라.

38. 대저 재물은 영원히 있지 못하나니, (　　　　)이 어찌 대대에 있으랴.

39. 친구의 아픈 책망은 (　　)으로 말미암는 것이나, 원수의 잦은 (　　)은 거짓에서 난 것이니라.

40. 사리에 맞게 대답하는 사람 일곱보다 자기를 지혜롭게 여기는 자는 누구인가요?

20. 네 아내에게서 사랑을 얻어라
21. 미워할까
22. 게으른 자
23. 시기
24. 자기 일에 능숙한 사람
25. 아굴, 르무엘
26. 말쟁이
27. 23
28. 가시울타리, 대로
29. 허물
30. 헛되나, 경외
31. ③
32. ①
33. ③
34. 두려워하면
35. 포학
36. 마음
37. 아바돈, 눈
38. 면류관
39. 충직, 입맞춤
40. 게으른 자

41. 꿀을 많이 먹는 것이 좋지 못하고, 자기의 (　　)를 구하는 것이 헛되니라.

42. 대저 의인은 (　　) 번 넘어질지라도 다시 일어나려니와, 악인은 (　　)으로 말미암아 엎드러지느니라.

43. 부자 되기에 애 쓰지 말고 네 사사로운 (　　)를 버릴지어다.

44. (　　)과 여호와를 경외함의 보상은 재물과 영광과 (　　)이니라.

45. (　　)을 좋아하는 자는 가난하게 되고, 술과 (　　)을 좋아하는 자는 부하게 되지 못하느니라.

46. 사람의 (　　)은 여호와의 등불이라. 사람의 깊은 속을 살피느니라.

47. (　　) 없는 소원은 선하지 못하고, (　　)이 급한 사람은 잘못 가느니라.

48. 노하기를 더디하는 것이 사람의 (　　)요, 허물을 용서하는 것이 자기의 (　　)이니라.

49. 사람은 자기의 (　　)으로 남에게 사모함을 받느니라. 가난한 자는 거짓말하는 자보다 나으니라.

50. 여호와의 이름은 견고한 (　　)라. 의인은 그리로 달려가서 안전함을 얻느니라.

51. 손자는 노인의 면류관이요, 아비는 자식의 (　　)니라.

52. 삼가 (　　)에 주의하는 자는 좋은 것을 얻나니, 여호와를 의지하는 자는 복이 있느니라.

53. (　　) 받기를 싫어하는 자는 자기의 영혼을 경히 여김이라. (　　)을 달게 받는 자는 지식을 얻느니라.

54. 소가 없으면 (　　)는 깨끗하려니와 소의 힘으로 얻는 것이 많으니라.

55. 지혜로운 자와 동행하면 (　　)를 얻고, 미련한 자와 사귀면 (　　)를 받느니라.

56. 의인에게는 어떤 재앙도 임하지 아니하려니와, 악인에게는 (　　)가 가득하리라.

57. 유덕한 여자는 (　　)을 얻고, (　　) 남자는 재물을 얻느니라.

58. 여호와께서 주시는 복은 사람을 부하게 하고 (　　)을 겸하여 주지 아니하시느니라.

59. 지혜 있는 자에게 (　　)을 더하라 그가 더욱 지혜로워질 것이요 의로운 사람을 가르치라 그의 (　　)이 더하리라

60. 지혜의 오른손에는 (　　)가 있고, 왼손에는 부귀가 있다.

61. 야호베께서 미워하시는 것에 해당되지 않는 것은 무엇인가요?
① 교만한 눈 ② 거짓된 혀 ③ 게으른 손 ④ 거짓을 말하는 증인

41. 영예
42. 일곱, 재앙
43. 지혜
44. 겸손, 생명
45. 연락, 기름
46. 영혼
47. 지식, 발
48. 슬기, 영광
49. 인자함
50. 망대
51. 영화
52. 말씀
53. 훈계, 경책
54. 구유
55. 지혜, 해
56. 앙화
57. 존영, 근면한
58. 근심
59. 교훈, 학식
60. 장수
61. ③

62. 젊어서 취한 아내는 무엇과 같다고 하였던가요?
① 암사슴 ② 암양 ③ 암염소 ④ 암노루

전 도 서

1. "또 내가 해 아래에서 보건대 재판하는 곳 거기에도 ( ) 있고 정의를 행하는 곳 거기에도 악이 있도다."(전 3:16)
① 악이 ② 불의가 ③ 죄악이 ④ 부정이

2. 코헬렛은 무슨 뜻인가요?

3. "형통한 날에는 ( )하고 곤고한 날에는 ( ) 보아라 이 두 가지를 하나님이 병행하게 하사 사람이 그의 장래 일을 능히 헤아려 알지 못하게 하셨느니라."

4. "내가 다시 해 아래에서 보니 빠른 ( )들이라고 선착하는 것이 아니며 ( )들이라고 전쟁에 승리하는 것이 아니며 ( )들이라고 음식물을 얻는 것도 아니며 명철자들이라고 ( )을 얻는 것도 아니며 ( )들이라고 은총을 입는 것이 아니니 이는 시기와 ( )는 그들 모두에게 임함이니라."

5. "너는 청년의 때에 너의 창조주를 기억하라 곧 ( )한 날이 이르기 전에, 나는 아무 ( )이 없다고 할 해들이 가깝기 전에"

6. "하나님이 모든 것을 지으시되 때를 따라 아름답게 하셨고 또 사람들에게는 ( )을 사모하는 마음을 주셨느니라 그러나 하나님이 하시는 일의 시종을 사람으로 ( )할 수 없게 하셨도다."

7. "범사가 기한이 있고 천하만사가 다 때가 있나니"라는 말씀은 전도서 몇 장에 나옵니까?

8. "이 모든 것을 내가 마음에 두고 이 모든 것을 살펴본즉 의인들이나 지혜자들이나 그들의 행위나 모두 다 하나님의 손 안에 있으니 사랑을 받을는지 미움을 받을는지 사람이 알지 못하는 것은 모두 그들의 미래의 일들임이니라."는 말씀은 전도서 ( )장에 나옵니다.

9. "한 사람이면 패하겠거니와 두 사람이면 맞설 수 있나니 세 겹 줄은 쉽게 끊어지지 아니하느니라."라는 말씀은 전도서 ( )장에 나옵니다.

10. "너는 네 떡을 물 위에 던져라 여러 날 후에 도로 찾으리라."라고 한 말씀은 어느 책에 있나요?

11. 전도서는 언제 읽던 책인가요?

62. ①, ④

❖ 전도서

1. ①
2. 카할(집회)를 소집하고 이끄는 사람. 설교자란 뜻
3. 기뻐, 되돌아(전 7:14)
4. 경주자, 용사, 지혜자, 음식물, 재물, 지식인, 기회(전 9:11)
5. 곤고, 낙(전 12:1)
6. 영원, 측량(전 3:11)
7. 3
8. 9
9. 4
10. 전도서
11. 초막절

12 "게으른즉 서까래가 내려앉고 손을 놓은즉 집이 새느니라"는 말씀은 어디에 나오나요?
① 잠언 10:5 ② 전도서 10:18 ③ 잠언 21:5 ④ 욥기 21:18

13. 전도서는 몇 장으로 되어 있는가요?

14. 전도서를 히브리어로 무엇이라 하나요?

15. 많은 책들을 짓는 것은 끝이 없고, 많이 ( )하는 것은 몸을 피곤하게 하느니라.

16. 지혜자들의 말씀들은 찌르는 ( ) 같고, 회중의 스승들의 말씀들은 잘 박힌 못 같으니...

17. 전도서에서 '집을 지키는 자들'은 무엇을 뜻하나요?

18. 전도서에서 '힘 있는 자들'은 무엇을 뜻하나요?

19. 전도서에서 '맷돌질하는 자들'은 무엇을 뜻하나요?

20. 전도서에서 '창들'은 무엇을 뜻하나요?

21. 전도서에서 '길거리 문들'은 무엇을 뜻하나요?

22. "너는 네 떡을 물 위에 던져라 여러 날 후에 도로 찾으리라."는 말씀은 무슨 뜻인가요?

23. "잔치는 희락을 위하여 베푸는 것이요 포도주는 생명을 기쁘게 하는 것이나( )은 범사에 이용되느니라.

24. 주권자가 네게 분을 일으키거든 너는 네 자리를 떠나지 말라 ( )이 큰 허물을 용서받게 하느니라.

25. "지혜자의 마음은 오른쪽에 있고, 우매자의 마음은 왼쪽에 있느니라"는 말에서 오른쪽과 왼쪽은 무엇을 뜻하는가요?

26. 지혜는 그의 얼굴에 ( )가 나게 하나니, 그의 얼굴의 ( ) 것이 변하느니라.

27. ( )이 지혜자를 우매하게 하고, 뇌물이 사람의 ( )을 망하게 하느니라.

28. 일의 끝이 시작보다 낫고, ( ) 마음이 교만한 마음보다 나으니...

29. 지나치게 의인이 되지도 말며, 지나치게 ( )도 되지 말라. 어찌하여 스스로 ( )하게 하겠느냐

30. 슬픔이 ( )보다 나음은 얼굴에 ( )하는 것이 마음에 유익하기 때문이니라.

31. 걱정이 많으면 ( )이 생기고, 말이 많으면 ( ) 자의 소리가 나타나느니라.

32. "두 손에 가득하고 수고하며 바람을 잡는 것보다 한 손에만 가득 하고 평온함이

12. ②
13. 12
14. 코헬렛
15. 공부
16. 채찍
17. 팔
18. 다리
19. 이빨
20. 눈
21. 귀
22. 계산하지 말고 너그럽게 베풀어라.
23. 돈
24. 공손함
25. 오른쪽은 바른 것, 선한 것, 행복을 뜻하고 왼쪽은 그 반대를 뜻한다.
26. 광채, 사나운
27. 탐욕, 명철
28. 참는
29. 지혜자, 패망
30. 웃음, 근심
31. 꿈, 우매한
32. 너무 많은 일을 하며 풍요한 것보다, 적당히 적게 하고 여유로운 게 낫다.

더 나으니라"는 말씀은 무슨 뜻인가요?

33. "찢을 때가 있고 꿰맬 때가 있으며"라는 말씀은 무슨 뜻인가요?

34. "하나님이 모든 것을 지으시되 때를 따라 아름답게 하셨고 또 사람들에게는 (　　)을 사모하는 마음을 주셨느니라 그러나 하나님이 하시는 일의 (　　)을 사람으로 측량할 수 없게 하셨도다"

아 가

1. "너희는 ( )로 내 힘을 돕고 사과로 나를 시원하게 하라 내가 사랑하므로 병이 생겼음이라."(아 2:5)
   ① 석류 ② 무화과 ③ 포도주 ④ 건포도

2. "너는 나를 인같이 마음에 품고 도장같이 팔에 두라 사랑은 죽음같이 강하고 질투는 스올 같이 잔인하며 불길 같이 일어나니 그 기세가 여호와의 불과 같으니라."는 말씀은 어디에 나옵니까?

3. 아가서는 언제 읽던 책인가요?

4. 아가서는 본디 무엇이었던가요?

5. '아가'란 무슨 뜻인가요?

6. "나는 사론의 (　　)요 골짜기의 (　　)로다."

7. 나의 사랑하는 자는 내게 엔게디 포도원의 (　　)송이로구나.

8. '엔게디'란 무슨 뜻인가요?

9. 포도원을 허는 작은 여우란 무슨 뜻인가?

10. "내 사랑아 너는 (　　)같이 어여쁘고, 예루살렘같이 곱고, 깃발을 세운 군대같이 (　　)하구나.

11. 여자의 눈이 헤스본의 못 같다는 것은 무슨 뜻인가요?

예언서 개관

1. 문서예언자란 무엇을 뜻하는가요?

2. 나비와 호제의 차이점을 설명하시오!

3. 예언자들의 예언은 어떻게 수집되었을까요?

33. 상을 당하여 옷을 찢을 때가 있고, 상이 끝나서 깁을 때가 있다.
34. 영원, 시종

✤ 아가

1. ④
2. 아 8:6
3. 유월절
4. 노래극이나 가요
5. 노래 가운데 노래/ 가장 아름다운 노래
6. 수선화, 백합화
7. 고벨화
8. 염소의 샘.
9. 여자의 몸을 노리는 젊은 남자
10. 디르사, 당당
11. 기쁨의 눈물로 젖은 눈

✤ 예언서 개관

1. 그 사람의 예언이 별도의 책으로 전해지는 예언자
2. 나비는 히브리어에서 외국에 수출된 단어, 호제는 환상을 보는 자란 뜻의 아람어로서, 나비 이전에 선지자들을 이렇게 불렀다.
3. 당대에 자신이나 제자가 직접 기록하기도 하였고, 누군가가 전하기도 하였고, 보태기도 하여 오늘에 이르렀다.

4. '호제'에 대해 설명하시오.

5. 문서예언자들은 주전 (　　)년에서 (　　)년 사이에 나타났습니다.

6. 소예언서를 모두 순서대로 열거하시오.

이 사 야

1. "너희는 위로하라 내 백성을 위로하라"는 말씀은 이사야 어디에 나옵니까?
   ① 40:1 ② 55:1 ③ 56:1 ④ 60:1

2. "사람이 세일에서 나를 부르되 파수꾼이여 밤이 어떻게 되었느냐 파수꾼이여 밤이 어떻게 되었느냐? 파수꾼이 가로되 (　)이 오나니 (　)도 오리라."
   ① 밤, 아침 ② 아침, 밤 ③ 새벽, 아침 ④ 새벽, 낮

3. "주 여호와께서 학자들의 혀를 내게 주사…"라고 한 말씀은 이사야 몇 장에 나오나요?
   ① 47 ② 50 ③ 49 ④ 46

4. "일어나라 빛을 발하라 이는 네 빛이 이르렀고 여호와의 영광이 네 위에 임하였음이니라"는 말씀은 이사야 (　)장에 나옵니다.

5. 이사야가 벗은 몸으로 삼년간 다닌 것은 어느 나라가 그렇게 될 것이라는 뜻이었습니까?

6. "주께서 이르시되 이 백성이 입으로는 나를 가까이 하며 입술로는 나를 공경하나 그들의 마음은 내게서 멀리 떠났나니 그들이 나를 경외함은 사람의 계명으로 가르침을 받았을 뿐이라"는 말씀은 어느 예언서에 나오는가요?

7. 히스기야에게 병문안 사자를 보낸 바벨론왕은 누구입니까?

8. "내 입을 날카로운 칼 같이 만드시고"라는 말씀은 이사야 몇 장에 나오는가요?

9. 국고를 맡은 관리로서 이사야에게 호화로운 무덤을 만든 일로 책망을 받은 자는 누구입니까?

10. 아리엘은 본디 무엇을 가리키는 말입니까?

11. "무릇 시온에서 슬퍼하는 자에게 화관을 주어 그 재를 대신하며 기쁨의 기름으로 그 슬픔을 대신하며 찬송의 옷으로 그 근심을 대신하시고…"라는 말씀은 어느 예언서에 나오는가요?

12. "여호와께서 말씀하시되 오라 우리가 서로 변론하자 너희의 죄가 주홍 같을지라도 눈과 같이 희어질 것이요"라는 말은 어느 예언서 몇 장에 나오는가요?

4. 아람어로서, 선견자, 즉 앞일을 아는 사람이란 뜻
5. 750, 500
6. 호세아, 요엘, 아모스, 오바댜, 요나, 미가, 나훔, 하박국, 스바냐, 학개, 스가랴, 말라기

✣ 이사야

1. ① 2. ② 3. ②
4. 60
5. 애굽과 구스
6. 이사야(29:13)
7. 므로닥발라단
8. 49장(2절)
9. 셉나
10. 번제단의 화덕
11. 이사야(61:3)
12. 이사야 1장

13. "그가 누구에게 지식을 가르치며 누구에게 도를 전하여 깨닫게 하려는가? 젖 떨어져 품을 떠난 자들에게 하려는가?"라는 말은 어느 예언서에 나오는가요?

14. "잉태하지 못하며 출산하지 못한 너는 노래할지어다 산고를 겪지 못한 너는 외쳐 노래할지어다 이는 홀로 된 여인의 자식이 남편 있는 자의 자식보다 많음이라 여호와께서 말씀하셨느니라"는 어느 예언서 몇 장에 나오는가요?

15 "좋은 소식을 전하며 평화를 공포하며 복된 좋은 소식을 가져오며 구원을 공포하며 시온을 향하여 이르기를 네 하나님이 통치하신다 하는 자의 산을 넘는 발이 어찌 그리 아름다운가?"라는 말씀은 어디에 나오는가요?

16. "가옥에 가옥을 이으며 전토에 전토를 더하여 빈틈이 없도록 하고 이 땅 가운데에서 홀로 거주하려 하는 자들은 화 있을진저"라는 말씀은 어느 예언서 몇 장에 나오나요?

17. "소는 그 임자를 알고 나귀는 그 주인의 구유를 알건마는 이스라엘은 알지 못하고 나의 백성은 깨닫지 못하는도다 하셨도다"라는 말씀은 어디에 나오는가요?

18. 이사야가 말씀을 전하는 것을 두고 비아냥거리며 어린아이인 줄 아느냐고 한 이야기는 이사야 (   )장에 나옵니다.

19. "여호와께서 말씀하시되 너희의 무수한 제물이 내게 무엇이 유익하뇨 나는 숫양의 번제와 살진 짐승의 기름에 배불렀고 나는 수송아지나 어린 양이나 숫염소의 피를 기뻐하지 아니하노라"는 말씀은 어느 예언서 몇 장에 나오나요?

20. "무리가 그들의 칼을 쳐서 보습을 만들고 그들의 창을 쳐서 낫을 만들 것이며 이 나라와 저 나라가 다시는 칼을 들고 서로 치지 아니하며 다시는 전쟁을 연습하지 아니하리라"는 말씀은 이사야 (   )장과 (   ) 4장에 나옵니다.

21. 이사야는 어느 왕 때에 활동하였던가요?

22. 이사야는 어떤 동물이 주인의 구유를 안다고 하였던가요?

23. "시온은 포도원의 망대 같이, 참외밭의 원두막 같이, 에워싸인 성읍 같이 겨우 남았도다"는 이사야 몇 장에 나오는가요?

24. 포도원의 노래는 이사야 (   )장에 나옵니다.

25. 이사야 36-39장은 성경 어디와 거의 같은가요?

26. 제이이사야는 (   )장에서 후반부가 시작됩니다.

27. 제이 이사야의 후반부는 어떤 특징을 갖고 있나요?

28. 소위 제삼이사야에서 제이이사야의 후반부와 같은 내용을 담고 있는 것은 어떤 부분인가요?

13. 이사야(28:9)
14. 사 54
15. 사 52:7
16. 사 5장
17. 사 1:3
18. 28
19. 이사야 1장
20. 2, 미가
21. 웃시야, 요담, 아하스, 히스기야
22. 나귀
23. 1:8
24. 5
25. 왕하 18:13-20:19
26. 49
27. 야곱 대신에 시온, 포로 이후의 상황을 반영
28. 60-62

29. 이사야 13-23장에 나오는 않는 나라는 무엇인가요?
① 바벨론 ② 아라비아 ③ 애굽 ④ 암몬

30. 다음 중 모압의 도시가 아닌 것은 무엇인가요?
① 루빔 ② 디본 ③ 엘르알레 ④ 헤스본

31. "그 때에 이리가 어린 양과 함께 살며 표범이 어린 염소와 함께 누우며 송아지와 어린 사자와 살진 짐승이 함께 있어 어린 아이에게 끌리며"라는 말씀은 어디에 나오는가요?

32. 이리와 어린 양이 함께 먹을 것이며 사자가 소처럼 짚을 먹을 것이라는 말씀은 이사야( )장에 나옵니다.

33. "오호라 너희 모든 목마른 자들아 물로 나아오라! 돈 없는 자도 오라! 너희는 와서 사 먹되 돈 없이, 값없이 와서 ( )와 젖을 사라"는 말씀은 이사야 ( )장에 나옵니다.

34. "내가 기뻐하는 금식은 흉악의 결박을 풀어 주며 멍에의 줄을 끌러 주며…"라는 말씀은 이사야 ( )장에 나옵니다.

35. "흑암에 행하던 백성이 큰 빛을 보고 사망의 그늘진 땅에 거주하던 자에게 빛이 비치도다"라는 말씀은 이사야 ( )장에 나옵니다.

36. "주 여호와의 영이 내게 내리셨으니 이는 여호와께서 내게 기름을 부으사 가난한 자에게 아름다운 소식을 전하게 하려 하심이라 나를 보내사 마음이 상한 자를 고치며 포로된 자에게 자유를, 갇힌 자에게 놓임을 선포하며"라는 말씀은 누가복음 ( )장에서 인용되었습니다.

37. "보라 처녀가 잉태하여 아들을 낳을 것이요 그의 이름을 임마누엘이라 하리라"는 말씀은 이사야 ( )장에 나옵니다.

38. "사망을 영원히 멸하실 것이라 주 여호와께서 모든 얼굴에서 눈물을 씻기시며 자기 백성의 수치를 온 천하에서 제하시리라 여호와께서 이같이 말씀하셨느니라"는 말씀은 이사야 ( )장에 나옵니다.

39. "거기에 대로가 있어 그 길을 거룩한 길이라 일컫는바 되리니 깨끗하지 못한 자는 지나가지 못하겠고 오직 구속함을 입은 자들을 위하여 있게 될 것이라 우매한 행인은 그 길로 다니지 못할 것이며"는 말씀은 이사야 ( )장에 나옵니다.

40. "내가 붙드는 나의 종, 내 마음에 기뻐하는 자 곧 내가 택한 사람을 보라 내가 나의 영을 그에게 주었은즉 그가 이방에 정의를 베풀리라"는 말씀은 어느 책, 몇 장에 나오는가요?

29. ④
30. ①
31. 사 11:6
32. 65
33. 포도주, 55
34. 58
35. 9
36. 4
37. 7
38. 25
39. 35
40. 이사야 42장

41. "그가 찔림은 우리의 허물 때문이요 그가 상함은 우리의 죄악 때문이라 그가 징계를 받으므로 우리는 평화를 누리고 그가 채찍에 맞으므로 우리는 나음을 받았도다"라는 말씀은 이사야 (　　)장 (　　)절에 나옵니다.

42. 하나님은 셉나의 자리를 누구에게 주시겠다고 하셨나요?

43. 상한 갈대를 꺾지 아니하며 꺼져가는 등불을 끄지 아니한다는 종에 대한 말씀은 이사야 (　　)장에 나옵니다.

44. 여수룬이란 무슨 뜻인가요?

45. "풀은 마르고 꽃은 시드나 우리 하나님의 말씀은 영원히 서리라 하라"는 말씀은 어느 예언서 몇 장에 나오나요?

46. 이사야서를 세밀하게 나누어 보시오!

47. 예언의 양식을 쓰시오.

48. 이사야 2장 2-4절은 어디에 거의 같은 말씀이 나타납니까?

49. 소위 제삼이사야를 별도로 구별한 학자는 누구인가요?

50. 이사야 11장의 평화 주제는 또 이사야 몇 장에 나오는가요(두 곳)?

51. 이사야 회고록이란 어디를 가리킵니까?

52. 제일이사야에서 메시야에 대한 예언으로 간주되는 곳은 어디인지 두 장을 쓰시오!

53. 이사야 52장 7절의 말씀은 어떤 예언서의 말씀을 확대시킨 것인가요?

54. 소위 제삼이사야의 소명기사라고 불려지는 곳은 이사야 몇 장에 나오는가요?

55. 하나님 종의 노래 네 개가 나오는 장절을 쓰시오!

56. 이사야 시대에 있었던 두 번의 전쟁을 들고 그 연대를 적으시오!

57. "남은 자의 사상"이란 무슨 뜻인지 설명하시오!

58. "소년이라도 곤비하지만, 여호와를 앙망하는 자는 새 힘을 얻을 것이라"는 말씀은 이사야 (　　)장에 나옵니다.

59. 헵시바란 무슨 뜻인가요?

60. 뿔라란 무슨 뜻인가요?

61. "모든 육체는 풀이요 그의 모든 아름다움은 들의 꽃과 같으니"라는 말씀은 이사야 몇 장에 나오는가요?

62. 수리아-에브라임 전쟁 때에 이사야가 아들을 데리고 아하스를 만나는 이야기는 이사야 몇 장에 나오는가요?

---

41. 53, 5
42. 엘리아김
43. 42
44. 정직한 자
45. 이사야 40장(8절)
46. 1-12/13-23/24-27/28-32/33-35/36-39/40-55/56-66
47. 여호와께서 이렇게 말씀하셨다 / 재난 경고/ 죄 지적의 순서. 사랑노래, 조가, 재판, 제사장의 가르침, 구원 약속 등의 양식을 썼다.
48. 미가 4:1-3
49. 둠
50. 35장과 65장
51. 사 6:1-8:18
52. 9장과 11장
53. 나훔
54. 61장
55. 42:1-4; 49:1-6; 50:4-9; 52:13-53:12
56. 수리아-에브라임 전쟁[734-732], 앗수르왕 산헤립의 침입[701]
57. 많은 사람이 있어도 전부 구원 받지는 못하고, 일부만 구원 받을 것이며, 망해도 다 망하지는 않고, 일부는 살아남는다는 뜻
58. 40
59. 나의 사랑하는 여자
60. 결혼한 여자
61. 40(6절)장
62. 7장

63. 이사야 묵시록은 어디를 가리키는가요?

64. 이사야는 무슨 메시지를 전하려고 벌거벗고 다녔던가요?

65. 이사야에 의하면 이방인이라도 어떤 조건을 지키면 하나님의 백성이 될 수 있는가요?

66. "소를 잡아 드리는 것은 살인함과 다름이 없이 하고"라는 말씀은 어느 예언서에 나오는가요?

67. 이사야는 언제부터 예루살렘에서 활동하였던가요?

68. 그들에게 정의를 바라셨더니 도리어 (　　)이요 그들에게 공의를 바라셨더니 도리어 (　　)이었도다.

69. "벽돌이 무너졌으나 우리는 다듬은 돌로 쌓고…"라고 한 사람들은 누구인가요?

70. 소위 제일이사야를 여섯으로 나눈다면 어떻게 나누어야 하는가요?

71. 나의 성산에서는 해함도 없겠고 상함도 없으리라는 예언은 이사야 (　　)장과 (　　)장에 나옵니다.

72. 벨사살왕은 바벨론의 마지막 왕인 (　　)의 아들이었습니다.

73. "이는 한 아기가 우리에게 났고 한 아들을 우리에게 주신 바 되었는데 그의 어깨에는 (　　)를 메었고 그의 이름은 (　　)라, (　　)라, (　　)하신 (　　)이라, 영존하시는 (　　)라, (　　)의 왕이라 할 것임이라."

74. 포로된 자에게 자유를 선언한 부분, 예수님이 고향 회당에서 읽은 말씀은 이사야 몇 장에 나옵니까?

75. "대저 경계에 경계를 더하며 경계에 경계를 더하며 교훈에 교훈을 더하며 교훈에 교훈을 더하되 여기서도 조금, 저기서도 조금 하는구나 하는도다."라는 말은 이사야 (　　)장에 나옵니다.

76. "이새의 줄기에서 한 싹이 나며"라고 예언한 것은 (　　)서 (　　)장에 나옵니다.

77. 히스기야왕에게 항복하라고 한 앗수르 관리의 직책은 무엇인가요?

78. 이사야가 하나님의 종이라 불렀던 페르시아 왕의 이름은 무엇인가요?

79. 이사야 21장에선 바벨론이 어느 나라의 공격으로 무너질 것이라 하였습니까?

80. "잊어버린 바 된 너 음녀여 수금을 가지고 성읍에 두루 다녀서 기묘한 곡조로 많은 노래를 불러서 너를 다시 기억하게 하라"는 말씀은 어느 나라를 향하여 한 예언인가요?

81. 알렉산더는 (　　)년에 (　　) 전투에서 이김으로써 가나안을 장악하게 되었습니다.

63. 24-27장
64. 그들도 이렇게 끌려 갈테니 애굽이나 구스를 의지하지 말라고
65. 안식일을 지키고 하나님의 언약을 굳게 지키는 자
66. 이사야(66:3)
67. 739/736
68. 포학, 부르짖음(사 5:7)
69. 북 이스라엘 사람들(사 9:10)
70. 1-12/13-23/24-27/28-32/33-35/36-39
71. 11, 65
72. 나보니드
73. 정사, 기묘자, 모사, 전능, 하나님, 아버지, 평강(사 9:6)
74. 61
75. 28
76. 이사야, 11
77. 랍사게
78. 고레스
79. 메대와 바사
80. 두로
81. 333년, 잇소스

82. 보스라는 어느 나라의 도시입니까?

83. "주 여호와 이스라엘의 거룩하신 이가 이같이 말씀하시되 너희가 돌이켜 조용히 있어야 구원을 얻을 것이요 잠잠하고 신뢰하여야 힘을 얻을 것이거늘 너희가 원하지 아니하고"는 말씀은 어디에 나오는가요?

84. "어떤 사람이 너희에게 말하기를 주절거리며 속살거리는 신접한 자와 마술사에게 물으라 하거든 백성이 자기 하나님께 구할 것이 아니냐 산 자를 위하여 죽은 자에게 구하겠느냐 하라"는 말씀은 어느 예언서에 나오는가요?

85. "말일에 여호와의 전의 산이 모든 산 꼭대기에 굳게 설 것이요 모든 작은 산 위에 뛰어나리니 만방이 그리로 모여들 것이라"는 말씀은 이사야 몇 장에 나오나요?

86. "오직 여호와를 앙망하는 자는 새 힘을 얻으리니 독수리의 날개 치며 올라감 같을 것이요 달음박질하여도 곤비치 아니하겠고 걸어가도 피곤치 아니하리로다"라는 말씀은 이사야 몇 장에 나옵니까?

87. "주께서 심지가 견고한 자를 평강하고 평강하도록 지키시리니 이는 그가 주를 신뢰함이니이다"라는 말씀은 이사야 몇 장에 나옵니까?

88. "헛된 제물을 다시 가져오지 말라 분향은 내가 가증히 여기는 바요 월삭과 안식일과 대회로 모이는 것도 그러하니 성회와 아울러 악을 행하는 것을 내가 견디지 못하겠노라"는 말씀은 이사야 몇 장에 나옵니까?

89. "광야와 메마른 땅이 기뻐하며 사막이 백합화 같이 피어 즐거워하며"라는 말씀은 이사야 몇 장에 나옵니까?

90. 사 9:6을 암송하시오!

91. 이사야 41:10을 외어 적으시오.

92. 이사야 7:9을 암송하시오!

93. 이사야 1:3을 암기하시오.

94. 제이이사야의 주제는 무엇인가요?

95. 너를 "이방의 빛"으로 삼았다는 말은 이사야 몇 장에 나오는가요?

96. 하나님이 "학자들의 혀"를 자기에게 주셨다고 하는 말은 이사야 몇 장에 나오는가요?

97. "처녀 딸 바벨론이여 내려와서 티끌에 앉으라"고 한 말씀은 이사야 몇 장에 나오는가요?

98. "너희가 어찌하여 양식 아닌 것을 위하여 은을 달아주느냐"고 한 말씀은 이사야 몇 장에 나오는가요?

82. 에돔
83. 이사야 30:15
84. 이사야 8:19
85. 2장
86. 40장
87. 26장
88. 1장
89. 35장
90. 이는 한 아기가 우리에게 났고 한 아들을 우리에게 주신 바 되었는데 그의 어깨에는 정사를 메었고 그의 이름은 기묘자라, 모사라, 전능하신 하나님이라, 영존하시는 아버지라, 평강의 왕이라 할 것임이라
91. 두려워하지 말라 내가 너와 함께 함이라 놀라지 말라 나는 네 하나님이 됨이라 내가 너를 굳세게 하리라 참으로 너를 도와 주리라 참으로 나의 의로운 오른손으로 너를 붙들리라
92. 에브라임의 머리는 사마리아요 사마리아의 머리는 르말리야의 아들이니라 만일 너희가 굳게 믿지 아니하면 너희는 굳게 서지 못하리라 하시니라
93. 소는 그 임자를 알고 나귀는 그 주인의 구유를 알 건마는 이스라엘은 알지 못하고 나의 백성은 깨닫지 못하는도다 하셨도다
94. 하나님의 나라
95. 49장
96. 50장
97. 47
98. 55

99. 하나님이 예루살렘을 당신의 손바닥에 새겼다는 말씀은 이사야 몇 장에 나오는가요?

100. 새 하늘과 새 땅의 비전을 보여주는 곳은 이사야 (   )장에 있다.

101. "내 집은 만민이 기도하는 집이라"는 말씀은 이사야 (   )장에 나온다.

102. "이 백성이 입으로는 나를 가까이 하며 입술로는 나를 존경하나 그 마음은 내게서 멀리 떠났나니"라는 말씀이 있는 곳은 어디인가요?
① 이사야 29장 ② 아모스 8장 ③ 예레미야 11장 ④ 에스겔 17장

103. 예루살렘 여인들의 사치를 책망한 것은 이사야 몇 장에 나오는가요?

104. 이사야가 아하스에게 임마누엘 이야기를 한 것은 예루살렘 어디에서였던가요?

105. 이사야의 두 아들의 이름을 써라!

106. "기묘자라 모사라 전능하신 하나님이라"는 말씀은 이사야 (   )장에 나온다.

107. 이사야가 자기의 예언을 봉함하는 이야기는 (   )장에 나온다.

108. 이사야서에서 이방인에 대한 예언이 모여 있는 곳은 어디인가요?

109. "너 아침의 아들 계명성이여"라는 것은 누구에게 한 말인가요?

110. 아리엘이란 무엇을 가리키는지 일차적인 뜻과 이차적인 뜻을 쓰시오!

111. "내 거룩한 산에서는 해 됨도 없고 상함도 없을 것"이라는 말씀은 이사야 몇 장에 나오는가요?

112. '마헬살랄하스바스'란 무슨 뜻인가요?

113. '스알야숩'은 무슨 뜻인가요?

114. 스불론 땅과 납달리를 영화롭게 하실 것이라는 말씀은 이사야 (   )장에 나온다.

115. 이사야에게 '젖 뗀 아이들에게 가르치려는 것이냐'고 하던 자들은 누구였던가?

116. 이사야서에서 시온에서 이루어질 지상낙원에 대해 읊은 장을 다 열거하라!

117. 이사야는 히브리어로 무슨 뜻인가요?

118. 히스기야는 몇 년에 죽었던가요?

119. "정의를 바랐더니 포학이요"라는 말에서 히브리어로 정의는 (   )고, 포학은 (   )다.

120. 아람왕 르신의 침입 때에 이사야가 아하스를 만난 사건을 다룬 것은 이사야 몇 장인가요?

121. 아람은 몇 년에 망했던가요?

99. 49
100. 65
101. 56
102. ①
103. 3장
104. 윗못 세탁자의 밭 큰 길가
105. 스알야숩, 마헬살랄하스바스
106. 9
107. 8
108. 13-23
109. 바벨론왕
110. 번제단의 화덕, 예루살렘
111. 11, 65
112. 노략이 급하고 약탈이 빠르리라
113. 남은 자는 돌아오리라
114. 9
115. 제사장들과 예언자들
116. 11, 35, 65
117. 야훼께서 구원하셨다
118. 697
119. 미쉬파트, 미스파흐
120. 7장
121. 733

122. '이스라엘 백성이 모래 같을지라도 남은 자만 돌아온다'는 말씀은 이사야 몇 장에 나오는가요?

123. 주전 705년에 애굽을 점령한 구스의 왕은 누구인가요?

124. 바벨론의 마지막 왕이 은거하던 사막의 도시는 어디인가요?

125. 이스라엘, 애굽, 앗시리아의 세 나라가 세계의 중심이 될 것이라 예언한 것은 이사야 몇 장인가요?

126. 두 번째 이사야에서 이스라엘을 야곱이라 부르는 것은 몇 장에서 몇 장인가?

127. 이사야가 굳게 믿었던 두 가지 선택은 무엇인가요?

128. 아하스왕의 재위 연대는 어떻게 되나요?

129. 시온 딸들의 교만을 책망한 것은 이사야 ( )장이다.

130. 이사야는 수리아-에브라임 전쟁 때에 아람이 몇 년 내에 망한다고 하였던가요?

131. '마헬살랄하스바스'는 누가 노략을 당할 것이란 뜻인가요?

132. "벽돌이 무너졌으나 우리는 다듬은 돌로 쌓고"라고 했던 사람들은 누구인가요?

133. 이사야서에서는 바벨론이 누구에 의해 소돔 고모라같이 될 것이라 하였던가요?

134. "뱀의 뿌리에서는 독사가 나겠고 그의 열매는 날아다니는 불뱀이 되리라"는 말씀은 ( )의 죽음을 기뻐하는 ( )사람에게 하는 말이다.

135. "조용히 감찰함이 쬐이는 일광 같고 가을 더위에 운무 같은" 하나님이 언젠가는 멸하실 민족은 무엇인가요?

136. 아스돗을 중심으로 하여 반앗수르 동맹이 일어난 것은 언제쯤인가요?

137. 시홀은 무엇을 가리키는 말인가요?

138. 아스돗은 언제 앗수르에 망했던가요?

139. "선견하지 말라 선견자들에게 이르기를 우리에게 바른 것을 보이지 말라 우리에게 부드러운 말을 하라 거짓된 것을 보이라"는 말씀은 어느 예언서에 나오나요?
① 이사야 ② 예레미야 ③ 스바냐 ④ 말라기

140. 보스라는 어느 나라에 있는 도시인가요?
① 모압 ② 암몬 ③ 에돔 ④ 블레셋

141. 산헤립은 자기 아들 ( )과 사레셀에게 암살 당했다.

142. 산헤립의 뒤를 이어 왕이 된 자는 누구인가요?

143. 두 번째 이사야의 소명기사는 어디에 나오나요?

122. 10
123. 샤바카
124. 데마
125. 19
126. 40-48
127. 시온, 다윗 왕조
128. 756-741
129. 3
130. 65
131. 수리아와 이스라엘
132. 북이스라엘에서 살아남은 사람들
133. 메대
134. 디글랏빌레셀,, 블레셋
135. 구스
136. 713년
137. 나일강
138. 711년
139. ①
140. ③
141. 아드람멜렉
142. 에살핫돈
143. 40:6-8

144. 야곱의 반댓말로서 '정직한 자'라는 뜻을 가진 이름은 무엇인가요?

145. 처녀 바벨론의 심판 이야기는 이사야 ( )장에 나온다.

146. '나를 때리는 자들에게 내 등을 맡겼다'는 말씀은 이사야 몇 장에 나오나요?

147. 세 번째 이사야서에선 어떤 이방인이 하나님의 백성이 될 수 있다고 했던가요?

148. 하나님은 "공의를 갑옷으로 삼으시며, (   )을 머리에 써서 투구로 삼으시며, 보복을 속옷으로 삼으시며, (   )을 입어 겉옷으로 삼으시고..."

149. 다음 중 수리아의 도시는 어느 것인가요?
① 길하레셋 ② 헤스본 ③ 아로엘 ④ 십마

150. 다음 중 애굽의 도시가 아닌 것은 무엇인가요?
① 놉 ② 디본 ③ 소안 ④ 온

151. 앗수르의 사르곤은 누구를 보내어 아스돗을 정복했던가요?

152. 다르단이란 무슨 뜻인가요?

153. 마병대가 쌍쌍이 오는 것은 어느 나라가 망한 표라 하였던가요?

154. 다음 중에서 아라비아와 관계가 없는 것은 무엇인가요?
① 데마 ② 드단 ③ 셀라 ④ 게달

155. 하나님은 이사야에게 큰 서판에다 통용문자로 무엇이라 쓰게 하셨던가요?

156. "신실하던 성읍이 어찌하여 (   )가 되었는고 정의가 거기 충만하였고 공의가 그 가운데 거하였더니 이제는 (   )들뿐이로다"

예 레 미 야

1. 오지병을 깨뜨리며 예언한 선지자는 누구인가요?
① 이사야 ② 예레미야 ③ 에스겔 ④ 아모스

2. 예레미야서에서 의인 한 사람만 있어도 이 성을 사하겠다고 하는 말씀은 몇 장에 나오는가요?
① 5장 ② 6장 ③ 7장 ④ 8장

3. "그들이 다시는 각기 이웃과 형제를 가리켜 이르기를 너는 여호와를 알라 하지 아니하리니 이는 작은 자로부터 큰 자까지 다 나를 알기 때문이라"는 말씀은 어디에 나오는가요?
① 이사야 ② 미가 ③ 호세아 ④ 예레미야(31:34)

144. 여수룬
145. 47
146. 50
147. 하나님의 언약을 지키고 안식을 지키는 이방인
148. 구원, 열심
149. ③
150. ②
151. 다르단
152. 제이인자
153. 바벨론
154. ③
155. 마헬살랄하스바스
156. 창기, 살인자들

✣ 예레미야
1. ② 2. ① 3. ④

4. 예레미야는 하나님이 부르셨을 때에 뭐라고 하며 자신이 부족함을 아뢰었습니까?
5. 하나님은 예레미야를 견고한 성읍, ( ), 놋 성벽이 되게 해 주겠다고 하셨다.
6. 애굽의 놉은 다른 이름으로 무엇이라 합니까?
7. 예레미야의 성전 설교는 어디 어디에 나오나요?
8. 예레미야를 죽이려는 사람들은 어디 마을 출신이었나요?
9. 예레미야의 고향은 솔로몬 때에 누가(제사장) 은퇴한 곳이었습니까?
10. "너는 내게 부르짖으라 내가 네게 응답하겠고 네가 알지 못하는 크고 은밀한 일을 네게 보이리라."고 한 말씀은 예레미야 ( )장에 나옵니다.
11. 예레미야는 바벨론을 온 세계의 ( )라 불렀다.
12. 레갑의 자손들은 누구의 말을 따라 포도주를 마시지 않았나요?
13. 레갑 족속들은 포도주를 마시지 않는 것 외에 또 어떤 금령을 지켰나요?
14. 예레미야를 갈대아인에게 항복하려 한다며 체포한 자는 누구인가요?
15. 바룩의 탄식은 예레미야 ( )장에 나옵니다.
16. 느헬람 사람 ( )는 제사장 ( )에게 글을 보내어 예레미야를 잡아 가두라고 하였습니다.
17. 예레미야는 요시야 왕 ( )년부터 예언을 시작하였습니다.
18. 여호야긴의 다른 이름을 아는 대로 쓰시오!
19. "여호와의 말씀이니라 보라 날이 이르리니 내가 이스라엘 집과 유다 집에 새 언약을 맺으리라"는 말씀은 어디에 나오나요?
20. "내가 다시는 여호와를 선포하지 아니하며 그의 ( )으로 말하지 아니하리라 하면 나의 마음이 불붙는 것 같아서 ( )에 사무치니 답답하여 견딜 수 없나이다"는 말씀은 어디에 나오나요?
21. 렘 2:13 "내 백성이 두 가지 악을 행하였나니 곧 그들이 ( ) 되는 나를 버린 것과 스스로 ( )를 판 것인데 그것은 그 물을 가두지 못할 터진 웅덩이들이니라"는 말씀은 어디에 나오나요?
22. 예레미야를 대적한 거짓 선지자는 누구인가요?
23. 바벨론 포로들에게 거기서 정착하고 바벨론을 위하여 기도하라 한 것은 예레미야 ( )장에 나옵니다.
24. 처녀가 어찌 그의 ( )을 잊겠느냐, 신부가 어찌 그의 ( )을 잊겠느냐? 오직 내 백성은 나를 잊었나니

4. 아이라 말할 줄을 모른다.
5. 쇠기둥
6. 멤피스
7. 7, 26장
8. 아나돗
9. 아비아달
10. 33
11. 망치
12. 요나답
13. 집도 짓지 않고, 포도에서 난 것을 먹지 않고, 밭, 종자를 갖지 않음
14. 이리야
15. 45
16. 스마야, 스바냐
17. 13
18. 고니야, 여고냐
19. 렘 31:31
20. 이름, 골수(렘 20: 9)
21. 생수의 근원, 웅덩이(2:13)
22. 하나냐
23. 29
24. 패물, 예복

25. 예레미야가 구덩이에 갇혔을 때에 왕에게 건져주라고 호소한 사람은 누구인가요?

26. 바벨론이 세워 놓은 첫 총독 ( )를 암살한 자는 ( )이었습니다.

27. 예레미야는 어디에 돌을 감추고 느부갓네살이 여기까지 쳐들어올 것이라 하였던가요?

28. 하나님은 예레미야를 통하여 누구에게 '큰 일을 찾지 말라'고 하셨던가요?

29. 바룩의 두루마리를 왕 앞에서 읽은 사람은 누구인가요?

30. "여호와께서 유다와 예루살렘 사람에게 이와 같이 이르노라 너희 묵은 땅을 갈고 가시덤불에 파종하지 말라"는 말씀은 어느 예언서에 나오나요?

31. "네가 옛적부터 네 멍에를 꺾고 네 결박을 끊으며 말하기를 나는 순종하지 아니하리라 하고 모든 높은 산 위에서와 모든 푸른 나무 아래에서 너는 몸을 굽혀 행음하도다"는 말씀은 어느 예언서에 나오나요?

32. "내 백성은 나를 알지 못하는 어리석은 자요 지각이 없는 미련한 자식이라 악을 행하기에는 지각이 있으나 선을 행하기에는 무지하도다"는 말씀은 어느 예언서에 나오는가요?

33. 예레미야를 애굽으로 끌고 간 장군은 ( )이었습니다.

34. 예레미야가 보기에 예루살렘(유다)의 문제는 무엇이었나요?

35. 예레미야가 예루살렘에 대해 심판을 예언하였다고 하여 사람들이 죽이려는 것을 반대자들은 어느 예언자의 예를 들며 살려 주었던가요?

36. 아나돗은 예레미야 때에 예루살렘 북방 ( )킬로미터 지점에 있었다.

37. 예레미야의 멍에를 꺾었다가 두 달 만에 죽은 자는 누구인가요?

38. 시드기야왕 때에 바벨론과 대항하기 위해 출동한 애굽의 왕은 누구인가요?

39. 예레미야의 소명은 몇 장에 나옵니까?

40. "네가 시홀의 물을 마시려고 애굽으로 가는 길에 있음은 어찌 됨이며 또 네가 그 강물을 마시려고 앗수르로 가는 길에 있음은 어찌 됨이냐?"는 말씀은 어느 예언서에 나오는가요?

41. 예레미야는 ( )의 제사장 ( )의 아들이었습니다.

42. "네 정수리를 상하였다"는 표현은 무슨 뜻인가요?

43. "공중의 ( )은 그 정한 시기를 알고 산비둘기와 ( )와 두루미는 그들이 올 때를 지키거늘 내 백성은 여호와의 규례를 알지 못하도다"

25. 구스인 에벳멜렉
26. 그다랴, 이스마엘
27. 다바네스 바로의 집 마당
28. 바룩
29. 여후디
30. 예레미야(4:3)
31. 예레미야(2:20)
32. 예레미야(4: 22)
33. 요하난
34. 동맹국과 성전, 예배 의존
35. 미가
36. 5
37. 하나냐
38. 호브라
39. 1
40. 예레미야(2:18)
41. 아나돗, 힐기야
42. 노예의 표로 머리를 깎음
43. 학, 제비

44. "나는 끌려서 잡히러 가는 순한 어린 양과 같으므로"라는 예레미야의 말씀은 다른 성경 몇 장과 많이 닮은 말씀인가요?

45. "모세와 사무엘이 내 앞에 섰다 할지라도 내 마음은 이 백성을 향할 수 없나니 그들을 내 앞에서 쫓아 내보내라"는 말씀은 어디에 나오나요?

46. "내게 재앙이로다 나의 어머니여 어머니께서 나를 온 세계에 다투는 자와 싸우는 자를 만날 자로 낳으셨도다 내가 꾸어 주지도 아니하였고 사람이 내게 꾸이지도 아니하였건마는 다 나를 저주하는도다"는 말씀은 어느 예언자가 한 말인가요?
① 이사야 ② 예레미야 ③ 에스겔 ④ 아모스

47. 예레미야는 어떤 사람을 두고 광야의 떨기나무와 같다고 하였습니까?

48. 예레미야는 베띠를 어디에 묻었나요?

49. 토기장이의 비유는 무슨 뜻입니까?

50. "제사장에게서 ( )이, 지혜로운 자에게서 ( )이, 선지자에게서 ( )이 끊어지지 아니할 것이니 오라 우리가 혀로 그를 치고 그의 어떤 말에도 주의하지 말자 하나이다."

51. 예레미야는 ( )문 어귀에 있는 힌놈의 아들의 골짜기에서 오지병을 깨뜨렸다.

52. 오지병을 깨뜨리는 일은 무슨 의미를 가지고 있나요?

53. 예레미야는 성전 ( )의 윗 문에 있는 착고에 채워졌다.

54. 예레미야 시대에 "불의로 그 집을 세우고 불공평으로 그 다락방을"지은 왕은 누구입니까?

55. 무화과 두 광주리의 비유를 설명하시오!

56. 예레미야와 똑같이 예언을 하고 애굽에 도망간 예언자는 누구인가요?

57. 바벨론군이 포위를 풀었을 때에 예레미야는 왜 고향에 가려 했던가요?

58. 예레미야는 숙부의 아들 ( )에게서 밭을 살 때에 은 ( )세겔을 주었다.

59. 애굽왕 ( )가 출전하였을 때에 바벨론군이 일시적으로 철수하였다.

60. 자기 고향에 가려다가 체포된 예레미야는 ( )에게 체포되어, 서기관 ( )의 집에 갇혔다.

61. 예레미야 일행을 붙잡고 애굽으로 데려간 장군은 ( )의 아들 ( )이다.

62. 예레미야서의 세 번째 부분은 어디며, 어떤 내용이 담겨 있나요?

63. 예레미야는 어떤 왕들이 다스릴 때에 예언하였나요?

44. 사 53
45. 렘 15:1
46. ② (15:10)
47. 사람을 의지하는 자
48. 유브라데
49. 멸하려다가도 살리고, 살리려다가도 죽이는, 전권을 가지신 하나님
50. 율법, 책략, 말씀(렘 18:18)
51. 하시드
52. 오지병을 깨뜨리면 원상태로 회복할 수 없듯이, 이스라엘도 한 번 망하면 회복되어도 원상태로 돌아갈 수 없다.
53. 베냐민
54. 여호야김
55. 좋은 무화과는 바벨론에 끌려간 사람들, 나쁜 무화과는 남아 있는 자들
56. 우리야
57. 하나멜에게서 산 밭을 인수하려고
58. 하나멜, 17
59. 호브라
60. 이리야, 요나단
61. 가레아, 요하난
62. 렘 46-51: 이방인에 대한 말씀. 렘 52장은 왕하 24:18-25:7을 옮긴 것
63. 요시야, 여호아하스, 여호야김, 여호야긴, 시드기야

64. 예레미야서를 세 부분으로 나누시오!

65. "새장에 새들이 가득함 같이 너희 집들에 속임이 가득하도다"는 말씀은 어느 예언자가 한 말씀인가요?

66. 베띠를 유브라데에 심게 하신 뜻은 어디에 있나요?

67. 예레미야가 악한 자가 형통한 이유를 물었을 때에 하나님은 무어라 대답하셨습니까?

68. "너희는 이것이 여호와의 성전이라, 여호와의 성전이라, 여호와의 성전이라 하는 거짓말을 믿지 말라"는 말씀은 어느 예언자가 한 말인가요?

69. 암몬 왕 (　　)는 이스마엘을 시켜 그다랴를 암살시켰습니다.

70. "조롱에 새들이 가득함 같이 너희 집들에 속임이 가득하도다"라는 말씀은 어디에 나오나요?
① 아모스 ② 호세아 ③ 예레미야 ④ 이사야

71. 살구나무란 오늘날의 (　　)나무인데, 이 말이 (　　)는 말과 발음이 비슷하였습니다.

72. 예레미야는 주전 (　　)년에 부름을 받았습니다.

73. 실로는 예루살렘 북쪽으로 몇 킬로미터 정도 떨어졌나요?

74. 예레미야에 의하면 바벨론은 온 세계로 하여금 취하게 하는 (　　)이었습니다.

75. 벧엘의 사람들은 7월에 무엇 때문에 금식하였던가요?

76. "나는 잡히러 가는 순한 어린 양과 같고"는 (　　) 11장과 이사야 (　　)장에 공통적으로 나오는 소재다.

77. "무릇 사람을 믿으며 육신으로 그의 힘을 삼고 마음이 여호와에게서 떠난 그 사람은 저주를 받을 것이라"라는 말씀은 어느 예언서에 나오는가요?

78. "(　　)이 그의 피부를, (　　)이 그의 (　　)을 변하게 할 수 있느냐 할 수 있을진대 (　　)에 익숙한 너희 선을 행할 수 있으리라"

79. 자랑하는 자는 이것으로 자랑할지니, 곧 명철하여 나를 아는 것과 나 여호와는 사랑과 (　　)와 (　　)를 땅에 행하는 자인 줄 깨닫는 것이라.

80. 예레미야에게 하나님은 누가 하나님 앞에 선다 할지라도 돌이킬 수 없다 하셨던가요?

81. 예레미야를 성전 문에 있는 착고에 채운 사람은 누구인가요?

82. 예레미야는 누가 궁전을 짓는 것을 비판하였나요?

83. "나는 끌려서 도살 당하러 가는 순한 어린 양과 같으므로 그들이 나를 해하려고

64. 1-24 / 25-45 / 46-52
65. 예레미야(5: 27)
66. 유다의 교만을 썩게 하려는 뜻
67. 렘 12:5; 만일 네가 보행자와 함께 달려도 피곤하면 어찌 능히 말과 경주하겠느냐 네가 평안한 땅에서는 무사하려니와 요단 강 물이 넘칠 때에는 어찌하겠느냐?
68. 예레미야(7:4)
69. 바알리스
70. ③
71. 아몬드, 지킨다
72. 627
73. 30Km
74. 금잔
75. 그다랴의 암살
76. 예레미야, 52-53
77. 예레미야(17:5)
78. 구스인, 표범, 반점, 악
79. 정의, 공의
80. 모세와 사무엘
81. 바스훌
82. 여호야김
83. 11

꾀하기를 우리가 그 나무와 열매를 함께 박멸하자 그를 살아 있는 자의 땅에서 끊어서 그의 이름이 다시 기억되지 못하게 하자 함을 내가 알지 못하였나이다"라는 말씀은 예레미야 ( )장에 나옵니다.

84. 예레미야는 애굽의 바로 ( )의 죽음을 예고하였습니다.

85. "어찌하며 내 머리는 물이 되고 내 눈은 눈물 근원이 될꼬 죽임을 당한 딸 내 백성을 위하여 주야로 울리로다"라는 말씀은 예레미야 ( )장에 나온다.

86. 예레미야는 하나님이 백성을 네 가지로 벌하신다고 하였는데, 거기에 들어가지 않는 것은 무엇인가요?
① 질병 ② 포로 ③ 칼 ④ 기근

87. 성전 총감독 바스훌을 예레미야는 무엇이라 불렀나요?

88. 끓는 가마가 기울었다는 것은 무슨 뜻인가요?

89. 예레미야에 대해 삼인칭으로 부르는 부분은 (-   )장이다.

90. 아몬드나무와 지킨다는 말은 히브리어로 어떻게 다른가?

91. 예레미야는 이스라엘이 언제 신혼기를 가졌다고 하였는가?

92. 여호와를 의지하는 사람은 시냇가에 심어진 나무와 같다고 한 것은 예레미야 (   )장에 나온다.

93. 예레미야가 살룸이라 부른 왕은 누구인가요?

94. 예레미야가 가장 심하게 책망한 왕은 누구인가요?

95. 예레미야란 이름의 뜻은 무엇인가요?

96. 예레미야의 부록은 몇 장이며 열왕기하 몇 장과 내용이 같은가요?

97. 예레미야를 보호하여 죽이지 못하게 한 사람은 누구인가요?

98. "라마에서 슬퍼하며 통곡하는 소리가 들리니 라헬이 그 자식 때문에 애곡하는 것이라."는 말씀은 어느 예언서에 나오나요?

99. 바벨론에 있던 거짓 선지자들을 열거하라!

100. 예레미야의 예언대로 느부갓네살은 몇 년에 애굽에 쳐들어갔던가요?

101. 예레미야서의 부록은 몇 장에 실려 있는가요?

102. 게달은 어디/누구를 가리키나요?

103. "악을 행하기에는 지각이 있으나 선을 행하기에는 무지하도다"란 말씀은 로마서 16장 (   )절에서 반대로 인용된다.

84. 호브라
85. 9
86. ①
87. 마골밋사빕
88. 북(바벨론)에서부터 재앙이 임한다
89. 26, 45
90. 샤케드, 쇼케드
91. 광야생활 때
92. 17
93. 여호아하스
94. 여호야김
95. 야흐베께서 기초를 놓으신다
96. 52; 24:17-25:8
97. 아히감
98. 예레미야
99. 아합, 시드기야
100. 568
101. 52장
102. 아라비아의 사막 주민들
103. 19

104. 본래의 이름 대신에 '죽음의 골짜기'라 불려질 것이라 했던 곳은 어디인가요?

105. 우상: "(　　　　　)에서 가져온 은박과 (　　　　)에서 가져온 금으로 꾸미되 기술공과 은장색의 손으로 만들었고..."

106. "여호와여 우리의 죄악이 우리에게 대하여 증언할지라도 주는 주의 이름을 위하여 일하소서"라는 기도는 예레미야가 무엇을 계기로 드렸던 기도인가요?

107. 자기의 생일을 저주한 사람은 누구인가요?
① 전도서 기자 ② 에스겔 ③ 욥 ④ 예레미야

108. 애굽으로 가는 것이 옳은지 하나님의 뜻을 예레미야가 물었을 때에 응답은 며칠 뒤에 내려왔던가요?

예레미야 애가

1. 성전을 파괴한 바벨론의 장수는 누구인가요?
2. 애가는 (　)월 9일에 읽었던 책이었습니다.
3. 애가 중에서 (　)장을 제외하곤 다 알파벳시였습니다.
4. "모든 지나가는 자들이 다 너를 향하여 박수치며 딸 예루살렘을 향하여 비웃고 머리를 흔들며 말하기를 (　) 영광이라, 모든 세상 사람들의 (　)이라 일컫던 성이 이 성이냐 하며."
5. 애가서 1장은 몇 절로 되어 있나요?
6. 애가에서 제일 긴 장은 어디인가요?
7. "내 마음이 그것을 (　)하고 내가 (　)이 되오나 이것을 내가 내 마음에 담아 두었더니 그것이 오히려 나의 (　)이 되었사옴은 여호와의 (　)와 (　)이 무궁하시므로 우리가 (　)되지 아니함이니이다"
8. 애가는 모두 몇 장으로 되어 있나요?
9. 슬프다 주께서 어찌 그리 진노하사 딸 시온을 (　)으로 덮으셨는가? 이스라엘의 아름다움을 땅에 던지셨음이여 그의 진노의 날에 그의 (　　)을 기억하지 아니하셨도다.
10. 애가에서 알파벳시가 아닌 것은 몇 장인가?
11. 애가에서 가장 긴 장은 몇 절로 되어 있나요?
12. 성전은 (　　)월 (　　)일에 파괴되었다.

104. 힌놈의 골짜기
105. 다시스, 우바스
106. 가뭄 재앙
107. ③ ④
108. 10일

✥ 예레미야 애가

1. 느부사라단
2. 5월(아브월)
3. 5
4. 온전한, 기쁨(애 2:15)
5. 22절
6. 3
7. 기억, 낙심, 소망, 인자, 긍휼, 진멸
8. 다섯 장
9. 구름, 발판
10. 5장
11. 66절
12. 5, 7

13. 애가서의 한 구절: "이스라엘의 아름다움을 땅에 던지셨음이여 그의 진노의 날에 그의 (   )을 기억하지 아니하셨도다."

14. 애가서: "그들이 성읍 길거리에서 상한 자처럼 기절하여 그의 어머니들의 품에서 혼이 떠날 때에 어머니들에게 이르기를 곡식과 (   )가 어디 있느냐 하도다."

15. 애가서: "살아 있는 사람은 자기 (   ) 때문에 벌을 받나니 어찌 (   )하랴.

16. 애가서: "자기를 치는 자에게 뺨을 돌려대어 (   )으로 배불릴지어다."

17. 애가서: "(   )들도 젖을 주어 그들의 새끼를 먹이나 딸 내 백성은 잔인하여 마치 광야의 (   ) 같도다.

18. "우스 땅에 사는 딸 (   )아 즐거워하며 기뻐하라 잔이 네게도 이를지니 네가 취하여 벌거벗으리라"

에스겔

1. 하나님이 주시는 두루마리를 입에 넣었더니 입에서 달기가 꿀 같았다는 선지자는 누구인가요?(겔 3:3)
   ① 이사야 ② 예레미야 ③ 아모스 ④ 에스겔

2. 오홀라와 오홀리바의 비유를 말한 예언자는 누구인가요?
   ① 다니엘 ② 예레미야 ③ 호세아 ④ 에스겔

3. 예루살렘을 "어린 아이를 키워 아내로 삼았더니 배신한 여인"으로 보고 알레고리로 표현한 것은 에스겔 (   )장입니다.

4. "두 마리 독수리" 알레고리에서 두 번째 독수리는 누구를 가리키나요?

5. 오홀라와 오홀리바의 알레고리는 에스겔 (   )장에 나옵니다.

6. 에스겔을 세 부분으로 나눈다면 첫 번째 부분은 (   )장까지입니다.

7. 에스겔서의 세 번째 부분은 (   )장부터 시작됩니다.

8. 나쁜 목자와 수양, 수 염소의 싸움에 대한 말씀은 에스겔 (   )장에 나옵니다.

9. 새 나라의 헌법은 에스겔서 어디에 나옵니까?

10. 성전에서 나오는 생수가 사해를 다시 살린다는 말씀은 에스겔 (   )장에 나옵니다.

11. 에스겔 37장에서 에스겔이 행한 상징행위를 서술하시오!

12. 에스겔은 몇 살에 소명을 받았던가요?

13. 발판
14. 포도주
15. 죄, 원망
16. 치욕
17. 들개, 타조.
18. 에돔

❖ 에스겔

1. ④ 2. ④
3. 16
4. 애굽 왕
5. 23
6. 24
7. 33
8. 34
9. 40-48
10. 47
11. 요셉과 그 짝 이스라엘과 유다와 그 짝 이스라엘이라 쓴 두 막대기를 합치는 것
12. 30세

13. 에스겔이 본 하나님의 수레 보좌를 설명하시오!

14. 에스겔의 아내가 죽은 사건은 에스겔 ( )장에 보도됩니다.

15. 에스겔서에서 자신은 "온전히 아름답다"고 자랑하던 나라는 어디였나요?

16. "인자야 너는 비록 가시와 찔레와 함께 있으며 전갈 가운데에 거주할지라도 그들을 두려워하지 말고 그들의 말을 두려워하지 말지어다 그들은 패역한 족속이라도 그 말을 두려워하지 말며 그 얼굴을 무서워하지 말지어다"는 말씀은 누구에게 하신 말씀입니까?

17. 두로는 시돈 남쪽 ( )Km 지점에 위치한 도시로서 느부갓네살이 ( ) 년간 공격하여도 함락되지 않았습니다.

18. 에스겔에서 알레고리가 나오는 장을 쓰시오.

19. 알레고리와 비유의 차이점을 드시오!

20. "환난에 환난이 더하고 ( )에 ( )이 더할 때에 그들이 선지자에게서 ( )를 구하나 헛될 것이며 제사장에게는 ( )이 없어질 것이요 장로에게는 책략이 없어질 것이며."

21. 산당을 ( )라 하고, 거기에 다니는 사람들을 ( )이라 합니다.

22. 에스겔은 주전 ( )년에 포로가 되었습니다.

23. 에스겔은 이스라엘의 선지자를 왜 여우와 같다 하였나요?

24. 엘리사란 어디에 있는 도시인가요?

25. 에스겔은 아무리 의인이라도 자기 혼자밖에 못 구원한다고 하였는데, 누구를 예로 들었던가요?

26. 에스겔은 제사장 ( )의 아들이었습니다.

27. "이 땅을 위하여 성을 쌓으며 성 무너진 데를 막아서서 나로 하여금 멸하지 못하게 할 사람을 내가 그 가운데에서 찾다가 찾지 못하였으므로"라는 말씀은 어느 예언서에 나오나요?

28. 야완은 어디를 가리키는가요?

29. 바벨론의 담무스는 무엇을 담당하는 신이었던가요?

30. 에스겔 ( )장은 묵시문학에 속합니다.

31. 에스겔이란 이름의 뜻은 무엇인가요?

32. 에스겔이 머리터럭과 수염을 잘라서 태운 것은 무슨 뜻을 지녔나요?

13. 네 짐승이 메는 궁창 모양의 판 위에 보좌가 있고, 그들의 발밑에는 바퀴들이 있고, 하나님은 판 위 보좌에 앉아 계신데, 허리 위는 단 쇠 같고, 허리 아래도 불 같았다.
14. 24
15. 두로
16. 에스겔(2:6)
17. 40, 13
18. 16, 17, 19, 23
19. 비: 들으면 무슨 뜻인지 알 수 있는 이야기
19. 알: 들어도 열쇠가 없으면 무슨 뜻인지 알 수 없는 이야기
20. 소문, 소문, 묵시, 율법(겔 7:26)
21. 바마, 바임
22. 597
23. 폐허에 머물기를 좋아하니까
24. 구브로
25. 노아, 다니엘, 욥
26. 부시
27. 에스겔(22:30)
28. 소아시아 해안
29. 목자
30. 38-39
31. 하나님이 힘 있게 하시기를
32. 전염병과 기근

33. 오홀라와 오홀리바는 어디를 뜻합니까?

34. 에스겔은 애굽을 무슨 짐승과 같다고 했나요?

35. 에스겔을 세 부분으로 구분하시오.

36. 파수꾼이 나팔을 불지 않으면 파수꾼의 책임이라는 말씀은 에스겔 ( )장에 있습니다.

37. 곡과 마곡에 대한 예언은 에스겔 어디에 나타납니까?

38. 뼈들이 강한 군대로 변하는 이야기는 에스겔 ( )장에 나옵니다.

39. "그들이 도달한 나라들에서 내가 잠깐 그들에게 성소가 되리라 하셨다"라는 말씀은 어느 예언서에 나오나요?

40. "너희가 두어 웅큼 ( )와 두어 조각 ( )을 위하여 나를 내 백성 가운데서 욕되게 하여…."

41. 에스겔의 소명은 몇 장에 기록되었나요?

42. "주 여호와께서 이같이 말씀하시되 자기만 먹는 이스라엘 목자들은 화 있을진저 목자들이 양 떼를 먹이는 것이 마땅하지 아니하냐?"는 어느 책 몇 장에 나오나요?

43. 수레보좌를 받치는 존재의 얼굴은 어떤 얼굴들을 갖고 있었던가요?

44. '아비가 신 포도를 먹었으므로 아들의 이가 시다'라는 속담은 어느 어느 예언서에 나오나요?

45. "가마가 빈 후에는 숯불 위에 놓아 뜨겁게 하며 그 가마의 놋을 달궈서 그 속에 더러운 것을 녹게 하며 녹이 소멸되게 하라"라는 말씀은 어느 예언서에 나오는가요?

46. 에스겔은 이스라엘의 죄를 담당하기 위하여 며칠을 왼쪽으로 누워 있었나요?

47. "너희가 살진 양을 잡아 그 기름을 먹으며 그 털을 입되 양 떼는 먹이지 아니하는도다"라는 말씀은 어느 책 몇 장에 나오나요?

48. "너희가 두어 웅큼 보리와 두어 조각 떡을 위하여 나를 내 백성 가운데서 욕되게 하여 거짓말을 곧이 듣는 내 백성에게 너희가 거짓말을 지어내어 죽지 아니할 영혼을 죽이고 살지 못할 영혼을 살리는도다"는 어느 예언서에 나오는 말씀인가요?

49. "주 여호와의 말씀이니라 내가 어찌 악인이 죽는 것을 조금인들 기뻐하랴 그가 돌이켜 그 길에서 떠나 사는 것을 어찌 기뻐하지 아니하겠느냐"라는 말씀은 어느 예언서에 나옵니까?

33. 사마리아, 예루살렘
34. 악어
35. 1-24/ 25-32/ 33-48
36. 33
37. 38-39
38. 37
39. 에스겔(11:16)
40. 보리, 떡
41. 겔 1-3장
42. 에스겔 34장
43. 사람, 소, 독수리, 사자
44. 예레미야, 에스겔
45. 에스겔(24:11)
46. 390일
47. 에스겔 34장
48. 에스겔(13:19)
49. 에스겔(18:23)

50. 에스겔은 여호야긴 왕이 사로잡힌 지 몇 년째 되던 해에 부름을 받았나요?

51. 독수리와 포도나무의 알레고리는 에스겔 몇 장에 나옵니까?

52. 본 것이 없이 예언하는 자에게 화 있다고 한 예언자는 누구인가요?

53. 첫 번째 포로가 597년에 있었다면 에스겔은 주전 몇 년에 소명을 받았던가요?

54. 악한 고관으로서 에스겔이 예언하는 동안에 바로 죽은 자는 누구인가요?

55. 예루살렘의 아버지는 (　　　　　)사람이고, 어머니는 (　　　)사람이다.

56. 독수리와 포도나무의 알레고리에서 포도나무는 누구를 뜻하는가?

57. 곡과 마곡에 대한 예언이 들어 있는 책은?
① 스가랴 ② 이사야 ③ 예레미야 ④ 에스겔

58. "또 새 영을 너희 속에 두고 새 마음을 너희에게 주되 너희 육신에서 굳은 것을 제하고 부드러운 마음을 줄 것이며"하는 말씀은 어디에 나오는가?
① 에스겔 ② 이사야 ③ 예레미야 ④ 요엘

59. 에스겔서에선 유다에 대한 심판의 말씀이 처음부터 (　　)장까지 나온다.

60. 사람들이 네게 나아오지만 고운 목소리로 노래하는 것같이 생각하고 있다는 말씀은 어느 책에 나오는가요?

61. 깃딤이란 오늘의 어디를 가리키는가?

62. "내가 너를 이스라엘 자손 곧 패역한 백성, 곧 나를 배반하는 자에게 보내노라… 이 자손은 얼굴이 뻔뻔하고 마음이 굳은 자니라… 듣든지 아니 듣든지 그들 가운데 선지자가 있음을 알지니라"라는 말씀은 어디에 있나요?
① 호세아 ② 이사야 ③ 예레미야 ④ 에스겔

63. 에스겔이 소명을 받을 때에 받은 두루마리에 무엇이 적혀 있었나요?

64. 소명을 받을 때에 금강석 같은 이마를 받은 예언자는 누구인가요?
① 에스겔 ② 예레미야 ③ 아모스 ④ 미가

65. 에스겔은 유다의 죄를 담당하기 위하여 며칠이나 오른쪽으로 누워 있었나요?

66. 한 힌은 몇 리터나 되나요?

67. 에스겔이 들려서 예루살렘에 가 보니 (　　)명이 태양에게 절하고 있었다.

68. 이 성은 가마가 되고 자기들은 고기가 된다라고 하는 말은 무슨 뜻인가요?

69. 에스겔 시대의 여자 거짓선지자들은 무엇으로 사람의 영혼을 사냥하였던가요?

50. 5년
51. 17
52. 에스겔
53. 593년
54. 블라댜
55. 아모리, 헷
56. 시드기야
57. ④
58. ①
59. 24
60. 에스겔
61. 키프로스
62. ④
63. 애가, 애곡, 재앙의 말
64. ①
65. 40일
66. 3.5리터
67. 25
68. 좋은 고기만 골라서 요리하듯 자기들은 좋은 사람들, 선택 받은 자들이란 뜻
69. 부적과 수건

70. '아비가 신 포도를 먹어서 자식의 이가 시다'는 속담을 반박한 예언자는 누구인가요?
① 스바냐 ② 에스겔 ③ 요엘 ④ 예레미야

71. 거짓 선지자의 죄악과 그에게 묻는 자의 죄악이 같다는 말씀은 어디에 나오나요?
① 에스겔 ② 예레미야 ③ 아모스 ④ 호세아

72. 에스겔에 의하면 하나님은 네 가지 벌을 예루살렘에 내린다고 하셨는데, 그 중에 해당되지 않는 것은 무엇인가요?
① 기근 ② 칼 ③ 번개 ④ 사나운 짐승

73. 바벨론 왕은 ( )와 예루살렘을 두고 간점을 쳤다.

74. 에스겔서에 의하면 예언자들은 ( )와 같았고, 고관들은 ( ) 같았다.

75. 오홀라는 앗수르 사람을 흠모하다가, 오홀리바는 마지막에 누구를 연애하다가 죽게 되나요?

76. 룻이란 어디를 가리키는가요?

77. 붓은 어디를 가리키는가요?

78. 에스겔서의 성전 측량에 사용된 장대는 대략 몇 미터인가요?

79. 에스겔은 예루살렘의 함락 후 몇 달 뒤에 소식을 들었던가요?

80. 에스겔서에서는 이스라엘이 병기를 불사르는 데 몇 년이 걸린다고 하였던가요?

81. '하몬곡'이란 무엇인가요?

다니엘

1. "지혜 있는 자는 궁창의 빛과 같이 빛날 것이요 많은 사람을 옳은 데로 돌아오게 한 자는 별과 같이 영원토록 빛나리라"는 말씀은 어떤 책에 나오나요?
① 다니엘 ② 호세아 ③ 말라기 ④ 스가랴

2. 사드락의 본래 이름은 ( )이고, 메삭의 본 이름은 ( )입니다.

3. 안티오커스 Ⅳ세의 치세 연대를 적으시오!

4. 다니엘의 바벨론식 이름은 ( )이었습니다.

5. 다니엘서에서 묵시문학에 속하는 장은 어디인가요?

6. 안티오커스 Ⅳ세는 언제 이스라엘을 다스렸나요?

7. 사드락 메삭 아벳느고의 하나님을 경솔히 말하는 자는 느부갓네살이 어떻게 한다고 하였나요?

70. ② ④
71. ①
72. ③
73. 랍바
74. 사자, 이리
75. 애굽
76. 리디아
77. 리비아
78. 3미터
79. 4개월
80. 7년
81. 곡의 무리

❖ 다니엘

1. ①
2. 하나냐, 미사엘
3. 175-164년
4. 벨드사살
5. 단 2, 7-12
6. 168-165년
7. 그 몸을 쪼개고 그 집을 거름터로 만듦.

8. 안티오커스 IV세는 몇 년에 죽었던가요?

9. 다니엘서의 주제는 무엇인가요?

10. "내가 또 밤 환상 중에 보니 인자 같은 이가 하늘 구름을 타고 와서 옛적부터 항상 계신 이에게 나아가 그 앞으로 인도되매"라는 말씀은 어디에 나오나요?
    ① 다니엘 ② 이사야 ③ 스가랴 ④ 에스겔

11. 다니엘서에서 느부갓네살이 본 환상에서 놋에 해당하는 나라는 어디인가요?

12. '데겔'이란 무슨 뜻인가요?

13. 바벨론의 벨신은 다른 말로 하면 (　)신입니다.

14. "그에게 권세와 (　)과 (　)를 주고 모든 백성과 나라들과 다른 언어를 말하는 모든 자들이 그를 섬기게 하였으니 그의 권세는 소멸되지 아니하는 영원한 권세요 그의 (　)는 멸망하지 아니할 것이니라."

15. 다니엘의 친구들이 풀무불에 던져지는 이야기는 다니엘 (　)장에 나옵니다.

16. 마카베오 왕조가 등장한 것은 주전 (　)세기였습니다.

17. 다니엘에서 느부갓네살이 본 환상 중에서, 가슴과 팔에 해당하는 나라는 무엇인가요?

18. 다니엘서에서 아람어로 된 부분은 대략 (–)장이었습니다.

19. 다니엘의 세 친구의 유대 이름을 쓰시오!

20. 느부갓네살의 꿈에 나타난 금신상이 뜻하는 네 나라를 차례대로 열거하시오!

21. 바벨론의 마지막 왕은 누구며 재위기간을 쓰시오!

22. '메네'란 무슨 뜻인가요?

23. 알렉산더의 재위기간을 쓰시오!

24. 마카베오의 난은 언제 일어났으며 언제 끝났는가요?

25. "지혜있는 자는 궁창의 빛과 같이 빛날 것이요"라 한 말씀은 어디에 나오는가?
    ① 다니엘 12 ② 다니엘 3 ③ 다니엘 9 ④ 다니엘 13

26. 느부갓네살이 우상을 만들어 세워둔 곳은?
    ① 두로 ② 두라 ③ 시날 ④ 바벨론

27. 벨사살 왕이 본 글자의 뜻은 무엇인가요?

28. 다니엘과 세 친구를 뽑은 환관장의 이름은 무엇인가요?

8. 164년
9. 하나님의 나라가 곧 온다, 억압 속에서도 참고 견뎌라
10. ① (7:13)
11. 페르시아
12. 저울로 달았다
13. 마르둑
14. 영광, 나라, 나라(단 7:14)
15. 3
16. 2세기
17. 메대
18. 2-7
19. 하나냐, 미사엘, 아사랴
20. 바벨론, 메대, 바사(페르시아), 헬라
21. 나보니두스(556-539)
22. 세었다
23. 336-323
24. 166-160
25. ①
26. ②
27. 세고 달아보고 나누었다
28. 아스부나스

29. 묵시문학은 그리스의 이민족 종교 탄압에서 생겨지게 되는 데 대략 주전 몇 세기인가요?

30. 다음 예언서 중 묵시적인 내용이 들어 있지 않은 것은 무엇인가요?
① 이사야 ② 호세아 ③ 다니엘 ④ 에스겔

31. "땅의 티끌 가운데 자는 자 중에 많이 깨어 영생을 얻는 자도 있겠고"라는 말씀은 어디에 나오는가요?
① 이사야 ② 다니엘 ③ 에스겔 ④ 스가랴

32. 다니엘서에서 "그 얼굴은 뻔뻔하며 속임수에 능하며"라고 한 왕은 누구를 가리키는가요?

33. 다니엘서는 구약성경을 삼분했을 때에 어디에 속하는가요?

34. 여호야김이 바벨론에 사로잡혀 갔다는 기록은 다니엘서 외에 또 어디에 나오는가요?

35. 다니엘과 그 친구들은 왜 고기와 포도주를 먹지 않으려 했던가요?

36. 느부갓네살은 자기의 꿈을 알아맞히지 못하면 갈대아 술사들에게 어떤 벌을 내린다 하였던가요?

37. 느부갓네살의 근위대장 이름은 무엇인가요?

38. 느부갓네살이 본 신상을 깨뜨린 작은 돌은 무엇을 뜻하는가요?

39. 느부갓네살이 만든 금신상은 높이와 너비가 어떻게 되나요?

40. 느부갓네살은 순찰자의 꿈을 꾼 후에 얼마 뒤에 궁에서 쫓겨났나요?

41. 벨사살이 벽에 나타난 글씨를 보고 놀랐을 때에 다니엘에게 물어보게 한 사람은 누군가요?

42. 벨사살은 왜 다니엘에게 (두 번째가 아니라) 셋째 통치자로 삼는다고 했나요?

43. 다리오는 전국에 고관 몇 명을 두어 다스리게 하였던가요?

44. 다니엘을 사자굴에 던져 넣게 한 왕은 누구인가요?

45. 다니엘서 7장에서 하나님의 보좌에서 강처럼 흘러나온 것은 무엇인가요?

46. 다니엘서에서 숫양을 쓰러뜨린 수염소는 무엇을 뜻하는가요?

47. 수염소에게 쓰러진 숫양은 무엇을 가리키는가요?

48. 안티오커스 IV세가 성전을 약탈한 것은 몇 년이었던가?

29. 2세기
30. ②
31. ②
32. 안티오커스 IV세 에피파네스
33. 성문서
34. 역대하 36장
35. 이방신의 제사에 바쳐졌기 때문에
36. 그 몸을 쪼개고, 그 집을 거름터로 삼는다.
37. 아리옥
38. 하나님의 나라
39. 높이 60규빗, 너비 6규빗
40. 12달
41. 태후
42. 왕과 왕비 다음의 통치자이므로
43. 120
44. 다리오
45. 불
46. 헬라
47. 메대, 바사
48. 주전 169

호세아

1. 에브라임을 두고 뒤집지 않은 전병이라고 한 예언자는 누구입니까?

① 호세아 ② 아모스 ③ 이사야 ④ 미가

2. 호세아는 ( )의 딸 ( )과 결혼하였습니다.

3. 브에리의 아들인 예언자는 누구인가요?

4. "나는 인애를 원하고 제사를 원하지 아니하며 번제보다 하나님을 아는 것을 원하노라"는 말씀은 어디에 나오나요?

5. "그들은 다 간음하는 자라 과자 만드는 자에 의해 달궈진 화덕과 같도다"라는 말씀은 어느 예언서에 나오는가요?

6. "이 땅에는 진실도 없고 인애도 없고 하나님을 아는 지식도 없고"라는 말씀은 어느 예언서에 나오는가요?

7. 음란한 여자와 결혼하게 된 것은 ( ) 예언자고, 아내가 죽는 것을 경험한 예언자는 ( ), 결혼하지 못하게 된 예언자는 ( )였습니다.

8. "너희 묵은 땅을 기경하라 지금이 곧 여호와를 찾을 때니 마침내 여호와께서 오사 공의를 비처럼 너희에게 내리시리라"는 말씀은 어느 예언서에 나오는가요?

9. 호세아의 아내와 세 아이의 이름을 쓰시오!

10. 호세아는 집 나간 아내를 다시 사올 때에 얼마를 주었습니까?

11. 호세아는 벧엘을 무엇이라 불렀습니까?

12. 소돔 고모라와 함께 멸망당한 두 도시를 적으시오!

13. "내 백성이 지식이 없으므로 망하는도다"라는 말씀은 어느 예언자가 하였던가요?
① 호세아 ② 요엘 ③ 아모스 ④ 미가

14. 호세아의 아들 두 사람의 이름을 쓰시오.

15. "야곱은 모태에서 그의 형의 발뒤꿈치를 잡았고 또 힘으로는 하나님과 겨루되 천사와 겨루어 이기고…"는 말씀은 어디에 나오나요?

16. 야곱이 태에서부터 형의 발꿈치를 잡았음을 비판한 예언자는 누구인가요?

17. 호세아는 언제 활동하였던가요?

18. '로루하마'는 무슨 뜻인가요?

19. 호세아에 나오는 도시 "아드마와 스보임"은 창세기 몇 장의 사건과 연관되는가요?

❖ 호세아

1. ①
2. 디블라임, 고멜
3. 호세아
4. 호 6:6
5. 호세아(7: 4)
6. 호세아(4:1)
7. 호세아, 에스겔, 예레미야
8. 호세아(10:12)
9. 고멜, 이스르엘, 로루하마, 로암미
10. 은 15개, 보리 한 호멜 반
11. 벧아웬
12. 아드마, 스보임
13. ①
14. 이스르엘, 로암미
15. 호세아(12: 3~4)
16. 호세아
17. 750-722
18. 자비가 없을 것이다
19. 13장

20. "저희가 애굽에서부터 새같이 앗수르에서부터 비둘기같이 떨며 오리니"라는 말씀은 어느 예언서에 나오나요?
① 호세아 ② 예레미야 ③ 이사야 ④ 스바냐

21. '호세아'라는 이름은 무엇을 뜻하는가요?

22. 호세아서에서 하나님은 어떤 짐승같이 이스라엘을 공격하리라 하셨는데, 거기에 해당하지 않는 것은 무엇인가요?
① 사자 ② 표범 ③ 곰 ④ 늑대

23. "유다 자손과 이스라엘 자손이 함께 모여 한 우두머리를 세우고 그 땅에서부터 올라오리니 이스르엘의 날이 클 것임이로다"는 말씀은 어디에 수록되었나요?
① 에스겔 ② 예레미야 ③ 호세아 ④ 스바냐

24. "이스라엘 자손들이 많은 날 동안 ( )도 없고 지도자도 없고 ( )도 없고 주상도 없고 에봇도 없고 ( )도 없이 지내다가 그 후에 이스라엘 자손이 돌아와..."

25. "이 땅에는...오직 저주와 속임과 ( )과 도둑질과 간음뿐이요"

26. 그러나 어떤 사람이든지 다투지도 말며 ( )하지도 말라. 네 백성들이 ( )과 다투는 자처럼 되었음이니라.

27. 그들은 ( )할수록 내게 범죄하니 내가 그들의 영화를 변하여 ( )이 되게 하리라.

28. "장차는 백성이나 제사장이나 동일함이라 내가 그들의 행실대로 벌하며 그들의 행위대로 갚으리라"는 말씀은 어디에 나오나요?
① 호세아 ② 스바냐 ③ 이사야 ④ 요엘

29. "너희가 미스바에서 올무가 되며 다볼 위에서 친 그물이 됨이라"는 말씀에서 미스바와 다볼의 공통점은 무엇인가요?

30. "오라 우리가 여호와께로 돌아가자 여호와께서 우리를 찢으셨으나 도로 낫게 하실 것이요 우리를 치셨으나 싸매어 주실 것임이라"(호 6:1)에서 잘못된 점은 무엇인가요?

31. "에브라임은 어리석은 ( ) 같이 지혜가 없어서 ( )을 향하여 부르짖으며 앗수르로 가는도다"

32. "사마리아여 네 송아지는 버리웠느니라"는 말씀은 어디에 있던 송아지가 없어졌다는 뜻인가요?

33. 호세아가 "저희는 기브아의 시대와 같이 심히 부패한지라"라고 했을 때에 '기브아의 시대'는 사사기 몇 장의 사건을 가리키는가요?

20. ①
21. 그가 건지신다(구원하신다)
22. ④
23. ③
24. 왕, 제사, 드라빔
25. 살인
26. 책망, 제사장
27. 번성, 욕
28. ①
29. 성소
30. 회개도 죄의 고백도 없음.
31. 비둘기, 애굽
32. 단
33. 19장

34. 호세아가 "그들의 모든 악이 길갈에 있으므로"라고 하였을 때에 길갈은 무슨 사건을 의미하는가요?

35. 야렙왕이란 무엇인가요?

36. "이스라엘이 어렸을 때에 내가 사랑하여 내 아들을 애굽에서 불러냈거늘"이란 말씀은 어디에 수록되었나요?
① 요엘 ② 호세아 ③ 예레미야 ④ 이사야

37. 호세아서에서 이스라엘을 다시 장막에 거하게 한다는 말씀은 무슨 뜻인가요?

요 엘

1. "너희는 보습을 쳐서 칼을 만들지어다 낫을 쳐서 창을 만들지어다"라는 말씀은 어느 예언서에 나오나요?
① 호세아 ② 스가랴 ③ 이사야 ④ 요엘

2. "내가 내 영을 만민에게 부어 주리니 너희 자녀들이 장래 일을 말할 것이며 너희 늙은이는 꿈을 꾸며 너희 젊은이는 이상을 볼 것이며…"는 요엘 ( )장 ( )절에 나옵니다.

3. "너희는…너희 하나님 여호와께로 돌아올지어다. 그는 ( ) 자비로우시며 노하기를 더디하시며 ( )가 크시사 뜻을 돌이켜 재앙을 내리지 아니하시나니 너희는 너희 하나님 여호와께 돌아올지니라."

4. 메뚜기의 재앙을 당하여 쓴 예언서는 무엇인가요?

5. 브두엘의 아들인 예언자는 누구인가요?

6. 요엘서 2장 28절 이하는 사도행전 ( )장에서 인용되었습니다.

7. "( )가 남긴 것을 메뚜기가 먹고 메뚜기가 남긴 것을 느치가 먹고 느치가 남긴 것을 ( )이 먹었도다"라는 말씀은 어디에 나오나요?

8. 요엘서에 나오는 메뚜기의 다른 이름들을 열거하시오(셋)!

9. "너희는 옷을 찢지 말고 마음을 찢고 너희 하나님 여호와께로 돌아올지어다"라는 말씀은 어느 책에 나오는가요?
① 요엘 ② 예레미야 ③ 이사야 ④ 에스겔

10. '요엘'이란 무슨 뜻인가요?

11. 요엘서의 주제는 무엇인가요?

34. 왕정이 시작된 곳.
35. 대왕이란 뜻으로서 앗수르왕을 가리킴.
36. ②
37. 다시 광야생활을 하게 한다는 뜻.

✣ 요엘

1. ④ (3:10)
2. 2, 28
3. 은혜로우시며, 인애(욜 2:13)
4. 요엘(1장)
5. 요엘
6. 2(16~21절 참고)
7. 팥중이, 황충(욜 1:4)
8. 느치, 황충, 팥중이
9. ①
10. 야흐베는 하나님이시다
11. 야흐베의 날

12. 요엘서에 나오는 나무가 아닌 것은 무엇인가요?
① 포도나무 ② 무화과나무 ③ 뽕나무 ④ 사과나무

13. "그 날에 산들이 단 (　　　　　)를 떨어뜨릴 것이며, 작은 산들이 젖을 흘릴 것이며, 유다 모든 시내가 (　　)을 흘릴 것이며 여호와의 전에서 샘이 흘러나와 (　　　)골짜기에 대리라."

아 모 스

1. "보라 날이 이를지라 내가 기근을 땅에 보내리니 양식이 없어 주림이 아니며 물이 없어 갈함이 아니요 여호와의 말씀을 듣지 못한 기갈이라"는 말씀이 있는 곳은 어디입니까?
① 암 6:3 ② 암 4:5 ③ 암 8:11 ④ 암 9:8

2. "보라 날이 이를지라 그 때에 파종하는 자가 곡식 추수하는 자의 뒤를 이으며 포도를 밟는 자가 씨 뿌리는 자의 뒤를 이으며 산들은 단 포도주를 흘리며 작은 산들은 녹으리라"고 한 말씀은 어디에 나오나요?
① 호 11장 ② 욜 3장 ③ 암 9장 ④ 슥 8장

3. 아모스가 대언한 이스라엘의 서너 가지 죄에 해당되지 않는 것은 무엇입니까?
① 은을 받고 의인을 팔기 ② 신 한 켤레 받고 궁핍한 자를 팔기
③ 겸손한 자의 길을 굽게 하기 ④ 에돔왕의 뼈를 불살라 회를 만들기

4. 아모스가 찾아가지 말라고 말한 성소가 아닌 것은 어디인가요?
① 길갈 ② 벧엘 ③ 단 ④ 브엘세바

5. "사자가 부르짖은즉 누가 두려워하지 아니하겠느냐 주 여호와께서 말씀하신즉 누가 예언하지 아니하겠느냐?"는 말은 어느 예언서에 나오나요?

6. 오직 정의를 물 같이, 공의를 마르지 않는 강 같이 흐르게 할지어다"라고 한 말씀은 아모스 어디에 나오나요?

7. 아모스의 소명 이야기는 아모스서 (　)장에 나옵니다.

8. 아모스는 어느 왕 때에 활동하였던가요?

9. 아모스의 기도로 철회된 재앙은 무엇인가요?

10. 하나님은 블레셋을 (　)에서, 아람을 (　)에서 불러오셨습니다.

11. "대접으로 포도주를 마시며 귀한 기름을 몸에 바르면서 요셉의 환난에 대하여는 근심하지 아니하는 자로다"라는 말은 어느 예언서에 나오나요?

12. ③
13. 포도주, 물, 싯딤

❖ 아모스

1. ③
2. ③ 3. ④ 4. ③
5. 암 3:8
6. 5:24
7. 7
8. 여로보암 II세
9. 메뚜기, 불의 재앙
10. 갑돌, 기르
11. 아모스(6:6)

12. 아모스의 고향은 어디인가요?

13. 아모스에게 벧엘을 떠나라고 한 제사장은 누구인가요?

14. 다림줄의 환상을 본 예언자는 누구인가요?

15. "주 여호와께서는 자기의 비밀을 그 종 선지자들에게 보이지 아니하시고는 결코 행하심이 없으시리라"라는 말을 한 예언자는 누구인가요?

16. 아모스는 아람이 하나님의 심판을 받아 ( )로 끌려갈 것이라 했습니다.

17. 다윗처럼 악기를 제조한다고 비판한 예언자는 누구인가요?

18. 아모스가 본 여름 실과는 무슨 뜻을 지니고 있었습니까?

19. 아모스는 언제 활동하였는지 연대를 밝히시오!

20. 여로보암 II세는 언제 재위하였던가요?

21. 아모스는 무슨 환상에서부터 중보기도를 하지 않았던가요?

22. ( )를 쓴 쑥으로 ( )를 땅에 던지는 자들아

23. "너희가 내게로 돌아오지 아니하였느니라"는 후렴이 계속되는 예언은 어느 책에 나오나요?

24. 아모스는 몇 장으로 되어 있나요?

25. 최초의 문서예언자는 누구인가요?

26. 아모스에 의하면 철타작기로 타작하듯 길르앗을 압박한 나라는 어디인가요?

27. 아모스에 의하면 사로잡은 자들을 다 에돔에 팔아넘긴 죄로 벌을 받을 나라는 어디인가요?

28. 아모스에 의하면 길르앗의 아이 밴 여인의 배를 가른 죄로 벌을 받을 나라는 어디인가요?

29. 은을 받고 의인을 팔며 신 한 켤레를 받고 궁핍한 자를 판 죄로 벌을 받을 나라는 어디인가요?

30. "내가 땅의 모든 족속 가운데 너희만을 알았나니 그러므로 내가 너희 모든 죄악을 너희에게 보응하리라 하셨나니"라는 말씀은 어느 예언서에 수록되었나요?
① 호세아 ② 요엘 ③ 아모스 ④ 이사야

31. 하르몬이란 무엇을 가리키는가요?

32. 목자가 사자 입에서 양의 ( ) 다리나 ( ) 조각을 건져냄과 같이 사마리아에서 침상 모서리에나 걸상의 방석에 앉은 이스라엘 자손도 건져냄을 입으리라

12. 드고아
13. 벧엘의 제사장 아마샤
14. 아모스
15. 아모스(3:7)
16. 기르
17. 아모스
18. 심판 때가 다 되었다
19. 800-750
20. 787-747
21. 다림줄의 환상
22. 정의, 공의
23. 아모스
24. 9
25. 아모스
26. 아람(다메섹, 수리아)
27. 가사/두로
28. 암몬
29. 이스라엘
30. 3
31. 헤르몬산
32. 두, 귀

33. '수은제'란 무엇인가요?

34. "그러므로 이런 때에 지혜자가 잠잠하나니 이는 악한 때임이니라"는 말씀은 어디에 나오는가요?
① 아모스 ② 잠언 ③ 전도 ④ 호세아

35. '갈레'는 어디에 있는 나라인가요?

36. "월삭이 언제 지나서 우리가 곡식을 팔며 안식일이 언제 지나서 우리가 밀을 내게 할꼬 에바를 작게 하고 세겔을 크게 하여 거짓 저울로 속이며"라는 구절은 어느 예언서에 나오는가요?
① 미가 ② 요엘 ③ 호세아 ④ 아모스

37. 아모스는 아마샤가 어디서 죽을 것이라 했던가요?

38. "그들이 파고 스올로 들어갈지라도 내 손이 거기에서 붙잡아 낼 것이요 하늘로 올라갈지라도 내가 거기에서 붙잡아 내릴 것이며"라는 말씀은 어디에 나오는가요?
① 예레미야 ② 아모스 ③ 시 139 ④ 이사야

39. "그 날에 내가 다윗의 무너진 장막을 일으키고 그것들의 틈을 막으며 그 허물어진 것을 일으켜서 옛적과 같이 세우고"라는 말씀은 어디에 나오는가요?
① 이사야 ② 에스겔 ③ 아모스 ④ 예레미야

오 바 댜

1. "바위 틈에 거주하며 높은 곳에 사는 자여 네가 마음에 이르기를 누가 능히 나를 땅에 끌어내리겠느냐"라는 말은 어디에 나오나요?

2. "너의 마음의 교만이 너를 속였도다"라는 말씀은 어디어디 예언서에 나오는가요?

3. 에돔의 멸망을 주제로 삼은 예언서는 무엇인가요?

4. "여호와께서 만국을 벌할 날이 가까왔나니 네가 행한 대로 너도 받을 것인즉 네가 행한 것이 네 머리로 돌아갈 것이라"라는 말씀은 어느 예언서에 나옵니까?
① 호세아 ② 요엘 ③ 아모스 ④ 오바댜

5. "혹시 도둑이 네게 이르렀으며 강도가 밤중에 네게 이르렀을지라도 만족할 만큼 훔치면 그치지 아니하였겠느냐 혹시 포도를 따는 자가 네게 이르렀을지라도 그것을 얼마쯤 남기지 아니하였겠느냐 네가 어찌 그리 망하였는고"라는 말씀은 어느 예언서에 나오는가요?
① 에스겔 ② 예레미야 ③ 나훔 ④ 오바댜

33. 감사제사
34. ①
35. 북수리아
36. ④
37. 더러운 땅
38. 2
39. 3

❖ 오바댜

1. 오바댜(1:3)
2. 오바댜(1:3), 예레미야(49:16)
3. 오바댜
4. ④
5. ④

6. 주전 500년경 에돔 사람들을 서쪽으로 밀어내고 그 자리를 차지한 민족은 무엇인가요?

7. "내 백성이 환난을 당하는 날에 네가 그 성문에 들어가지 않을 것이며 환난을 당하는 날에 네가 그 고난을 방관하지 않을 것이며 환난을 당하는 날에 네가 그 재물에 손을 대지" 않았어야 했던 민족은 누구인가요?

8. "야곱 족속은 ( )이 될 것이며 요셉 족속은 ( )이 될 것이요 에서 족속은 ( )가 될 것이라 그들이 그들 위에 붙어서 그들을 불사를 것인즉 에서 족속에 남은 자가 없으리니 여호와께서 말씀하셨음이라"

요 나

1. 요나의 아버지는 누구인가요?
   ① 부시 ② 브두엘 ③ 아밋대 ④ 아굴
2. 요나서에서 요나보다 믿음이 더 좋은 동물과 식물들을 열거하시오!
3. 요나서의 주제는 무엇인가요?
4. 요나서에 나오는 박넝쿨은 오늘날의 무엇인가요?
5. "하물며 이 큰 성읍 니느웨에는 좌우를 분변하지 못하는 자가 ( )만여 명이요 ( )도 많이 있나니 내가 어찌 아끼지 아니하겠느냐 하시니라."
6. 니느웨 성의 지름은 ( )Km였습니다.
7. 실제로 요나는 어느 왕 때에 활동한 예언자인가요?
8. 요나보다 믿음이 좋은 사람들은 누구인가요?
9. 하나님은 어디에서 뜨거운 바람이 요나에게 불어오게 하셨던가요?
10. 니느웨를 걸어서 한 번 돌아다니려면 며칠이나 걸리나요?
11. "...주께서는 은혜로우시며 자비로우시며 노하기를 더디하시며 인애가 크시사 뜻을 돌이켜 재앙을 내리지 아니하시는 하나님이신 줄을 내가 알았음이니이다"란느 말씀은 어디에 나오나요?
    ① 이사야 ② 예레미야 ③ 호세아 ④ 요나
12. 요나는 니느웨가 며칠만에 망할 것이라 했던가요?

6. 나바테아(나바트)
7. 에돔
8. 불, 불꽃, 지푸라기

✤ 요나

1. ③
2. 큰 물고기, 박넝쿨
3. 이방인도 구원을 받을 수 있고, 선지자가 이방인이나 벌레보다 못할 수 있다
4. 아주까리
5. 12, 가축
6. 5
7. 여로보암 II세
8. 배에 탄 사람들, 니느웨 사람들
9. 동쪽
10. 3일
11. 4
12. 40일

미 가

1. 메시야의 탄생 장소를 예고한 곳은 어디인가요?
   ① 미 4:5 ② 미 5:12 ③ 미 5:2 ④ 미 2:15
2. "침상에서 죄를 꾀하며 악을 꾸미고 날이 밝으면 그 손에 힘이 있으므로 그것을 행하는 자는 화 있을진저"라는 말씀은 어느 예언서에 나오나요?
3. "나의 대적이여 나로 말미암아 기뻐하지 말지어다 나는 엎드러질지라도 일어날 것이요 어두운 데에 앉을지라도 여호와께서 나의 빛이 되실 것임이로다"라는 말씀은 어디에 나오는가요?
   ① 스가랴 ② 호세아 ③ 아모스 ④ 미가
4. "사람아 주께서 선한 것이 무엇임을 네게 보이셨나니…"는 어디에 나옵니까?
5. 예언서의 요약이라 불리는 부분은 미가서 어디인가요?
6. '미가'의 뜻은 무엇인가요?
7. "라기스는 딸 시온의 죄의 근본"라는 말씀은 어느 예언서에 나오나요?
8. "그 새긴 우상들은 다 부서지고 그 음행의 값은 다 불살라지며 내가 그 목상들을 다 깨뜨리리니 그가 기생의 값으로 모았은즉 그것이 기생의 값으로 돌아가리라"라는 말은 어느 예언서에 나오나요?
9. 미가는 어느 왕 때에 예언하였습니까?
10. "각 사람이 자기 포도나무 아래와 자기 무화과나무 아래에 앉을 것이라 그들을 두렵게 할 자가 없으리니"라는 말씀은 어떤 상태를 뜻하는가요?
11. "아들이 아버지를 멸시하며 딸이 어머니를 대적하며 며느리가 시어머니를 대적하리니 사람의 원수가 곧 자기의 집안 사람이리로다"는 말에 어느 예언서에 기록되었나요?
12. 미가의 소명기사는 어디에 나타나나요?
13. "너희는 예언하지 말라 이것은 예언할 것이 아니거늘 욕하는 말을 그치지 아니한다"라는 말은 어느 예언서에 나오는가요?
   ① 미가 ② 나훔 ③ 아모스 ④ 스바냐
14. 미가서 6:8을 암기하시오.
15. "내 백성을 유혹하는 선지자들은 이에 물 것이 있으면 평강을 외치나 그 입에 무엇을 채워주지 아니하는 자에게는 전쟁을 준비하는도다"라는 말씀은 어디에 나오는가요?
   ① 미가 ② 스바냐 ③ 스가랴 ④ 말라기

❖ 미가
1. ③
2. 미가(2:1)
3. ④
4. 미 6:8
5. 미 6:8
6. 누가 야호베와 같은가?
7. 미가(1:13)
8. 미가(1:7)
9. 요담, 아하스, 히스기야 시대
10. 태평성대
11. 미가(7:6)
12. 미가 3:8
13. ①
14. "사람아 주께서 선한 것이 무엇임을 네게 보이셨나니 여호와께서 네게 구하시는 것은 오직 정의를 행하며 인자를 사랑하며 겸손하게 네 하나님과 함께 행하는 것이 아니냐"
15. ①

16. 다음의 도시들 중에 유다에 속한 것은?
① 라기스 ② 길하레셋 ③ 랍바 ④ 소안

17. 미가서는 몇 장으로 되어 있나요?
① 3장 ② 5장 ③ 7장 ④ 9장

18. 미가서 4:1-3의 말씀은 이사야 어디와 거의 같은가요?

19. 미가는 주전 ( )년에 활동한 ( )출신의 예언자였다.

20. "너는 이웃을 믿지 말며 친구를 의지하지 말며 네 품에 누운 여인에게라도 네 입의 문을 지킬지어다"라는 말씀은 어느 예언서에 나오나요?

21. "주와 같은 신이 어디 있으리이까 주께서는 죄악과 그 기업에 남은 자의 허물을 사유하시며 인애를 기뻐하시므로 진노를 오래 품지 아니하시나이다"라는 말씀은 어느 예언서에 나오나요?
① 이사야 ② 호세아 ③ 하박국 ④ 미가

22. 미가는 야곱의 허물을 ( )라 했고, 유다의 산당을 ( )이라 했다.

23. 왜 미가는 라기스를 시온의 죄의 근본이라 했던가요?

24. "그들의 우두머리들은 뇌물을 위하여 재판하며 그들의 제사장은 삯을 위하여 교훈하며 그들의 선지자는 돈을 위하여 점을 치면서도 여호와를 의뢰하여 이르기를 여호와께서 우리 중에 계시지 아니하냐 재앙이 우리에게 임하지 아니하리라 하는도다"라는 말씀을 한 예언자는 누구인가요?
① 미가 ② 예레미야 ③ 스바냐 ④ 이사야

25. "사람이 만일 허망하게 행하며 거짓말로 이르기를 내가 포도주와 독주에 대하여 네게 예언하리라 할 것 같으면 그 사람이 이 백성의 선지자가 되리로다"라는 말씀은 어느 예언서에 있나요?
① 호세아 ② 아모스 ③ 미가 ④ 이사야

26. "그들의 살을 먹으며 그 가죽을 벗기며 그 뼈를 꺾어 다지기를 냄비와 솥 가운데에 담을 고기처럼 하는도다"라며 이스라엘의 지도자를 책망한 예언자는 누구인가요?
① 호세아 ② 아모스 ③ 엘리야 ④ 미가

27. 앗수르 사람이 우리 땅에 들어와서 우리 궁들을 밟을 때에는 우리가 ( ) 목자와 ( )군왕을 일으켜 그를 치리니.

28. 미가의 예언을 사람들이 기억한 것은 ( )가 나타났을 때였다.

16. ①
17. ③
18. 2:2-4
19. 750-690, 가드모레셋
20. 미가
21. 4
22. 사마리아, 예루살렘
23. 라기스가 훌륭한 요새였으므로 스스로를 의지하고 하나님을 의지하지 않음
24. ①
25. ③
26. ④
27. 일곱, 여덟
28. 예레미야

나 훔

1. "화 있을진저 피의 성이여 그 안에는 거짓이 가득하고 포악이 가득하며 탈취가 떠나지 아니하는도다"라고 한 예언자는 누구인가요?
   ① 오바댜 ② 나훔 ③ 하박국 ④ 스가랴

2. 노아몬은 오늘의 어디인가요?

3. 앗수르의 멸망을 주제로 삼은 예언서는 무엇인가요?

4. "휙휙 하는 채찍 소리, 윙윙 하는 병거 바퀴 소리, 뛰는 말, 달리는 병거"라는 말씀은 어느 예언서에 나오는가요?

5. 앗수르, 니느웨의 멸망을 예언한 소선지서는 무엇인가요?

6. 니느웨는 주전 (   )년에 함락되었습니다.

7. "여호와는 선하시며 환난 날에 산성이시라 그는 자기에게 의뢰하는 자들을 아시느니라"는 말씀은 어느 예언서에 나오나요?

8. 나훔이란 말의 뜻은 무엇인가요?

9. "아름다운 소식을 알리고 화평을 전하는 자의 발이 산 위에 있도다 유다야 네 절기를 지키고 네 서원을 갚을지어다"라는 말씀은 어느 성경에 나오나요?

10. "여호와는 노하기를 더디하시며 권능이 크시며 벌 받을 자를 결코 내버려두지 아니 하시느니라"라는 말씀은 어디에 실린 말씀인가요?
    ① 오바댜 ② 나훔 ③ 미가 ④ 하박국

11. 엘고스 출신의 예언자는 누구인가요?
    ① 하박국 ② 에스겔 ③ 엘리야 ④ 나훔

12. 충돌하는 (   ), 번쩍이는 (   ), 번개 같은 창, 죽임 당한 자의 (   )...

13. "네가 노아몬보다 낫겠느냐"라고 한 것은 어느 성에게 한 말인가요?

14. 나훔은 언제 씌어졌던가?

15. "이제 사자의 굴이 어디냐 젊은 사자가 먹을 곳이 어디냐 전에는 수사자 암사자가 그 새끼 사자와 함께 거기서 다니되 그것들을 두렵게 할 자가 없었으며"에서 사자굴은 어디를 뜻하는가요?

16. "너의 모든 산성은 무화과나무의 처음 익은 열매가 흔들기만 하면 먹는 자의 입에 떨어짐과 같으리라"라는 말씀은 누구(어디)를 향해 하는 말인가요?
    ① 다메섹 ② 니느웨 ③ 바벨론 ④ 예루살렘

❖ 나훔

1. ②
2. 룩소르
3. 나훔
4. 나훔(3:2)
5. 나훔
6. 612
7. 나훔(1:7)
8. 위로
9. 나훔
10. ②
11. ④
12. 기병, 칼, 떼
13. 니느웨
14. 주전 663-612 사이
15. 니느웨
16. ②

17. "너의 다친 것은 고칠 수 없고, 네 부상은 중하도다. 네 소식을 듣는 자가 다 너를 보고 손뼉을 치나니 이는 그들이 항상 네게 행패를 당하였음이 아니더냐"라는 말씀은 누구(어디)를 두고 한 말씀인가요?
① 두로 ② 니느웨 ③ 바벨론 ④ 에돔

하 박 국

1. 원예식물의 이름을 가진 예언자는 누구인가요?
2. "주께서는 눈이 정결하시므로 악을 차마 보지 못하시며 패역을 차마 보지 못하시거늘 어찌하여 거짓된 자들을 방관하시며 악인이 자기보다 의로운 사람을 삼키는데도 잠잠하시나이까"라는 말씀은 어느 예언서에 나오나요?
3. "의인은 그의 믿음으로 말미암아 살리라"고 한 말씀은 어디에 나옵니까?
4. '이신칭의'의 교리가 나타나는 창세기와 로마서의 장절을 쓰시오!
5 "주의 일을 이 수년 내에 부흥하게 하옵소서"라는 말씀은 어느 예언서에 나오는가요?
6. 하박국은 언제쯤 활동했을까요?
7. 하박국은 어느 왕 때에 활동하였을까요?
8. 하나님은 유다의 국내 문제를 해결하기 위하여 어느 나라를 동원하셨나요?
9. 바벨론의 말은 (　　　)보다 빠르고 저녁 (　　　)보다 사납다.
10. 주께서 어찌하여 사람을 바다의 (　　)같게 하시며 주권자 없는 (　　　)같게 하시나이까?
11. 바벨론은 술을 즐기며 거짓되고 (　　)하여 가만히 있지 아니하고 (　　)처럼 자기의 욕심을 넓히며...
12. "네가 많은 민족을 멸한 것이 네 집에 욕을 부르며 네 영혼에게 죄를 범하게 하는 것이 되었도다"라는 말씀은 어디에 나오나요?
① 아모스 ② 나훔 ③ 하박국 ④ 스바냐
13. "이는 물이 바다를 덮음 같이 여호와의 영광을 인정하는 것이 세상에 가득함이니라"라는 말씀은 어니 예언서에 나오나요?
① 스가랴 ② 하박국 ③ 아모스 ④ 호세아
14. 구산은 어떤 민족인가요?

17. ②

❖ 하박국

1. 하박국
2. 하박국(1:13)
3. 합 2:4
4. 창 15:6; 롬 1:17
5. 하박국
6. 605-597년 사이
7. 여호야김
8. 바벨론
9. 표범, 이리
10. 어족, 곤충
11. 교만, 스올
12. ③
13. ②
14. 미디안의 옆에 살던 광야 민족

15. 비록 무화과 나무가 무성하지 못하며 (　　)나무에 열매가 없으며 감람나무에 소출이 없으며 (　　)에 먹을 것이 없으며...

스바냐

1. "니느웨에 대한 말씀: 각종 짐승이 그 가운데에 떼로 누울 것이며 당아와 (　　)가 그 기둥 꼭대기에 깃들이고…."
① 부엉이 ② 고슴도치 ③ 여우 ④ 쥐
2. 히스기야왕의 고손자였던 예언자는 (　　)입니다.
3. "이는 기쁜 성이라 염려 없이 거주하며 마음속에 이르기를 오직 나만 있고 나 외에는 다른 이가 없다 하더니 어찌 이와 같이 황폐하여 들짐승이 엎드릴 곳이 되었는고 지나가는 자마다 비웃으며 손을 흔들리로다"는 말씀은 누가 어느 성을 보고 책망한 것인가요?
4. "방백들은 부르짖는 사자요 그의 재판장들은 이튿날까지 남겨 두는 것이 없는 저녁 이리요 그의 선지자들은 경솔하고 간사한 사람들이요 그의 제사장들은 성소를 더럽히고 율법을 범하였도다"는 누가 한 비판입니까?
5. 스키타이족의 침입을 보고 쓴 예언서는 무엇인가요?
6. 막데스란 무엇을 가리키나요?
7. "그가 너로 말미암아 (　)을 이기지 못하시며 너를 (　) 사랑하시며 너로 말미암아 즐거이 부르며 기뻐하시리라"라는 말씀은 어디에 나오나요?
8. 예언자의 족보가 4대에 걸쳐 소개되고 있는 선지자는 누구인가요?
9. "여호와의 규례를 지키는 세상의 모든 (　) 자들아 너희는 여호와를 찾으며 공의와 (　)을 구하라 너희가 혹시 여호와의 (　)의 날에 숨김을 얻으리라"라는 말씀은 어디에 나오나요?
10. "너의 하나님 여호와가 너의 가운데 계시니 그는 구원을 베푸실 전능자시라 그가 너로 인하여 기쁨을 이기지 못하여 하시며 너를 잠잠히 사랑하시며 너로 인하여 즐거이 부르며 기뻐하시리라"하는 말씀을 한 예언자는?
① 오바댜 ② 호세아 ③ 스바냐 ④ 스가랴
11. 스바냐는 어느 왕 때에 예언하였던가요?
12. '스바냐'란 무슨 뜻인가요?
13. 스바냐는 (　　)과 예레미야 사이의 시대에 활동한 듯하다.

15. 포도, 밭

✤ 스바냐

1. ②(습 2:14)
2. 스바냐
3. 스바냐, 니느웨
4. 스바냐
5. 스바냐
6. 예루살렘의 동서를 나누는 중앙골짜기
7. 기쁨, 잠잠히, 습 3:17
8. 스바냐
9. 겸손한, 겸손, 분노, 습 2:3
10. ③
11. 요시야
12. 야흐베께서 숨기셨다
13. 나훔

14. "여호와께서는 복도 내리지 아니하시며 화도 내리지 아니하시리라 하는 자를 등불로 두루 찾아 벌하리니"라는 말씀은 어디에 나오는가요?
① 이사야 ② 스나뱌 ③ 스가랴 ④ 아모스

15. "너희는 여호와를 찾으며 공의와 겸손을 구하라 너희가 혹시 여호와의 분노의 날에 숨김을 얻으리라"는 말씀은 어디에 나오는가요?
① 호세아 ② 이사야 ③ 아모스 ④ 스바냐

16. "내가 곤고하고 가난한 백성을 네 가운데에 남겨 두리니 그들이 여호와의 이름을 의탁하여 보호를 받을지라"라는 말씀은 어느 예언서에 나오나요?
① 예레미야 ② 이사야 ③ 에스겔 ④ 스바냐

학 개

1. '명절에 태어난 사람'이란 뜻을 가진 선지자는 누구인가요?
2. 학개는 누구를 하나님의 인장이라 하였습니까?
3. "너희로 말미암아 하늘은 이슬을 그쳤고 땅은 산물을 그쳤으며"라는 말씀은 어느 예언서에 나오나요?
4. "너희는 산에 올라가서 나무를 가져다가 성전을 건축하라"는 말씀은 예언서 중에 어느 책에 기록되었습니까?
5. "스알디엘의 아들 내 종 스룹바벨아 여호와가 말하노라 그 날에 내가 너를 세우고 너를 인장으로 삼으리니 이는 내가 너를 택하였음이니라"라는 말씀은 어느 예언서에 나오나요?
6. 포로에서 돌아와 성전 건축을 격려한 예언자는 누구인가요?
7. "은도 내 것이요 금도 내 것이니라 만군의 여호와의 말이니라 이 성전의 나중 영광이 이전 영광보다 크리라 만군의 여호와의 말이니라 내가 이 곳에 평강을 주리라 만군의 여호와의 말이니라"는 말씀은 어느 예언자가 한 말인가요?
8. 학개에 의하면 스룹바벨은 여호야긴의 아들 (　)의 아들이었습니다.
9. 포로 이후에 예루살렘 성전은 언제 재건되었는지 연대를 적으시오!
10. "이 성전이 황폐하였거늘 너희가 이 때에 판벽한 집에 거주하는 것이 옳으냐?"라는 말씀은 어디에 나오는가요?[2]
① 스가랴 ② 학개 ③ 말라기 ④ 호세아
11. 학개가 성전 건축을 재개할 것을 촉구한 것은 (　　)왕 (　)년 때였다.

14. ②
15. ④
16. ④

✤ 학개

1. 학개
2. 스룹바벨
3. 학개(1:10
4. 학개(1:8)
5. 학개(2:23)
6. 학개와 스가랴
7. 학개(2:8~9)
8. 스알디엘
9. 520-515년
10. ②
11. 다리오, 2

12. 학개가 성전 재개를 촉구한 것은 주전 (   )년이었다.

13. 학개는 누구에게 성전 재건을 명하였던가요?

14. "너희가 많이 뿌릴지라도 수확이 적으며 먹을지라도 배부르지 못하며 마실지라도 흡족하지 못하며 입어도 따뜻하지 못하며 일꾼이 삯을 받아도 그것을 구멍 뚫어진 전대에 넣음이 되느니라"는 말씀은 재앙의 원인이 어디 있다는 뜻인가요?

15. 부정한 자가 거룩한 것을 만지면 거룩한 것이 부정하게 된다고 한 이유는 무엇인가요?

스가랴

1. "그는 공의로우시며 구원을 베푸시며 겸손하여서 나귀를 타시나니 나귀의 작은 것 곧 나귀 새끼니라"는 말씀은 어디에 나오나요?
   ① 스가랴 9:14 ② 스가랴 9:9 ③ 스바냐 9:5 ④ 스바냐 9:14

2. 예루살렘은 성곽이 없는 성읍이 되고 하나님이 불로 둘러쌀 것이라 예언한 것은 어디인가요?
   ① 스가랴 ② 스바냐 ③ 학개 ④ 이사야

3. "그들이 그 찌른 바 그를 바라보고 그를 위하여 애통하기를 독자를 위하여 애통하듯 하며 그를 위하여 통곡하기를 장자를 위하여 통곡하듯 하리로다"라는 말씀은 어느 예언서에 나오는가요?

4. 제이스가랴란 어디를 가리키는가요?

5. "그 날에는 말방울에까지 여호와께 성결이라 기록될 것이라"라는 말씀은 어디에 나오는가요?

6. "목자를 치면 내 양이 흩어지려니와 ( ) 자들 위에는 내가 내 손을 드리우리라."

7. "그가 내게 대답하여 이르되 여호와께서 스룹바벨에게 하신 말씀이 이러하니라 만군의 여호와께서 말씀하시되 이는 ( )으로 되지 아니하며 ( )으로 되지 아니하고 오직 나의 영으로 되느니라."

8. 제삼스가랴는 어느 나라가 유다를 다스리던 때에 씌어졌습니까?

9. 스가랴에 의하면 예언자의 겉으로 드러난 표지는 무엇이었습니까?

10. 스가랴는 어떤 글자가 씌어진 막대기를 꺾었습니까?

11. 스가랴에 나타나는 네 공장은 무엇을 뜻합니까?

---

12. 520
13. 스룹바벨, 여호수아
14. 성전을 짓지 않은 데 있음
15. 사마리아 사람들이 성전건축에 참여하면 성전이 부정하게 된다.

✿ 스가랴

1. ②
2. ①
3. 스가랴(12:10)
4. 슥 9-11
5. 슥 14:20
6. 작은(슥 13:7)
7. 힘, 능력(슥 4:6)
8. 애굽의 프톨레미 왕조
9. 털옷을 입었고, 가슴엔 상처가 있었다.
10. 은총과 연합(11:7)
11. 권력을 무너뜨릴 민족

12. 포로 이후에 사람들은 5월에는 성전 파괴를 애도하였는데, 7월에는 무엇을 두고 울었습니까?

13. 에바 속에 여인을 가두고 납으로 봉하여 시날 땅으로 보내는 기사는 어느 예언서에 나오는가?

14. "말하기를 나는 선지자가 아니요 나는 농부라 내가 어려서부터 사람의 종이 되었노라 할 것이요 어떤 사람이 그에게 묻기를 네 두 팔 사이에 있는 상처는 어찌 됨이냐 하면 대답하기를 이는 나의 친구의 집에서 받은 상처라 하리라"는 말씀은 어느 예언서에 나오나요?

15. 스가랴가 본 환상 중에서 두 감람나무란 구체적으로 누구를 지칭하나요?

16. 목자의 삯인 은 30을 토기장이에게 던지는 기사는 스가랴 ( )장에 나옵니다.

17. 스가랴를 셋으로 나누면 어떻게 나눌 수 있는가요?

18. 애굽의 프톨레미 왕조 다음에 일어나 이스라엘을 다스린 것은 시리아의 무슨 왕조인가요?

19. 잇도의 손자 베레갸의 아들로서 예언자가 된 사람은 누구인가요? [1]
① 스가랴 ② 말라기 ③ 스바냐 ④ 학개

20. 대제사장 여호수아에게서 더러운 옷을 벗기고 아름다운 옷을 입히는 기사는 어디에 나오는가요?
① 말라기 ② 스가랴 ③ 학개 ④ 하박국

21. 네 뿔과 대장장이가 나오는 곳은 어디인가요?
① 스바냐 ② 말라기 ③ 학개 ④ 스가랴

22. 스가랴가 본 순금등잔대에는 불이 밝혀지는 관이 모두 몇 개인가요?

23. 날아가는 거대한 두루마리에는 어떤 사람에 대한 저주가 씌어있었나요?
① 도둑 ② 간음한 자 ③ 우상숭배자 ④ 거짓 맹세한 자

24. 스가랴에 나오는 두 감람나무는 무엇을 뜻하는가요?

25. 예루살렘이 포위되기 시작한 것은 언제였던가요?

26. "사탄아 여호와께서 너를 책망하노라"라는 말씀은 어디에 나오는가요?
① 예레미야 ② 나훔 ③ 미가 ④ 스가랴

27. 예언하는 자를 부모가 칼로 찌를 것이라 한 말씀은 어디에 있나요?
① 스가랴 ② 예레미야 ③ 아모스 ④ 호세아

28. 스가랴는 몇 장으로 되어 있나요?

12. 그다랴의 암살
13. 스가랴(5:5-11)
14. 스가랴(13:5-6)
15. 스룹바벨과 여호수아
16. 11
17. 1-8, 9-11, 12-14
18. 셀류시드
19. ①
20. ②
21. ④
22. 49
23. ② ④
24. 기름 부음 받은 자들
25. 시드기야 9년 10월 10일
26. ④
27. ①
28. 14

29. 스가랴의 첫 번째 환상 가운데 나오는 말의 색깔이 아닌 것은 무엇인가요?
① 붉은 말 ② 검은 말 ③ 흰 말 ④ 자주색 말

30. 스가랴의 세 번째 환상 가운데 나타난 것이 아닌 것은 무엇인가요?
① 예루살렘에서 샘이 흘러 나온다 ② 예루살렘이 성곽 없는 촌락이 된다
③ 야흐베께서 불성곽이 되신다 ④ 야흐베께서 그 중에 영광이 되신다.

31. "모든 육체가 여호와 앞에서 잠잠할 것은 여호와께서 그의 거룩한 처소에서 일어나심이니라 하라 하더"라는 말씀은 어느 책에 나오는가요?
① 민수기 ② 이사야 ③ 스가랴 ④ 시편

32. "만군의 여호와가 말하노라 내가 너 ( ) 앞에 세운 돌을 보라 한 돌에 ( ) 눈이 있느니라 내가 거기에 새길 것을 새기며 이 땅의 죄악을 하루에 제거하리라"

33. 스가랴가 본 환상 가운데 나타나는 두루마리는 길이가 ( ) 규빗이고, 너비가 ( ) 규빗이었다.

34. "작은 일의 날이라고 멸시하는 자가 누구냐 사람들이 스룹바벨의 손에 다림줄이 있음을 보고 기뻐하리라 이 일곱은 온 세상에 두루 다니는 여호와의 눈이라 하니라"라는 말씀은 어디에 나오나요?
① 학개 ② 에스라 ③ 스가랴 ④ 느헤미야

35. 스가랴의 여덟 번째 환상 가운데 나오는 병거들의 말 색깔이 아닌 것은 무엇인가요?
① 자주 색 말 ② 검은 말 ③ 흰 말 ④ 어룽진 말

36. 스가랴서에 나오는 내용으로서 바벨론에서 은금을 가져온 사람이 아닌 것은 누구인가요?
① 여다야 ② 도비야 ③ 요시야 ④ 헬대

37. 기슬래 월은 몇 월인가요?

38. 5월에 울며 근신할 것인가를 스가랴에게 문의한 사람들은 ( )사람으로서, 사레셀과 ( )을 통하여 물어왔다.

39. 스가랴 시대에 하나님은 과부, 고아, 나그네 외에 누구를 불쌍히 여기라 하셨던가요?

40. "예루살렘 길거리에 늙은 남자들과 늙은 여자들이 다시 앉을 것이라 다 나이가 많으므로 저마다 손에 지팡이를 잡을 것이요 그 성읍 거리에 소년과 소녀들이 가득하여 거기에서 뛰놀리라"는 말씀은 어디에 나오는가요?
① 이사야 ② 예레미야 ③ 미가 ④ 스가랴

29. ②
30. ①
31. ③
32. 여호수아, 일곱
33. 20, 10
34. ③
35. ①
36. ③
37. 9월
38. 세겜, 레겜멜렉
39. 궁핍한 자
40. ④

41. "만군의 여호와가 이같이 말하노라 내가 시온을 위하여 크게 질투하며 그를 위하여 크게 분노함으로 질투하노라"는 말씀은 어디에 나오는가요?
① 이사야 ② 에스겔 ③ 스가랴 ④ 말라기

42. "내가 에브라임의 병거와 예루살렘의 말을 끊겠고 전쟁하는 활도 끊으리니 그가 이방 사람에게 화평을 전할 것이요 그의 통치는 바다에서 바다까지 이르고 유브라데 강에서 땅 끝까지 이르리라"는 말씀은 어디에 나오나요?
① 스바냐 2:15 ② 스바냐 3:12 ③ 스가랴 7:5 ④ 스가랴 9:10

43. "내가 유다를 당긴 활로 삼고 에브라임을 끼운 화살로 삼았으니 시온아 내가 네 자식들을 일으켜 헬라 자식들을 치게 하며 너를 용사의 칼과 같게 하리라"는 말씀은 어디에 나오는가요?
① 스바냐 ② 학개 ③ 스가랴 ④ 에스겔

44. 스가랴는 자기가 양들을 치던 막대기 둘을 무엇이라 불렀던가요?

45. 연락의 막대기를 꺾은 것은 무슨 의미였던가요?

46. "그 날에 내가 유다 지도자들을 나무 가운데에 (　　　) 같게 하며 곡식단 사이에 (　　　) 같게 하리니 그들이 그 좌우에 에워싼 모든 민족들을 불사를 것이요 예루살렘 사람들은 다시 그 본 곳 예루살렘에 살게 되리라"

47. 하다드림몬이란 (　　　)의 식물의 신 이름이다.

48. 야훼의 날에는 어느 산이 동서로 나누어진다고 하였던가요?

49. 하나넬 망대는 예루살렘 어디에 있었던가요?
① 북동 ② 북서 ③ 남서 ④ 남동

말 라 기

1. 하나님이 야곱을 사랑하였고 에서는 미워하였다는 말씀은 어디에 나오는가요?
① 말라기 ② 스가랴 ③ 창세기 ④ 이사야

2. "내가 내 사자를 보내리니 그가 내 앞에서 길을 예비할 것이요"라는 말씀은 어느 책에 나오는가요?

3. 엘리야가 다시 올 것을 예언한 것은 어느 책인가요?

4. "우리는 한 아버지를 가지지 아니하였느냐 한 하나님께서 지으신 바가 아니냐 어찌하여 우리 각 사람이 자기 형제에게 거짓을 행하여 우리 조상들의 언약을 욕되게 하느냐?"라는 말씀은 어느 예언서에 나오는가요?

41. ③
42. ④
43. ③
44. 은총, 연락
45. 북이스라엘과 남유다의 관계를 끊음
46. 화로, 횃불
47. 페니키아
48. 올리브산/감람산
49. ①

✤말라기

1. ①
2. 말라기
3. 말라기
4. 말라기

5. "여호와의 크고 두려운 날이 이르기 전에 내가 선지자 엘리야를 너희에게 보내리니"는 말씀은 어느 책에 나오는가요?

6. "만군의 여호와가 이르노라 너희가 내 제단 위에 헛되이 불사르지 못하게 하기 위하여 너희 중에 성전 문을 닫을 자가 있었으면 좋겠도다. 내가 너희를 기뻐하지 아니하며 너희가 손으로 드리는 것을 받지도 아니하리라"라는 말을 한 예언자는 누구인가요?

7. "만군의 여호와가 이르노라 너희의 온전한 십일조를 창고에 들여 나의 집에 양식이 있게 하고 그것으로 나를 시험하여 내가 하늘 문을 열고 너희에게 복을 쌓을 곳이 없도록 붓지 아니하나 보라"는 말씀은 어디에 나오는가요?

8. "사람이 어찌 하나님의 것을 도둑질하겠느냐 그러나 너희는 나의 것을 도둑질하고도 말하기를 우리가 어떻게 주의 것을 도둑질하였나이까 하는도다 이는 곧 십일조와 봉헌물이라"라는 말씀은 어디에 나오는가요?

9. "레위와 세운 나의 언약은 생명과 평강의 언약이라 내가 이것을 그에게 준 것은 그로 경외하게 하려 함이라"는 말씀은 어느 성경에 나오는가요?
① 말라기 ② 시편 ③ 창세기 ④ 이사야

10. "그에게는 영이 충만하였으나 오직 하나를 만들지 아니하셨느냐 어찌하여 하나만 만드셨느냐 이는 경건한 자손을 얻고자 하심이라"는 말씀은 어느 예언서에 나오는가요?

11. 하나님은 어느 민족이 쌓는 것을 허물어뜨리겠다고 하셨나요?

12. 말라기란 무슨 뜻인가요?

13. 총독에게 바쳐도 화를 낼 예물을 하나님께 바친다며 책망한 예언자는 누구인가요?

14. "내 이름을 경외하는 너희에게는 공의로운 해가 떠올라서 치료하는 광선을 비추리니 너희가 나가서 외양간에서 나온 송아지같이 뛰리라"는 말씀은 어느 예언서에 나오는가요?

15. 일부일처제를 확실하게 말한 예언서는 어디인가요?

16. "그가 은을 연단하여 깨끗하게 하는 자 같이 앉아서 레위 자손을 깨끗하게 하되 금, 은 같이 그들을 연단하리니 그들이 공의로운 제물을 나 여호와께 바칠 것이라"는 말씀은 어디에 나오는가요?
① 학개 ② 말라기 ③ 스바냐 ④ 스가랴

17. "너희가 또 말하기를 이 일이 얼마나 번거로운고 하며 코웃음치고 훔친 물건과 저는 것, 병든 것을 가져왔느니라"라는 말씀은 어디에 나오는가요?
① 이사야 ② 말라기 ③ 스바냐 ④ 스가랴

5. 말라기(4:5)
6. 말라기(1:10)
7. 말 3:10
8. 말 3:8
9. ①
10. 말라기(2:15)
11. 에돔
12. 나의 사자
13. 말라기
14. 말라기
15. 말라기
16. ②
17. ②

18. "너희가 이런 일도 행하나니 곧 눈물과 울음과 탄식으로 여호와의 제단을 가리게 하는도다 그러므로 여호와께서 다시는 너희의 봉헌물을 돌아보지도 아니하시며 그것을 너희 손에서 기꺼이 받지도 아니하시거늘"이라는 말씀은 어느 예언서에 나오는가요?
① 호세아 ② 아모스 ③ 학개 ④ 말라기

19. "사람이 어찌 하나님의 것을 도둑질하겠느냐 그러나 너희는 나의 것을 도둑질하고도 말하기를 우리가 어떻게 주의 것을 도둑질하였나이까 하는도다 이는 곧 십일조와 (   )이라"에서 괄호 안에 들어갈 말은 무엇인가요?

20. "보라 내가 너희의 자손을 꾸짖을 것이요 똥 곧 너희 절기의 희생의 똥을 너희 얼굴에 바를 것이라 너희가 그것과 함께 제하여 버림을 당하리라"라는 말씀은 어디에 나오는가요?
① 레위기 ② 호세아 ③ 에스겔 ④ 말라기

21. "너희가 이런 일도 행하나니 곧 눈물과 울음과 탄식으로 여호와의 제단을 가리게 하는도다 그러므로 여호와께서 다시는 너희의 봉헌물을 돌아보지도 아니하시며 그것을 너희 손에서 기꺼이 받지도 아니하시거늘"이라는 말씀은 어디에 기록되었나요?
① 레위기 ② 아모스 ③ 이사야 ④ 말라기

5. 말라기(4:5)
6. 말라기(1:10)
7. 말 3:10
8. 말 3:8
9. ①
10. 말라기(2:15)
11. 에돔
12. 나의 사자
13. 말라기
14. 말라기
15. 말라기
16. ②
17. ②
18. ④
19. 봉헌물
20. ④
21. ④

참고문헌

해설, 관주 성경전서(독일성서공회판). 서울: 대한성서공회, 1997.

강사문, 나채운(책임감수). 청지기 성경사전. 3판. 서울: 시온성, 2002.

박동현. 구약학 개관. 서울: 장신대 출판부, 2003.

이승현. 엘리야후 이야기. 파주: 한국학술정보, 2008.

정중호. 이스라엘 역사. 서울: 대한기독교서회, 1995(재판).

아하로니, 요하난; 아비요나, 미카엘. 아가페 성서지도. 문창수 역. 서울: 아가페 출판사, 1999.

카이저, 옷토. 구약성서개론: 그 연구성과와 문제점들. 이경숙 역. 칠곡: 분도출판사, 1995.

포오러, 게오르크. 이스라엘 역사. 방석종 역. 서울: 성광문화사, 1986.

Donner, Herbert. *Geschichte des Volkes Israel und seiner Nachbarn in Grundzügen*. 2 Bde. ATD Ergönzungsreihe Bd. 4/1-2 Gottingen: Vandenhoeck & Ruprecht, 1984-86.

Fohrer, Georg. *Einleitung in das Alte Testament*. 12. Auflage. Heidelberg: Quelle und Meyer, 1979.

Gertz, Jan Christian. *Grundinformation Altes Testament*. 2. Auflage. UTB 2745. Göttingen: Vandenhoeck & Ruprecht, 2007.

Kaiser, Otto. *Grundriß der Einleitung in die kanonischen und deiterokanonischen Schriften des Alten Testaments*. Bd. 1/2. Gütersloh: Gütersloher Verlagshaus Gerd Mohn, 1992/1994.

Rendtorff, Rolf. *Das Alte Testament: Eine Einführung*. 5. Auflage. Neukirchen-Vluyn: Neukirchener, 1995.

Schmidt, Werner H. *Einführung in das Alte Teatament*. 5. Auflage. Berlin: Walter de Gruyter, 1995.

Zenger, Erich u.a. *Einleitung in das Alte Testament*. 8. Auflage. hrsg. von Christaian Frevel. Kohlhammer Studienbücher Theologie. Bd. 1,1. Stuttgart: W. Kohlhammer GmbH, 2012.